区域高质量发展的实践与思考

潍坊市科学发展研究院 著

中国发展出版社
CHINA DEVELOPMENT PRESS

图书在版编目（CIP）数据

区域高质量发展的实践与思考 / 潍坊市科学发展研究院著 . 北京：中国发展出版社，2019.11

ISBN 978-7-5177-1104-9

Ⅰ . ①区… Ⅱ . ①潍… Ⅲ . ①区域经济发展—研究报告—潍坊 Ⅳ . ① F127.523

中国版本图书馆 CIP 数据核字（2019）第 269436 号

书　　名：区域高质量发展的实践与思考
著作责任者：潍坊市科学发展研究院
出 版 发 行：中国发展出版社
联 系 地 址：北京经济技术开发区荣华中路 22 号亦城财富中心 1 号楼 8 层（100176）
标 准 书 号：ISBN 978-7-5177-1104-9
经　销　者：各地新华书店
印　刷　者：河北鑫兆源印刷有限公司
开　　本：710mm × 1000mm　1/16
印　　张：29.5
字　　数：421 千字
版　　次：2020 年 2 月第 1 版
印　　次：2020 年 2 月第 1 次印刷
定　　价：72.00 元

联 系 电 话：（010）68990630　68990692
购 书 热 线：（010）68990682　68990686
网 络 订 购：http://zgfzcbs. tmall. com//
网 购 电 话：（010）88333349　68990639
本 社 网 址：http://www.develpress. com
电 子 邮 件：370118561@qq. com

本 书 编 委 会

前　言

本书编录了潍坊市科学发展研究院2018年的部分研究成果。出版此书，旨在记录研究院成长足迹，汇报研究院阶段性成果，搭建一个与同行学习交流的平台。

当今世界正面临百年未有之大变局，世界格局和国际秩序深刻调整，新一轮科技革命和产业变革方兴未艾。党中央紧扣时代脉搏，洞察发展大势，作出了中国经济已由高速增长阶段转向高质量发展阶段的重大论断，要求坚持质量第一、效益为先，以供给侧结构性改革为主线，推动经济发展质量变革、效率变革、动力变革，这是我们当前和今后一个时期抓经济工作必须把握的大逻辑和根本遵循。山东坚持以习近平新时代中国特色社会主义思想为指导，把加快建设新旧动能转换综合试验区作为实现山东高质量发展的战略支点，渐次展开“八大战略布局”，高质量发展正逐渐由蓝图变为现实。潍坊紧跟党中央部署和省委、省政府要求，坚持新发展理念，以新旧动能转换重大工程为引领，聚焦聚力推进乡村振兴等重点工作，着力塑造高质量发展新优势，加快建设现代化强市。

潍坊市科学发展研究院作为新型地方党政智库，近年来以服务党委、政府决策为宗旨，以政策研究咨询为主攻方向，围绕区域经济社会发展开展了一系列战略性、前瞻性、全局性研究；特别是深刻把握高质量发展的科学内涵和实践要求，以潍坊经济社会发展实践为立足点，面向国际、立足前沿，进行深入的调查研究，形成了一批有价值的成果。这些成果，有些直接呈送潍坊市委、市政府领导参阅，有些是在报纸、期刊上发表的，还有些是在论坛、会议等场合交流的。我们对这些成果进行了筛选、整理，分为乡村振兴、新旧动能转换、城市竞争力三个篇章结集成册。乡村振兴部分，围绕创新提升“诸城模式”“潍坊模式”“寿光模式”，既有国内外农业农村发展的经验借鉴，也有潍坊实施乡村振兴战略的分析思考和实践总结；新旧动能转换部分，紧紧围绕以“四新”促“四化”、实现“四提”，开展了南方先进地区转型发展的对标研究、“四新四化”的前瞻研究及潍坊加快新旧动能转换的对策研究；城市竞争力部分，深刻把握提升核心竞争力这一城市发展的普遍规律，从区域经济、区域发展的角度对城市定位、营商环境、对外开放等方面进行深度研究，以期更好地服务党政决策。

本书在编辑过程中，得到国家高端智库、国内外决策咨询机构、潍坊市相关职能部门以及有关领导和专家学者的大力支持与指导，在此特致谢忱！我们坚信，在习近平新时代中国特色社会主义思想的指导下，在各位领导和专家的关心支持下，研究院将心无旁骛攻主业、聚精会神搞研究，当好区域高质量发展的推动者与参与者。由于经验及能力所限，书中难免存在纰漏，敬请批评指正。

编　者

2019 年 9 月

目　录

乡村振兴

新旧动能转换

城市竞争力

乡村振兴

关于实施乡村振兴战略的思考与建议

◎ 李少军　贺绍磊　刘　磊　方典昌

根据市委调研安排，围绕贯彻落实党的十九大和中央农村工作会议精神，大力实施乡村振兴战略，推动潍坊市农业农村工作继续走在前列，近期，我们认真梳理学习党中央和省委、省政府关于实施乡村振兴战略的有关政策部署，特别是《人民日报》发表的关于山东实施乡村振兴战略的思路举措，开展了深入调研，了解需要重点解决的突出矛盾和问题，深入研究剖析问题根源，并注重借鉴国内各地实施乡村振兴战略及美国、德国、韩国、日本等发达国家农业农村发展中的好思路、好模式、好经验，形成了此研究报告。

一、以战略规划作为实施乡村振兴战略的总引领

规划在发展中具有重要的战略引领和导向作用，实施乡村振兴战略必须坚持规划引领，这也是前些年国内先进地区推进城乡一体化发展的重要经验。诸城前些年以新型农村社区为统领，推进城乡一体化发展，坚持城乡人

口发展、土地利用、城镇村落布局、产业集聚、环境保护、生态涵养“六规合一”。苏州城乡一体化发展，坚持产业发展、城乡建设、土地利用、生态建设“四规融合”，受到了专家们的一致赞誉。潍坊乡村振兴也应围绕农业农村现代化和城乡融合发展这一本质要求，从产业兴旺、生态宜居、乡风文明、治理有效、生活富裕五大方面着手，坚持“多规合一”，加强顶层设计，谋划好这个规划。当前国家发展和改革委员会、农业部正着手编制全国乡村振兴战略规划，省里也在抓紧研究制定相关规划，有的地区已经出台了实施乡村振兴战略的相关意见等，如成都印发《关于实施乡村振兴战略　建立健全城乡融合发展体制机制　加快推进农业农村现代化的意见》，提出大力实施“十大重点工程”，扎实推进“五项重点改革”。我们应尽快着手研究制定规划，并注重借鉴这些地区的先进经验，发挥好规划对城乡功能提升、资源整合、形象塑造等方面的引领作用。

“多规合一”的规划中，我们要特别注意研究把握以前规划中很少涉及的信息化。信息化已成为建设农业农村现代化、实施乡村振兴战略的有力抓手。目前，农村电商、信息进村入户工程、农业物联网、农业大数据等领域迅猛发展，正深刻改变着“三农”发展格局、态势，我们应审时度势、精心谋划、超前布局。对此，建议规划应从夯实信息化基础设施、强化信息技术应用、促进农商互联加快发展、推进涉农政务部门大信息网络建设、建立新型农业信息综合服务体系等五个方面推进农业农村信息化建设。

二、以明晰产权为前提，发挥好市场在农村发展资源配置中的决定性作用

产权制度是社会主义市场经济的基石，经济主体产权的有效保障和实现是经济社会持续健康发展的基础。正如现代产权经济学创始人阿尔钦所言：

产权是一种通过社会强制而实现的对某种经济物品的多用途进行选择的权利。相对稀缺的农村资源，只有在产权明晰的前提下，才能形成合理预期，提供行为激励，提高资源效率，才能充分激发农业农村发展活力，推动乡村全面振兴。

（一）潍坊市推进农村产权制度改革走在前列，但还存在一些突出问题

在确权颁证方面，一是部分农村承包地由于土地初始权界定不明、相关资料丢失损坏、流转过程中利益纠纷等，造成权属无法确定。二是农村宅基地由于历史原因、文化积习、政府监管等，造成个别需求得不到满足、占用耕地、“空心村”、“一户多宅”、私自转让等问题。三是农村集体经营性建设用地存在低效闲置、私人占用问题，特别是入市交易过程中，农村集体经营性建设用地产权不明晰、利益分配、抵押融资等问题较为迫切。

在成员资格认定方面，目前国家没有出台统一规定，认定结果差别较大。一是外来人员资格认定。如在昌乐西尖村，户口在本村的多女户的女婿及其子女全部认定为成员，而在相邻的玉皇庙村仅认定其中一个女婿及子女。二是长期外出人员资格认定。针对在校大学生、服兵役人员、出嫁女等特殊人员，各村的标准不统一。

在农村产权交易方面，一是农村产权交易平台不完善。齐鲁农村产权交易中心管理体制机制尚未理顺，市场模式、商业模式尚处在探索阶段，经办的交易量不多，全市农村产权交易业务仅有5%通过交易平台办理。二是农村产权价值评估缺乏明确标准、银行贷款缺乏有效担保体系等因素，制约了农村产权抵押业务的开展。

在资产运营方面，土地流转比例苏州市为80%，潍坊市仅60%。从昌乐县三年来的改革情况看，多数集体经济组织集体资产量小，集体资产股份评估值不高，缺乏金融机构的抵押担保支持，发展产业办法不多，农民获得感不强。

（二）中央和山东省都对完成农村集体产权制度改革列出了时间表

据山东省农业厅消息，2018 年山东省将把改革工作扩大到所有涉农镇（街道），基本完成清产核资工作。近期，潍坊市也出台了推进农村集体产权制度改革的实施意见，我们应积极落实。

一是积极利用和争取试点政策。农村宅基地改革、农村集体经营性建设用地改革、集体资产股份权能改革等改革试点任务正在深入推进。潍坊市一方面应该利用好现有的改革试点机遇，大胆探索创新，激发农村潜在活力；另一方面应积极向上争取更多试点，获取更多改革红利。目前，全国农村土地制度改革试点仍在县级层面，我们可以向上申请市级层面农村土地制度改革试点。

二是稳妥推进农村集体资产股份制改革。在确权颁证方面，可以借鉴福建省晋江市以土地确权为基础的经验，扩大确权颁证范围，对农村小型水利设施、海洋水域资源及公益性资产等领域进行确权颁证；区别对待遗留问题，通过村民代表大会或者村民大会、司法等途径确定产权归属；聘请有资质的第三方进行清产核资工作。在成员认定方面，可以推广昌乐农村产权改革经验，对明确确认、不予确认成员、丧失及特殊人员的资格进行分类确定；对资格认定有争议的，可由村集体通过民主协商、民主决策的方式解决。在股权量化方面，可借鉴上海农村经济合作社、无锡村级集体经济股份合作制改革模式，推广高新区十甲村“人人均分、不留集体股”、蔡家楼社区“集体股 + 个人股”、高密张家官庄二村“基本股 + 农龄股”、寿光东宇社区“集体股 + 个人股 + 岗位贡献股”等模式，因地制宜，分类推进。

三是发挥好农村产权交易体系作用。农村集体产权制度改革的关键在于产权流转和交易。借鉴济南市农村产权流转交易监督管理委员会，成立全市农村产权交易监督管理委员会。按照已出台的深化公共资源配置改革意见，充分发挥齐鲁农村产权交易中心功能，形成农村产权抵押融资链条。借鉴重庆农交所、武汉市农交所以及成都市农交所与济南农村产权交易经验，建立全市农村产权大数据库、规范高效的运营服务系统和抵押贷款登记信息管理系统，构建起县、镇、村三级农村产权交易服务体系。同时综合运用财政补贴、税收优惠、融资担保、风险补偿等政策，加大农村产权交易的政策扶持。

四是盘活集体存量建设用地，发展集体经济。可利用旧学校、旧厂房、旧养殖场等集体闲置建设用地、农村宅基地使用权流转，将零散用地集中连片发展等方式，拓宽发展空间。在适当地点设立产业园区，发展第二、三产业或新型农村社区配套产业和项目。

三、以新型农村社区为着力点，推进农村现代化

实施乡村振兴的根本目的是加快农业农村现代化，农村现代化的重要标志是乡村居民与城市居民一样享受高品质的生活。新型农村社区能够提升社会事业发展水平，实现基础设施一体化，促进城乡公共服务均等化，是农村现代化的有效载体，将极大地促进城乡一体化发展。在新形势下，新型农村社区如同当前的棚改旧改，虽然存在阻力和困难，但要充分认识其发展的重大机遇性。诸城和苏州在新型农村社区建设实践中积累了大量的有益经验，我们要在总结相关经验的基础上，高度重视，大力推进。

（一）当前新型农村社区建设存在以下问题

一是群众参与、支持社区建设的热情还未被充分激发出来。长期以来，我们新型农村社区建设都是政府主导，导致部分农民认为社区建设是政府的事，共建意识不强，缺乏自力更生的意愿，甚至由于部分政府政策的偏差，如“被上楼”现象，使农民对社区建设持怀疑态度。

二是产业支撑度不够。土地流转后，社区居民就业主要流向第二、第三

产业，但多数地方非农产业不发达，缺乏高效益的产业集群，再加上居民自身素质问题，导致就业难度大，就业后再失业比例也很大，面临较大的工作和经济压力。

三是社区建设资金投入总体不足。目前，社区建设资金主要依靠各级财政，但财政投入远远不能满足农村新型社区建设需求。广大农村集体经济收入较少，如昌乐集体经营性收入过10万元的村庄103个，仅占全县自然村的11.5%，自身无力投入农村新型社区建设。农村社区在基础设施、产业基础、劳动者素质等方面相对城市明显处于劣势，难以对金融部门、社会资本形成足够吸引力。

四是配套改革措施不健全。户籍、行政体制、土地管理、住房产权、集体资产处置等都有待规范。有些经济以非农产业为主，人口达到一定规模的农村新型社区，还没有纳入城镇化管理，居民没有享受到市民待遇。有些社区虽然把几个村合并起来，但管理体制机制尚未完善。

五是公共服务和社区管理尚不成熟。从调研看，各地均重视农村社区住房建设，但便民服务水平仍然偏低。据对诸城社区农民幸福感抽样调查显示，农村社区居民对环境的整洁有较高要求，对身体健康和精神文化方面的追求比较关注，对改善医疗条件有较强诉求。

六是对乡村特色风貌有所忽视。有的地方过多考虑农民改善居住条件等急切问题，缺乏长远统筹思维，在“拆旧建新”“弃旧建新”时，模式过于单一，忽视乡村特色，对自然景观、历史文化、地形地貌等要素考虑不足。

（二）我们应围绕布局合理、环境优美、功能完善、服务便捷、管理高效的标准要求，加强农村新型社区建设

一是坚持基础设施先行。基础设施是推动社区建设、产业发展的前提，英国村镇建设、德国“巴伐利亚试验”都是从改善农村基础设施入手的。我们应借鉴这些经验，适应乡村振兴战略要求，既要推进城乡基础设施一体化建设，又要做好乡村各类基础设施的统筹，重点是按照省里要求推进农村道

路、厕所、供暖、供电、学校、住房、饮水“七改”工程，实施农村道路“户户通”工程，实现洁净厕所、清洁供暖全覆盖；提升建设标准，推进智慧社区、低碳生态社区建设。

二是把优化公共服务作为新型农村社区的重要内容。优化乡村公共服务可以实现城乡基本公共服务均等化，促进农民的自由流动。欧美发达国家的农村发展也注重加强农民的社会民生保障。我们在新型农村社区建设中，也应优化公共服务功能，重点加强农村社区服务中心建设，实行“一站式”服务，能在社区办的在社区直接办，不能办的由社区干部全程代办；提升社区治理信息化服务，强化社区卫生、幼儿托管、养老等服务供给。同时鼓励金融、电信、燃气、自来水、电力等单位设点服务，支持发展购物、餐饮、家政、中介、农资供应等市场化服务。

三是多元化的资金支持。世界各国农村发展的资金主要来自政府拨款、社会捐款和服务收费，政府拨款是主体，同时发挥社会资本力量，如加拿大三部分占比分别为6∶1∶3。我们在乡村振兴、新型农村社区建设中应抓好领导力量、部门资源和涉农项目资金、农村自有资源、社会资源“四个整合”，利用城乡建设用地增减挂钩政策，将卫生、体育、文化类等涉农资金往社区建设上倾斜；通过奖励、补助和贴息贷款等方式，鼓励和引导社会资金参与新型农村社区建设。

四是发挥优秀社区示范作用。新型农村社区建设是一项系统社会工程，需要因地制宜、循序渐进、统筹实施。在此过程中，我们应注重示范引领，以点带面推动面上工作。重点搞好四种示范社区建设：以企带村型，推动农村党组织建设与经济工作的对接共振；城镇吸附型，如河南浚县，以镇区为核心，吸引周边人口、资源向镇政府集中；产业集聚区带动型，集中布局产业集聚区，使产城联动；城市带动型，依托主城区，带动人口向中心城市集聚。

五是充分发挥农民主体作用。已实现农村现代化的国家，在推进新型农村建设中均高度重视农民的主动参与，如韩国新村运动的项目由村民集体讨论决定，自筹50%以上的资金、物资，剩下的向政府请求援助，得到援助后自己组织实施。我们也应把研究农民参与机制作为新型农村社区建设的重要内容，在保障好农民根本利益前提下，探索建立人人有责、人人共享、管理有序的社区建设机制。

六是重塑城乡功能，高度把握新型农村社区建设。正如德国“巴伐利亚试验”提出的“城乡等值化”理念，乡村和城市在社会中将具有不同功能定位，但同样发挥重要作用，未来乡村将在粮食供给基础上，更多供给乡土特色和生态。我们在新型农村社区建设中，应借鉴日本造村运动“一村一品”经验，引导社区结合自身优势条件，发展一种或几种“拳头”产品、特色项目等；借鉴美国“生态村”、浙江“大花园”经验，致力于持续改进生态，实施好美丽乡村行动，保持社区的乡土气息和田园风光。

四、以新型农业经营主体为抓手，推进农业现代化

乡村振兴的首要目标是实现农业现代化。实现农业现代化需要与之相适应的经营方式，传统小农户已不能适应现代农业集约化、规模化、组织化、社会化的要求，必须大力培育家庭农场、专业大户、农民专业合作社、农业龙头企业等新型农业经营主体，加快农业现代化进程。

（一）潍坊市新型农业经营主体虽然具备了一定规模，但与潍坊农业走在全国前列的目标定位相比、与先进城市相比，数量相对偏少、带动作用还不强

这主要有以下几个方面的原因。

一是发展质量不高。受政策推动和利益驱动等因素影响，新型农业经营主体数量增长较快，但质量相对不高。有的地方存在求快求大、人为“垒大

户”现象。

二是运行管理不规范。家庭农场、农民合作社注册登记门槛较低，大部分农民合作社组织结构松散、运行机制不健全。有的专业大户、家庭农场土地经营权流转手续不完备、合同不规范，一旦发生经营风险，容易引起纠纷。

三是从业者素质有待提高。整体来看，大部分新型农业经营主体从业者具有一定的生产经营技能和经验，但整体科学文化素质偏低，缺乏相关的专业人才。相对于城镇，农村对人才，特别是高端人才的吸引力偏弱，很多人才不愿到农村工作。

四是“融资难”“融资贵”的问题突出。新型农业经营主体资金需求的强烈愿望与金融机构不敢放贷、不愿放贷形成明显反差，“融资难”“融资贵”的问题成为新型农业经营主体发展的最大制约瓶颈。

（二）推进农业现代化，要进一步聚焦新型农业经营主体，既重数量又重质量，推动实现数量、质量并重发展

一是扩大新型农业经营主体数量，使其成为推进农业现代化的主力军。相对于传统农户，新型农业经营主体在发展生产、增加效益和提升竞争力方面无疑更具组织优势，日益显现出良好的发展势头与强大的发展潜力，成为我国现代化农业发展的主要推动力量。目前，全市家庭农场接近7000家，农民合作社达2.4万家，农业龙头企业3000余家，数量居全国全省前列。但与荷兰、以色列等与潍坊市有可比性的农业发达国家相比，还有差距。在此基础上，我们要对标国际现代农业先进地区，把扩大新型农业经营主体数量作为推进潍坊农业现代化的基础性工作，在涉农政策、资金资源、推进力量等方面适当倾斜，确保农业龙头企业数量持续增多，家庭农场、专业大户、农民专业合作社数量快速增长。

二是积极稳妥推进新型农业经营主体规模经营。发达国家农业经营主体规模较大，比如，德国家庭农场平均规模为100公顷，法国为60公顷，美

国为180公顷，潍坊市仅10公顷左右。应积极稳妥发展规模经营，关键是通过土地流转打好规模经营基础。一方面，积极引导农村土地规范有序流转，进一步完善农村土地承包经营权流转有形市场，依法建立土地使用权转让的标准化合约，严格合同管理，完善流转服务，强化用地保障。提倡在农户自愿的前提下，依法采取转包、出租、互换、转让、股份合作等多种形式的承包土地有偿转让，引导村集体采用经济手段集中连片流转土地。积极推进土地股份合作制，引导和鼓励农户以土地承包经营权入股，组建土地股份合作社。借鉴德国农村养老保障体系经验，鼓励老年人把土地流转给具有专业能力的年轻人，改善农业从业人员的年龄、文化和知识结构。另一方面，完善土地流出户的就业渠道，加强土地流出户的就业和技能培训，引导农民向非农产业和城镇转移创业，优先吸纳流出土地农户进城入园就业创业。鼓励土地流转受让方优先吸纳土地流出户的剩余劳动力，继续从事现代农业生产。

三是培育新型农业经营主体带头人。带头人的素质、精神、境界，直接决定着新型农业经营主体的活力和竞争力。潍坊农业现代化要取得明显进展，迫切需要培养、引进一大批新型农业经营主体带头人。一方面，实施新型农业经营主体带头人培训工程，以专业大户、家庭农场主、农民合作社带头人、农业企业专业化社会化服务人员为重点培育对象，以提高科技素质、生产技能、经营能力为核心，拓宽发展思路，更新经营理念，全面提升现有人员素质。另一方面，抓好人才引进，从政策措施上吸引一批中高等院校毕业生、退役士兵、科技人员等到农村创新创业，鼓励有文化、有创新精神的年轻人投身到农业生产经营中来。如引导涉农专业大学生到农村工作，对高校毕业生领办、创办农民专业合作社的给予专项奖补，支持大学生以知识入股等。

四是优化新型农业经营主体发展环境。①加大政策扶持力度。建立完善新型农业经营主体发展资金持续投入机制，设立新型农业经营主体培育发展专项资金，对符合一定标准、带动作用大、示范效果好的新型农业经营主体，采取贷款贴息、以奖代补等方式，加大扶持力度。②优化金融支持环境。鼓励金融部门积极开展新型农业经营主体的信用等级评定，对信用等级高的给予一定的信誉额度，除了满足购买农业生产资料等流动性资金需求，还可以用于生产设施、农田基本设施和支付土地流转费用。创新担保抵押和融资方式，支持和引导农业担保机构优先为新型农业经营主体提供担保，允许以大型农用设施、流转土地经营权等抵押贷款。③强化对新型农业经营主体的科技支撑。2016 年科技进步对农业贡献率，以色列为 96%，潍坊仅为 56%。鼓励涉农科研机构、高等院校和科技人员面向生产研发、推广技术，并与农民专业合作社、农业产业化龙头企业进行对接，建立长期协作服务关系，实现“一社（企）一顾问”。深入推行科技特派员制度，鼓励科研人员到农民合作社、龙头企业任职兼职，完善知识产权入股、参与分红等激励机制，促进农业科技供需对接和成果转化。建立专门的农业信息服务平台，包括土地流转档案信息、农业产业收益信息、农民收入信息、农产品供求信息、自然灾害预警信息等，为新型农业经营主体参与农业经营提供信息支撑。

五是构建农业新型经营主体社会化服务体系。创新社会化服务方式，大力推动公益性服务和经营性服务相结合、专业性服务和综合性服务相协调的服务机制，鼓励并支持农业社会化服务组织从单一环节服务向综合性全程服务发展，开展一体化全程式服务。引导公益性服务部门把服务重点放在具有较强公益性、外部性、基础性领域，如产品质量监管、土地环境监测、动植物疾病防控、农民技术培训等方面。通过政府购买等方式，支持具有资质的经营性服务组织从事公益性服务。加强供需双方互动，积极探索“专业服务公司 + 合作社 + 专业大户、家庭农场”“农经部门 + 龙头企业 + 农户”等服务模式，开展形式多样、内容丰富的社会化服务。

五、以基层党组织为核心，统领农村基层组织建设全面推进乡村社会治理现代化

治理有效既是乡村振兴的重要组成部分，又是重要目标。党的十九大报告和中央农村工作会议都强调健全自治、法治、德治相结合的乡村治理体系。10 年前诸城农村新型社区建设的重要经验就是强化基层党组织建设，推进农村基层治理。加强农村基层治理，要把农村基层党组织建设成为领导基层治理、推动改革发展的战斗堡垒，以此统领农村经济组织、农村社会组织、村民自治组织和村务监督自治等组织体系建设，全面推进乡村社会治理现代化。

（一）推进乡村社会治理现代化，要加强农村基层组织建设，关键是以农村基层党组织建设统领农村自治组织、监督组织、经济组织和社会组织建设

一是加强农村基层党组织建设。目前，一些农村基层党组织政治功能发挥不充分，凝聚力、战斗力不强，党的组织优势在乡村治理中的作用不够明显。农村党员老龄化趋势严重，青黄不接、后继乏人的现象突出，全市农村党员 60 岁以上的占 43.3%，40 岁以下的仅占 18.1%。发挥好农村党组织建设的核心引领作用，方向是社区，关键是配强班子。把新型社区党组织作为农村基层党组织建设的重点，在社区层面设立党委或党总支，其中合并村庄形成的社区，鼓励打破原村庄、地域界限，根据社区产业、功能、党员人数等设置党支部，单一村庄形成的社区可以保持原组织架构。村班子建设方面抓两头、促中间，对能力强、威信高的好班子，提高其服务群众的境界和能力，让好的更好、成为标杆；对软弱涣散的，着力物色人选，进行重点培养、

树立威信，带动班子转化、后进变先进；面上班子，要让他们看到“前有标兵、后有追兵”的现实，增强紧迫感和危机感，努力赶超先进、不甘落后。

二是加强村民自治组织和村务监督组织建设。这方面还存在一些突出问题，比如，有的乡镇政府把村民自治组织当作自己的下属机关直接管理控制，有的村级党组织和村民自治组织有时出现职权交叉，使得村民自治难以实现；有的村监督范围狭窄、手段单一，主要事项还停留在财务监督上，对征收拆迁、工程项目建设、惠农政策措施落实等方面的监督较为乏力。针对以上问题，一方面，我们应理顺村民自治组织与乡镇政府、村党组织的关系。这方面有关制度已有明确界定，关键是执行落实到位。另一方面，要健全村务监督组织，完善监督工作机制，加强对村级重大事项决策程序和落实情况、村级“三资”管理、征收拆迁和工程项目建设、惠农政策措施落实、村干部民主评议等方面的民主监督。

三是加强农村社会组织建设。农村社会组织是完善农村基层组织建设的重要组成部分。目前，农村生活服务类、公益慈善类和居民互助类等社会组织仍然处于较为零散的状态，现有农村社会组织普遍存在着规模较小、种类偏少、专业化不够等问题，其中资金、技术、人才等要素的匮乏，制约了农村社会组织的发展。应着力在“增量提效”上下功夫，通过简化登记手续、实行直接登记或备案管理、设立孵化场所等方式，培育促进公益服务、社会事务、文体健身、慈善救助、法律维权、计划生育、体育协会等社区社会组织健康有序发展。以直接资助、以奖代补、公益创投等方式，支持社会组织参与农村社区公共事务和公益事业，指导服务性、公益性、互助性社会组织依法开展活动。

四是加强农村经济组织建设。无论农村基层党组织，还是村民自治组织、村务监督组织和农村社会组织，都要以农村经济组织作为支撑保障。目前，潍坊市有相当部分的村集体无自身经营收入，即使村集体经济发展较好的，往往与“能人治村”紧密相连，缺乏相对稳定的保障机制。除村集体经济外，农村合作社经济等其他经济组织也都处于自发状态。要坚持分类施策，着力解决农村经济组织发展不平衡、不规范问题。引导没有集体经济的村大力发展集体经济，特别要用好交通区位、资源禀赋、经济基础等比较优势；村集体经济有一定基础的，通过资源有效利用、提供服务、物业管理、混合经营等方式，进一步壮大集体经济。此外，对农村合作社经济等其他经济组织要进一步规范、提升。

（二）自治、法治、德治相结合的乡村治理体系是加强乡村治理的思路创新，也是推进乡村社会治理现代化的重要方面

在强化村民自治组织建设、提高自治水平的同时，还应抓好两个方面。

一方面，推进乡村治理德治建设。通过建立以评立德、以文养德、以规促德的德治建设体系，把社会所提倡的道德理念和价值追求与人们的日常生活紧密联系起来，注重在落细落小落实上下功夫，把抽象的概念、崇高的追求变成人们实实在在的行动。借鉴浙江“乡贤参事会协商文化村治模式”经验，积极培育发展农村乡贤参事会、理事会等平台，健全完善村级自治架构，引导离退休干部、知识分子、优秀农民工、企业家等新乡贤积极参与乡村社会公共事务治理。

另一方面，强化乡村治理的制度化、法治化建设。深入推进农村协商民主，围绕涉及农村公共事务、公益事业以及居民群众反映强烈的实际困难和矛盾纠纷，依托村民会议、村民代表会议、村民小组会议等协商载体，采取议事型、对话型、共建型、联动型、开放型协商等形式，探索推广“互联网 +”协商模式，逐步实现农村协商经常化、规范化和制度化。加强“一村一法律顾问”和农村新型社区人民调解组织建设，完善乡村法律咨询、公证、普法、法律援助等工作。

六、以繁荣发展乡村文化为重点加快推进乡风文明建设

乡风文明是乡村振兴战略的重要内容，是乡村振兴的灵魂所在。中央农村工作会议明确提出要走乡村文化兴盛之路。乡村文化是乡村民俗民风、道德情感、行为习惯、精神追求的高度统一，是乡村的精神寄托。繁荣发展乡村文化是实现乡风文明的有效途径和当前重点工作。欧美及日韩等国家的农业农村现代化都把乡村文化建设作为关键举措，国内先进地区在推进农业农村现代化过程中，也非常注重发挥乡村文化的作用。潍坊近年来坚持不懈抓乡村文化建设工作，乡村环境持续美化，乡村社会风尚持续优化，村民精神风貌持续改善，为乡风文明建设打下了很好的基础，但与乡村振兴的要求比还存在一定差距。要实现乡村振兴，必须繁荣发展乡村文化，将社会主义核心价值观贯穿于乡村文化建设的各个环节、各个领域，实现乡村秩序好、社会风尚好、人民精神好，加快推动乡风文明建设。

（一）完善乡村文化基础设施建设

文化基础设施是乡村文化建设的基本保障。目前，潍坊综合文化站实现118个镇街全覆盖；村（社区）综合性文化服务中心2015年已实现全覆盖，89%达到省二类以上标准；农家书屋实现行政村全覆盖；公共图书馆实现62个建制镇全覆盖，主要文化基础设施建设成效显著。但总体来说，乡村文化场所、设施数量远远不足，已有的文化场所、设施建设水平普遍较低，发挥作用有限，难以满足乡村精神文化生活需求，与乡村振兴的要求存在很大差距。另外，文化场所、设施被占用或闲置现象突出。为此：①加大文化基础设施建设力度。坚持着眼长远、科学规划，加快建设文化基础设施，确保满足乡村日益增长快速发展的精神文化需要；大规模发展乡村文化馆、图书

馆、博物馆、剧场、非遗展馆、文化讲堂和文体中心等形式多样的文化基础设施，持续扩大覆盖率。②建立政府资金为主导、社会投入为主体的资金投入机制。发挥政府投资的引导作用，采取直接投资、投资补助、以奖代补、先建后补、无偿提供建筑材料等多种方式，支持乡村文化基础设施建设；鼓励通过村集体投入、村民筹资筹劳、社会捐赠赞助等方式，支持乡村文化基础设施建设。③加强文化基础设施管理。建立完善管理运行制度体系，配齐管理人员，杜绝场所设施被占用、搁置现象，提高使用率。④统筹城乡公共文化资源。推进乡村基础设施标准化，加快农村信息化基础设施建设，对农家书屋等设施进行数字化升级，借助互联网平台，实现城乡文化资源共享。

（二）加强乡村文化载体建设

文化载体主要包括活动载体、组织载体、制度载体等。潍坊市乡村文化载体建设存在的问题主要是文化活动形式单一，且主要集中在节庆日，以及文化组织移风易俗方面的成效不明显、乡规民约规范力低等。为此：①加强活动载体建设。进一步丰富文艺表演、体育赛事、民俗民风节会等文化活动，开展道德宣讲、创业致富、科学技术、健康促进、全民阅读、法治教育、模范表彰等活动，提高乡村居民的道德素养、科学素养、法治素养，提升乡村社会精神风貌。②加强组织载体建设。乡村文化建设的组织载体主要包括村民议事会、道德评议会、红白理事会等，对于这些组织载体，应进一步健全完善，规范工作制度和流程，注重吸纳有广泛代表性的老党员、老干部等人员参加；借鉴上海、浙江、成都等地经验，发挥好组织载体调解乡村矛盾、遏制陈规陋习、开展监督和服务、倡导文明新风等作用。③加强制度载体建设。重点是抓好乡规民约建设，应结合乡村实际，调动群众参与，制定完善乡规民约；采取民谣等喜闻乐见的方式，广泛宣讲乡规民约，提高认同感；强化乡规民约的执行，村干部和党员带头遵规守约，处理处置违规违约现象，确保乡规民约产生实效。

（三）发挥乡贤、文化骨干等人才的关键作用

发展农村文化建设，人才资源是最根本的资源。新形势下，我们应着重抓好乡贤、文化骨干这两个关键。①重视乡贤在乡村文化建设中的作用。建设好乡贤队伍，重点吸引离退休干部、知识分子、优秀农民工、企业家等人员参与乡村文化建设；设立乡贤理事会、乡贤调解员、乡贤宣讲员，实行乡贤挂职“村官”和乡镇长助理等制度，为新乡贤引领乡风良俗、参与乡村治理创造条件。②着力培养乡村文化骨干。我们应强化文化骨干人才在乡村文化振兴中的支撑地位。加大乡村文化人才培养，重点做好乡土文化能人、民间文化传承人、非遗项目代表传承人的培养，组织开展传统优秀文化培训，鼓励他们参加各种比赛，提升文化骨干的专业水平，建立一支扎根基层、融于群众的农村文化队伍；建立健全文化人才激励机制，在经费、场地等方面尽可能地给予扶持，建立健全以知识、能力、业绩和奉献为主要指标的文化人才认定和评价机制，提高文化骨干创作文艺精品、丰富文化建设的积极性。

（四）深入挖掘、开发乡村文化资源

乡村文化资源是乡村文化的情感表达和符号象征，承载着乡风文明的精神内涵。潍坊市乡村文化资源丰富，但总体来看，由于文化资源内涵的挖掘、策划、包装和宣传等工作力度不够，部分乡村文化资源没有得到有效保护，没有形成自己叫得响的品牌，文化资源的市场效益还未充分开发。为此，我们应该从乡村振兴的高度，顺应群众文化消费的新需求，以建设“文化名市”为引领，保护、挖掘、开发好我们的乡村文化资源。①做好乡村文化资源的普查和分类梳理。重点按照省里古村落保护、乡村记忆工程和非物质文化遗产保护等部署要求，分类整理物质文化遗产、非物质文化遗产，整体掌握潍坊市乡村文化资源基本情况。②守护好乡村文化特色。重点在实施好《文物保护法》等法律法规的基础上，注重发挥政策正向激励作用，设立乡村文化资源保护专项基金，组织乡村节会和培训，申报联合国手工艺和民

间艺术之都、中国民间文艺之乡等文化品牌，保护打造地方文化特色。③推动乡村文化产业发展。顺应文化消费新需求，用市场手段保护式开发乡村文化资源，重点是综合运用科技、金融等手段，以农业资源、乡村田园资源、乡村风景资源、乡村民俗文化资源、乡村历史文化资源等为依托，开发旅游休闲产业。同时把第三产业引入农村，调整农村产业结构，形成餐饮住宿及文化服务等高级产品与消费形态，让当地既富起来又美起来。

（2018 年 1 月）

在实施乡村振兴战略中走在前列

◎ 贺绍磊　李少军

实施乡村振兴战略，是党中央着眼于推进“四化同步”、城乡融合发展和决胜全面建成小康社会、建设现代化经济体系作出的重大决策，是新时代做好“三农”工作的总抓手。习近平总书记在参加十三届全国人民代表大会一次会议山东代表团审议时，对实施乡村振兴战略提出了新的希望和要求。作为农业大市的潍坊，要贯彻落实好总书记重要讲话精神，大胆探索，创出新路，在实施乡村振兴战略中继续走在前列、起好带头作用，为打造乡村振兴齐鲁样板贡献力量。

一、实施乡村振兴战略是重大机遇 潍坊具有先发优势

在实施乡村振兴战略的大背景下，城乡关系中的乡村地位和作用实现了战略调整，农村不再是单纯被动地接受城市的反哺，也不是被统筹带动以

实现城乡一体化，而是主动发力、迎头赶上，成为建设现代化经济体系的新主角、新引擎。据估算，到2035年，潍坊人均地区生产总值（GDP）将从不足9000美元攀升到30000美元左右，这意味着乡村基础设施、公共服务设施和住宅建设等方面的巨大投资需求，将成为拉动潍坊市经济发展的强大动力。对于任何一个城市而言，乡村振兴战略都是一次重大机遇，抓得住就发展得快，抓不住就被超越。潍坊如若率先实现突破，既能补齐“四化同步”中农业农村短板实现现代化，又能巩固和保持领先地位，实现优势再造。

潍坊实施乡村振兴战略具有先发优势。农业作为潍坊的优势品牌，一直在全省、全国处于领先地位，具有引领示范作用。潍坊实施乡村振兴战略完全有能力、有条件走在全省、全国前列。一是持续打造“三农”优势，保持全国领先一直是全市上下的共识。实施乡村振兴战略与潍坊“三农”优先发展、重中之重的定位一脉相承。今后，农业农村的地位将会更加牢固。二是乡村振兴基础扎实。潍坊现代农业产业体系、生产体系、经营体系较为完备，农业特色化、品牌化、生态化建设卓有成效，农业优势产业突出；城乡一体化发展呈现融合趋势，小城镇、农村新型社区建设快速推进，乡村建设不断完善；农民增收形势总体良好。三是潍坊“三农”亮点频出。长期以来，潍坊创造了很多“三农”工作经验。近几年，潍坊国家农业开放发展综合试验区、国家农业对外开放合作试验区、国家现代农业示范区、“中国食品谷”等平台的建设，使潍坊农业农村的创新引领地位更加突出。全省、全国范围内，潍坊最有基础、最有条件、最有信心加快推进乡村振兴战略，也有义务、有责任探索乡村振兴经验并进行复制和推广。当然我们也要看到，当前农村青壮年、劳动力大量外流，留守老人、妇女、儿童居多，农业农村人才相对不足；城乡之间、乡村之间在基础设施、公共服务、特色产业等方面发展不平衡问题较为突出；偏远地区人居环境、生态环境恶化问题依然存在；农村信息化程度不高。这些问题，必须通过实施乡村振兴战略加以解决。

二、实施乡村振兴战略是系统工程，潍坊应扭住关键

实施乡村振兴战略，实质上是在推进融生产、生活、生态、文化等多要素于一体的系统工程。我们应深刻把握中央实施乡村振兴战略的要求，特别是习近平总书记关于推动乡村产业振兴、人才振兴、文化振兴、生态振兴、组织振兴及推动乡村振兴健康有序进行的任务举措，立足潍坊实际，提升理念，扭住关键，走在前列，打造样板。

（一）把乡村振兴战略规划作为乡村振兴的行动指南

国家发展和改革委员会、农业部正着手进行乡村振兴战略规划编制。潍坊也应立足国际、国内环境的新变化，结合潍坊实际，及早谋划、推进，深入研究振兴什么、谁来振兴、如何振兴等问题，既要研究制定长远规划，也要制定中短期规划，特别是当年工作规划。在编制规划过程中，应紧紧围绕加快推进农业农村现代化“一个总目标”，牢牢把握产业兴旺、生态宜居、乡风文明、治理有效、生活富裕的总要求，着力做好三点：一是原则上，应重视各县、市（区）乡村发展的差异性，在粮食安全、产业效益、生态环境建设保护上进行合理选择，因地制宜，宜粮则粮、宜经则经、宜牧则牧、宜林则林、宜渔则渔、宜退则退、宜居则居、宜游则游；二是手段上，重视打破历史形成的乡村发展低水平均衡状态，把握人力、地权、资本和技术四个重点，引入先进要素；三是保障上，重视拓宽乡村建设发展主体，推进政府、市场和社会相结合，加强组织领导、公共管理和公共服务。

（二）把打造高素质的乡村人才队伍作为乡村振兴的核心支撑

乡村振兴的关键在人，人才是乡村振兴的第一资源。总体原则上，应强化“人才先行”在乡村振兴战略全局中的定位，坚持“一把手”抓“第一资

源”；建立良好的人才激励机制，为农业农村人才成长创造良好环境，在增加福利待遇、注重荣誉激励、完善晋升机制等方面出台扶持政策。针对不同类型的农业农村人才培育，要分类施策。具体来讲，应做好以下五类乡村人才队伍建设：一是选好配齐乡村干部队伍，培育一批眼界、胸襟开阔的优秀党政干部，搭配好乡村振兴的班子；二是加强新型农业经营主体带头人培育，特别是涉农企业家和企业家精神的培养；三是激励更多优秀的城市人才下乡创业，支持和鼓励农民就业、创业；四是打造乡村科技人才队伍，着重打造稀缺的乡村信息人才队伍，依靠现代科技发展现代农业，促进农村产业融合发展；五是加强新型职业农民培养，优先从国家现代农业示范区、农村改革试验区、现代农业产业园等遴选，促进小农户与现代农业有机衔接。

（三）把发展农业产业化联合体、田园综合体作为促进乡村振兴的重要举措

潍坊的农业产业化引领全国，应在充分发挥优势特色产业的基础上，持续转型、跨越式发展，其中重要抓手就是农业产业化联合体、田园综合体。2017 年 10 月，农业部等六部委联合印发了《关于促进农业产业化联合体发展的指导意见》。2017 年 6 月，财政部出台《关于做好 2017 年田园综合体试点工作的意见》。农业产业化联合体和田园综合体是促进乡村振兴的重要举措。在发展农业产业化联合体方面，我们应完善支持政策，将现有支持龙头企业、农民合作社、家庭农场发展的农村三产融合、农业综合开发等相关项目资金，向农业产业化联合体内符合条件的新型农业经营主体倾斜；借鉴安徽、河北等地经验，着力开展农业产业化联合体示范创建活动，建立和发布农业产业化联合体示范名录，同时要加大宣传引导力度。在发展田园综合体方面，应坚持田园综合体“姓农为农”的根本宗旨，发挥市场机制作用，以农业综合开发为平台，集中相关政策支持，从基础设施、产业发展、新民居建设、美丽乡村等方面加强田园综合体建设，重点抓生产体系、产业体系、经营体系、生态体系、服务体系、运行体系等 6 大支撑体系建设。

（四）把信息化作为乡村振兴的战略制高点

信息化是推动城乡融合发展的重要途径，是促进农村双创的重要平台。重点从五个方面推进农业农村信息化建设。一是夯实信息化基础设施。重点推进光纤入村、手机支付、金融服务终端等方面的基础设施建设。二是强化信息技术应用。着力在种植业、设施农业、畜禽养殖业、渔业、农产品加工业等方面进行物联网、智能化、数字化技术应用。三是促进农商互联加快发展。利用潍坊作为国家农商互联标准化示范市的优势，整合产业链，深入推进联产品、联设施、联标准、联数据、联市场“五联”建设，推动电商企业与新型农业经营主体、农产品加工流通企业合作，探索“互联网＋农产品流通”的新型流通模式。四是推进涉农政务部门大信息网络建设。推进政务信息资源共享开放，消除“信息孤岛”，推动农业农村大数据发展，强化农业政务重要信息系统深化应用。五是建立新型农业信息综合服务体系，推进信息进村入户，加强农民信息化应用能力建设，完善农业信息社会化服务体系。

（五）把打造新平台作为乡村振兴的关键抓手

乡村振兴作为新战略，需要新平台。新平台的打造既要充分考量潍坊的基础和优势，又要善于抢抓新机遇。一是搭建国家级潍坊农业自贸试验区平台。潍坊被农业部确定为首批国家农业对外开放合作试验区，潍坊国家农业开放发展综合试验区列入全省新旧动能“10+2”重大工程项目，这两个试验区都强调以开放促改革、促发展，深化制度创新，充分防控风险，探索建立市场化、法治化、国际化营商环境等，可以考虑以两个试验区建设为平台，推动设立国家级潍坊农业自贸试验区。二是争创全国农业高新技术产业示范区。国务院正筹划在全国布局一批农业高新技术产业示范区。我们可以借鉴杨凌农业高新技术产业示范区模式经验，强化高新技术产业在现代农业生产、经营体系中的引领、带动和示范作用，促进农业产业链逐步向中高端延伸，农业由产量导向向质量导向转变、由要素驱动向创新驱动转变。三是建设一批农业特色小镇。特色小镇是实现乡村产业兴旺、生态宜居、生活富裕的理想平台。瑞士的达沃斯小镇、美国的格林威治对冲基金小镇、法国的普罗旺斯小镇、希腊的圣多里尼小镇等，既是产业小镇，又是生态小镇。近几年，中央涉及“三农”的政策均对农业特色小镇给予支持，潍坊市应大力支持农业特色小镇建设，着重在规划编制、产业培育、财政扶持、配套基础设施、保障资源要素、提供公共服务等方面进行引导。四是搭建新乡贤参与乡村建设治理平台。乡贤文化作为一种“软治理”，有利于健全乡村居民利益表达机制，营造新乡贤参与家乡建设的氛围，建设乡村共同体，提高凝聚力和自治能力。潍坊市可以通过组建县、乡、村三级乡贤协会或商会等社会组织，设立乡贤理事会、乡贤调解员、乡贤宣讲员等形式，实行乡贤挂职“村官”和乡镇长助理等制度，发挥好离退休干部、知识分子、优秀农民工、企业家等新乡贤在乡村建设治理中的作用。

（2018 年 3 月）

韩国“新村运动”分析

◎刘 磊 刘永杰

20世纪70年代以来，韩国政府通过“新村运动”，对农村经济和社会活动进行了积极干预，有效促进了农业农村现代化，在提高经济总量的前提下，有效缩小了工农差距和城乡差距，创造了跨越式、超常规发展的模式。

一、“新村运动”的背景

20世纪50年代后，韩国开始恢复经济建设，在20世纪60年代先后实施两次“五年计划”，重点扶持工业，扩大工业出口，工业经济得以高速增长，20世纪70年代初进入工业化中期阶段。但农村长期不被关注，农民极端贫困，农村基础设施严重落后。1970年韩国大约80%的农户住的是茅草房，只有20%的农户能通电，不到60%的自然村能通汽车，乡村之间缺少连接道路，工农、城乡发展严重失衡。同时，农村社会风气恶化。受朝鲜战争的深刻影响，加上长年的政治动乱，以及循环往复的通货膨胀和不同程度的社会分配不公，国民历史上崇尚的勤俭节约、互相信任的良好社会风尚和民风民俗遭到破坏，农村酗酒、赌博、打斗等风气弥漫。

二、“新村运动”的历程及内容

“新村运动”的基本内容涵盖了精神启蒙、环境改善、增加收入和经济开发等诸多方面。韩国20世纪70年代的“绿色革命”，完成了粮食的自给自足；80年代的“白色革命”，实现了在塑料温室中培育四季农作物；90年代，通过加强各种农副产品的竞争力，韩国做好了向21世纪生命科学农业进军的准备。韩国的“新村运动”大体分为五个阶段，每个阶段各有其明确的目标和具体内容。

1. 奠基起步阶段（1970—1973年）

该阶段的主要内容是改善农民居住条件，重点实施了三大工程：一是改善生活环境工程，包括整修公共水井、破旧房屋、桥梁涵洞、河堤马道、村级公路等；二是增加收入工程，主要通过改良土壤、改良种子和促进农民之间的劳动合作增加农业收入；三是思想变革工程，重点是消除社会没落观念，鼓励勤劳节俭的生活方式，创建合作的氛围。

2. 扩展阶段（1974—1976年）

该阶段主要内容是帮助农民增加收入。政府推出了“建设新村运动增加收入事业”计划：一是调整种植业结构。以郡为单位，在137个地区大力倡导、重点开发21个经济作物品种，在山区发展牧业、造经济林等。二是推广农业技术，广泛普及高产水稻新品种“统一稻”的种植，实现大米自给。

3. 充实提高阶段（1977—1980年）

该阶段主要内容是大力发展农村工业。政府推进“新村运动”的工作重点放在鼓励发展畜牧业、农产品和水产品加工业和特产农业。政府将原来家族式小农经营的单一产品扩大到以县、邑为单位的生产基地，形成集生产、销售、加工为一体的综合经营。

4. 自发建设阶段（1981—1988 年）

该阶段的主要内容是调整“新村运动”的政策和措施。政府主动弱化主导作用，工作重点定位为制定规划和开展协调以及提供必要的财政、物质、技术支持，着重调整农业结构，进一步发展多种经营，大力发展农村金融业、流通业，继续提高农民收入，改善农村生活和文化环境。

5. 自主管理阶段（1989 年开始）

该阶段的主要内容是文化伦理教育。政府的工作重点是教育广大农民自觉抵制各种不良社会现象，加强国民道德伦理建设，培养村民的共同体意识，强化农村的民主与法制教育。推进农村经济、文化发展的组织机构应运而生，为传承和彰显“新村运动”的价值理念发挥了积极作用。

三、“新村运动”的主要措施

“新村运动”是韩国农业现代化的过程，是政府主动引导、农户积极建设、社会广泛参与、措施科学有力的综合成果。

（一）政府主动作为，在管理机构设置、各项支持事项、考核激励制度、文化教育培训等方面都取得了显著的成效

1. 建立高效统一的“新村运动”组织管理机构

韩国从中央到地方各级政府建立了系统的“新村运动”组织机构和工作职责。中央成立了“中央协议会”，直属内务部，内务部长任议长，中央部委副部级官员担任议员。省、市、县、乡、村等地方各级政府，按中

央模式设立了相应的地方协议会。“中央协议会”的职责是综合调整“新村运动”长、中期及各年度计划，审查分析工作成绩，协议调整困难事项；省、直辖市协议会负责协调中央和地方各级政府间的工作，制定“新村运动”实施计划，研究决定各种资源的分配；市、县协议会负责协调、指导和促进本级“新村运动”；乡（镇）促进委员会负责指导、协调和支持本级的工作；村开发委员会根据“中央协议会”的基本方针，制定具体的开发项目、实施操作方案，再经乡（镇）促进委员会逐级报到省、直辖市和中央委员会。

2. 提供资金、技术、补贴等支持政策

一是对“新村运动”前期的基础设施项目建设提供了相当于政府预算1%的资金，向农民发放长达30年的低息贷款，并为农村争取国际组织贷款，政府有关支农资金通过农协直接发放到户。二是给予农村基础设施和民居建设必要的技术支持，如帮助进行村镇建设规划，推荐标准住宅图纸，派技术人员指导道路、桥梁建设等。三是在全国设立了三级训练场所，对公务员、教管、机械化要员和使用者进行农业机械的使用操作训练。四是通过财政补贴保护水稻新品种的价格，鼓励农户种植经济作物，调整优化农业结构。

3. 制定科学的奖惩制度

一是政府在人、财、物的支援上实施奖优罚劣的分配政策。根据各村完成公共事业的成绩，按成绩由高到低把村依次划分为自立、自助、基础三级。“新村运动”第二年，政府的援助物资只分给自立村和自助村。二是尽管“运动”指导者不拿报酬，但政府也给予精神和其他物质奖励，如发勋章，有权随时面见行政官员，优先选拔做国家公务员，坐火车、汽车票价便宜50%，子女在初、高中考试排在前100名的免学费并发奖学金等。三是对县、乡两级公务员实行新村建设考核制度，干得好的提拔，干得不好的调往山区和岛屿工作。

（二）韩国积极发展农协等合作组织，当政府功能弱化时，农协成为“新村运动”的主导力量

韩国非常重视民间组织的建设，农民合作经济组织（农协）成为韩国“新村运动”中不可替代的力量。韩国通过颁布《农协法》，对农协的地位、职责、组织机构等内容作出了具体的规定，为农协的发展提供了法律保障。韩国的农协基本上开展了法律所允许的全部业务，主要职能包括四部分。

1. 流通与供应

在流通领域，韩国农协非常重视流通渠道的建立。在全国的生产基地，即农产品销售的起点，农协建立了2100多个营销设施，包括销售中心、低温贮存室、集散点和货仓等，用以减少营销成本和加强农户在市场中的地位。在消费领域，韩国农协建立了3100个营销设施。这些营销设施主要建立在农产品被大量消费的城市地区，作为连接农户与消费者的纽带。农协的营销渠道实行连锁，从而降低了不必要的营销成本。在农协设立的营销设施中，农户能够以较高的价格出售他们的产品，而消费者能够以较低的价格购买农产品。

2. 教育与支持

韩国农协运营着8个培训中心（研修院）和农协大学。研修院主要培训农民，农协大学主要培训技术指导员。农协会员参加培训学习是免费的。学校根据种植业作物分类和农业产业结构设置课程，教学方式有集中授课、分组讨论、典型经验介绍、举办讲座、实地参观等。为满足不同地区农民对技术的多样化需求，从1985年起，农协大学的部分课程转移到各道（省）农协的研修院承担。目前，该校开设了蔬菜、花卉、蘑菇类、药用植物、特种作物、有机农业等课程。

3. 银行及信用卡业务

农协拥有韩国最大的电子网络，连接其遍布全国城乡各地的5000多个分支机构。在支行，农协不仅提供综合金融服务，而且出售成员农户生产

的农产品。随着IT产业的发展，韩国农协可提供包括电子银行、网络银行、移动或掌上电脑（PDA）银行以及自动服务在内的多种金融服务，以满足客户需求。此外，农协设立了专门的担保基金，为发展农业或渔业需要资金却无抵押品、在动员资金方面存在困难的农民和渔民提供信用担保。

4. 充当代言人

韩国农协的代言人角色主要体现在三个方面：一是与政府对话的代言人；二是与社会对话的代言人；三是与国际对话的代言人。农协根据农民组合成员的期待和要求，向政府反映情况，提出建议和要求，调整有关政策，保护农民合法权益。

（三）韩国政府注重农民的主体地位，调动农户积极性广泛参与“新村运动”，是韩国一以贯之的正确决策

1. 尊重农民的主体地位

“新村运动”从初期开始就注重提升农民的自助意识。面对农村贫困，1970年，韩国政府确立以提升农民的自助意识和合作精神来开发新农村的思路。国家虽然免费提供水泥等物资，但物资用不用、怎么用，完全由农民自己做主，有许多村庄在接受政府支援物资的同时，村民投入自己的资金和劳力来改善环境。

2. 尊重农民的决定

“新村运动”的项目也是由村民集体讨论决定的，自筹50%以上的资金、物资，剩下的向政府请求援助，得到援助后自己组织实施，自己享受劳动的果实，真正体现了农民的主体地位。

3. 实施村民监督制度

韩国政府建立村民监督制度，以保证政府投入的财力和物资得到有效使用。一是所有的财物以村为单位申报领用，政府各部门不参与工程建设。每村委派一名公务员，具体负责统计工作并接受村民监督；政府把能否及时、准确无误地将中央分配的支援物资送到村里，作为考核公务员素质的重要标

准；公务员的晋职加薪与其在新村工作中的政绩、水平挂钩。二是各村村民代表可参与郡、市政府的有关决策会议，可以约见市长、郡守，并当面提出问题、批评与建议。

4. 提高农村骨干业务能力

各级公务员和各村每年推选男女各 1 名指导员进入研修院学习；研修院经常请一些有实践经验的基层干部、农民前来讲课，注重将理论与实践相结合，制定各村建设规划，并将规划交上级核准后实施。研修院的学员毕业返乡后，能够主动承担起“新村运动”的核心骨干责任。

（2018 年 1 月）

农业“新六产”的有关情况及思考与建议

◎ 郑爱文　李少军　方典昌　刘　磊

一、农业“新六产”的含义

（一）农业“新六产”是山东创新提出的

国家层面和其他省区市均无这一提法，中央的提法是农村一二三产业融合。①山东提出农业“新六产”，是借鉴了日本“第六产业”的提法，强调以新技术、新产业、新业态、新模式“四新”推动农村一二三产业融合发展，是结合山东省新旧动能转换实际、落实国家农村一二三产业融合的创新性举措。②山东农业“新六产”、我国“农村一二三产融合发展”与日本“第六产业”基本内容相同，但侧重点略有不同。③日本“六次产业”最早由日本农协研究所所长、日本东京大学教授今村奈良臣在1996年提出，2008年政府官方出台文件正式实施，是在已经实现农业现代化的基础上提出的，强调农业向二三产业延伸，让农民分享农产品加工、流通和消费环节收益。④我国“农村一二三产业融合”是在由传统农业向现代农业转型的大背景下提出的，强调一二三产业的深度融合，既注重第一产业向二三产业延伸，又注重第二产业向一三产业延伸、第三产业向一二产业延伸。

（二）农业“新六产”的概念

①所谓“新六产”，即把新技术、新业态和新模式引入农业，实现产业链延伸、价值链提升、供应链贯通。②山东省十一次党代会上提出了培植壮大农业“新六产”，推进“三园同建”、推动“四型发展”、促进“三链重构”（现代农业产业园区、科技园区、创业园区；终端型、体验型、循环型、智慧型；产业链、价值链、供应链）。③省农业厅于2018年1月19日举行新闻发布会，对农业“新六产”进行比较全面的界定：指以农业为基础，以农民增收为目标，延伸产业链，促进农村三次产业跨界融合，实现产业“1+2+3”；提升价值链，通过加工增值、服务增值，产生乘数效应，实现效益“1×2×3”；贯通供应链，减少流通环节，实现产销直接对接，发展终端型、体验型、循环型、智慧型新业态、新模式，促进农业全环节升级、全链条升值。

（三）农业“新六产”的特征

特征主要体现在三个方面。一是农业“新六产”从农业出发，以农业为基础的，根本目的是构建更有效率、更有效益、更可持续的农产品供给体系，推动农业全面升级、农村全面进步、农民全面发展。二是农业“新六产”把握新旧动能转换要求，把新技术、新业态和新模式引入农业，推进农业信息化、专业化、规模化、集约化。三是农业“新六产”多产业融合、多功能拓展、多价值提升。从延伸产业链来看，构建一二三产业紧密连接、融合互动、协同发展的产业体系；从提升价值链来看，以市场需求为导向，推动农村一二三产业在融合发展中同步升值，各环节收益倍增；从畅通供应链来看，以产销无缝对接为出发点，减少产品流通的中间环节和交易成本。

（四）农业“新六产”的主要内容

2017年12月，山东省政府办公厅出台《关于加快发展农业“新六产”的意见》，明确了农业“新六产”发展的指导思想、基本原则，提出到2020年全省建设农业“新六产”示范县50个，培育示范主体600家。特别是清晰概括了农业“新六产”主要内容。

1. 塑造农业“新六产”新型业态

一是打造终端型业态，构建农产品从田头到餐桌、从初级产品到终端消费无缝对接的产业体系。二是打造体验型业态，促进农业生产、农产品加工与休闲观光（垂钓）、农耕体验、文化传承、健康养老、节庆采摘、科普教育深度融合。三是打造循环型业态，发展生态农业、绿色农业、循环农业。四是打造智慧型业态，发展智慧农业、农村电商等新产业、新业态。

2. 培育农业“新六产”带动主体

一是培育家庭农场，开展家庭农场示范场省、市、县三级联创活动。二是规范发展农民合作社，落实财政项目资金直接投向农民合作社，形成资产转交合作社成员持有和管护政策。三是壮大提升龙头企业，培育农业产业化联合体。四是完善农业社会化服务体系，开展农业社会化服务示范县创建活动。

3. 做优农业“新六产”发展载体

一是加快推进农业产业特色小镇建设，推动现代农业向特、精、强转型发展。二是加快推进美丽乡村建设，开展美丽乡村示范创建活动，推动建筑设计下乡、技能培训下乡，开展田园建筑示范。三是加快推进现代农业园区建设，推动产业园区、科技园区、创业园区“三园同建”，打造现代农业综合发展平台。

（五）山东发展农业“新六产”的政策措施

《关于加快发展农业“新六产”的意见》还就如何发展农业“新六产”，提出三个方面的支持政策和保障措施。

1. 完善农业“新六产”发展利益联结机制

一是推进多方式合作，重点是发展订单农业，鼓励新型农业经营主体优先聘用已流转土地或以土地经营权入股的农民。二是完善利益分配机制，重点是支持发展“保护价收购 + 利润返还或二次结算”、“租金保底 + 股份分红”、组建土地股份专业合作社等方式。三是健全风险防范机制，建立规模流转土地经营权分级备案制度，建立土地流转、订单农业等风险保障金制度，鼓励制定信用评级办法体系，健全纠纷调解仲裁体系。

2. 健全农业“新六产”发展服务保障体系

一是搭建公共服务平台，搭建农村综合性信息化服务平台，实施农技推广信息化应用示范项目，创建农村创业创新基地（园区）目录。二是加强农业人才队伍建设，重点是开展新型职业农民培育、新型农业经营主体带头人轮训、农业职业经理人培育认定管理等工作。三是强化农业科技支撑，实施“农业科技展翅行动”，探索“创新团队 + 基层农技推广体系 + 新型农业经营主体”新型农业科研与推广服务机制。四是打造山东农产品品牌，实施山东农产品整体品牌形象塑造工程，建立健全品牌农产品标准体系，建立知名品牌目录。五是创新农村金融服务，重点支持齐鲁农村产权交易中心建设，将新型农业经营主体纳入省级农业融资担保机构的扶持范围。

3. 建立农业“新六产”发展推进机制

一是部门定期会商重大事项，加强调度督导。二是政策支持。中央预算内投资、国家专项建设基金等优先支持符合条件的农业“新六产”项目，逐级建立政府优先扶持目录，新型农业经营主体发展农产品初加工用电执行农业生产电价，年度土地供应计划确定一定比例支持农业“新六产”发展。三是试点示范，重点围绕农业“新六产”发展模式、主体培育、政策创新和投融资机制等进行探索。四是落实各级政府责任，要求县级政府制定具体实施方案。

二、中央及各地出台政策情况

（一）国家层面

党的十九大之前，中央及国家部委出台关于农村一二三产业融合的文件，主要有 16 项。

（1）2017 年 10 月，农业部等六部委联合印发《关于促进农业产业化联合体发展的指导意见》。

（2）2017 年 9 月，农业部等十二部委联合印发《关于促进农村创业创新园区（基地）建设的指导意见》。

（3）2017 年 6 月，财政部出台《关于做好 2017 年田园综合体试点工作的意见》。

（4）2017 年 1 月，农业部印发《“十三五”全国新型职业农民培育发展规划》。

（5）2016 年 12 月，中共中央、国务院印发《关于深入推进农业供给侧结构性改革 加快培育农业农村发展新动能的若干意见》。

（6）2016 年 11 月，《国务院办公厅关于支持返乡下乡人员创业创新 促进农村一二三产业融合发展的意见》发布。

（7）2016 年 11 月，农业部出台《全国农产品加工业与农村一二三产业融合发展规划（2016—2020 年）》。

（8）2016 年 10 月，国务院印发《关于激发重点群体活力带动城乡居民增收的实施意见》。

（9）2016 年 10 月，农业部印发《关于推动落实农村一二三产业融合发展政策措施的通知》。

（10）2016 年 10 月，国家发展和改革委员会出台《关于加快美丽特色小（城）镇建设的指导意见》。

（11）2016 年 8 月，农业部、中国农业银行联合印发《关于金融支持农村一二三产业融合发展试点示范项目的通知》。

（12）2015 年 12 月，中共中央、国务院印发《关于落实发展新理念 加快农业现代化 实现全面小康目标的若干意见》。

（13）2015 年 12 月，《国务院办公厅关于推进农村一二三产业融合发展的指导意见》发布。

（14）2015 年 7 月，《国务院办公厅关于加快转变农业发展方式的意见》发布。

（15）2017年5月，中共中央办公厅、国务院办公厅印发《关于加快构建政策体系——培育新型农业经营主体的意见》。

（16）2015年2月，中共中央、国务院印发《关于加大改革创新力度——加快农业现代化建设的若干意见》。

十九大之后，国务院办公厅、农业部、国家发展和改革委员会出台落实乡村振兴战略文件3项，从不同层面、领域对深入推进农村一二三产业融合做了新部署、新要求。

（1）国务院办公厅于2018年1月印发《关于推进农业高新技术产业示范区建设发展的指导意见》。

（2）农业部办公厅于2017年12月出台《关于支持创建农村一二三产业融合发展先导区的意见》。

（3）国家发展和改革委员会等四部委于2017年12月联合印发《关于规范推进特色小镇和特色小城镇建设的若干意见》。

（二）省级层面

十九大之前，21个省、自治区、直辖市出台了落实《国务院办公厅关于推进农村一二三产业融合发展的指导意见》。十九大之后，围绕落实乡村振兴战略，山东省政府办公厅于2017年12月出台了《关于加快发展农业“新六产”的意见》。

（三）省内各市情况

十九大之前，只有潍坊市出台了关于农业“新六产”方面的文件，即2017年9月出台的《关于加快培育农业“新六产”推动现代农业发展的实施意见》。十九大之后，烟台于2018年1月出台了《关于推进农业“新六产”发展的实施意见》。济宁于2017年11月市委常委会会议讨论通过了《关于推进新旧动能转换　加快农业“新六产”发展的实施方案（讨论稿）》，并已于2018年5月正式出台。

三、日本、韩国发展“第六产业”的主要做法

日本、韩国都把发展农村“第六产业”作为提升农业农村现代化水平、缩小城乡差距的战略举措。我国的资源禀赋与日本、韩国类似，目前所达到的工业化、城镇化水平与日本、韩国当初提出和大力发展“第六产业”时所达到的水平也基本相同。日本、韩国“第六产业”的发展理念、发展模式、支持政策、管理体系等，对潍坊市发展“新六产”具有重要借鉴意义。

（一）日本的主要做法

1. 以顶层规划、法律法规指导和规范“第六产业”发展

一是出台“第六产业”发展规划纲要。2008 年，日本提出《农山渔村第六产业发展目标》；2010 年，相继出台《农山渔村六次产业化政策实施纲要》《农山渔村六次产业化政策工作相关补助金交付纲要》《农业主导型六次产业化准备工作实施纲要》等文件，为“第六产业”的发展提供了全面的规划设计。二是建立支持“第六产业”发展的法律法规体系。包括《第六产业化法》《新农地法》《基金法》等基本法律以及《农工商联合促进法》《中小企业新事业活动促进法》《地区资源利用促进法》《地区产业集群形成法》等相关法律，这些法律法规相互补充，有效规范了“第六产业”发展。

2. 以农业为基础，走农工商协作发展道路

重点抓好两方面的工作。一是支持农林渔业者以农产品为基础进行创新和产业拓展，包括新产品与新技术开发、新价值创造、新市场开拓以及新产业培育等。2014 年，日本认定支持的 1919 个农业生产者中，68.1% 是加工销售一体，21.1% 是农产加工型的。二是避免工商资本前向整合或兼并农业，确保农业的主体地位。

3. 以农业协会引领一二三产业融合发展

农协是农户以自愿联合、自主经营、民主管理为原则组建的群众性互助经济组织。日本农协适应了农业生产分散、规模小的特点，以其强大的体系和健全的组织结构，把分散经营的农户与全国统一的市场紧密联结起来；农协经营着日本所有农作物从产前、产中到产后的所有环节以及其他所有涉农业务，把农业的生产、流通、分配和消费的全过程连接起来；为农户提供全方位服务，包括技术指导、产品营销、金融保险、培育消费者、社会保障等，对推进“地产地消”和农工商一体化、发展地域品牌农产品发挥了重要作用。

4. 完善财政政策，保障资金需求

一是设立“第六产业”专项资金，2014 年专项资金规模 12.4 亿日元，2015 年为 21.3 亿日元。这些专项资金主要用于补贴、投资、贴息等补助。如农协建立直销店，中央政府补贴 1/2、地方政府补贴 1/4、农协只承担 1/8 的投资等。二是政企合作建立投资基金。2013 年，中央财政出资 300 亿日元，民间组织出资 18 亿日元，共同成立 318 亿日元的“第六产业”发展投资基金，主要通过投资参股、低息贷款等方式支持“第六产业”。三是进一步放大发展“第六产业”以前的农业扶持资金作用。对已有的农业基础设施建设、农工商合作、新技术研发引进推广、新产品开发、新市场拓展等财政支持政策，“第六产业”主体同样可以申请。

5. 以经营主体的精准认证，确保支持政策精准

经营主体一旦被认定为“第六产业”，可以得到很多政策援助，如延长无息资金的偿还期限等。日本“第六产业”认证机构很多，每个县都设立“第六产业”支援中心，农协、农业振兴公社等组织也会设立认证机构，通常每年实施 3 次认证。认证条件包括：一是申请主体必须是农林渔业从业者个人或由其组成的团体；二是申请主体必须以自己生产的农林水产品等作为原材料进行新产品研发，采用全新销售方式，或结合实际调整生产方式；三是 3 ~ 5 年内必须在上述两个指标上达到相应标准，否则认定资格将被撤销。

6. 强化人才培养，提供“第六产业”人才支撑

日本在发展“第六产业”过程中，十分重视人才培养。一是设立全国“第六产业”人才培养推进机构，融合官、产、学、劳、民五大要素，推进人才培养体系制度化和普及化。二是建立以农业者大学校为主的农民职业技术教育体系。日本有 52 所农业者大学校，主要培养“第六产业”中坚人才。培训过程中，学校注重依托附属农场开展实践教学。三是借助互联网力量，创新人才培养方式，如针对已被确认的“第六产业”从业人员开设网络服务平台，方便开展信息交流。四是重点培养有农业技术、商品开发和销售能力的复合型人才以及产业领头人，发挥他们在“第六产业”发展中的带动作用。

（二）韩国的主要做法

韩国农业部于 2013 年正式提出促进“第六产业”发展，标志是《农业农村及食品产业发展五年规划（2013—2017）》的出台。总体来看，韩国发展“第六产业”的政策措施与日本有很多相似之处，比如都有中央的规划、完备的法律体系、实行财税补贴支持、设立“第六产业”认证机构、重视人才培养、建立自上而下的管理体制等，但在这些措施的操作上略有不同。

韩国特别重视对获得财政支持的“第六产业”经营主体的监督管理，以确保财政资金发挥实效。监督管理分为两个阶段。①过程控制阶段。一是日常检查。形式有两种：第一，地方农业部门不定期检查，一般每半年至少 1 次，具体时间由中央农业部门定；第二，中央和地方农业部门联合抽查，每年不定期检查 3 次。检查内容主要是经营主体是否按计划书发展“第六产业”，包括实施进度、扶持资金流向、是否偏离发展目标、存在问题等。二是年终评估。在中央政府农业部门的指导下，由地方农业部门组织农业专家、技术人员等开展现场评估。主要评估经营主体获得资金扶持后的经营效果，包括经营规模、农产品产量、销售额完成情况、农工商对接情况、新技术应用情况等。②结果运用阶段。政府依据检查、评估结果调整政策扶持。一是对评估表现不佳的经营主体收回、减少或终止资金扶持。经营主体不促

进项目发展或者很难达到预期目标值，支援资金将全部回收；经营主体遇到不可抗力情况，经认证后，支援资金将减额；目标值未达到50%以上、销售额减少、项目进度不顺利，支援资金将终止。发生以上三种情况，经营主体将在两年内不得申请“第六产业”项目；如果经营主体以其他理由不返还支援资金，将根据相关规章制度进行制裁。二是对评估表现适中的经营主体，维持原有的资金扶持。三是对评估表现优秀的经营主体，政府会给予一定的资金奖励。这部分资金主要来自扶持资金收回、减少或终止带来的剩余资金。

四、外地经验

发展农业“新六产”必须塑造新型业态、培育带动主体、做优发展载体，必须健全完善利益联结机制、服务保障体系、发展推进机制。这方面，四川省及湖州、青岛、苏州等市探索了一些经验做法，值得潍坊市学习和借鉴。

（一）四川省：把特色小镇作为农业产业融合发展的重要载体

培育打造一批特色小镇，有利于促进资源要素的集中聚集，增强农村一二三产业融合发展的能力。

1. 四川打造特色小镇，核心之举在强化产业支撑，以特色产业立镇，化解小镇发展“空心化”难题

主要探索了六种模式：一是工业园区特色镇，突出发展以历史经典产业和新兴产业为主体的特色镇；二是旅游观光特色镇，发挥四川历史文化厚重、山川雄奇秀美、民族风情浓郁多姿的优势；三是商贸物流特色镇，重点在区位和经济条件好、人口流动密度大的小镇发展；四是生态宜居特色镇，

重点在生态优良、气候宜人的地方，发展适宜居住、康养和观光的生态宜居特色镇；五是现代农业特色镇，挖掘四川作为农业大省的优势，建设服务农村、带动农业、促进农民增收的特色小镇；六是创新创业特色镇，随着创新创业活力不断释放和产业转型升级，一批“孵化 + 创投”“互联网 +”“创新工场”等新型业态的创新创业集聚区，如雨后春笋般应运而生，成为打破传统建制镇的新生园区镇、城中镇。

2. 四川打造特色小镇，根本动力在深化改革，充分发挥市场主体作用，摒弃“政府大包大揽”的传统做法

一是四川在实施“百镇建设行动”中，坚持政府引导、市场运作、企业主体，不搞“大包大揽”，不靠“拍脑袋”上项目，不搞财政资金集成的“盆景”，坚持以改革为动力，着力培育和提升小镇的自我发展能力。二是向改革要“小镇管理活力”，大力推进“扩权强镇”。依法赋予或行政委托试点镇县级经济社会管理权限。新津县、大竹县通过委托或直接交办等方式，分别将 97 项和 111 项县级经济社会管理权限和公共服务事项下放到花源镇和庙坝镇，细化下放权限内容、办理时限和责任主体，增强试点镇对经济社会事务的统筹协调能力。三是实行“一站式服务”。将镇级行政管理权限和公共服务事项，集中纳入便民服务中心，明确办事依据、办事程序和办结时限，减少办事环节和流程。成都市安德镇实行镇与功能区“镇区合一、两块牌子、一套人马”的管理体制，镇政府主要抓社会管理和公共服务，管委会主要抓产业规划和招商引资，实现了镇域的一体化管理。四是向改革要“农村人口市民化”，全面放开小城镇落户限制。四川从 2013 年开始，在全国率先全面放开特大城市以外的城镇落户限制，清理并废除不利于农业转移人口落户的限制条件，促进农业转移人口落户城镇，推动其享受城镇居民同等权益。五是大力推进社保制度改革。完善社会保险关系转移接续办法，健全农业转移人口社会保障体系，全面落实统一农业转移人口与城镇职工失业保险政策，增强对农业人口向小城镇转移的吸引力，让农民“愿进来”“留得住”，更“过得好”。六是向改革问“钱从哪里来”，省财政“以奖代补”。

省级财政每年安排专项资金5亿元支持“百镇建设行动”，同时整合城乡环境综合治理专项资金，支持重点镇基础设施建设。通过“以奖代补”的竞争机制给予配套支持。七是推动社会资本投入。建立多主体、多渠道、多形式的投融资机制，稳定增加小城镇建设发展的投入。探索运用PPP（政府和资本合作）、财政贴息、直接补助、发行地方政府债券等多种方式，鼓励、引导、推动社会资本投入小城镇建设。

3. 四川打造特色小镇，重要一环是补足小镇基础设施和公共服务短板，避免出现“宜业不宜居”的问题

一是补基础设施短板。300个试点示范镇累计完成基础设施投资321亿元，完成基础设施建设项目近1000个。重点是推进水、电、路、气等基础设施向小城镇延伸。以成都为例，每一个小镇都配有学校、医院、服务中心等。二是补公共服务短板。加大医疗、教育等方面的投入，将农业转移人口随迁子女义务教育纳入教育发展规划和财政保障范畴，公办学校对农业转移人口随迁子女普遍开放。在2015年抽样的127个镇中，平均拥有幼儿园和中小学6所，卫生院平均有80名医护及工作人员，医疗卫生设施数达到9.8个，比2012年增加了30.3%。三是补小镇管理短板。在试点镇设立部门管理分局或分支派出机构，推动综合执法权下放。广安街子镇设立了综合管理执法中队，配备了专职人员和车辆，整合市场、城管等管理职能，实现了全天候治理维护。

（二）浙江省湖州市：培育新型职业农民

新型职业农民是构建新型农业经营主体的重要组成部分，是推动农业“新六产”的基本支撑。湖州市作为浙江省重要的农业地区，探索出一些新型职业农民培训和新型农业经营主体培育的经验做法，形成了具有一定可复制性的“湖州模式”。

1. 创建市级农民学院，搭建新型职业农民培育平台

2010年，湖州市整合省级高校、科研院所，以及涉农各部门科研力量，

由湖州职业技术学院与湖州市农业农村工作办公室、浙江大学联合发起成立湖州农民学院。这是浙江省首个农民学院，也是全国首个地市级的农民学院。湖州农民学院注重"目标明确、精准培训"，确立以培养"学历+技能+创业"型的农民大学生为主要任务，致力于造就一批"有文化、懂技术、会经营"的复合型、实用型、领军型人才。农民学院在创新管理体制、完善办学体系、保障资金投入、强化专业建设、推进学历衔接、整合师资力量、开发乡土教材、推进创业基地建设、拓展合作平台等方面，做了很多探索与努力，2014年以来累计培育、认定新型职业农民9593名。

2. 湖州新型职业农民培育的"三位一体"

"三位一体"即新型职业农民的教育培训、认定管理与政策扶持。一是教育培训。湖州市围绕农业十大主导产业，按照生产经营型、专业技能型和社会服务型三种类型，对农民开展分类、分批培训。培训采取就地就近下乡进村办班方式，积极探索"农学结合"分段培训模式，促进学用结合和学习、生产"两不误"。二是认定管理。湖州市新型职业农民认定对象是遵纪守法、热爱农业，有志于从事农业生产和服务，具有良好的职业道德和社会公德，具有一定文化素质和经营管理技能，年龄在18周岁以上、60周岁以下，具有劳动能力，在湖州市域内从事种养或农业产前、产中、产后服务，并以农业生产服务获得稳定收入的人员。采取培训认定和直接认定两种方式，将新型职业农民分为生产经营型、专业技能型、社会服务型。三是政策扶持。湖州市对新型职业农民兴办家庭农场、农产品加工营销企业，牵头组建农民专业合作社等，在土地流转、技术服务、政策支持等方面给予重点倾斜；加大对新型职业农民科技、信贷、保险支持力度；鼓励用人单位及新型职业农民个人参加城镇职工基本保险，缴费标准与城镇职工相同；加强后续教育，对新型职业农民，每两年免费知识更新培训一次，对参加高一级农业专业学历教育的给予学费等补助。

（三）青岛市：塑造农业“新六产”新业态

青岛通过打造终端型、体验型、循环型、智慧型等农业“新六产”新业态，激发了农村发展活力。主要做法：一是打造终端型业态。2017 年 9 月，青岛出台《关于进一步促进农产品加工业发展的实施意见》，推进加工业向优势产业集中布局，取得良好成效。2017 年青岛农产品加工企业 3168 家，其中国家级龙头企业 9 家，农产品加工年产值 1300 亿元，居副省级城市之首。与青岛相比，潍坊缺少农产品精深加工领军企业，农产品加工多以清洗、烘干、速冻等低端加工业为主，农产品精深加工增值率仅为 10% 左右。二是打造体验型业态。2016 年，青岛市出台《加快发展休闲农业的实施意见》，从规划布局、拓展功能、休闲农业经营主体培育等方面着力发展休闲农业。2017 年青岛市入选山东省休闲农业和乡村旅游示范县的有 2 个，山东省生态休闲农业示范园区 2 个，潍坊市无示范县、示范园区上榜。三是打造循环型业态。2016 年，青岛市出台《关于推进生态循环农业建设　实现农业绿色可持续发展的意见》，从推行循环种养模式、科学精准用肥用药、推进农业废弃物资源化利用等方面，深入推进生态循环农业建设，积极争取国家高标准节水节肥农业示范区、有机肥替代化肥示范县等项目。与青岛相比，潍坊种养循环链条衔接不紧密，畜禽粪污有效消纳利用机制不完善，土地因过量使用化肥产生板结、地力下降，种植业废弃物，特别是蔬菜秸秆综合利用水平较低，农业内部协作、循环生产水平亟待提升。四是打造智慧型业态。2015 年，青岛市出台《加快推进农村电子商务工作的实施意见》，从公共服务平台搭建、农村电商企业培育、农产品流通信息服务体系建设等方面着力提高农村电商服务水平。目前，青岛农产品专营网店达 550 家，交易额 1000 万元以上的农业电商企业达 40 家；胶州、即墨入选全国电商百佳县，而潍坊无县（市）上榜；青岛有 3 个全国“淘宝镇”，潍坊仅有高密开发区 1 个；青岛有全国“淘宝村”11 个，潍坊仅 5 个。

（四）苏州市：农村三产融合服务体系、保障体系、推进机制全面发力

苏州是全国农村改革发展的典型和前沿，成功走出一条苏州特色农村产业融合发展之路。苏州的许多发展条件是全国很多地区无法比拟的，但苏州在农村产业融合发展方面的理念和创造的好经验，有重要的借鉴价值。

1. 加强政策支持

苏州在健全政策支持机制上进行了有益创新。一是强化财政投入。增加农田水利、生产基地等农业基础设施投入，强化对农业科技、农技推广、农产品质量安全及农业社会化服务体系建设的支持力度，大力扶持农业龙头企业和农民专业合作社。二是强化以生态补偿为主的政策补助。积极落实国家粮食直补、农资增支综合补贴、良种补贴、农机购置补贴等惠农政策。以基本农田、水源地、重要生态湿地、生态公益林为生态补偿重点，通过财政转移支付，对经济发展受到限制的地区给予经济补偿。三是扶持新型农业经营主体。如张家港市从 2006 年开始，对流转土地按每公顷 4500 元给予补贴，补贴标准逐年增加，昆山市补贴标准达到每公顷 6000 元，其他市、区也都出台了相关扶持政策。

2. 强化现代科技提升作用

通过加强与农业科研单位和大专院校合作、招商科技项目、招聘科技人才等举措，积极引进国际国内新品种、新技术、新农艺，不断提高农业科技贡献份额。张家港三利农业科技公司由中国农业大学的一位博士创办，生产标准近乎苛刻的优质菊花、百合花出口日本，每公顷效益达 150 万元以上。常熟田娘农业科技公司流转土地 180 公顷，招聘一位农业推广硕士当总经理，引进科研单位和高等院校的先进理念与技术，创办了畜禽粪便无害化处理工厂，生产无公害绿色有机大米。

3. 创新农村金融服务

一是商业银行创新金融支持产品与服务。苏州银行作为唯一一家苏州本土法人城市商业银行，自从改制之后就设立了“三农”业务部，在支持苏州农村特色产业发展方面发挥了本土金融机构主力军作用。苏州本地特色农业，如大闸蟹、碧螺春茶叶等，一直是苏州银行支持的重点。近年来，苏州银行开发的涉农信贷产品主要分为“三农”个人业务和“三农”公司服务。二是金融机构着力支持农业产业链条发展。2015年9月，国内首家“互联网+新农村建设+乡村旅游”生态系统科技平台——“我的农庄”电商平台在苏州成立，招商银行苏州分行将为入驻该平台的农业项目提供完善的金融支持，这种银行与企业携手合作的模式将合力扶持苏州乡村旅游、休闲农业发展。三是互联网金融平台协同发力。P2P网贷平台、网络小额贷款和众筹平台等互联网金融模式积极开展涉农业务，在苏州推进农业与二三产业融合发展的金融支持方面所发挥的作用正在显现。P2P借贷规模扩大，北京大学互联网金融研究中心日前最新发布数据显示，在互联网金融发展方面，苏州市已入围全国前十、江苏省第2名。商业银行互联网金融平台贷款发放快速增长。以苏州银行为例，其旗下的创新型互联网金融平台——“小苏帮客”于2015年5月上线试运行，目前其网贷规模突破1亿元，2000多名客户获得融资服务，户均融资额度5万余元。众筹平台开始涉足农业。2014年我国第一家农业众筹平台“尝鲜众筹”上线，通过农业众筹平台，可以发挥品牌效应，让投融资双方受益，还能让人们感受田园乐趣，享受绿色、安全的食品，实现农业生产、农产品消费与体验融合。

4. 健全新型农业社会化服务体系

苏州组建了一大批种子种苗、机插育秧、机械化作业、病虫害综合防治等专业合作组织，为农业生产提供高效产业服务。同时组织培育了一大批专业合作社、行业协会、农业经纪人队伍等，提高农产品进入市场的组织化程度。目前，苏州全市农业生产综合机械化水平达到82%以上，主要农作物优良品种率达到90%以上；拥有国家级农业龙头企业2家，省级农业龙头企业 21 家，规模以上农业龙头企业实现销售收入 744 亿元。

5. 健全现代农业保障体系

一是提升农村基础设施建设水准，统筹推进城乡道路、水利、电力、环保、信息化等基础设施建设。目前，苏州农村已基本实现供水、供电、数字电视城乡一体化，村村通公路，各镇 15 分钟内上高速，镇镇通长途汽车，昆山市则率先实现全部镇村通公交。二是健全城乡统筹就业创业制度，逐步实现城乡劳动者就业服务共享、创业机会平等。通过免费培训、免费职业中介以及扶持农民自主创业，鼓励农民灵活就业，增加农民公益性岗位安置等有效举措，基本保证了农村富余劳动力的就业，累计达 157 万人。三是提高农民社会保障水平。苏州在全国率先实现城乡人人享有社会保障的基础上，进一步完善农村养老、医疗、低保政策。通过几年努力，把非农产业就业的农民和被征地农民纳入城保体系，农村合作医疗保险向居民医疗保险过渡，并建立实施城乡统一的最低生活保障制度。

五、思考与建议

发展农村生产力是乡村振兴的首要任务，以培育农业“新六产”作为乡村振兴的总抓手是山东落实中央部署的重大举措。潍坊发展“新六产”有很好的基础，特别是在去年，率先出台了《关于加快培育农业“新六产” 推动现代农业发展的实施意见》，谋划早、决策早具有很大的优势。我们理应把发展“新六产”作为产业强市、新旧动能转换、现代化经济体系的新引擎、新增长点，在实施乡村振兴战略的进程中走在前列。这既是潍坊市经济发展的客观要求，也是我们应有的政治担当。

（一）以编制规划统领“新六产”发展

规划是行动指南和发展纲领。中央正在研究制定国家乡村振兴战略规划，部署若干重大工程、重大计划、重大行动，省里出台农业“新六产”意见后，正着手编制全省农业“新六产”发展规划。潍坊也应谋划好这两个规划，搞好顶层设计：一方面要赶早，确保部署早、动作早、见效早，抓主动；另一方面要注重两个规划的衔接和统筹。乡村振兴规划要突出农业“新六产”这个核心抓手，把产业兴旺、生态宜居、乡风文明、治理有效、生活富裕五大方面的内容有机结合起来。这也是苏州、诸城推进城乡一体化发展的重要经验。农业“新六产”发展规划，关键是建立分类指导机制，重点是分析发展环境，明确发展目标，引导各县、市（区）出台与当地相适应的发展规划，而且规划宜粗不宜过细，为充分发挥基层的积极性、创造性打好基础。

无论是乡村振兴规划还是农业“新六产”规划，都应特别注意研究、把握以前规划中很少涉及的信息化。信息化是现代化最新的时代特征，对于实施乡村振兴战略、培育发展农业“新六产”都至关重要。目前，农村电商、信息进村入户工程、农业物联网、农业大数据等领域迅猛发展，正深刻改变着“三农”发展格局态势，我们应审时度势、精心谋划、超前布局。对此，建议规划中应从夯实信息化基础设施、强化信息技术应用、促进农商互联加快发展、推进涉农政务部门大信息网络建设、建立新型农业信息综合服务体系等五个方面推进农业农村信息化建设。

（二）以明晰产权打牢“新六产”基础

产权制度是社会主义市场经济的基石，经济主体产权的有效保障和实现是发展“新六产”的基础。尽管潍坊市农村产权制度改革走在全国、全省前列，但还存在一些突出问题，远远不能满足“新六产”的发展要求。

在确权颁证方面，一是虽然潍坊市已基本完成耕地《农村土地承包经营权证》发放工作，但仍有不少死角，部分农村承包地由于初始权界定不明、相关资料丢失损坏、流转过程中利益纠纷等原因造成权属无法确定；耕地“三权分置”和《农村土地承包经营权证》颁发工作刚刚起步。二是农村宅基地确权颁证工作基本完成，但由于历史、文化积习、政府监管等原因，仍存在个别需求得不到满足、占用耕地、“空心村”、“一户多宅”、私自转让等问题；2016 年，土地部门开始颁发《不动产权证书》，潍坊市这项工作还处于起步阶段。三是农村集体经营性建设用地存在低效闲置、私人占用问题，特别是入市交易过程中，农村集体经营性建设用地产权不明晰、利益分配、抵押融资等问题较为迫切。四是其他集体资产的确权工作也处于试点、起步阶段，还面临很多困难，如成员资格认定，由于目前国家没有出台统一规定，针对外来人员、长期外出人员、在校大学生、出嫁女等特殊人员，各村的标准不统一，认定结果差别较大。

在产权交易方面，一是农村产权交易平台不完善。齐鲁农村产权交易中心管理体制机制尚未理顺，市场模式、商业模式尚处在探索阶段，全市农村产权交易业务仅有 5% 通过交易平台办理。二是农村产权价值评估缺乏明确标准，银行贷款缺乏有效担保体系。

在资产运营方面，土地流转比例苏州市为 80%，潍坊市仅为 60%。从昌乐县 3 年来的改革情况看，多数集体经济组织集体资产量小、集体资产股份评估值不高、缺乏金融机构的抵押担保支持，发展产业办法不多，农民获得感不强。

国家和山东省都对完成农村集体产权制度改革列出了时间表。据省农业农村厅信息，2018 年山东省将把改革工作扩大到所有涉农镇（街道），基本完成清产核资工作。近期市里也出台了推进农村集体产权制度改革的实施意见，我们应积极落实。

一是积极利用和争取试点政策。农村宅基地改革、农村集体经营性建设用地改革、集体资产股份权能改革等改革试点任务正在深入推进。潍坊市一方面应该利用好现有的改革试点机遇，大胆探索创新，激发农村潜在活力；另一方面应积极向上争取更多试点，获取更多改革红利。目前，全国农村土地制度改革试点仍在县级层面，我们可以向上申请市级层面农村土地制度改革试点。

二是稳妥推进农村集体资产股份制改革。在全面总结、推广昌乐农村集体资产股份制改革经验基础上，广泛借鉴各地示范试点经验，深化农村集体产权制度改革。在确权颁证方面，可以借鉴福建晋江市以土地确权为基础的经验，扩大确权颁证范围，对农村小型水利设施、海洋水域资源及公益性资产等领域进行确权颁证；区别对待遗留问题，通过村民代表大会或者村民大会、司法等途径确定产权归属；聘请有资质的第三方进行清产核资工作。在股权量化方面，可借鉴上海农村经济合作社、无锡村级集体经济股份合作制改革模式，推广高新区十甲村“人人均分、不留集体股”、蔡家楼社区“集体股+个人股”、高密张家官庄二村“基本股+农龄股”、寿光东宇社区“集体股+个人股+岗位贡献股”等模式，因地制宜，分类推进。

三是发挥好农村产权交易体系作用。农村集体产权制度改革的关键在于产权流转和交易。借鉴重庆农村产权交易所、武汉农村产权交易所、成都农村产权交易所经验，支持齐鲁农村产权交易中心整合市场资源，丰富交易品种，拓宽交易范围，创新融资方式。建立全市农村产权大数据库，规范高效的运营服务系统和抵押贷款登记信息管理系统，构建起县、镇、村三级农村产权交易服务体系。同时，综合运用财政补贴、税收优惠、融资担保、风险补偿等政策，加大农村产权交易的政策扶持。

四是盘活集体存量建设用地，发展集体经济。可以发展土地股份合作社，尤其是整村流转土地组建土地股份合作社，推进农业适度规模经营。组建股份经济合作社，通过资产租赁、股份合作、农业开发、生产服务、联合发展等途径，发展壮大集体经济，增加农民财产性收入。推进农村集体经济组织，农户以空闲农房、宅基地、土地经营权入股新型农业经营主体，将零散用地集中连片发展等方式，拓宽发展空间。在适当地点设立产业园区，发展第二、第三产业或新型农村社区配套产业和项目。

（三）以新型农业经营主体作为“新六产”的引领力量

发展“新六产”，需要与之相适应的经营方式，传统小农户已不适应产业链延伸、价值链提升、供应链贯通的要求。中共中央办公厅、国务院办公厅于2017年5月出台了《加快构建政策体系 培育新型农业经营主体的意见》；在此之前，山东提前制定了《全省推进新型农业经营主体发展的实施方案》，潍坊也出台了相关计划和意见。顺应农业“新六产”发展新形势，必须大力培育家庭农场、专业大户、农民专业合作社、农业龙头企业等新型经营主体，以此作为农业“新六产”的引领力量。

潍坊市新型农业经营主体虽然具备了一定基础，但是与作为农业“新六产”引领力量的定位相比，新型经营主体数量相对偏少，带动作用还不强。主要有以下几个方面的原因：一是发展质量不高。受政策推动和利益驱动等因素影响，新型农业经营主体数量增长较快，但质量相对不高，有的地方存在求快求大、人为“垒大户”现象。二是运行管理不规范。家庭农场、农民合作社注册登记门槛较低，大部分农民合作社组织结构松散、运行机制不健全，有的专业大户、家庭农场土地经营权流转手续不完备、合同不规范，一旦发生经营风险，容易引起纠纷。三是从业者素质有待提高。整体来看，大部分新型农业经营主体从业者具有一定的生产经营技能和经验，但整体科学文化素质偏低，缺乏相关的专业人才。相对于城镇，农村对人才，特别是高端人才的吸引力偏弱，很多人才不愿到农村工作。四是“融资难”“融资贵”的问题突出。新型农业经营主体资金需求的强烈愿望与金融机构不敢放贷、不愿放贷形成明显反差，“融资难”“融资贵”的问题成为新型农业经营主体发展的最大制约瓶颈。

推进农业“新六产”发展，要进一步聚焦新型农业经营主体，既重数量又重质量，推动实现数量、质量并重发展。

一是扩大新型农业经营主体数量，使其成为推进农业“新六产”的主力军。相对于传统农户，新型农业经营主体在发展农业“新六产”方面更具组织优势，日益显现出良好的发展势头与强大的发展潜力。目前，全市家庭农场7000余家，农民合作社达2.4万家，农业龙头企业3000余家，数量居全国全省前列，但与日本、韩国发展“第六产业”相比还有很大差距。要把扩大新型农业经营主体数量作为推进潍坊农业“新六产”的基础性工作，在涉农政策、资金资源、推进力量等方面适当倾斜，确保农业龙头企业数量持续增多，家庭农场、专业大户、农民专业合作社数量快速增长，特别是要大力发展农业产业化联合体、田园综合体。

二是积极稳妥推进新型农业经营主体规模经营。规模化是现代农业的基础。新型农业经营主体实现规模化经营，能够更好地向产业链的上、下游延伸，有利于各经营主体之间的链接与融合，实现“三链重构”，是发展农业“新六产”的必经之路。积极稳妥发展规模经营，关键是通过土地流转打好规模经营的基础。一方面，积极引导农村土地规范有序流转。进一步完善农村土地承包经营权流转市场，依法建立土地使用权转让的标准化合约，严格合同管理，完善流转服务，强化用地保障。提倡在农户自愿的前提下，依法采取转包、出租、互换、转让、股份合作等多种形式的承包土地有偿转让，引导村集体采用经济手段集中连片流转土地。借鉴德国农村养老保障体系经验，鼓励老年人把土地流转给具有专业能力的年轻人，改善农业从业人员的年龄、文化和知识结构。另一方面，完善土地流出户的就业渠道。加强土地流出户的就业和技能培训，引导农民向非农产业和城镇转移创业，优先吸纳流出土地农户进城入园就业创业。鼓励土地流转受让方优先吸纳土地流出户的剩余劳力，继续从事现代农业生产。

三是培育新型农业经营主体带头人。带头人的素质、精神、境界，直接决定着新型农业经营主体的活力和竞争力。潍坊农业“新六产”要取得明显进展，迫切需要培养、引进一大批新型农业经营主体带头人。一方面，实施新型农业经营主体带头人培训工程，以专业大户、家庭农场主、农民合作社带头人、农业企业专业化、社会化服务人员为重点培育对象，以提高科技素质、生产技能、经营能力为核心，拓宽发展思路，更新经营理念，全面提升现有人员素质。另一方面，抓好人才引进，从政策措施上吸引一批中、高等院校毕业生、退役士兵、科技人员等到农村创新创业，鼓励有文化、有创新精神的年轻人投身到农业生产经营中来，如引导涉农专业大学生到农村工作，对高校毕业生领办、创办农民专业合作社的给予专项奖补，支持大学生以知识入股等。

四是优化新型农业经营主体发展环境。①加大政策扶持力度。建立、完善新型农业经营主体发展资金持续投入机制，设立新型农业经营主体培育发展专项资金，对符合一定标准、带动作用大、示范效果好的新型农业经营主体，采取贷款贴息、以奖代补等方式，加大扶持力度。②优化金融支持环境。发挥潍坊市农业“新六产”发展引导基金作用，广泛吸纳社会资金参与，重点支持龙头企业股权融资，放大财政资金效用。充分利用再贴现、再贷款、差别存款准备金、宏观审慎评估、“三农”信贷政策导向效果评估等政策工具，调动金融机构支持新型农业经营主体的积极性。鼓励金融部门积极开展新型农业经营主体的信用等级评定，对信用等级高的给予一定信誉额度，除了满足购买农业生产资料等流动性资金需求，还可以用于生产设施、农田基本设施和支付土地流转费用。创新担保抵押和融资方式，支持和引导农业担保机构优先为新型农业经营主体提供担保，允许以大型农用设施、流转土地经营权等抵押贷款。③强化对新型经营主体的科技支撑。2016 年科技进步对农业贡献率，以色列为 96%，潍坊仅为 56%。鼓励涉农科研机构、高等院校和科技人员面向生产研发、推广技术，并与农民专业合作社、农业产业化龙头企业进行对接，建立长期协作服务关系，实现“一社（企）一顾问”。深入推行科技特派员制度，鼓励科研人员到农民专业合作社、龙头企业任职、兼职，完善知识产权入股、参与分红等激励机制，促进农业科技供需对接和成果转化。建立专门的农业信息服务平台，包括土地流转档案信息、农业产业收益信息、农民收入信息、农产品供求信息、自然灾害预警信息等，为新型农业经营主体参与农业经营提供信息支撑。

五是构建农业新型经营主体社会化服务体系。探索建立“1+N”综合为民服务平台，整合涉农部门服务资源，建立生产、供销、信用、流通“四位一体”为农服务新模式。通过政府购买服务、直接补贴等方式，支持产品质量监管、土地环境监测等公益性服务机构建设，积极引导为农业新型经营主体提供生产、加工、贮藏、营销、科技、信息、融资、保险等社会化服务。加强供需双方互动，积极探索“专业服务公司＋合作社＋专业大户、家庭农场”“农经部门＋龙头企业＋农户”等服务模式，开展形式多样、内容丰富的社会化服务。借鉴日本行业协会经验，引导有能力的新型农业经营主体牵头组建行业协会，开展信息服务、技术支持、土地流转、人力资源服务。

（四）以利益联结构建“新六产”共同体

“新六产”涉及新型农业经营主体、新型职业农民、社会组织以及农户等多类主体，建立利益联结机制是核心和关键因素，直接影响到“新六产”的生命力。紧密的利益联结机制能实现“新六产”有序发展，松散的利益联结机制则无法凝聚各类利益主体。下一步，我们应以保障农民权益为核心，把尊重市场规律与强化企业的社会责任充分结合起来，使新型农业经营主体之间及与农户之间形成风险共担、互惠共赢的利益共同体。

一是完善订单协作型利益联结。可以订单农业信用体系建设为抓手，推进订单农业发展，规范订单格式、内容和签订程序，实施合同审查备案制度，逐步实行合同可追溯管理。充分运用好各项支持政策，鼓励工商资本、产业化龙头企业与农民合作社、专业大户、家庭农场、普通农户签订保护价收购合同或高于市场价收购合同，采取按收购量对农户进行利润返还或二次结算等利润分成方式，支持“反租倒包”等新型农企合作模式。可发挥龙头企业作用，协助订单农户申请封闭贷款，提供信贷担保等金融服务，以资金链强化合同双方利益联结关系。

二是推广股份合作型利益联结。可实行“租金保底＋股份分红”等方式，鼓励专业合作社、家庭农场、种养大户和普通农户以土地、劳务、资金等入股企业，支持企业以资金、技术、品牌等入股，领办专业合作社。借鉴安徽宿州经验，探索建立以农业企业为龙头、以家庭农场为基础、以农民专业合作社为纽带，基于股份制和专业化分工的现代农业产业联合体。完善利润分配机制，推广“保底收益＋按股分红”分配方式，明确资本参与利润分配比例上限，维护农民利益。

三是推动产销联动型利益联结。我们应支持农产品产销双向合作互动，鼓励批发商、零售商与农民合作组织共建规模化、标准化农产品基地，扶持农民成立农产品流通合作组织，并以加盟或入股形式成为大型连锁超市会员，强化“农超对接”利益联结。及时总结、推广新形式的利益联结模式，鼓励农户和消费者围绕农产品及土地，按照农业众筹方式形成产销利益共同体。

四是强化链式利益联结。可借鉴荷兰农业产业链管理经验，依托核心企业，利用价值链、信息链和物流链整合家庭农场、合作社、农户等主体，建立农业技术开发、农产品生产标准体系和上下游连接的质量追溯体系，打造纵向和横向产业联盟，鼓励通过交叉持股、联合研发、交互许可、供应商契约等方式，结成利益共同体。可依托龙头企业或行业协会，联合专业合作社、种养大户和家庭农场设立共同营销基金，专项用于农产品销售推介、品牌运作和出口服务。注重“官、产、学、研”合作，打造政府、企业和研发队伍三方利益联结机制，培育以企业为主导的农业产业技术创新战略联盟，允许农业科研人员以科技成果分享产业融合利益。

五是建立风险防范机制。我们应建立产业融合企业社会责任报告制度，对企业相关政策支持与利益联结机制直接挂钩，强化企业联农、带农激励机制，支持龙头企业为土地流转农户提供技能培训、就业岗位和社会保障。成立潍坊市农业风险咨询公司，建设农业产业链风险管理信息系统，设立以政府作为出资主体和企业、专业合作组织及其他主体为补充的农业风险基金，统筹用于土地流转、涉农贷款等风险防范。发挥好农产品期货、期权等金融衍生品风险规避作用，积极建立农业保险新品种。

（2018 年 2 月）

关于诸城工商资本下乡情况的调查与思考

◎ 方典昌　董俐君

实施乡村振兴战略，工商资本下乡是重要着力点和关键支撑。诸城推动工商资本下乡的做法引起了一定反响。根据市委主要领导安排，市委政研室、市科学发展研究院组成调研组赴诸城进行了调研，实地考察了得利斯集团、华山榛业、东方田园综合体、诸城国家级农林科技孵化器等项目，与诸城有关部门、部分企业进行了座谈交流。在此基础上，调研组进行了交流与思考，有关情况如下。

一、诸城工商资本下乡的基本态势

（一）从规模看

诸城的工商资本下乡，在党的十八大以后，特别是乡村振兴战略提出之后，呈现加速增长态势，但总量仍较小，对乡村振兴的促进作用有待进一步提升。诸城工商资本下乡具有良好的基础，20 世纪 80 至 90 年代，诸城商品经济大合唱、贸工农一体化，催生出一批农业龙头企业，如诸城外贸、得利斯集团，这些企业与农业的结合可以看作工商资本下乡的最初形式。十八大以来，历年中央一号文件都提到工商资本下乡，诸城落实中央精神，开始积极鼓励和引导工商资本下乡，总规模扩张明显。这一时段，诸城工商资本下乡主要是企业行为，侧重于产业发展。目前，诸城总计有 110 多家工商资本投资农业，培育了 31 个田园综合体、50 个千亩现代农业基地，吸引工商资本 15 亿元，形成涵盖肉食品、粮油、蔬菜、茶叶四大系列 400 多个品种的产业链，这其中的项目约有 50% 以上是十八大以后发展起来的。党的十九大提出实施乡村振兴战略之后，诸城充分发挥工商资本对乡村振兴的助推作用，开始加大对工商资本下乡的引导和扶持力度，各类工商资本也普遍看好政策导向，纷纷主动提出投资农业农村。从基层反映的情况看，工商资本下乡速度进一步加快。由于工商资本总量仍然较小，对乡村振兴仅起到初步引导作用，但这种作用正在强化，未来将迎来巨大发展空间。

（二）从主体看

起初诸城工商资本下乡以本地农业龙头企业为主，十八大以后投资主体呈现多元化，既有农业龙头企业又有非农工商资本，十九大以来投资主体的非农比例有明显上升趋势。最初以惠发、得利斯为代表的农业龙头企业构成了诸城工商资本下乡的主体。十八大以后，传统农业龙头企业继续投资的意向明显，大部分都增加了投资计划，加大了投资力度，如得利斯新投资 2.8 亿元，建设占地 20 公顷的现代化示范猪场；与此同时，非农工商资本也逐渐涌入，如华山榛业项目投资主体原先从事钢铁铸造业，金查理小镇项目投资主体主业为网络科技。在非农工商资本中，不乏北京、广州、济南、青岛等外地工商资本，如竹山生态谷、可颂食品高端奶油加工等项目，都由青岛企业投资建设；欢乐海洋文旅小镇由广州华创动漫投资建设。十九大以后，诸城工商资本下乡主体中，非农工商资本比例逐渐提高，据基层有关人士预测，非农和外地工商资本投资比例将进一步上升。

（三）从领域看

诸城工商资本下乡的传统优势领域是畜禽加工业，十八大以后逐渐向种植业和乡村旅游方向扩展，乡村振兴战略进一步引发了投资领域的多元化。诸城工商资本下乡最初的传统优势领域是畜禽加工业，十八大以后呈现出两大明显变化：一是最初下乡的工商资本继续在巩固畜禽加工领域基础上向产业链的上下游延伸，如得利斯集团，围绕肉食加工向产业链两端延伸，把良种猪繁育、标准化养殖、饲料生产、兽药防疫、冷链物流、加盟直销也纳入经营范围，实现年产值 30 多亿元，带动 1 万多名劳动力就业、23 万户农民增收；二是开始向林果蔬菜等种植业及乡村旅游领域发展，如华山榛业、永辉农场、东方田园综合体等项目，都是以种植业和休闲旅游为主题。十九大之后，畜禽养殖加工和种植业、乡村旅游等领域仍然是工商资本投资相对集中的领域，同时，农村教育、医疗、文化、公共基础设施等领域也吸引了工商资本的关注，未来工商资本下乡的投资领域将呈现多元化、发散状趋势。

（四）从模式看

诸城工商资本下乡最初以独立经营模式为主，十八大以后逐渐向合作经营、平台经营模式延伸，近期有融合化发展趋势。十八大以前，诸城工商资本下乡多以独立经营模式为主，并逐渐延伸出“公司 + 合作社 + 农户”等模式，如以得利斯和诸城外贸为代表的农业龙头企业。十八大以后，诸城工商资本下乡陆续出现多种模式，比如合作经营，诸城科林恩吸收丰尔 5000 万元股权战略投资，借助丰尔资本、技术、平台、团队、销售渠道资源，合力从事农业开发；再比如平台经营，阿里巴巴、京东等在诸城建设电商创业园、农村淘宝等平台，使诸城绿茶、花卉苗木等线上交易量占比达 30% 以上。十九大以来，出现经营模式融合化苗头，往往一个项目既有合作经营，又有平台经营，如山东华山农林科技采用“苗木繁育 + 榛子收购 + 深加工研发 +

仓储物流＋平台交易＋线上线下销售”的融合模式，实现了榛子产业生产、加工、销售全产业链多业态发展。

（五）从成效看

诸城工商资本下乡的初衷是企业从农业领域获取利润，客观上带动农民增收；十八大以后，工商资本下乡的溢出效应扩大，向农产品质量、生态环境、农村社区方面拓展；十九大以后，工商资本下乡显现出破解乡村发展“人、地、钱”困境的潜力，对乡村振兴的综合带动效应逐渐凸显。诸城工商资本下乡的成效，最初表现为农业龙头企业自身的迅速发展，在获得超额利润的同时，也客观上对农民增收产生了深刻影响，比如，得利斯集团对驻地昌城镇的带动作用。十八大以后，随着工商资本下乡总规模的不断扩张及食品安全、生态环保政策的推出，工商资本下乡对农业、农民和农村的带动作用越来越大，在其自身迅速增长的同时，逐渐对农产品安全、生态环境、农村社区建设等也产生深刻影响，如山东信德科技公司运用腐殖土治理污水和制备有机肥技术，在诸城建立了 180 个粪污处理点、100 个生物技术推广养殖场，开展有机肥加工；诸城外贸、惠发、佳士博、中康等农业龙头企业积极转型，大力发展绿色、有机食品，不断推动标准化和品牌化，带动一大批农民合作社和家庭农场迅速发展。十九大以后，工商资本下乡溢出效应逐渐向农村产业、生态、文化、社会治理、扶贫开发等领域延伸，对乡村振兴的综合带动效应逐渐凸显。

二、当前工商资本下乡的主要影响因素

（一）政府引导推动

政府引导的作用至关重要。政府通过出台各种扶持政策，推动市场主体、

市场资源流向最具增值潜力的领域。从历史看，诸城工商资本下乡成效较好，一方面得益于数量众多的农业龙头企业，另一方面离不开政府的支持。诸城虽未出台支持工商资本下乡的专门意见，但多年来一直有重视工商资本下乡的传统，近几年出台的《关于全面推进现代农业“五化”发展的意见》《诸城市鼓励农业产业结构调整扶持政策》等，都从不同侧面为工商资本进入农业创造了条件。对得利斯、诸城外贸等农业龙头企业，政府在项目立项、用地用电、金融信贷、开通农产品“绿色通道”等方面给予了大力扶持。企业表示非常重视这些政策扶持。目前，许多企业之所以有下乡投资的意愿，很大程度上是看好中央实施乡村振兴战略，认为农村未来发展空间巨大，普遍预测地方政府将很快出台专门扶持政策，以获得政府更大力度的支持。

（二）农村土地产权改革

这是基本前提。不同于以往土地经营过度细碎化，工商资本下乡一般是土地集中连片经营和规模化种养，需要农村土地产权改革，加快土地确权、推动土地经营权流转。从调研看，诸城工商资本下乡之所以发展快、处于领先地位，很大程度上得益于农村土地产权改革搞得比较好。诸城基本完成农村承包地确权登记颁证；农村集体产权制度改革进展也很快，并积极探索推进农业经营方式创新，创建“企社联盟”，通过经营权流转、股份合作、代耕代种、土地托管等方式，发展多种形式的适度规模经营。目前，土地流转面积达 4.14 万公顷，占承包土地面积的 40.9%，为工商资本下乡打开了通道。应该说，诸城农村土地产权改革尽管走在了前列，但农村承包地确权登记颁证、农村集体产权制度改革还有许多收尾工作，土地流转的规模、数量、范围、占比都还有很大空间。从未来一段时期工商资本下乡对土地流转的需求看，仍存在不小差距，特别是现在产权交易市场建设明显滞后，据了解，这与全市的情况大体一致。此外，流转租金、农民土地流转后就业问题、农民对土地入股合作模式意愿等，也是影响工商资本下乡的重要因素。

（三）生产要素供给

这是基本保障。任何企业的发展都离不开金融、人才、基础设施等要素，而这些正是目前工商资本下乡面临的突出问题。通过座谈交流，企业反映较为集中的需求主要有三类。①金融。大部分工商资本投资的农业项目建设周期超过 5 年，其投资大、回报周期长的特征决定了对金融支持的需求非常强烈。按照现行融资政策，工商资本进入农业缺乏有效抵押物，企业普遍反映融资难。此外，农业保险覆盖范围小、赔付率低，工商资本进入农业难以运用保险有效规避风险。②人力资本。工商资本投资的农业大多是标准化、品牌化、集约化生产，亟须懂技术、会经营、善管理的专业人才。得利斯、诸城外贸等老牌企业，一直以来通过多种途径强化人才储备，问题尚不突出；许多进入农业领域时间不长的企业，多对农业技术人才的重要性没有足够的认识，吸引、留用人才的手段过于简单，往往面临优秀人才留不住、外来人才引进难等问题，不仅缺高素质农业人才，甚至连普通劳动力都紧缺。③基础设施。工商资本在农村进行规模化、集约化经营，不仅要求一定标准的硬化道路通到田间地头，而且农业设施也需要配套跟进。许多工商资本在下乡流转土地经营农业初期，“田水路林村”综合整治往往难以到位，致使经营农业的规模效益打了折扣。

（四）企业

实现工商资本下乡，既需要一大批有下乡意愿的企业，也需要一大批实力雄厚的企业，两者缺一不可。从诸城看，目前下乡投资的 110 家农业龙头企业，投资过亿元的仅 10 家左右，绝大多数规模偏小；近 500 家规模以上工业企业下乡投资的少之又少，投资意愿还不强，多数还没有意识到乡村振兴的重大机遇。总的来看，诸城下乡企业数量偏少，企业实力偏弱，还无法满足振兴乡村的需要。但更应看到，诸城乃至潍坊有数量众多的行业龙头企业、“隐形冠军”，这些尚未下乡投资的企业搞好了就是最大的潜力，应当把更多、更具实力的企业下乡作为政府下一步工作的重点。

三、关于工商资本下乡的思考与建议

（一）将工商资本下乡作为全市乡村振兴的关键支撑和重要着力点

从世界范围看，凡农业农村发展好的国家和地区，工商资本都发挥了关键性作用。美国的“资本＋家庭农场”、法国的“资本＋合作社＋家庭农场”、日本的“直接投资”都是如此。从诸城实践看，多主体、多渠道、广领域的工商资本进入，打破了一家一户的生产组织方式，将新理念、新技术、先进管理模式等生产要素带入农业农村，正在逐渐破解制约乡村振兴的要素困境，对实现乡村振兴有革命性影响。潍坊农业农村具有良好的基础，城市工商资本也有较为充裕的积累。现阶段，潍坊具备了工商资本大规模下乡的条件，我们应把握这一发展大势，把工商资本下乡作为集聚生产要素的关键支撑和重要着力点，加快打造乡村振兴“齐鲁样板”。

（二）尽快出台政策，引导和扶持工商资本有序下乡

十八大以来，中央持续关注工商资本下乡，工商资本投资农业农村的动力和积极性越来越高。2018 年，中央一号文件提出要“加快制定鼓励引导工商资本参与乡村振兴的指导意见”，目前，重庆、武汉、成都、廊坊等地出台了鼓励和规范工商资本下乡的相关意见，山东省农业厅等四部门联合出台《关于引导和规范工商资本进入农业的意见》；2018 年 4 月 10 日，青州市召开了推进工商资本下乡参与乡村振兴动员会议，出台《青州市支持工商资本下乡参与乡村振兴的实施意见》。潍坊应在此关键时段，尽快研究出台政策，坚持规划引导、市场主导、利益互惠原则，通过财政奖补、税收优惠、金融支持、强化人才支撑等措施，鼓励工商资本投向现代种养业、农产品加工业、农产品流通和农业生产性服务业、生态休闲观光、农村生态环境和公益事业等重点领域，全力支持工商资本参与乡村振兴。

（三）政府做好服务，提供有效支持和保障

政府做好服务必须要转变观念，特别是与工商资本下乡关系密切的基层，应强化理念认识，将精力放在工商资本下乡领域，把服务工商资本下乡作为促进农业农村发展的主要突破口，具体做好以下几方面工作。①进一步完善土地产权制度改革，改彻底、改到位，稳定工商资本投资预期。在土地流转环节，充分考虑企业发展规划以及保护农户长远发展利益等因素，加强工商企业与农户或村委会中介之间的协议谈判、签订和管理，形成互利共赢的契约制度。②完善农村金融服务体系，充分运用银行扶贫再贷款资金，为涉农企业提供资金支持；引导金融机构创新金融产品，探索设施设备、土地经营权等多种抵押贷款方式；设立农业产业化投资基金，引导工商资本增加投入；建立农村土地流转风险保障金制度，防范土地流转风险。③强化农业人才供给，可借鉴苏州等地的做法，在土地流转比较集中的地区建立农村劳务合作社，加强劳动力的培训，促进劳动力供需对接。④牵线搭桥，帮助工商企业加强与农业大专院校和农业科研机构的联系，保障先进技术供给和加快科研成果转化。⑤搭建信息对接平台，依托现有公共资源交易中心、行政服务中心，公开农村土地流转相关信息，为有需求的工商企业提供服务。

（四）值得关注的几个问题

从理论研究和各地实践看，工商资本下乡对“三农”还有一些负面影响与潜在风险，值得我们高度关注：一是排挤与盘剥小农户，使其丧失就业机会、土地，甚至房产；二是圈占土地，套取财政补贴；三是土地流转和经营行为“非农化”和“非粮化”，对粮食安全保障体系构成危害；四是企业和农户的利益联结机制不完善，制约了双方协同发展；五是部分投资具有盲目性，存在跟风投资现象。“隔行如隔山”的约束，制约了农业项目有序运转。

（2018 年 4 月）

关于潍坊工商资本下乡情况的调研报告

◎ 李少军

根据市委主要领导安排，市委政研室、市科学发展研究院组成调研组，前期赴诸城进行了专题调研，形成了初步调研报告；在此基础上，又赴部分县、市（区）进行了实地考察，与市、县两级涉农部门、乡镇、企业人员进行了座谈研讨，对部分企业作了问卷调查，汇总、分析了有关数据。有关情况如下。

一、全市工商资本下乡的基本情况

关于工商资本下乡的规模，本次调研统计，全市约为 200 亿元，与前期农业部门汇总数据一致。工商资本下乡作为新概念，各地的理解和统计口径不一致，这一数据主要是近几年新进入农业农村领域的工商资本投资，以及部分原有农业龙头企业近几年追加的投资，并未包括潍坊市 3100 家农业龙头企业的全部投资。从目前搜集的数据看，山东 4000 亿元、江苏 1100 亿元、重庆 900 亿元、武汉 300 亿元。综合分析，潍坊市实际工商资本下乡规模应远远大于200亿元，粗略估算应该在千亿元以上。

（一）相关项目分析

我们对上述200亿元工商资本投资涉及的163个项目作了分析。

一是从县、市（区）看，各地发展不平衡，诸城、青州、安丘、昌邑等下乡企业项目均超过30个，投资规模大致在15亿~80亿元，而城市化水平较高、空间相对有限的市内7区下乡项目数量较少、投资规模偏小。

二是从投资领域看，农业示范园区76个，田园综合体46个，苗木繁育项目19个，生产加工项目10个，种畜禽和蔬菜种苗繁育项目7个，循环农业项目4个，农村社区1个。可以看出，工商资本很少投资纯粮食种植，大多数投向收益较高的养殖业、加工业和休闲旅游业。比如，诸城得利斯集团围绕肉食加工向产业链两端延伸，把标准化养殖、饲料生产、冷链物流、加盟直销纳入经营范围。青州王府荷花窑洞度假区、诸城华山榛业、寿光双王城田园综合体、临朐薰衣草小镇等项目，都是以种植业和休闲旅游为主题，农村一二三产业融合化趋势明显。特别是临朐薰衣草小镇，以薰衣草种植、观光旅游为特色，以加工、销售为支撑，发展薰衣草基地113.3公顷，开发薰衣草鲜切花、干花制品、食品、日化用品、化妆品等产业，直接带动农民增收2789万元，人均增收1.9万元，是典型的产业型特色小镇。目前临朐薰衣草小镇正以打造世界第三大薰衣草小镇为目标，建设200公顷单片面积最大的薰衣草花海，配套各色树种、花草、中草药等，建设集餐饮、住宿、体验、购物、康养等于一体的国际旅游胜地。建成后预计年接待80万人次，实现营业收入4亿元；通过开发薰衣草鲜切花、干花制品、食品、日化用品、化妆品等五大系列制品，预计每年可实现销售收入12亿元。

三是从投资主体看，本地企业投资130余家、占比80%左右，其中农业龙头企业投资项目80多个。值得关注的有两点：第一是潍坊市以前与农业关系不大的企业纷纷下乡投资，比如，歌尔在安丘投资建设歌尔庄园第一高端乡村旅游项目，弘润石化在滨海投资建设滨海弘润温泉小镇，诸城金盛元房地产有限公司投资竹山生态谷项目，说明农业对工商资本的吸引力明显增强。第二是外地企业投资30余家，主要来自北京、广州、深圳、济南、青岛等地，也有国外、境外企业投资，比如广州华创动漫投资了诸城欢乐海洋文旅小镇，威海奥孚苗木繁育公司投资2.5亿元建设了奥孚苗木示范园，台湾地区企业投资了万芳花卉项目；世界500强瑞士诺华在寿光成立了寿光诺华种子有限公司，日本安吉丸株式会社在青州投资安吉丸食品公司。这些市外投资多数是近几年进入潍坊市的，也说明潍坊市对市外工商资本的吸引力逐渐增强。

四是从发展模式看，以前多为企业自营模式，现在工商资本与农民的利益联结关系逐渐增强。有的是“企业+合作社+农户”模式，比如，昌乐矿机集团投资500万元与庵上湖瓜菜合作社合作成立了庵上湖农业科技公司，建设2个年育苗能力500万株的高标准育苗棚，辐射带动周边18个村现代农业发展。有的是“企业+基地+农户”模式，比如，安丘鲁丰集团大力发展自属基地、合同基地，带动发展果蔬生产基地3800公顷，辐射2万农户、120家合作社和216个家庭农场。还有的农民参股企业，成为风险共担的利益共同体，比如，坊子玉泉洼生态观光园通过“公司+合作社+基地+农户”综合体模式，组织村民加入专业合作社，村集体、农户通过劳动力、资金、土地等方式入股，采取保底收购、股份分红和利润返还等多种方式结成利益共同体，吸纳各类资金1亿元。

（二）主要感受

通过实地考察、座谈研讨和数据分析，我们主要有四个方面的感受。

一是各县、市（区）工商资本下乡各具特色，但实力雄厚的工商资本更具带动力。各地下乡项目与当地资源禀赋、产业基础密不可分，诸城由传统的畜禽加工业逐渐向种植业和乡村旅游方向扩展；青州、临朐、安丘等山水资源丰富的地区田园综合体等休闲旅游项目大量涌现；寿光投资相对集中的领域是粮食精深加工和蔬菜产业，同时农村公共基础设施也吸引了工商资本的关注。调研还发现，大工商资本自身财力雄厚，投资项目规模一般较大，往往先期的规划、人才、运营等准备工作比较充分，持续经营性好，对周边的辐射带动能力也较强。比如，山东潍水田园农业发展有限公司在昌邑投资50亿元建设的潍水田园综合体，目标是打造全省乃至全国具有示范作用、可持续、可复制、可推广的农业农村发展新模式；青州九龙峪项目投资方为当地最具实力的房地产企业，投资额达12亿元，占地面积0.3万公顷，采用“特色农业＋主题游线＋综合服务”的立体架构，既建成了高档次的文化旅游度假区，又打造了美丽乡村建设的样板；景芝酒业投资12亿元建设的安丘齐鲁酒地文化创意产业园，在近667公顷的废弃采石场上规划文化创意、旅游体验、运动休闲、教育培训、健康养生五大产业板块，市场潜力巨大。

二是政府出台的涉农政策对工商资本下乡有促进作用，乡镇基层干部的动员能力也至关重要。近三年，市委、市政府出台支持新型农业经营主体、乡村旅游、农业“新六产”等方面的文件6份；2018年4月，青州市专门出台了《青州市支持工商资本下乡参与乡村振兴的实施意见》，有力促进了工商资本下乡投资。从实践看，凡是工商资本下乡发展快的地区，都是土地流转等工作做得较好的地区。这些都离不开基层干部谋划区域发展的前瞻性眼光以及动员能力。许多下乡项目需要一次性流转土地数十公顷甚至数百公顷，项目建设过程千头万绪。青州、诸城、临朐等地，注重培育、选拔素质过硬的乡镇基层干部，较好地协调了企业与农民的关系，从而保障了工商资本顺利下乡。例如，临朐县柳山镇在党委、政府的积极引导下，以土地流转为突破口，多形式吸引社会工商资本下乡，全镇土地流转村48个，占全镇的83%，流转土地733.3公顷，达成开发合作协议50余项，累计投入5000余万元，预计年增加村集体收入120万元，群众增收4500余万元，掀起新一轮“土地革命”。

三是工商资本下乡对乡村振兴起到初步作用。总体来看，潍坊市工商资本下乡规模仍然较小，但对农业农村发展、实施乡村振兴战略的作用已经显现。各地都反映，工商资本下乡不仅带来了资金，也带来了新理念、新技术和新管理模式，形成了农业全产业链发展模式，拓展了产业增值空间；同时带动了土地流转，大大加快了农民转移步伐。目前，全市土地流转面积占比41%，土地经营规模化率达到60%以上，进一步拓宽了农民增收渠道。近几年，农村居民人均可支配收入的增速都超过了当地GDP增速。此外，工商资本下乡溢出效应逐渐向农村产业、生态、文化、社会治理、扶贫开发等领域延伸，对乡村振兴的综合带动效应逐渐凸显。

四是工商资本下乡，潍坊有需求、有基础，具有广阔发展空间。通过调研发现，每个乡镇都有几千万元、上亿元的项目储备，调研的企业都具备追加投资的能力。特别是目前工商资本进入农业农村基础设施建设、农村生态环境建设、农村社会事业发展等领域还没有破题，农村急需这方面的投资，但由于政府的引导政策不明晰，也缺乏与企业沟通的渠道，巨大的投资潜力有待挖掘。工商资本下乡方面，潍坊市有较好的基础，多年来涌现出一大批标杆企业，有的工商企业完全转型为涉农企业。比如，九龙峪项目投资方是房地产企业，金查理小镇项目投资主体主业为网络科技，王府溪谷漂流项目投资主体原先为建筑企业，华山榛业项目投资主体原先从事钢铁铸造业，庵上湖项目投资主体是机械制造企业……潍坊市仅农业龙头企业就达3100家，各县、市（区）都有大批可以下乡的非农企业。它们与农村地缘相近，具有就地下乡的优势。未来一个时期，潍坊市工商资本下乡将迎来一个新高潮。

二、制约全市工商资本下乡的主要因素

（一）企业对工商资本下乡认识不到位

1. 工商资本下乡投资的积极性需要深入激发

总体看来，目前工商资本企业下乡的数量偏少，即使是情况较好的诸城、青州、安丘、昌乐、高密等县、市，下乡企业占当地企业总量的比重也

仅为5%左右。究其原因，一方面，潍坊市许多有能力下乡的企业，特别是一些正在寻求行业领域拓展的企业，没有认真分析乡村振兴对企业发展的重大意义，未对农村这片广阔“蓝海”进行深入研究；另一方面，有的企业虽然认识到了乡村振兴的重大机遇，但有畏难情绪，主要是大多数工商企业对农业农村不熟悉，对转型投资农业心中没底，导致行动跟不上发展的节奏。

2. 部分工商企业对乡村振兴存在认识偏差

一方面，过分看重政府政策。在乡村振兴政策力度逐渐加大背景下，部分企业把主要精力放在如何最大限度地坐享政策红利上，研究如何争取更多的土地流转面积、贷款贴息、用地用电、基础设施配套等政策资源，而不是充分地研究市场规律，不注重利用农村资源禀赋，脚踏实地地拓展涉农相关业务。另一方面，部分企业对下乡投资的风险预判不足。仅就参加座谈的下乡企业看，除农业龙头企业外，还有房地产、互联网、机械铸造、医疗制药、商贸物流等领域的企业，且这些非农领域的企业大多对农业投资周期长、见效慢、风险性大的特点预判不足，下乡后才发现前期需要大量的资金投入，而几乎没有收益，资金压力大，心理准备不充分。比如，庵上湖项目的投资主体山东矿机集团，投资初期就有所顾虑，仅投了500万元，在后续投资上仍持谨慎态度；伟圣农业田园综合体投资方，目前3000万元的实际投资几乎是企业现有的全部资本，后续持续投资的压力较大。

（二）政府服务能力和政策支持不到位

1. 基层政府的服务能力不适应工商资本下乡新形势

一是理念认识不到位。理念是行动的先导。当前，工商资本下乡正迎来一轮热潮，并有进一步增强的趋势。基层政府虽然对此有所认识，但普遍未作深入的思考与研究，对乡村振兴的重大机遇认识不足，未深刻意识到工商资本下乡可以作为乡村振兴的重要抓手，影响政府服务能力的提升。二是服务能力不足。基层政府承担着为工商资本下乡提供各类服务的重任，但相关工作方法和服务效能还不能满足需要。从调研看，各县市区乡村振兴的实施力度都在加大，也策划了一批重大涉农项目，但在土地流转、宣传推介、招商引资等方面缺乏有效手段，重大涉农项目的示范效应发挥不足，企业对相关政策和招商项目等信息缺乏了解，影响工商资本下乡进程。

2. 市级层面政策支持不够

一是政策引导不足。目前，重庆、武汉、廊坊等地都出台了专门引导和规范工商资本下乡的意见，在土地流转、基础设施、融资保险、人才支撑等方面的含金量较大，吸引了一大批工商企业下乡投资，对乡村振兴产生了良好的促进作用。当前，潍坊市级层面还未出台政策，对工商资本下乡的引导作用有待进一步发掘。二是政策整合不足。当前各级政府，特别是市级层面，都认识到涉农资金整合的必要性，但资金整合后如何发挥作用不明晰。工商资本下乡项目涉及农村一二三产业融合、基础设施建设、公共服务等领域，是承载涉农资金整合的良好平台。当前的涉农资金整合，在使用方向、实施范围、项目安排等方面向工商资本下乡项目倾斜的力度不够。

（三）农民承接工商资本项目积极性不高

1. 部分农民将土地流转给工商资本的意愿不高

土地流转是工商资本进入农业领域的重要前提。调研中发现，政府尽管做了一些政策解读、疑难解答等动员工作，但部分农户传统观念根深蒂固，认为土地是农民生活保障的根本，不愿为较低的租金去承担失去土地的风险，影响了项目建设进度。比如，王府溪谷漂流项目在流转土地时，大多数农户不配合，担心土地流转后丧失相关权利，即使有流转意愿的农户也倾向于每年收取租金。企业不得不挨家挨户做相关工作，虽然最后成功流转了土地，但耗费了大量的人力、物力和财力，影响了项目建设进度。

2. 部分农民的思想还停留在传统农业生产和经营上

调研中企业表示，农民以土地经营权、宅基地入股企业，既可以得到土地流转费用，也能得到盈余分红；企业则可以减少前期资金投入，降低经营风险。但是现阶段，农民对工商资本下乡项目能否成功运营没有把握，在土地流转价格较高的情况下，只愿参与市场风险相对较小的租赁形式，宁愿收益少一些也要落袋为安。

3. 个别农民缺乏合同意识和法制观念

企业与农民流转合同的时间都比较长，一般是以二轮承包期为限。但个别农民缺乏契约精神，一旦市场价格或农村土地政策变动，合同未到期就要求收回土地或者要求增加土地租金，影响企业经营的长期投资规划，加大了经营风险。

（四）金融服务跟不上，主要体现为“三难”

1. 涉农项目银行贷款难

从调研情况看，涉农项目大多没有厂房、车间等固定资产，缺少抵押物或者抵押物不符合银行要求，难以获得贷款；涉农项目大都投资长、见效慢。潍水田园综合体等项目，建设周期一般在 5 ~ 10 年；九龙峪项目投入 10 亿元才初见成效。这种特性导致贷款的不确定因素多、风险大，银行信贷投入的积极性不高。据青州反映，目前针对农村各类产权开展新型抵押贷款业务的银行仅 4 家，5 年累计发放 1.2 亿元，远不能满足实施乡村振兴战略的需要。

2. 涉农项目直接融资难

涉农企业大部分下乡时间短，基本处在创业期和成长期。除个别农业上市企业外，多数涉农企业无论资产规模还是经营业绩，都难以达到发行股票、债券的基本条件，利用资本市场直接融资的能力不足、层次较低、方式单一，且上市后备力量不足。目前，涉农企业主要融资渠道仍为银行贷款。

3. 涉农项目投保难

涉农项目容易遭受包括自然风险、市场风险、政策风险和农户违约等在内的多种风险。多数企业反映，农业保险覆盖范围小、赔付率低。工商资本进入农业难以运用保险有效规避风险，一旦遭受不可预测的风险，那些投入大而抗风险能力弱的企业就可能直接倒闭。

（五）建设用地指标供应不足

工商资本进入农业，会不同程度存在建设农产品存储加工、农业休闲观光度假场所的需求。但这些项目大多位于郊区、镇区，长期以来建设用地指标很难下达到农村。另外，国家针对涉农企业建设用地出台的扶持政策，如在年度建设用地指标中单列一定比例，专门用于新型经营主体进行农产品加工等辅助设施建设，对土地整理等新增的耕地和建设用地优先用于农村产业融合发展等政策，还须加大落地力度。有的地方反映，农村通过土地整理、村庄整治等方式腾出的建设用地，大都通过“增减挂钩”进了城。目前，地方可用的建设用地指标紧缺，企业持资待建、优质项目等建的情况较为突出。比如，王府溪谷漂流项目已经打响了知名度，周边地区前往旅游的络绎不绝，但是由于缺建设用地指标，导致停车场、餐饮、住宿等配套设施无法开工建设，使其综合效益大打折扣。

（六）乡村专业人才不足

当前，随着农业新技术、新模式、新业态不断涌现，农村一二三产业融合趋势日趋明显，真正懂技术、会经营、善管理的乡村专业人才十分紧缺。下乡企业，特别是没有农业背景的企业，对缺少乡村专业人才的认识不足，对乡村专业人才的重要性估计不足，下乡后才发现经营现代农业同样需要集约化、标准化、品牌化生产，同样需要各类专业人才。由于乡村专业人才储备不足，往往致使开展各项工作比较被动。涉农项目多远离城市，居住、教育、医疗等各方面环境条件与城区差距较大，对人才的吸引力不够，往往面临人才留不住、外来人才引进难等问题，有的因缺专业人才制约了项目有序运转。例如，山东怡兴有机蔬菜种植公司 2011 年在军埠口流转土地 16 公顷，建设蔬菜种植基地，规划打造高端客户会员供应商，但因缺乏专业技术人员及管理团队，产品质量不高，目前维持正常运营比较困难，处于半停滞状态。调研中有企业表示，对于招引人才，企业责无旁贷，但也希望政府能牵线搭桥、出台政策，鼓励引导农业人才到下乡企业中去。

（七）基础设施配套不完善

完善的基础设施配套是工商资本下乡的重要条件。目前，涉农项目周边、内部基础设施配套不到位，不仅吸引工商资本入驻的动力不足，还严重制约项目的后续运营。主要表现在以下两个方面。

一是工商资本进入农业的很多项目位于远离城镇的荒山荒地，亟须完善水、电、路等配套设施。基层政府招商引资搞工业项目基本做到了“七通一平”，但服务涉农项目却不够精细，导致项目周边的水、电、路等基础设施投入不足，对项目的带动和支撑作用发挥不足。特别是田园综合体、旅游度假区等休闲旅游项目，距离市区较远，周边配套较少，个别还存在交通不便问题。

二是工商资本在城镇投资项目一般不需要在配套服务上过多投资，下乡后受农村农业条件限制，基础设施投入将挤占很大一部分资金。企业表示，项目内部的基础设施，包括土地平整和沟渠、水井、电力、路网建设投资较大，单凭自身力量面临较大困难。有相当一部分工商企业进入农业领域后，前期大量的人力、物力、财力都是投在农业基础设施建设上，使企业起步期面临诸多困难，制约了其快速发展壮大。

三、推动全市工商资本下乡的思考及建议

（一）制定工商资本下乡支持政策

出台明确支持政策有利于稳定工商资本下乡的预期，对激发其下乡投资的积极性至关重要。建议市级层面出台政策，明确指导思想、基本原则，根据调研反映的问题，突出表现在以下几方面。

1. 明确投资重点领域

乡村振兴五大领域都需要大量资金等要素投入，其中产业是重中之重。

从调研看，目前绝大多数工商资本投向了农业产业领域，包括特色种养殖业、农产品加工业和生态休闲旅游观光等。这些是潍坊市的传统优势领域或未来有巨大发展潜力的领域，应当作为重点领域着力引导工商资本投资。此外，农村教育、医疗、文化、公共基础设施等领域也吸引了工商资本的关注，重庆、武汉、成都等地配套了相关政策。潍坊市要积极引导工商资本投资这些领域。

2. 强化土地流转和建设用地指标保障

下乡企业一般都是用地大户，做好土地保障是工商资本下乡的基本前提。土地流转方面，山东省 2015 年出台了《关于引导农村土地经营权有序流转发展农业适度规模经营的实施意见》，2017 年又出台了《关于完善农村土地所有权承包权经营权分置办法的实施意见》。建议依据两个意见，研究、制定涉农项目土地流转扶持政策。制定过程中注重创新探索，比如，财政对土地流转费用给予补贴，创新农用地经营权长期流转试点，探索“村级连片经营”流转新模式等。建设用地指标方面，也要不折不扣地落实国家关于设施农用地的一系列政策。此次调研中有 7 家企业同时反映，“允许其在流转土地范围内按 5‰比例作为设施农用地”的政策很好，但落地难度较大。建议市级层面加大统筹力度，对涉农项目的土地指标供应明确标准，按比例给予建设用地指标支持。

3. 提供全方位金融支持

金融是经济的血液，对于工商资本下乡同样不可或缺。调研表明，企业对金融支持的期盼极为迫切。一是围绕解决涉农项目银行贷款难，建议设立涉农信贷风险补偿基金、农业信贷担保补偿基金，为涉农项目提供融资、担保服务；鼓励市内金融机构推行农村承包土地经营权、农民住房财产权抵押贷款试点，鼓励涉农企业以大型农机具、仓储、财政补贴和经营预期收益权抵押获取贷款支持。二是围绕解决涉农项目直接融资难，建议金融部门牵头、农业部门配合，提出关于涉农企业直接融资的意见，支持符合条件的涉农企业通过主板、中小板、创业板、新三板和区域性股权交易市场挂牌上市和发行债务融资，扩大直接融资规模。三是围绕解决涉农项目投保难，引导县、市（区）对金融机构发放规定条件的贷款损失给予必要补偿；支持保险机构开展特色农产品目标价格保险、农产品质量保险等新型险种试点；支持涉农项目与保险公司的单独投保、单独开单、单独理赔；鼓励保险机构通过附加险等方式，覆盖土地租金等成本，提高农业保险保额。

4. 强化乡村专业人才支撑

一方面，创新乡村专业人才引育方式。最近，武汉实施了“城市合伙人”“百万校友资智回汉”“百万大学生留汉创业就业”等三大人才计划，为工商资本投资农业农村发展提供人才、智力储备和支撑。建议有关部门积极研究、吸收、借鉴，尽快出台全市推动乡村人才振兴专项方案。另一方面，高标准打造乡村公共服务配套。前期潍坊市按照国际一流标准，在城市建设了不同类型的社区、学校、医院等，对高端人才的吸引力显著增强。建议乡村公共服务配套按照城市的标准打造，让乡村专业人才愿意来、留得下。

5. 加大基础设施配套力度

一方面，对涉农项目内部基础设施适当补贴，特别是对较大规模的涉农项目在道路、农田水利、地力提升、农业污染源治理等方面的投入，加大扶持力度，降低工商资本进入的成本。另一方面，把涉农项目外部基础设施作为基层政府涉农资金投入的重点，高标准建设水利、电力、道路、绿化等基础设施，并抓住美丽乡村建设契机，促进城乡基础设施建设一体化，提升乡村基础设施建设水平。

（二）开展工商资本下乡学习宣传行动

工商资本下乡，企业是主体，农民是参与者，基层政府是引导服务者。在实施乡村振兴战略、工商资本下乡已经起势的大背景下，学习、宣传标杆能够找准工作着力点，凝聚起推动工商资本下乡的强大正能量，确保学有榜样、做有标杆，更好地推动工商资本下乡。

1. 组织基层政府赴先进地区学习观摩

目前，浙江、武汉、成都、南京以及潍坊市部分地区，工商资本下乡态势较好，有很好的经验。建议组织县级、乡镇负责同志到这些先进地区学习观摩，同时在全市遴选一批工商资本下乡示范镇、示范村供县、市（区）就近学习观摩。通过学习观摩，切实把各地因地制宜、精准施策的经验理解到位，把压力传递到位、责任落实到位，进一步调动基层政府的积极性。

2. 组织企业到标杆项目学习观摩

标杆项目的共同特点是理念超前，要素储备相对充足，运作方式和管理模式先进。建议在全市筛选一批可信、可比、可学的典型项目作为标杆，组织相关企业前往实地考察、交流学习，搭建起企业间的交流平台，着力解决部分企业认识不到位、有畏难情绪以及盲目投资等问题，切实发挥典型的示范引导作用，推动更多、更具实力的企业下乡投资。

3. 强化对农民的宣传引导

灵活采用农民喜闻乐见的方式，重点宣传乡村振兴的大趋势、土地流转等方面的政策法规，让他们认识到工商资本下乡带来的好处，切实提高现代农业意识。在完善农民合法权益机制的基础上，积极引导他们参与工商资本下乡，支持乡村振兴战略实施。

（三）规划建设一批工商资本下乡项目

项目是工商资本下乡的载体和关键支撑。从目前工商资本下乡态势较好的地区看，各地都把项目作为基本抓手，精心策划、包装项目，全力争跑落实项目，可以说，谁抓住了项目，谁就抢占了制高点。建议潍坊市实施工商资本项目带动战略，时时把项目牢牢抓在手上，突出抓好实力雄厚的大工商资本项目。

1. 筛选一批工商资本下乡项目

从目前了解的情况看，各地都储备了一批工商资本下乡项目。建议在此基础上，相关职能部门对有投资意向的工商资本进行调查摸底，注重与乡村振兴规划搞好衔接，按照乡村振兴“五大领域”，突出农村一二三产业融合、基础设施建设、公共服务等领域，筛选一批投资规模大、产业关联度高、辐射效应强的项目，建立全市工商资本下乡重点项目库。

2. 开展工商资本下乡项目推介招商

成立专门机构，依托国家和省、市各类农业博览会、投资贸易洽谈会、农业投资情况说明会等载体，搭建投资对接平台，发挥好企业招商主体作用，将潍坊市策划、包装的项目与有投资意向的工商资本企业进行对接，促成双方合作。

3. 建立工商资本下乡项目推进机制

建议有关部门积极研究、借鉴新旧动能转换和“四个城市”重大项目推进机制，并考虑涉农项目建设周期长的特殊性，围绕提供落地注册、施工建设、要素保障、安全环保等全流程服务，构建简政放权、优化前置、并联审批、现场办公、负面清单、信用管理、阳光监管等服务体系，及时解决企业遇到的困难。

四、需要高度关注的几个问题

从理论研究和各地实践看，工商资本下乡对“三农”还有一些负面影响与潜在风险，值得我们高度关注。

（一）“非农化”“非粮化”倾向

从资本逐利角度看，“非农化”“非粮化”是必然的。现实中，有的工商资本进入农业，主要瞄向价值较高的经济作物和规模养殖、特色养殖业，对粮食生产感兴趣的不多，有的是开始搞粮食生产，但后来改种其他作物。

（二）工商资本存在投机行为

不少工商资本打着农业开发或龙头企业的旗号，其目的却是圈地囤地或是搞资本运作。比如，一些企业利用规则漏洞变相圈地，有的企业征地数百公顷，实际只办几公顷地的国土证或者流转合同。

（三）“村庄公司化”现象

即引入一些本村外出的企业老板返乡担任村干部，然后由企业老板成立公司，向村民流转土地，向上申请财政项目，承担乡村建设任务。这种方式虽有合理之处，但易引发私人利益与公共利益不清问题，不利于基层民主和乡村治理能力提升。

（四）损害农民利益现象

大规模工商资本下乡，可能会弱化农民的主体地位，导致弱势劳动力无法就业，农民成为资本的雇佣。如果不加以引导，极有可能出现强势的工商资本所有者与大量弱势小农并存的农村新二元结构。农地资本化流转，容易形成权力与资本的灰色合谋，损害农民利益。

（2018 年 6 月）

关于浙苏粤三省乡村发展历程的分析与思考

◎ 李少军　方典昌

一、浙江乡村发展历程

改革开放以来，浙江乡村发展带有鲜明的民营经济特色、市场化特色，政府工作的着力重点是处理农民与市场、农民与土地、乡村与城市的关系。总体来看，大致经历了四个阶段。

（一）1978—1984年，联产承包责任制改革催动农村工业化，社队企业迅速发展，奠定了农村较好的经济发展基础

1979 年，全国推行家庭联产承包责任制。浙江在短短几年就全面建立了以家庭经营为基础、统分结合的双层经营体制，一靠政策、二靠投入，农村劳动生产率和土地生产率极大提高。广大农民不满足于仅从事粮食生产，经营范围逐渐拓展到林果、养殖、农产品加工等各领域。在农业农村逐渐繁荣的同时，浙江农民向非农领域转移的意愿非常强烈。浙江顺应这一趋势，大力实施农村工业化，明确提出把发展社队企业作为振兴农村的重要手段来抓，鼓励自主创业和自由择业，一批集体企业、联办企业、股份制企业、合

作企业迅速发展。农村工业化的实质是以农民群众为主体，农民群众“全民创业”，即农民是工业化的发动者、投资者、就业者和共享者。1983 年，浙江社队工业总产值比 1978 年增长 2.6 倍，总收入比 1978 年增长 2.3 倍。这一阶段，全国各地农村经济增长的主要动力是家庭联产承包释放的活力。在这个基础上，浙江基于农村工业基础好、起步早，在全国表现出明显的“先行者优势”。

（二）1985—1991年是浙江农村市场化改革启动阶段，放胆发展多种所有制经济，乡镇企业“异军突起”，带动了小城镇聚集发展

20 世纪 80 年代中期，浙江农民收入增长放缓，1981 年农民人均纯收入增幅为 30%，1983 年下降到 5% 左右。1984 年，中央明确社队企业改乡镇企业后，浙江创造性地执行，随即制定出台了放权松绑、减税降负等一系列促进政策，打破“唯成分论”，采取放手发动、“放水养鱼”、放权松绑、放宽政策，让包括个体私营经济和股份合作经济在内的多种所有制经济共同发展、多轮驱动。当时，全国对发展个体私营经济犹豫不决，浙江这一系列超前、果断的举措，使农村经济又出现了新一轮发展高潮。到 1991 年，乡镇企业占据了浙江工业经济的“半壁江山”。在乡镇企业和个体私营企业带动下，小城镇开始聚集发展，推动了农村城镇化。从 1984 年到 1990 年，浙江有 16 个县升入了建制市，建制镇由 255 个攀升到 749 个，同时，一大批乡中心集镇都不同程度扩大了规模，1990 年城镇人口比重达 32.81%，高于全国 6.4 个百分点。

（三）1992—2001年是浙江农村全面实行市场化改革阶段，乡镇企业向市场机制、市场体系转型，农村非农化、城镇化快速推进

1992 年，中央确立了发展社会主义市场经济的明确方向，浙江重点抓了农村经济体制的全面市场化改革和农村经济发展质量的全面提升。20 世纪 90 年代初，浙江乡镇企业中有大量戴集体经济“红帽子”的私营企业，产权

模糊、机制僵滞等问题严重制约了企业竞争力，而集体经济性质的乡镇企业“国企综合征”也日益凸显。浙江1992年作出推进乡镇企业大发展大提高的决策；1993年，总结台州、温州等地的股份合作制经验，推进乡镇集体企业进行股份制改革；1994年，按照政企分开、明晰产权、转换机制的思路，推进乡村集体企业产权界定和量化，到2001年浙江乡镇企业改制率达到97%。乡镇企业的产权制度改革，一方面使乡镇企业重新焕发了生机和活力，产值、利税等主要经济指标连续多年居全国首位；另一方面，一大批农民从劳动生产者转变为投资经营者，在乡镇企业的快速发展中不仅增加劳动生产收入，也获得了丰厚的投资经营收入。同时，伴随着农村经济市场化的发展，农村非农化、城镇化开始加快，浙江在全国较早放开小城镇户籍，取消“农转非”限制，鼓励更多的农民进城落户。2001年，浙江城镇化率达到48%（高于江苏6个百分点，高于山东8个百分点），向非农领域转移的农村劳动力突破1000万人，首次超过单纯务农劳动力，占农村劳动力总数的55%（同期全国比重为18.6%）。大批农民离开农村并走出省门，既显著提高了农业农村的劳动生产率，又大幅度提高了农民的工资性收入。

（四）2002年至今，深入贯彻习近平总书记“三农”思想，浙江从统筹城乡经济社会发展到城乡发展一体化，再到城乡融合发展，成为新时代乡村振兴的先行区

21世纪初，得益于发达的民营经济，浙江民间资本雄厚，农村经济基础较好，农民普遍具有较多的财富积累。2002—2007年，习近平同志在浙江工作期间，主持制定了《浙江省统筹城乡发展推进城乡一体化纲要》，部署了一系列统筹城乡发展的重要工程，探索推进了一系列农业农村重大改革，对从根本上解决城乡二元体制和“三农”问题进行了深入思考和实践探索。

这些年来，浙江沿着习近平同志指明的方向，不间断地探索实践，大致分为三个时间节点。2002—2007年为统筹城乡经济社会发展阶段；2007—

2012年为推进城乡一体化发展阶段；2012年至今为探索城乡融合发展阶段。主要的实践体现在九个方面。

一是在“三农”发展战略上，浙江全面落实总书记“‘三农’重中之重”的战略思想，正确把握现代化进程中城乡关系的变迁规律，大力推进统筹城乡发展，城乡发展一体化水平不断提高，率先进入城乡融合发展阶段。到2015年，浙江农村全面小康实现度97.2%，为全国各省区市最高。

二是在发展现代农业上，浙江进一步强化农业在全局中的基础地位，以高效生态农业为目标模式，坚定不移地推进农业供给侧结构性改革，果断打出现代生态循环农业、畜牧业绿色发展、化肥农药减量增效、渔业转型促治水、海上“一打三整治”、农业“两区”（粮食生产功能区、现代农业园区）土壤污染防治等农业生态建设“组合拳”，不断深化农业“两区”建设，大力培育农业新型经营主体、农业品牌，加快推进农业产业化、信息化、农产品电商化，农业市场竞争力迅速增强，实现了从资源小省向农业强省的跃升。2016年农业产业化组织突破5.5万家，承包地流转的比例已达50%以上，仅家庭农场就超过2.37万个，占全国总数的1/14。

三是在推进农村建设上，浙江持续实施“千万工程”这一改善农村人居环境大行动，与时俱进地推进美丽乡村建设，打造美丽乡村升级版，坚决打出农村生活污水治理、农村生活垃圾处理、平原绿化、河长制等农村环境建设“组合拳”，农业面源污染状况明显改善，农村脏乱差现象得到根本性改变，美丽乡村成为一张“金名片”，人民群众得到了巨大实惠。至2017年底，2.7万多个村实现村庄整治全覆盖，农村生活污水治理规划保留村覆盖率100%，农户受益率74%，农村生活垃圾集中收集有效处理基本覆盖，农村生活垃圾减量化、资源化、无害化分类处理建制村覆盖率40%。

四是在促进农民增收上，浙江把增加农民收入作为“三农”工作的中心任务，加快转变增收方式，不断拓宽增收渠道，着力挖掘增收潜力，逐渐形成了“以能人创业为先导，能人创业带动农民就业，农民就业促进农业劳动生产率提高”的“共创共富”农民持续增收机制，农民收入呈现水平高、速度快、差距小的特点。2016 年，全省农村常住居民人均可支配收入 22866 元，连续 32 年居全国省区市第一；党的十八大以来，年均增长 12%；城乡居民收入比值为 2.066，为全国各省区市最小；11 个地级市中有 7 个市城乡居民收入比值缩小到 2 以内，农民收入最高的嘉兴市和最低的丽水市比值为 1.76，区域间农民收入差距逐步缩小。

五是在推动扶贫开发上，浙江牢固树立精准扶贫、精准脱贫的战略思想，坚持把扶贫开发融入“四化同步”进程，坚持消除绝对贫困与减缓相对贫困并重、区域发展与群体增收并重、搬迁集聚与就地发展并重、造血扶贫与输血扶贫并重，坚持专项扶贫、行业扶贫、社会扶贫“三位一体”的大扶贫格局，大力实施低收入农户奔小康工程、低收入农户收入倍增计划、重点欠发达县特别扶持计划、山海协作工程、山区经济发展等一系列扶贫工程，扶贫开发取得历史性成就。2015 年，浙江省家庭人均收入 4600 元以下绝对贫困现象全面消除，26 个欠发达县一次性“摘帽”；2016 年，全省低收入农户人均可支配收入突破万元，达到 10169 元，与全省农民人均可支配收入倍差缩小至 2.25。

六是在生态文明建设上，浙江坚定不移地沿着“绿水青山就是金山银山”的路子走下去，大力实施“811”美丽浙江建设行动，果断打出“五水共治”等转型升级“组合拳”，深入推进“千万工程”、美丽乡村建设，大力发展乡村旅游、养生养老、运动健康、文化创意、电子商务等美丽经济，率先实施生态保护补偿机制以及与污染物排放总量挂钩的财政收费制度、与出境水质和森林覆盖率挂钩的财政奖惩制度，生态文明建设迈向更高水平。全省生态环境发生优质水提升、劣质水下降，蓝天提升、PM2.5 下降，绿化提升、森林火灾下降的“三升三降”的明显变化。2016 年，全省森林覆盖率 61%，平原林木覆盖率 19.8%。

七是在公共服务供给上，浙江坚持把基本公共服务均等化作为统筹城乡发展的战略重点，完善城乡一体公共服务体制机制，加快城乡公共服务制度接轨、质量均衡、水平均等。2015 年底，全省基本公共服务均等化实现度为 90.7%，5 年提高 8 个百分点。2016 年，县县建成国家义务教育发展基本均衡县，国家卫生城市、卫生县城实现全覆盖，全省农村基础养老金每月 135 元，城乡基本医疗保险人均筹资标准每年 859 元，农村低保平均标准每月 631 元，68 个县（市、区）实现城乡低保同标。

八是在农村基层党建和乡村社会治理上，浙江把加强基层党建作为推进党的建设伟大工程的重要基础，推行农村基层党建“整乡推进、整县提升”和“浙江二十条”，创新推出乡村“四大平台”“三多”清理（机构牌子多、考核评比多、创建达标多）、农村小微权力清单制度、村民说事制度、法治德治自治“三治融合”、新乡贤治村等举措，强化了农村党的领导，保障了农民民主权益，丰富了基层民主形式，促进了农村社会和谐稳定。

九是在深化农村改革上，浙江把改革创新作为推进“三农”发展的根本动力，设立农村改革试验区，协调推进“四化同步”，城乡公共资源均衡配置体制基本建立，城乡生产要素平等交换体制加快构建，初步建立起工农互促与城乡统筹的政策体系和制度框架，农民群众获得更多改革红利。2016 年底，符合条件的农村宅基地确权登记颁证率 95%，村经济合作社股份合作制改革覆盖率达 99.5%，农村产权流转交易市场覆盖率达 96%，省、市、县、乡四级生产供销信用“三位一体”农合联组织体系全面构建。

二、江苏乡村发展历程

改革开放以来，江苏推进农村改革发展的显著特征是注重工农之间、城乡之间的协调，大体经历四个阶段。

（一）20世纪80年代，乡镇企业异军突起，加快了农村工业化进程，农村城镇化迅速起步并获得突破性进展，形成“苏南模式”

在联产承包责任制推动下，农民生产积极性空前高涨，江苏顺势引导农民加大农业设施和科技投入，在全国率先提出向农业现代化进军，使农业生产效率大幅提高，逐步改变了传统农业劳动密集型发展模式，大量农村劳动力从农业中解放出来，为农村工业化和城镇化的发展创造了条件。

江苏是农村工业的发源地，改革开放初期，江苏手工业、县乡工厂和农业在全国范围内都具有一定优势。1984 年，国家明确社队企业改乡镇企业，并实施了一系列优惠政策。江苏抓住有利时机，及时对社队企业推行多种形式经营承包责任制，相继推广无锡堰桥“一包三改”经验、四轮齐转“耿车模式”，“村村点火、乡乡冒烟”的乡镇企业带动了百万农民向非农产业大转移，引发了乡镇企业发展高潮。随着乡镇企业的快速发展和农村工业化的不断推进，江苏不仅成功地实现了数百万农民的非农化转移，而且“以工建农”“以工建镇”，农业现代化水平不断提高，大批小城镇迅速崛起，出现了以“离土不离乡、进厂不进城”为特征的工业化带动城镇化的独特景观。社会学家费孝通称此现象为“苏南模式”。到 1987 年，江苏乡镇企业总产值 797 亿元，首次超过全民所有制工业，占据“半壁江山”；1988 年，乡镇企业总产值 1078 亿元，在全国率先突破千亿元大关；建制镇由 1979 年的 115 个增加到 1990 年的 538 个，城镇人口比重由 1979 年的 15.46% 上升到 1990 年的 21.6%，高于山东 3.4 个百分点，但低于浙江 11.3 个百分点，低于广东 2.1 个百分点。

（二）20世纪90年代初到2003年，借助全方位对外开放动力，园区建设催动农村劳动力、外来人口向城镇迅速集中，“新苏南模式”应运而生

20 世纪 90 年代初期，全国乡镇企业开始走下坡路，这在以集体经济为主的苏南地区表现得尤为明显，超过 1/3 的乡镇企业面临破产倒闭。江苏放

手实施乡镇企业产权制度改革，“集体为主”所有制转变改制为产权关系明晰的多元化混合所有制经济，使江苏，尤其是苏南乡镇企业的体制发生了根本性的变化，形成了多种经济成分共存的新格局。同时，借助上海浦东大开发，江苏大力引进外资，改制后的乡镇企业以生产“配套”方式纷纷参与到上海大开发中，发展了“三来一补”和“三资企业”，乡镇企业逐渐建立了新的发展优势。在此过程中，出于招商引资需要，江苏在城市郊区和乡镇兴办了各类园区，往往一个乡镇就有几个园区，不但解决了本地劳动力的完全非农化，而且吸纳了大量的外来劳动人口，推动了中小城镇和城市发展，这种现象被称为“新苏南模式”。1990 年以后，江苏每年约有 200 万的乡村人口进入城镇；1990—2003 年，省辖市由 11 个增加到 13 个，县级市由 15 个增加到 31 个，建制镇由 582 个增加到 1200 个以上，城镇人口占比由 21.6% 提高到 46.7%，高于全国 6.3 个百分点，高于山东 3.7 个百分点，但低于浙江 6.2 个百分点，低于广东 11.8 个百分点。

（三）2003—2012年，农民开始深度介入工业化和城镇化，新农村建设整体推进，农村面貌得到根本改观，形成了新农村建设的“江苏道路”、城乡一体化的“苏州道路”

21 世纪初，江苏工业化、城市化进程进一步加速，对外开放全方位展开，为工业反哺农业、城市支持农村积累了必要的物质基础。在中央作出扎实推进社会主义新农村建设的战略决策后，江苏把加快新农村建设作为实现“两个率先”的重中之重，提出以“三化”带“三农”，即以工业化致富农民、以城市化带动农村、以产业化提升农业，全面实施一系列支农扶农的新举措，全面推进农村经济、政治、文化、社会、党建“五大建设”；2006 年，作出了扎实抓好高效农业规模化工程、500 万农民转移工程、百万农民培训工程等“十大工程”重要部署。

在落实这些新部署进程中，江苏逐渐走出了一条具有时代特征的新农村建设之路。主要特征有四个。第一，立足省情，开拓“三化”带动下的新型

“三农”发展道路。江苏不断加大财政支农投入，省财政支农资金从2003年的72亿元增长到2012年的754亿元，同时推动城市发挥工业企业资本、技术、人才、信息等方面的优势，向农村延伸产业链条，促进农业生产经营方式创新，构建城乡要素相互渗透与交融和城乡一体的经济社会发展框架。第二，用现代理念、技术、制度改造传统农业，加速实现农业规模化、高效化、现代化。一是村企结合，培育龙头企业，发展高效规模化农业，提升农业产业化水平；二是鼓励和引导工商资本、民间资本直接投向农村，兴办现代农业基地；三是大力发展外向农业，启动现代高效农业园区的开发建设。第三，以改革创新为动力，发展“三大合作组织”。通过大力发展农民社区股份合作社、土地股份合作社、农民专业合作社，将分散的农民组织起来，促进了专业化生产和产业化经营，增强了农民进入市场的信心，增加了农民的多样化收入。第四，推动南北区域合作，新农村建设在江苏整体推进。江苏按照区域共同发展的战略思路，大力倡导南北区域协作，推动发达地区支持欠发达地区，比如苏南市、县在苏北、苏中先后建立了苏州宿迁工业园、张家港工业园、昆山常熟工业园等十多个工业园区，在全省形成了南北挂钩合作的热潮。

江苏把城乡一体化作为社会主义新农村的重要抓手，各地从不同角度开展了有益的探索和实践，走在了全国前列。其中，以苏州为典型代表。2006年以来，国务院发展研究中心成立课题组，对苏州城乡发展一体化的实践进行了长期的跟踪调查研究；2008年，国家发展和改革委员会把苏州列为城乡一体化发展综合配套改革联系点；同年，苏州市下辖的常熟市又被国务院发展研究中心确定为首个城乡一体化综合配套改革固定调研联系点。苏州经过多年探索，形成了城乡一体化发展的“苏州道路”。第一，用“三形态”优化城乡空间格局，即让城市更像城市、农村更像农村、园区更像园区，以此来矫正20世纪80年代以来在工业化和城镇化过程中，由于规划滞后导致城乡形态和功能不分的混沌状态。第二，用“三集中”优化要素空间配置格局，即农民向社区集中、工业企业向园区集中、土地向规模经营集中，改变长期以来分散居住造成的浪费土地、污染环境、生活不便问题，降低公共服务成本。第三，用“三置换”保障农民权益，即鼓励农民以农村土地承包经营权置换成土地股份合作新股权或社会保障，以农民宅基地及住房置换成城镇住房或三产用房，以集体资产所有权、分配权置换成社区股份合作新股权，进而让农民进城、进镇、进社区，实现由农民向市民的身份转换。苏州探索城乡一体化的经验，已在江苏全面推开，国务院发展研究中心也以研究报告的形式向全国推广。

（四）党的十八大以来，以全面建成小康社会为目标，全面推进农村农业综合改革，加快农业农村现代化进程，积极探索乡村振兴新模式、新机制

十八大以来，江苏农村基本实现了从“生活宽裕”到“生活富裕”的提升，已经进入“日益增长的美好生活需要”旺盛的阶段。然而，江苏也清醒地认识到，农业、农村仍然是全面小康建设的短板。近年来，江苏着重在五个方面进行了积极探索，大力推进农业农村现代化。

一是以绿色发展理念为引领。江苏抓住生态环境这个全面建成小康社会的突出短板，以绿色发展理念为引领，推进农业现代化，先后制定《生态文明建设目标评价考核实施办法》《绿色发展指标体系》《生态文明建设考核目标体系》，对生态文明建设实行党政同责，纳入干部考核体系；引导苏北地区把良好生态作为发展的基本依托和最大优势，着力发展绿色生产力，探索生态优先、绿色发展的新路子；推动生态农业发展，努力使绿色发展成为江苏农业的鲜明特色，使质量安全成为江苏农产品的核心竞争力。

二是以建设“两型农业”为方向。面对农业资源环境亮起的红灯，江苏痛下决心，改变粗放型的资源利用方式，积极发展资源节约型、环境友好型农业。着重抓好农业投入品、废弃品污染治理，大力整治农业对生态环境的污染。一方面，把过量使用的农业投入品减下来，积极推广节肥、节药生产技术，组织实施化肥减量增效与农药零增长行动；另一方面，把资源综合利

用水平提上去，围绕“能源化、肥料化、饲料化、基料化、原料化”，深入开展秸秆、畜禽粪便等农业废弃物资源化利用，探索农药废弃包装物、农膜残膜等农业废弃物回收利用。

三是以现代科技创新为支撑。现代科技创新是农业发展的重要支撑。江苏瞄准农业重大科技需求，加强原始创新和集成创新，以科技创新引领优势农业产业发展；遴选建设14个省级现代农业产业技术体系，构建布局科学、专业融合、人才合理、支撑有力的农业产业技术体系，重点解决农业生产重大关键技术难题，取得了良好效果。

四是以构建“三大体系”为抓手。首先，着力优化农业产业体系，重点发展3个水稻优势产业区和4个小麦优势产业区，同时推动特色畜禽、特色渔业、应时鲜果向优势产区布局，支持地方发展特色农产品，引导基层因地制宜调整农业结构。其次，着力优化农业生产体系，大力推进以水利为重点的农田基础设施建设，加快设施农业发展，推进农业生产智能化、精细化、绿色化。此外，加快农业生产模式创新，推广了农牧结合、种养结合等生态循环发展模式。再次，着力优化农业经营体系，大力培育新型农业经营主体和服务主体，积极发展农业适度规模经营。加快适度规模经营的家庭农场发展，鼓励家庭农场、家庭牧场组建产业联盟，推动农牧业循环发展。规范农民合作社发展，目前，农民合作社总数超过7万家，入社农户比例超过77%。

五是以深化改革开放为动力。江苏重点深化农村土地“三权分置”改革，优化土地资源配置，深化农村集体产权制度改革，进一步盘活农业农村资源要素，农村集体产权市场在实现县域全覆盖的基础上，加快推进乡镇全覆盖；统筹推进常州市武进区农村土地制度改革“三项试点”，探索形成可复制、可推广的改革经验。

2017年6月，江苏提出实施特色田园乡村建设行动。中央提出乡村振兴战略后，江苏对特色田园乡村建设进行了完善和提升。特色田园乡村建设符合城乡融合发展理念，与乡村振兴战略高度契合。第一，在概念上，特色田园乡村由特色、田园、乡村三部分组成，“特色”即特色产业、特色生态、特色文化，体现的是竞争力；“田园”即田园风光、田园建筑、田园生活，呈现的是意境；“乡村”即美丽乡村、宜居乡村、活力乡村，凸显的是可持续。第二，在重点任务上，主要有六个方面，突出规划引领，抓好整体设计，坚持“多规合一”；培育发展产业，利用“生态+”“互联网+”等模式开发农业多功能性，构建“接二连三”的农业全产业链；保护生态环境，尊重乡村特有的田园景观、传统建筑，注重乡村的提升和复兴；彰显文化特色，保持富有传统意境的田园乡村景观格局、乡村传统肌理、空间形态和传统建筑；改善乡村公共服务水平，提升特色田园乡村品牌形象；立足生态人文资源优势，大力发展乡村旅游和特色产业，焕发乡村经济发展新活力。第三，在实施步骤上，2017—2018年为试点示范阶段，形成“351”格局，即3个县、5个团、10个点，村庄总数40个左右；2018—2020年为试点深化和面上推动阶段，在试点示范取得阶段性成效的同时，完善特色田园乡村建设相关标准，组织各地按照标准指引、有序引导、政策聚焦、循序渐进的要求，开展面上创建，形成一批体现江苏特色、代表江苏水平的特色田园乡村。

2018年5月，江苏发布《江苏省乡村振兴十项重点工程实施方案（2018—2022年）》，提出组织实施现代农业提质增效、农民收入新增万元、美丽宜居乡村建设、乡风文明提升、万村善治推进、乡镇功能提升、农村基础设施和公共服务建设、脱贫致富奔小康、农村改革创新、农村基层党建创新提质十项工程，对每一项工程都明确了主要目标、重点任务和政策措施，并将逐个成立工程推进办公室，确定牵头部门和参与部门，强化工程落实。

三、广东乡村发展历程

广东乡村发展的重要经验就是，坚持尊重广大农民的首创精神，不断冲破各种思想束缚和体制束缚，把群众的创造总结提升为改革决策。总体来看，大体经历了四个阶段。

（一）1978—1991年，农村改革全面发展阶段，围绕发展商品经济目标，乡镇企业异军突起，“三资”企业稳步发展，形成了“珠江三角洲经济模式”

这一时期，广东农村改革发展迅速，到1983年家庭联产承包责任制已推及全省96%的生产队。农村实行联产承包后，广东探索性开展农产品价格改革，实行“一、二、三产业一齐上”“大、中、小企业一齐上”“集体、联户、个体企业一齐上”的乡镇企业发展方针，坚持因地制宜、放手发展的原则，突破发展乡镇企业的各种禁锢，促成乡镇企业向多层次、多成分、多形式、全方位发展。到1988年，乡镇企业发展到115万个，从业人员645万人，总产值476亿元（但低于江苏的1078亿元，低于浙江的655亿元）。

值得关注的是，改革开放之初，国家政策倾斜于广东，不仅率先财政包干，而且设立经济特区。20世纪80年代中期，国务院批准成立了“珠江三角洲经济开发区”，允许乡镇企业引进资金，发展外向型企业，以东莞、宝安等地为代表的珠三角东部地区成了香港加工业的外迁地，“三来一补”成为其乡镇企业发展的重要形式。珠江三角洲了解国外信息，引进各种技术设备等也主要通过港澳地区，通过大量的经济往来、联办企业等为三角洲地区的培训技术和管理人才、引进新技术设备起到了很大的作用，尤其是凭借毗邻港澳、华侨众多及国家优惠政策倾斜的优势，拥有大量的“三资”企业，以此带动强劲的加工贸易和出口经济，获得了瞩目的外向型产业发展，很快就形成了“珠江三角洲经济模式”。

（二）1992—2001年，重点抓乡镇企业改制，发展“三高”农业，农村经济活力进一步释放

这一时期，珠江三角洲冲破“姓社姓资”束缚，在汲取20世纪80年代末以来经验教训的基础上，对集体经济、乡镇企业引入股份合作制，开展

以界定产权、明晰权责、完善治理结构为内容的改革，有些地方实行土地承包权入股、林权入股，使集体经济和乡镇企业焕发了生机。乡镇企业的加速发展，农民收入不断增加，农村温饱问题基本解决，社会对农产品的消费需求由数量型向质量型转变。广东根据农业生产的这一变化，及时调整品种结构，发展高产、优质、高效的“三高”农业。各地相继建起了一批“三高”农业商品生产基地，并培育和发展了一批龙头企业，贸工农一体化的经营形式得到进一步完善和发展。1992 年，国务院专门在广东召开了“三高”农业现场会，总结推广广东经验。20 世纪 90 年代中期以来，广东又创办了龙头企业和示范区（即产供销一条龙、科工贸一体化的产业化经营）。到 2000 年，农业龙头企业销售收入 357 亿元，净利润 27 亿元，创汇 464 亿美元。这一时期，广东与山东的农业产业化的最大区别是，注重引进外资，发展外向型创汇农业，特别是善于利用境外投资商的地缘、人缘优势，与世界各国建立农副产品出口贸易关系；引进外资时着眼于起点高、产业链长、附加价值大的项目，以此带动广东农业结构的调整，使大批农产品走向世界。

（三）2002—2012年，统筹城乡发展阶段，扎实推进新农村建设，创新探索了一系列新机制、新模式

这一时期，广东以壮大县域经济为抓手，以推进城乡体制改革为动力，探索出一条以工促农、以城带乡，工业反哺农业、城市支持农村、城乡协调互动发展的路子。2005 年，广东出台《统筹城乡发展加快农村“三化”建设的决定》（以下简称《决定》），对统筹城乡发展进行全面部署，重点突出五大举措：一是提升农村工业化和农业产业化水平；二是提升农村城镇化水平，推动城市基础设施向农村延伸；三是建立城乡并重的就业制度，加快户籍制度改革；四是完善以大病统筹为主的新型农村合作医疗制度；五是建立“留用地”补偿等制度，妥善安置被征地农民。该《决定》最大特点是找准了土地、就业和社保这三大统筹关节点，为城乡统筹在以后很长一段时间定好了基调。

这一时期，在推进城乡统筹发展的大背景下，广东提出以发展农村经济和增加农民收入为中心，建设广东特色现代文明、民主和谐、富裕安康的社会主义新农村。其突出特点有三个。

第一，将信息化作为新农村建设的新动力。通过强化信息服务“三农”意识、完善农业农村信息化网络、创新信息服务模式，成功探索出了“湛江模式”和“云浮模型”。比如，湛江把农村信息化作为“一把手”工程，建设了“湛江农业信息港”“农信通”短信息服务平台、“掌上乡情”信息平台、“村务 e 路通”平台、农村“易读书”平台等“三农”服务平台，通过信息化手段，使农民便利地享受到农业生产经营、农村管理、文化教育、劳动力就业等各种涉农服务。

第二，将现代流通体系作为新农村建设的重要内容。发达的物流产业和完善的市场体系，是现代农业的重要保障。广东新农村建设探索出清远市清新县的“现代连锁店”与江门市“三层市场体系”的现代农业物流发展模式，支持城市流通企业经营网络向农村延伸，以企业为主体建设连锁化农家店，完善农村流通基础设施建设，发展现代流通方式和新型农业流通业态，解决农民身边的问题。

第三，将综合社会保障作为新农村建设的重要目标。广东的新农村建设，将解决农民最迫切的问题作为切入点，尤其倾注财力，切实解决农村最低生活保障、农村合作医疗和农村养老保险问题，提升农村综合社会保障水平。在破解农村社会保障难题上，广州市番禺区探索出了“政府主导、公司运作、信息化监管运营”的城乡合作医疗新模式；东莞市凭借其雄厚的经济实力，率先建立了城乡一体的农村基本养老保险制度。

（四）2013年至今，以全面深化农村综合改革为主要着力点，深入推进城乡融合和区域协调发展，加快乡村振兴“走在全国前列”

十八大以来，广东把全面深化农村综合改革作为“三农”工作的主线，2011 年出台文件，决定分类部署推进山区县和“珠三角”农村综合改革；

2012年，农村综合改革全面铺开；2013年把深化农村综合改革列为省委、省政府重点工作进行督办。在此过程中，按照“只做加法、不做减法”的原则，注重找准改革的切入点和突破口，注重推动基础性制度改革创新，城乡融合和区域协调迈出新步伐。

一是开展农村产权制度改革。2014年，广东启动农村土地承包经营权确权工作，2015年在试点基础上全面铺开，目前99%的农村集体经济组织完成清理核实，县、镇两级农村产权平台实现全覆盖，一些地市将小型工程招投标、集体资产收益分配纳入平台统一监管，涉“三资”矛盾纠纷大幅下降。

二是构建农村基层治理新格局。清远、云浮等地积极探索发挥村民主体作用，以培育和发展自然村村民理事会为抓手，提高农村社会组织化水平，增强农村“自组织”能力，建立起以村党组织为核心，村民自治组织为基础，农村社会组织为补充，村民广泛参与、协同共治的农村基层治理新格局。清远通过推动党组织建设、村民自治、农村公共服务的“三个重心下移”，完善村级基层治理体系。中央出台的《深化农村改革综合性实施方案》，在健全农村基层民主管理制度、探索村民自治的有效实现形式上，在某种程度上就借鉴了清远的“三个重心下移”经验。

三是调结构，抓特色，补齐农业短板。突出岭南特色调结构，积极调整种养结构，推进粮经饲协调发展，深化经济作物结构调整，大力发展岭南特色优势产业。同时，针对人多地少、耕地分散的问题，积极推进土地流转，坚持多元化培育新型经营主体。目前，农业龙头企业有3501家（其中省重点农业龙头企业710家，35家企业上市融资）、农民合作社有4.15万家。

四是加快区域协调发展。2015年，广东省委十一届五次全会提出，坚持协调发展理念，注重均衡发展和整体效能，着力解决区域、城乡、经济和社会、物质文明与精神文明等方面的不平衡、不协调问题，努力在推动协调发展中拓宽发展空间。随后，广东出台新型城镇化“2511计划”，选择2个地级市、5个县区、10个建制镇作为新型城镇化综合试点，选择10类项目作为新型城镇化专项试点。随着试点的推进，逐步破解了农业转移人口融入城市难、城镇土地利用粗放低效、城镇空间结构不合理等问题。

十九大以来，广东将乡村振兴摆上战略高度。2018 年 4 月，广东召开乡村振兴工作会议，提出要树立鲜明目标导向，拿出“走在全国前列”的气魄和行动，聚焦着力点和突破口集中用力，全力以赴落实乡村振兴各项任务，推动广东农业全面升级、农村全面进步、农民全面发展。

第一，大力实施“头雁”工程，把农村基层党组织建设成为引领乡村振兴的坚强战斗堡垒。今后 5 年，按照省、市（县）统筹选派、统筹管理、统筹使用原则，每年选派约 1000 名优秀党员干部到全省贫困村、软弱涣散村、集体经济薄弱村担任党组织第一书记。

第二，发展“一村一品、一镇一业”，做强富民兴村产业。以增加农民收入为目标，着力做好“特”字文章，培育特色产业强镇、强村，发展乡村旅游和休闲观光农业，推动一二三产业融合发展，走质量兴农之路。开展“万企帮万村”行动，大力培育新型农业经营主体，促进农业适度规模经营。

第三，实施“千村示范、万村整治”工程，全域推进生态宜居美丽乡村建设。分梯度、分类型推进创建工作，滚动发展打造 1000 个以上示范村引领带动，用 10 年时间全面整治提升农村人居环境。

第四，社会主义核心价值观引领村规民约的修订和完善，塑造乡风文明新风貌。在乡村全面开展修订、完善村规民约活动，深入开展群众性精神文明创建，打好扫黑除恶专项斗争 3 年攻坚战，整治陈规陋习，焕发乡村文明新气象。

第五，鼓励支持人才“上山下乡”，为乡村振兴提供源源不断的人才支撑。建立促进专业人才下沉机制，健全人才结对帮扶机制，强化乡贤和外出务工人员对接机制，提升乡村公共服务水平，吸引和推动人才由城市向农村流动，培育一支爱农业、懂技术、善经营的新型职业农民队伍。

第六，打好精准脱贫攻坚战，确保贫困人口如期全面脱贫。把实施乡村振兴战略与打好脱贫攻坚战有机衔接起来，制定、实施精准脱贫攻坚 3 年行动方案，坚持精准施策，注重激发内生脱贫动力。

四、思考与建议

（一）把乡村振兴放到“四化同步”大背景下把握

特别是要高度重视、同步推进城镇化和乡村振兴中的信息化。2017年，浙苏粤三省城镇化率分别是68%、68.8%、69.9%，山东省为60.6%，潍坊市为60%，三省份比山东省、潍坊市领先5～10年，他们的城市带动农村、工业反哺农业对乡村发展起到了重要作用。信息化是当今时代的特征，是农业农村转型升级的重要推动力。潍坊市农业基础好，农业信息化也处于领先地位，应着力把握这一趋势。

（二）高度重视规划引领作用

要舍得投入，请高水平团队做各层级、各专业的规划，做不能轻易改动的、严肃的规划。规划尤其要注重综合性、全面性、协调性和长远性，这是保证乡村振兴不走弯路的根本，也是快速推进乡村振兴的捷径。

（三）抓好村党支部书记这个关键少数

要重点从农村新型经营主体带头人中选拔和培养村党支部书记，这应该成为乡、镇党委抓乡村振兴的关键着力点。

（四）把村级集体经济作为引领乡村振兴的核心力量

没有集体经济，就没有乡村振兴。“统分结合，双层经营”中，“统”的方面潍坊市许多村是空白，主要是我们“分”得太彻底。集体经济薄弱是潍坊市与浙苏粤先进地区乡村发展水平差距大的重要原因，严重制约乡村振兴。“分”的方面也遗留了大量问题，比如，家底不清、归属不明、账实不符等，这些问题也到了必须解决的时候了。下一步可结合解决上述遗留问题，壮大村级集体经济，以增强集体经济在发动干群力量、增强基层党组织凝聚力、增强服务功能方面的作用。

（五）把农民的主体作用作为乡村振兴的根本动力

一方面，坚持以人民为中心的发展理念，必须依靠人民，必须调动起农民的主动性、创造性；另一方面，遵循市场规律，尊重市场经济主体地位，也必须让农民成为主角。

让农民成为乡村振兴的主角。韩国20世纪70年代以来，“新村运动”调动起农民积极性的经验，我们可以很好地借鉴。

第一，尊重农民的主体地位。面对农村贫困，1970年，韩国政府确立以提升农民的自助意识和合作精神来开发新农村的思路。国家虽然免费提供水泥等物资，但物资用不用、怎么用，完全由农民自己做主。许多村庄在接受政府支援物资的同时，村民投入自己的资金和劳力来改善环境。

第二，尊重农民的决定。“新村运动”的项目也是由村民集体讨论决定，自筹50%以上的资金、物资，剩下的向政府请求援助；得到援助后自己组织实施，自己享受劳动的果实，真正体现了农民的主体地位。

第三，实施村民监督制度。韩国政府建立村民监督制度，以保证政府投入的财力和物资得到有效使用。所有的财物以村为单位申报领用，政府各部门不参与工程建设。每村委派一名公务员，具体负责统计工作并接受村民监督，政府把能否及时、准确无误地将中央分配的支援物资送到村里作为考核公务员素质的重要标准，公务员的晋职加薪与其在新村工作中的政绩、水平挂钩。各村村民代表可参与政府的有关决策会议，可以约见市长、郡守，并当面提出问题、批评与建议。

第四，提高农村骨干业务能力。各村每年推选男女各一名指导员进入新村运动研修院学习；研修院经常请一些有实践经验的基层干部、农民前来讲课，理论与实践紧密结合。研修院学员毕业返乡后，能够主动扮演起“新村运动”的核心骨干角色。

（六）以产权制度改革为乡村振兴提供制度支撑

经济主体产权的有效保障和实现，是经济社会持续健康发展的基础。从浙苏粤经验看，农村产权制度的选择与安排是否合理，对农业农村现代化至关重要。潍坊市农村产权制度改革走在全国、全省前列，但也存在大量确权颁证、成员认定、产权交易、资产运营等方面的问题。前期，我们随机选择6个村作了调查（寒亭区朱里街道西镇村、坊子区黄旗堡街道田东村、峡山区太保庄街道清泉屯村、寿光市古城街道垒村、寿光市田柳镇西埠村、安丘市凌河镇后松园村）。一是耕地，4个村全面完成《农村土地承包经营权证》确权颁证，1个村部分完成确权颁证，1个村未进行确权颁证；6个村均未办理《农村土地承包经营权证》。二是宅基地《集体土地使用证》，3个村完成确权颁证，1个村部分完成，1个村完成确权但未颁证，1个村未开展此工作。2016年，土地部门开始颁发《不动产权证》，6个村均未开展此工作。三是集体资产清产核资6个村均未进行。我们要抓住产权制度改革这个着力点，下大力气通过多种方式、多条途径，深入推进农村土地制度改革，稳妥推进农村集体资产股份制改革，同时切实发挥好农村产权交易体系作用，为乡村振兴提供更加有效的制度供给。

（七）推进科技创新，为乡村振兴插上科技的翅膀

农业的出路在现代化，农业现代化的关键在科技进步。国际主要农业强国在实现农业现代化过程中，科技创新发挥了至关重要的作用。美国、荷兰的农业科技贡献率均超过80%，以色列超过90%，潍坊市不足60%。潍坊市农业市场竞争力要想再上新台阶，必须给农业插上科技的翅膀，坚持现代种业、农技推广、平台合作、智慧农业“四位一体”同步推进，为现代农业发展提供不竭动力和坚实保障。

附：福建宁德市乡村扶贫开发情况

福建宁德市曾是全国18个集中连片贫困区之一。从20世纪80年代中

期，当时宁德的主要领导同志结合当地实际，探索出了一整套扶贫开发的好做法和经验，并且持之以恒地推进当地的扶贫开发，创造了扶贫开发的“宁德模式”，顺利摘掉了6个“国定贫困县”的帽子，基本消灭了绝对贫困。扶贫开发的“宁德模式”对乡村振兴具有重要的启示和借鉴意义。

归纳起来，主要体现在以下五个方面。

一是树立“弱鸟先飞”的进取意识，增强脱贫致富信心。习近平同志大力倡导解放思想、思想先行，进一步坚定了大家干事创业的信心，闽东的脱贫工作才迸发出新的生机和活力。

二是注重“因地制宜”的工作方法，选准扶贫开发路子。“要使弱鸟先飞，飞得快、飞得高，必须探讨一条因地制宜发展经济的路子。”他把摆脱贫困放在重要位置，针对宁德实际，提出“因地制宜、分类指导、量力而行、尽力而为、注重效益”的扶贫开发指导思想。正是习近平同志从客观实际出发，扭住经济建设这个中心，找准工作重点，差异化指导扶贫，为扶贫开发指明了方向，奠定了坚实的物质基础。

三是发扬“滴水穿石”的闽东精神，增强扶贫攻坚韧劲。扶贫开发要持之以恒，久久为功。他强调，领导干部要树立正确的政绩观，“功成不必在我任”“一张蓝图绘到底”。正是在习近平同志的大力倡导下，宁德的广大党员干部自觉形成锲而不舍、持之以恒、默默奉献的良好风气。

四是坚持“四下基层”的工作作风，依靠人民群众的力量推动脱贫工作。习近平同志把坚持群众路线看作“干部的一项十分重要的基本功”。他大力倡导和推行“四下基层”的工作作风，即领导干部“信访接待下基层、现场办公下基层、调查研究下基层、宣传党的方针政策下基层”。在他的亲自推动下，“四下基层”成为密切联系群众的重要途径，成为化解矛盾、推动发展、促进和谐、改进作风的有效办法。

五是注重发挥党的农村基层组织的“核心力量”，为夺取扶贫开发事业胜利提供组织保障。习近平同志始终把基层组织建设作为扶贫开发事业的核心来抓。他经常深入农村一线，了解基层党建工作，他认为：“如果没有一个坚强的、过得硬的农村党支部，党的正确路线、方针政策就不能在农村得到具体的落实。”正是他坚持把基层组织建设作为扶贫工作的固本之策，加强基层干部队伍建设，党组织的战斗堡垒作用才得到充分发挥。

（2018 年 7 月）

潍坊农业农村发展的阶段性特征及工作中应把握的原则

◎ 刘 磊 方典昌 郑爱文

一、关于潍坊市农业农村发展阶段的判断

关于农业农村发展阶段，目前国内外均无官方权威标准，比较有影响的相关理论如下。

（1）美国学者梅勒 1966 年提出，把农业发展划分为传统农业、低资本技术农业和高资本技术农业三个阶段。

（2）美国学者韦茨 1971 年提出，把农业发展划分为持续生存农业阶段、混合农业阶段和现代化商品农业阶段三个阶段。

（3）日本学者速水佑次郎 1988 年提出，把农业发展划分为以增加生产和市场粮食供给为特征的发展阶段、以着重解决农村贫困为特征的发展阶段、以调整和优化农业结构为特征的发展阶段三个阶段。

（4）中国农业科学院 2017 年提出，将我国农业现代化分为起步阶段、发展阶段、转型跨越阶段、基本实现阶段、全面实现阶段五个阶段。

中国农业科学院提出的中国农业现代化五个阶段，大致相当于 3 位国外

学者的第二阶段后期和第三阶段。从中国农业科学院对全国农业现代化的评价结果看，目前全国整体上处于转型跨越阶段。其中，江苏处于基本实现阶段，山东、浙江、安徽、福建等处于转型跨越阶段，广东处于发展阶段。我们认为潍坊市处在农业现代化转型跨越阶段的高级阶段，理由如下。

（一）农业生产力

此项主要从劳动生产率、土地生产率、农业科技进步贡献率等指标分析。一是2016年劳动生产率，潍坊为1.94万元/人，高于山东的1.79万元/人，低于全国的2.03万元/人、浙江的2.26万元/人、广东的2.99万元/人、江苏的3.21万元/人。二是2016年土地生产率，潍坊为5.9万元/公顷，高于全国的4.7万元/公顷，低于山东的6.5万元/公顷、浙江的9.9万元/公顷、广东的14.1万元/公顷、江苏的8.9万/公顷。三是2017年科技进步贡献率，潍坊为65%，高于全国（56%）和浙江（65%以下），低于广东（67%）和江苏（高于67%，全国第一）。整体上看，潍坊农业生产力处在全国和山东前列，但低于江苏和广东的平均水平。

（二）农村居民收入

主要从农村常住居民人均可支配收入、农村居民人均工资净收入和农村居民人均财产净收入三大指标分析。一是2017年农村常住居民人均可支配收入，潍坊为17434元，高于山东的15118元、全国的13432元、广东的15779.7元，低于江苏的19158元、浙江的24956元、苏州的29900元、绍兴的30331元、无锡的28358元。二是2016年农村居民人均工资净收入，潍坊为9203元，高于山东的5569.1元、广东的7255元、江苏的8732元，远低于浙江的14204元、绍兴的16044元、无锡的16618元、苏州的16364元。三是2016年农村居民人均财产净收入，潍坊为537元，高于山东的358.7元、广东的365.8元，低于浙江的662元、江苏的606元、绍兴的800元、无锡的2247元、苏州的3067元。整体上看，潍坊农村居民收入处于全国前列，领先全省和广东，但落后于浙江和江苏的平均水平，大幅落后于苏州、无锡、绍兴等同级别城市。

（三）农村基础设施与公共服务

此项主要从通公路的村比重、通天然气的村比重、有卫生室的村比重和有公园及休闲健身广场的乡镇比重四个指标分析。一是 2016 年潍坊 100% 村通公路，略高于山东全省、广东、江苏和浙江等省。二是潍坊 9.1% 的村通天然气，高于广东的 7.7%、浙江的 8.5%，低于山东的 10.2%、江苏的 14.2%。三是潍坊 61.3% 的村有卫生室，高于浙江的 49.9%、山东的 60.8%，低于广东的 82.9%、江苏的 88.9%。四是潍坊 100% 的乡镇有公园及休闲健身广场，高于浙江的 86.2%、广东的 86.5%、江苏的 89.6%、山东的 93.5%。整体上看，潍坊农村基础设施与公共服务水平处在全国前列，领先浙江、广东和山东全省，低于江苏。

（四）城乡融合发展情况

此项主要从城镇化率和城乡居民人均收入倍差两个指标分析。一是 2017 年城镇化率，潍坊为 60%，高于全国的 58.52%，低于山东的 60.58%、浙江的 68.0%、江苏的 68.8%、广东的 69.85%、苏州的 75.9%、无锡的 76%、绍兴的 65.5%。二是 2017 年城乡居民人均收入倍差，潍坊为 2.08，优于山东的 2.43、全国的 2.7、江苏的 2.28、广东的 2.59，与浙江的 2.05、苏州的 1.96、无锡的 1.86、绍兴的 1.8 还有差距。整体上看，潍坊城乡融合发展水平处在全国前列，但低于浙江平均水平，落后于江苏、广东的先进水平。

总体看来，潍坊农业农村发展处在全省领先水平，在全国处于先进水平，处在江苏中下游水平，处在浙江中上游水平，处在广东上游水平，大致处于农业现代化转型跨越阶段的高级阶段，处于前述三位国外学者的第三个阶段的中级、初级阶段。

二、潍坊市农业农村发展的阶段性特征

分析潍坊市农业农村的阶段性特征，我们主要从发达国家在该阶段已经历的特征、潍坊在该阶段的个性特征两个维度综合考虑，主要把握当前及今后一个时期相对稳定的特征及趋势。总体来看，有五大阶段性特征。

（一）产业：产业结构、产业发展动力、产业组织正在加速发展与转型，主要依靠融合化、科技化、组织化、品牌化来实现

1. 产业由一产向一二三产融合发展迅速转变

产业融合已成为当前产业发展的新趋势，以产业链延伸、价值链提升、供应链贯通“三链重构”的农业“新六产”将进入突破发展期，它通过产业渗透、产业交叉和产业重组等，激发产业链、价值链的分解、重构和功能升级，引发产业功能、形态、组织方式和商业模式的重大变化。在农业“新六产”的带动下，潍坊市将大量涌现从田头到餐桌、从初级产品到终端消费无缝对接的终端型业态和农业生产、农产品加工与休闲观光、农耕体验、文化传承、健康养老、节庆采摘、科普教育深度融合的体验型业态，以及以生态农业、绿色农业、循环农业为代表的循环型业态和以智慧农业、农村电商等为代表的智慧型业态。

2. 产业发展动力转向以科技为主要驱动力

潍坊市农业科技进步贡献率已经达到65%，这个比例节点表明，农业增长方式开始由传统要素推动为主转为农业科技推动为主。其中，信息化对农业科技的作用日益凸显，成为农业科技进步的关键“加速器”，“互联网+”成为农村产业发展最重要的主题和旋律。未来一个时期，把互联网技术与农业生产、加工、销售等产业链环节结合，实现农业发展科技化、智能化、信息化的互联网农业将成为大趋势。

3. 产业组织由分散经营向组织化、规模化、社会化经营转变

相较以前，该阶段农业生产经营的规模化、组织化、社会化特征更为明显，在生产方式上由小农生产阶段转向规模化、组织化、社会化等新阶段。潍坊市“农业龙头企业 + 农户”“农业龙头企业 + 农民专业合作社 + 农户”等新型经营方式层出不穷，家庭经营、公司经营与合作经营高度融合，正在加快农业产业组织化进程。

4. 从重规模和数量向重质量和效益的“品牌农业”迈进

无论从需求角度看，还是从农业产业组织、产业模式的要求看，潍坊市现代农业已经进入以品牌建设为着力点的新阶段。未来农业品牌化将成为引领现代农业发展的关键助力，将进一步提高农产品在世界市场的竞争力和市场份额，在更高层次上参与全球农产品贸易市场一体化。

（二）农民：新型职业农民、新型农业经营主体迅速成长，农民收入保持稳定增长格局加速形成

1. 新型职业农民成为致富带头人

农民分工、分业、分化是伴随现代农业进程的必然趋势，加快发展现代农业也是农民职业化同步推进的过程。2017 年 1 月、2018 年 7 月，农业部、国家发展和改革委员会分别出台文件，提出了大力培育新型职业农民，政策的引导大大加速了新型职业农民的培育进程。潍坊市新兴职业农民数量全省领先。随着潍坊职业农民学院等一大批实训基地的逐步完善，有文化、懂技术、善经营、会管理的新型职业农民队伍迅速壮大，新型职业农民将不再是身份，而是一种社会职业，具备专业化、知识化、市场化和组织化等特点。他们充分地进入市场，并利用一切可能的选择使报酬最大化，一般具有较高的收入，并成为致富的带头人。

2. 新型农业经营主体成为农村致富主体力量

潍坊市的家庭农场、专业大户、合作社等新型农业经营主体初步形成。这些新型农业生产经营者具备一定的现代经营能力和资金实力，正在成为现

代农业建设的先导力量，成为新产业、新业态的践行者，成为农业转方式、调结构的引路人，将呈几何级倍数增长，快速推动潍坊市农业走向集约化、专业化、组织化、社会化生产道路，引领现代农业的发展，率先步入生活富裕阶段。

3. 农民增收渠道多、幅度大

农民致富的手段和途径不再局限于农业，也不局限于一时一地，呈现出增收渠道多、幅度大的特征。随着现代农业从增产导向转向提质导向，农村电商、乡村旅游、休闲农业、精品农业等一批新产业、新业态在农村广泛兴起，农业增收的空间也在不断拓宽，增收的幅度往往是单纯从事农业收入的数倍。此外，随着现代农业的快速发展，大量农村剩余劳动力转移出来，或进城打工，或在家门口就业，从农民变身为“工人”，工资性收入在农民收入构成中的比重逐步提高。

（三）农村：农村的居住形态将发生较大变化，生态环境和乡村文化的价值逐渐显现

1. 新型农村社区已在部分地区大量出现，目前正在快速发展，未来可能成为农村主要的居住形态

随着城镇化的发展，部分村庄已经走向衰败，大量农民进城或在乡镇集中居住，潍坊市已经呈现这样的特点；10 ~ 20 年之后，还会有一大批村庄走向衰败，少数产业较好、环境优美的村会长期存在，这是城镇化发展的必然结果。新型农村社区能够为农民提供完善的公共服务、优美的居住环境，使农民像城市居民那样享受高品质的生活，因此会吸纳大量的农村人口集聚，最终成为农民主要的居住形态。从这一趋势看，潍坊市未来还需要建设更多的农村社区。

2. 农村对良好生态环境的需求越来越强烈

随着农民收入水平和生活水平的不断提高，农民对良好生态环境的需求

正在增强，主要包括完善的基础设施、高水平的公共服务、优美的卫生环境等，绿色发展方式和生活方式成为农村发展的趋势。韩国的“新村运动”、日本的“造村运动”都把完善农村基础设施、开展环境治理作为实现农村现代化的重要内容。浙江早在2003年就在全国率先开展美丽乡村建设。潍坊市近年来也开展了农村人居环境整治、“美丽乡村”建设等工程，生态环境质量显著提升。要进一步强化生态环境建设，让农村真正成为安居乐业的美丽家园。

3. 农村文化正在走向繁荣与兴盛

费孝通曾说，中国是一个乡土的社会，中国的文化是一个乡土的文化。我国几千年乡村生产、生活积淀下来的文化，将是农村走向现代化的重要凝聚力量。现代化的农村不仅仅是充裕的物质生活，更重要的是富足的精神文化，农村文化繁荣和兴盛将会引领农村向更高水平发展，没有农村文化，乡村振兴，甚至民族复兴，就没有了根和魂。潍坊市已经开展了乡村记忆工程、重大文化惠民工程等农村文化活动，农村文化正在蓬勃发展，乡村的文化价值将逐渐显现。

（四）城乡融合：城乡二元结构加速破解，城市资金、人才等要素向乡村流动格局加速形成，基础设施和公共服务加快向乡村延伸

1. 城乡二元结构加速破解

新中国成立以来，农村为国家工业化、现代化作出了巨大贡献，同时也形成了鲜明的城乡二元结构。改革开放后，特别是乡村振兴战略提出之后，农村基础设施和生活环境的不断改善，越来越多的人开始向往农村，虽然城乡差异仍然存在，但性质已发生很大变化。从潍坊实际情况来看，近年来城乡发展出现新的特点：一方面农村劳动力转移就业增幅出现下降态势；另一方面随着潍坊市土地产权制度改革的推进、适度规模经营的扩大，现代农业经营体系和一二三产业融合发展使农民收入大幅度提高，乡村的吸引力开始

显现。潍坊市的城乡二元结构加速破解趋势正在形成。

2. 城市资金、人才等要素向乡村流动趋势进一步加强

改革开放以来，大量的人力、资金、土地等要素由乡村单向地流动到了城市，极大推动了工业化和城镇化发展。近年来，人口要素由农村向城镇迁移出现了速度减缓的趋势，同时资本下乡、技术下乡、人才下乡的速度在加快。从潍坊市诸城、青州等地的工商资本下乡参与乡村振兴的实践看，这种趋势已经很明显。未来随着乡村振兴的深入推进，潍坊市乡村的大量资源将被激活，在政府和市场的双重力量作用下，更多的资金、人才等要素向乡村回流格局正加速形成。

3. 基础设施和公共服务加快向农村延伸

目前，浙苏粤三省的城镇化率正逐步接近 70%，苏州、无锡等城市已超过 75%。从现实看，这些地区和城市的城乡矛盾正在逐步消解，城乡基础设施、公共服务、居民生活等差异越来越小，没有明显的城乡感觉。这些地区城乡融合得好，是因为都经过了城市基础设施和公共服务向农村延伸的历史过程。根据城镇化发展规律，潍坊市与南方三省城镇化水平相比落后 5 ~ 10 年，仍处于城镇化快速发展区间，农村基础设施和公共服务的发展仍有较大空间。当前，国家和山东省正着力推动基础设施和基本公共服务均等化，潍坊经济增长快速、县域经济发达，能够为城乡融合发展提供雄厚支撑，具备了基础设施和公共服务加快向农村快速延伸的条件，未来这一进程将大大加快。

（五）工作摆布：农业农村优先发展成为工作摆布的重要原则，各项工作优先考虑农业农村农民

1. 城乡发展规律要求农业农村优先发展

从先行国家和地区的经验看，当城镇化水平超过 30% 时，城镇化进入高速成长期，大量农村劳动力进入城市就业；当城镇化水平超过 70% 时，城镇化又进入缓慢发展阶段，经济活动和人口持续不断地由城市中心向外围扩散，形成“逆城市化”趋势。党的十九大报告明确提出，实施乡村振兴战

略要着眼于建立健全城乡融合发展体制机制和政策体系，突出强调了农业农村优先发展和城乡融合发展的理念。这是在深刻把握城乡发展规律的基础上作出的重要指引。目前，潍坊市已经出现了城乡资金、人才等要素回流农村的趋势，城乡双向交流、相互交融的趋势已经开始显现。

2. 落实“重中之重”战略思想，要求农业农村优先发展

党的十九大报告提出，农业农村农民问题是关系国计民生的根本性问题，必须始终把解决好“三农”问题作为全党工作的重中之重。落实“重中之重”的指导思想，农业农村优先发展是必然要求和直接体现，将成为衡量所有工作的重要标准。

3. 从先进地区的实践看，农业农村优先发展也是趋势

十九大提出乡村振兴战略后，国内先进地区，如浙江、江苏等纷纷出台推进乡村振兴的一系列意见、规划和行动计划，积极抢滩登陆，抢占发展主动权和制高点，今后一个时期，这一趋势只会加强不会削弱。

三、新时代做好农业农村工作应把握的原则

根据2018年《中共中央 国务院关于实施乡村振兴战略的意见》，以及《山东省乡村振兴战略规划（2018—2022年）》确定的基本原则，结合潍坊市农业农村发展的阶段性特征，潍坊市做好新时代农业农村工作，应当重点把握以下原则。

（一）把乡村振兴作为潍坊发展的重大机遇

1. 历史地看，无论国家还是地区的繁荣与衰落、影响力的此消彼长，都与把握机遇密切相关，当前我们面临的重大机遇首推乡村振兴

实施乡村振兴战略，是党的十九大作出的重大战略部署，是新时代农业

农村工作的总抓手，对全国具有重大意义，特别是对农业农村积淀深厚的潍坊市，将带来重大发展机遇。

2. 潍坊市实施乡村振兴战略具有先发优势

全国农业看山东，山东农业看潍坊。潍坊市作为“诸城模式”“潍坊模式”“寿光模式”的发源地，这些年农业农村工作一直走在全省、全国前列，现代农业产业体系、生产体系、经营体系较为完备，农业特色化、品牌化、生态化建设卓有成效，城乡一体化发展呈现融合趋势，小城镇、农村新型社区建设快速推进，农民增收形势总体良好。全省、全国范围内，潍坊最有基础、最有条件、最有信心加快推进乡村振兴战略，也有义务、有责任探索乡村振兴经验，并进行复制、推广。

3. 据中共中央政策研究室预测，如果唤醒农村的沉睡资源，打开巨大的农村市场，至少可以支持我国经济在 2030 年之前保持 7% 左右的增长速度

据估算，到 2035 年，潍坊人均 GDP 从不足 9000 美元攀升到 30000 美元左右。这意味着乡村基础设施、公共服务设施和住宅建设等方面的巨大投资需求，将成为拉动潍坊市经济发展的强大动力。对任何城市而言，乡村振兴战略都是一次重大机遇，抓得住就发展得快，抓不住就将被超越。潍坊如若率先实现突破，既能补齐“四化同步”农业农村短板，实现现代化，又能巩固和保持领先地位，实现优势再造。

（二）持续打造适应乡村振兴的基层领导力量

强有力的基层领导力量是乡村振兴的主心骨，是发挥农民主体作用的“领头雁”，必须认识到位、行动到位、责任到位，在持续增强基层领导力量内生动力上下功夫。

1. 乡镇党委、政府是核心

目前，部分乡镇党委、政府对乡村振兴的重大机遇认识不足，未做深入思考和研究，工作职能和工作重心还未转到乡村振兴上来，在确保维稳、安全等方面不出问题耗费太多精力，工作方法和服务效能也不能满足需求。乡

镇党委、政府要自觉摆正乡村振兴的核心位置，把工作职能转到乡村振兴上来，把主要精力放到农业农村发展上来，加大工作统筹、人员安排、政策支持等方面的倾斜力度。

2. 村“两委”带头人是关键

但凡发展势头好的乡村，必定有坚强有力的村“两委”带头人。潍坊市个别村“两委”带头人思想落后、观念陈旧，创富带动能力有限，缺乏活力和开拓精神，很难起到带头人作用。要抓好村“两委”带头人这个关键，打破地域、身份、行业限制，重点从农村新型经营主体带头人中选拔和培养，把政治素质好、能力过硬、群众信任的人选进村“两委”班子，特别要选优配强村党支部书记。

3. 农村基层组织是基础

在运行过程中，村民自治组织和村务监督组织发挥作用有限，农村社会组织普遍存在着规模较小、种类偏少、专业化不够等问题，农村经济组织大多处于自发状态、缺乏相对稳定的保障机制。应重点从两方面着力：一方面积极培育壮大、规范提升各类农村基层组织；另一方面建立长效机制，推动它们发动干群力量，依法开展活动，真正发挥作用。

4. 市、县是打造基层领导力量的组织保障

市、县两级要把打造适应乡村振兴战略的基层领导力量作为重中之重，突出抓好健全基层领导体制，完善工作机制，充实骨干力量，夯实保障基础，让基层干部无后顾之忧，聚精会神、心无旁骛、一心一意抓乡村振兴，更好地抓出成效。

（三）把工商资本下乡作为农村产业现代化的重要着力点

从世界范围看，凡农业农村发展好的国家和地区，工商资本都发挥了关键性作用。美国的“资本 + 家庭农场”、法国的“资本 + 合作社 + 家庭农场”、日本的“直接投资”，都是如此。从潍坊市实践看，各地普遍反映，工商资本下乡不仅带来了资金，也带来了新理念、新技术、先进管理模式，形

成了农业全产业链发展模式，拓展了产业增值空间。未来一个时期，工商资本下乡方面，潍坊具有广阔发展空间。潍坊市工商资本有较为充裕的积累，仅农业龙头企业就达 3100 家，各县市区都有大批可以下乡的非农企业，它们具有就地下乡的优势。无论从短期还是从长期看，工商资本下乡的需求都很旺盛，特别是目前工商资本进入农业农村基础设施建设、农村生态环境建设、农村社会事业发展等领域的潜力有待挖掘。普遍预测，潍坊市工商资本下乡将迎来一个新高潮。

我们应把握这一发展大势，把工商资本下乡作为农村产业现代化的关键支撑和重要着力点，长期抓下去。

1. 不断完善支持政策，为工商资本下乡提供制度保障

重点突出以下方面：明确投资重点领域，重点发展特色种养殖业、农产品加工业和生态休闲旅游观光等产业项目；明确涉农项目的土地指标供给标准，按比例给予建设用地指标支持；围绕贷款难、融资难、投保难，提供全方位的金融支持；借鉴武汉“城市合伙人”等人才计划经验，尽快出台全市推动乡村人才振兴专项方案；加强对涉农项目内部基础设施适当补贴、外部基础设施配套完善。

2. 组织学习、宣传行动，推动工商资本下乡走在前列

组织基层政府赴浙江等先进地区学习观摩，组织企业到标杆项目学习观摩，强化对农民的宣传引导，通过学习找准工作着力点，凝聚起强大正能量，确保学有榜样、做有标杆，更好地推动工商资本下乡。

3. 以项目为载体，推动工商资本下乡不断取得实效

把项目作为工商资本下乡的重要载体，建立全市工商资本下乡重点项目库，开展推介招商，并完善工商资本下乡项目推进机制，提供落地注册、施工建设、要素保障、安全环保等全流程服务。

（四）把新型社区作为乡村居住现代化的重要范式

新型农村社区能够提升社会事业发展水平，是农村现代化的有效载体，

将极大促进城乡融合发展。当前，要着力建设布局合理、环境优美、功能完善、服务便捷、管理高效的农村新型社区。

1. 坚持基础设施先行

基础设施是推动社区建设、产业发展的前提。英国村镇建设、德国“巴伐利亚试验”，都从改善农村基础设施入手。我们要借鉴这些经验，适应乡村振兴战略要求，做好乡村各类基础设施的统筹，重点是按照省里要求，推进农村道路、厕所等“七改”工程，实施农村道路“户户通”，洁净厕所、清洁供暖全覆盖。

2. 优化新型农村社区公共服务

优化乡村公共服务可以实现城乡基本公共服务均等化，促进农民的自由流动。我们在新型农村社区建设中，也要优化公共服务功能，重点加强农村社区服务中心“一站式”建设，强化社区电力、燃气、卫生、养老等服务供给，支持发展购物、餐饮、农资供应等市场化服务。

3. 充分发挥农民主体作用

已实现农村现代化的国家，在推进新型农村建设中均高度重视农民的主动参与，如韩国“新村运动”的项目由村民集体讨论决定，自筹50%以上的资金、物资，剩下的向政府请求援助，得到援助后自己组织实施。我们也要把研究农民参与机制作为新型农村社区建设的重要内容，在保障好农民根本利益的前提下，探索建立人人有责、人人共享、管理有序的社区建设机制。

（五）推进农村产权制度改革先行一步

产权制度是市场经济的基石，经济主体产权的有效保障和实现是经济社会持续健康发展的基础。无论从国际经验还是我国的实际情况看，改革和完善产权制度都是发展的基础。以色列“国有永佃制”、美国赋予农民完整的土地产权等，都极大推动了本国农业农村生产力发展，加快了农业农村现代化进程；从浙苏粤经验看，农村产权制度的选择与安排是否合理，对能否实现农业农村现代化至关重要。这些年来，潍坊市农村产权制度改革取得了一些成绩，走在全省、全国前列，但还存在一些突出问题，比如确权颁证仍有不少死角，存在很大的工作困难；土地流转比例较低，苏州为80%，潍坊市仅为60%；农村产权交易平台不完善，全市农村产权交易业务仅有5%，等等。当前，农村产权制度改革进入攻坚期、关键期，对任何一个城市而言，谁先行先试、早改革，谁就能率先激发农业农村活力，就能实现发展优势再造。我们是国家发展和改革委员会批复的现代农业综合改革试点城市，具有很好的改革条件，应从完善社会主义市场经济体制的高度，深入推进农村产权制度改革。一方面，下大力气通过多种方式、多条途径，深入推进农村土地制度改革，稳妥推进农村集体资产股份制改革，同时，切实发挥好农村产权交易体系作用，为乡村振兴提供更加有效的制度供给；另一方面，把深化农村产权制度改革摆在更加重要的位置，把握好改革的目标、方向、重点和程序，领导力量再加强，积极向上争取更多试点，抓好示范引领，确保农村产权制度改革先行先试，走在前列。

（六）推进科技创新，为乡村振兴插上科技的翅膀

国际上主要的农业强国在实现农业现代化的过程中，科技创新都发挥了至关重要的作用，如美国、荷兰的农业科技贡献率均超过80%，以色列超过90%。近几年，潍坊打造了一批国家级重点实验室、国家级创新平台，比如“中国食品谷”等高端要素集聚平台，正加速建设北京大学现代农业研究院，加快省部共建全国蔬菜质量标准中心和寒亭国家现代农业产业园建设步伐，农业科技创新具备坚实基础。潍坊市农业要想再上新台阶、持续走在前列，必须给农业插上科技的翅膀。

1. 把现代种业作为农业科技创新的“芯片”

种业是国家战略性、基础性的核心产业。要高度重视种业发展，把种业创新作为推动乡村振兴战略实施的原动力，围绕“打造种业硅谷”的总目标，支持种业科研平台、重点实验室建设，健全“科技创新、良种繁育、市

场推广、技术服务”四大体系，在种业产业化、品种国产化、育苗集约化、合作国际化、效益综合化五大方面继续实现新突破。

2. 把智慧农业作为农业现代化的重要途径

智慧农业是未来农业发展的重要方向，是现代农业转型发展的倍增器。要围绕“种得好、管得好、卖得好、服务好”目标，推动云计算、大数据、物联网等新一代信息技术与农业生产、经营、管理、服务全面融合发展，推进农业生产过程、农业生产监管、农业生产服务和农产品经营信息化，利用信息技术提升现代农业发展水平，促进农业产业链改造和升级。

3. 推进农业品牌化建设，要以农业科技创新为驱动力

科技创新是引领农业品牌化发展的不竭动力。只有通过科技创新，才能不断提升农产品的附加值，提升农产品的品牌影响力。要以打造潍坊农业“金字招牌”为目标，打造系统支撑农业品牌发展的科技体系，在农产品品牌培育与无公害农产品、绿色食品、有机食品和农产品地理标志产品认证管理的发展和保护，以及“三品一标”示范县、镇、村创建方面发力，打造一批潍坊农业亮点品牌。

（2018 年 7 月）

乡村振兴要抓好着力点

◎ 方典昌 杜慧心

把乡村振兴放到“四化同步”的大背景下把握，特别是高度重视同步推进城镇化和乡村振兴中的信息化。浙苏粤三省城镇化率分别是68%、68.8%和69.9%，山东省为60.6%，潍坊市为60%，三省份比山东省、潍坊市领先5～10年，他们的城市带动农村、工业反哺农业对乡村发展起到了重要作用，继续推进城镇化将是潍坊市未来相当长一段时间内的一项重要工作。信息化是当今时代的特征，是农业农村转型升级的重要推动力，潍坊市农业基础好，农业信息化也处于领先地位，应着力把握这一趋势。实施乡村振兴战略，是党的十九大作出的重大战略部署，是新时代农业农村工作的总抓手，先后有“20字总要求”“七个之路”“五个振兴”等系列部署。像这样艰巨复杂的系统性工程，必须找准牵动全局的“牛鼻子”，抓好“牵一发而动全身”的关键着力点。这也是浙苏粤等先进地区抓乡村振兴、抓重要全局性工作的重要经验。浙苏粤等的乡村之所以发展得好，根本在于他们在乡村发展的不同阶段选准了着力点、找准了突破口。我们深入实施乡村振兴战略，可以从多个角度选择着力点，当前应该突出抓好六个方面。

一、持续打造适应乡村振兴的基层领导力量

强有力的基层领导力量是乡村振兴的主心骨，是发挥农民主体作用的“领头雁”，必须在持续增强基层领导力量内生动力上下功夫。其中，乡镇党委、政府是核心，应自觉摆到乡村振兴的核心位置，把工作职能转到乡村振兴上来，把主要精力放到农业农村发展上来，加大工作统筹、人员安排、政策支持等方面的倾斜力度。村“两委”带头人是关键，要打破地域、身份、行业限制，重点从农村新型经营主体带头人中选拔和培养，特别要选优配强村党支部书记。农村基层组织是基础，一方面积极培育壮大、规范提升各类农村基层组织；另一方面建立长效机制，推动基层组织发动干群力量，依法开展活动，真正发挥作用。市、县是打造基层领导力量的组织保障，应突出抓好健全基层领导体制，完善工作机制，充实骨干力量，夯实保障基础，让基层干部无后顾之忧，聚精会神抓乡村振兴。

二、把村级集体经济作为引领乡村振兴的核心力量

没有集体经济就没有乡村振兴。“统分结合，双层经营”中，“统”的方面潍坊市许多村是空白，主要是我们“分”得太彻底。集体经济薄弱是潍坊市与浙苏粤等先进地区乡村发展水平差距大的重要原因，严重制约乡村振兴的发展。“分”的方面也遗留了大量问题，比如家底不清、归属不明、账实不符等，这些问题也到了必须解决的时候了。下一步可结合解决上述遗留问题，壮大村级集体经济，以增强集体经济在发动干群力量、增强基层党组织凝聚力、增强服务功能方面的作用。

三、把农民的主体作用作为乡村振兴的根本动力

一方面，坚持以人民为中心的发展理念，必须依靠人民，调动起农民的主动性、创造性；另一方面，遵循市场规律，尊重市场经济主体地位，也必须让农民成为主角。韩国20世纪70年代以来“新村运动”调动起农民积极性的经验，比如尊重农民的主体地位、尊重农民的决定、实施村民监督制度、提高农村骨干业务能力等，我们可以很好地借鉴。我们要注重引导基层干部充分尊重广大农民群众意愿，特别是在谋划和推进现代农业、基础设施、公共服务项目时，广泛征求农民意见，让农民成为乡村经济发展的主要获益者，最大限度激发农民群众参与乡村振兴建设的热情和激情。

四、把新型社区作为乡村居住现代化的重要范式

新型社区能够提升社会事业发展水平，是农村现代化的有效载体，将极大促进城乡融合发展。日本的“农村振兴运动”实行大规模“乡镇、街道和村”大合并运动，组建成规划科学、功能齐全、环境优美、管理完善的新社区；韩国“新村运动”的重要内容就是加强社区基础设施和社区文明建设。我们要认真借鉴这些经验，着力建设布局合理、环境优美、功能完善、服务便捷、管理高效的农村新型社区，努力做到“三个突出”，即突出基础设施建设，做好乡村各类基础设施的统筹；突出新型农村社区公共服务，实现城乡基本公共服务均等化，促进农民自由流动；突出农民主体作用，在保障好农民根本利益前提下，探索建立人人有责、人人共享、管理有序的社区建设机制。

五、把工商资本下乡作为农村产业现代化的重要着力点

浙苏粤等先进地区的农村之所以能迅速发展，多得益于城市的反哺。引导和规范工商资本下乡，充分发挥其积极作用，是工业反哺农业、城市支持农村的重要体现，是缩小城乡差距、促进城乡融合发展的现实路径，也是潍坊市加快推进乡村振兴的迫切需要。前期，我们对全市工商资本下乡情况进行了专题调研，总的感觉，工商资本下乡为农村带来了资金、人才和新理念、新技术，形成了农业全产业链发展模式，拓展了产业增值空间；加上潍坊市工商资本有较为充裕的积累，普遍预测将迎来一个新高潮。我们应把握这一发展大势，把工商资本下乡作为农村产业现代化的关键支撑和重要着力点，长期抓下去。重点是：不断完善支持政策，为工商资本下乡提供制度保障；组织基层政府、企业和农民开展学习宣传行动，推动工商资本下乡走在前列；以项目为载体，推动工商资本下乡不断取得实效。

六、以产权制度改革为乡村振兴提供制度支撑

经济主体产权的有效保障和实现是经济社会持续健康发展的基础。以色列“国有永佃制”、美国赋予农民完整的土地产权等，都极大地推动了农业农村生产力发展；浙苏粤合理的农村产权制度的选择与安排，对农业农村现代化起到了关键作用。当前，农村产权制度改革进入攻坚期，谁先行先试、早改革，谁就能率先激发农业农村活力，就能实现发展优势再造。我们应从完善社会主义市场经济体制的高度推进农村产权制度改革：一方面，下大力

气深入推进农村土地制度改革，稳妥推进农村集体资产股份制改革，同时切实发挥好农村产权交易体系作用，为乡村振兴提供有效的制度供给；另一方面，把深化农村产权制度改革摆在更加重要的位置，把握好改革的目标、方向、重点和程序，领导力量再加强，确保农村产权制度改革先行先试，走在前列。

（2018 年 7 月）

关于发展村级集体经济、推动乡村振兴的思考

——基于潍坊市潍城区望留街道“双清”工作的调查与分析

◎ 方典昌　李少军

2017 年以来，潍坊市潍城区望留街道开展了集体资产“双清”工作：一是清理、规范集体资产、资源和承包合同；二是清理、偿付集体欠村民的欠款和村民拖欠村集体的承包费等。通过“双清”，望留街道摸清了农村集体资产的底数，探索出了推动农村资产管理制度化、法制化的样本。近期，我们到潍城区望留街道望留村、二甲王村进行了实地调研，与区、街道、村有关同志进行了座谈研讨，认为望留街道“双清”工作对全市具有借鉴意义，同时对发展村级集体经济、推动乡村振兴作了一些思考。

一

“双清”是基层在乡村振兴大背景下，围绕发展村级集体经济进行的有益探索，是农村集体产权制度改革的重要组成部分，是壮大农村集体经济的有效途径。

“双清”工作的本质是对农村集体资产进行清产核资，动因是解决一些

村违规挪用资金、侵占变卖资产、拖欠承包费、合同纠纷以及集体资产管理不规范等问题，目的是摸清村级集体家底，更加有效地发展村级集体经济。在“双清”工作具体推进中，严格按清理、登记、核实、公示、确认、上报六个程序，对所有集体资金、资产、资源进行逐一盘点、逐项核实，确保了集体资产摸底无所遗漏、真实有效。突出清理承包合同，重点对合同涉及的土地使用性质、履行状况以及合同订立程序、合同条款、履行方式以及违约责任等进行审查、全面清理。经核实，清查土地承包亩数与合同不符、承包地边界不清、承包费价格偏低、拖欠承包费等问题630余项，村民拖欠集体资产占用费814万元。

“双清”是发展村级集体经济、推进乡村振兴的有效形式。当前，我们正在大力推进的清产核资，可积极借鉴这种做法。一是夯实了农村集体经济发展基础。通过“双清”，望留街道新增800余万元集体资产，平均每个村增加集体收入13.3万元。此外，多数村根据现行市场行情，对土地承包费进行了适当上浮，如团结村土地承包费由之前的2250元/公顷/年调整为15000元/公顷/年；郑家村土地承包费由之前的750 ~ 12000元/公顷/年调整为22500元/公顷/年，消除了一大批集体经济“空壳村”，一定程度上增强了村集体经济实力，解决了部分村无钱办事的难题。二是促进了农村资产规范化运营。望留街道通过开展合同清理和规范提升，对4800份到期合同、违法违规合同及时进行清理完善，村级财务和村级资产、资源管理进一步规范，杜绝了暗箱操作和违规操作，防止了集体资产的流失；农村经济合同的管理水平得到全面提升，实现了资产总量清、资产价值清、资源分布清、管理运行清、使用处置清。三是促进了农村社会和谐稳定。望留街道本着友好协商、让利于民的原则，对多年来村集体与村民之间的土地纠纷、承包合同纠纷，依据政策进行了协调处理。让群众参与“双清”工作，实行透明处置、阳光操作，消除了群众的误解，进一步密切了干群关系，为发展村级集体经济、推进乡村振兴提供了良好社会环境。

二

抓产业带动、增强集体经济“造血”功能，是壮大村级集体经济的根基，也是我们目前的短板，必须坚定不移地走主要依靠产业壮大集体经济之路。

望留街道通过“双清”，对夯实集体经济基础，特别是消灭集体经济“空壳村”具有积极意义，但距离壮大村级集体经济、加快乡村振兴的要求还有较大差距。调研发现，各村收入主要来源于商铺和工业园区出租、集体土地对外承包，产业支撑能力较弱，农村集体经营项目弱、小、散，参股经营或者合作联营模式较少，而财政资金基本上用于农村行政事务支出和基础设施、公益设施建设，未能转化为有效资本来发展村集体经济。这反映了农村自身“造血”能力不强，发展后劲不足。即使有村级集体产业的，也往往是层次较低、市场竞争力差，远没有形成产业化发展、规范化经营。

乡村振兴，首要的是产业兴旺。发展壮大集体经济应当坚持产业发展带动，按照因村制宜、一村一策的思路，采取发展现代服务业、盘活闲置资产、开发特色产业、推进农业产业化等措施，走产业带动型、资产经营型、资源开发型、联合经营型等多种发展模式并举之路。一是着力盘活存量集体经营性资产。对现有村级非农用地以及闲置的办公房、仓库、学校等，在确权的基础上，通过面积置换，建设村级企业集中区，迅速增加集体收入。近郊的村级工业集中区可通过提高租金、引进新兴产业项目等进行“腾笼换鸟”，提升资产效益。二是不断提升集体资源利用效率。引导村集体经济组织结合农村环境整治、村庄整治等，搞活集体水土资源开发；帮助村集体经济组织利用山林、“四荒地”等资源，建设农产品种养基地，发展特色产业；支持村集体将合法的非农建设用地以使用权入股、租赁等形式参与企业经营；集体资源的发包、租赁都应采取公开协商或招投标的方式进行，保证集体收益最大化。三是努力增加集体优质资产。城建征地时取得的留用地，村集体应抓紧自主开发或联合发展等，形成新的资产，尽快产生效益；借鉴先进地区在征地拆迁中不要钱而要写字楼、门面房、商业用房的做法，形成具有长期稳定收益的优质资产；水资源、旅游资源丰富的村，可兴办相应的养殖项目和旅游项目；资金比较雄厚或本村资源有限的村，可“走出去”发展集体经济，通过购买土地、景点和基地资源来经营项目。四是探索开展资本经营。已积累一定资本的村，在严格管理的基础上，积极开展资本经营，努力从单一实业资本增值转向多种资本增值。

三

在街道层面统一开展工作是推进“双清”的重要经验，发展壮大村级集体经济、推进乡村振兴可探索从镇（街道）层面统筹发展。

望留街道开展“双清”工作的重要经验就是，在街道层面统一开展工作，这种做法能克服单个村资源体量少、力量有限等难题，实现资源在更大范围内有效整合利用。从全国 34 个集体经济名村看，注重整合、利用超出本村范围的资源是它们的重要共同点之一。发展村级集体经济、推动乡村振兴可以探索从镇（街道）层面统筹资源，谋划推进。一是在镇（街道）层面统一配置资源。重点是通过吸引工商资本下乡、发展农业产业园区、培育股份合作社、家庭农场等发展乡村产业；统筹推进基础设施和新型农村社区建设，合理配置乡村文化资源，促进乡村全域振兴。二是对薄弱村的集体经济统一管理和运营。在镇（街道）层面成立具有法人治理结构的集体经济组织，引入现代企业制度，建立集体经济投资运营公司，开展市场化运作，首要目标是保值增值，从面上解决村集体经济管理水平参差不齐、集体资产混乱流失问题。三是强化集体经济发展典型的示范引导。集体经济有中心城区、郊区、农区三种发展形态，也有发达地区、后发地区两种地域形态，发展模式有多样性和历史性，不能“一刀切”，不能照搬。通过收集本地、外地集体经济发展的典型案例，以镇（街道）为单位向基层传授相关经验，鼓励基层结合实际有针对性地发展。四是打造人尽其才的发展平台。可打破地域、身份、行业限制，选拔一批热爱“三农”和具有较强策划、运营、管理能力的人才，利用镇级层面所掌握的资源为其提供合适职位和发展机遇，充分发挥人才干事创业的激情，汇集成乡村振兴的重要支撑力量。

四

壮大村级集体经济，需要各级、各层面的支持凝聚起发展壮大村级集体经济的正能量和强大合力。

从调研情况看，普遍反映村级集体经济发展的扶持政策有待加强，像扶持村级集体经济发展的资金“政出多门”，缺乏通盘计划，导致资金使用效率不高；不少村级发展用地指标难以落实，导致一些村陷入有钱、有项目却无空间的局面；由于工商登记后会加重村级集体经济组织的税费负担，部分村级集体经济组织不愿进行工商登记，等等。

发展村级集体经济，需要聚集多方合力才能真正抓出实效。

一是政策方面。充分用好惠农政策，比如，争取利用中央和省加大农业供给侧改革、扶持村级集体经济发展试点等上级政策，整合相关资金，在国家政策允许范围内，将项目资金更多地投向集体经济发展项目。在此基础上，县级层面尽快出台关于加快发展村级集体经济的意见，明确目标任务和基本原则，加大改革创新和政策扶持力度，推动村级集体经济的“造血”功能不断增强。

二是资金方面。浙江2012年以来，每年安排8000万元专项扶持资金，主要用于扶持欠发达地区经济薄弱村发展集体经济；杭州2013年起，每年安排2000万元资金，专项用于扶持经济薄弱村集体经济发展。建议有关部门认真吸收和借鉴。一方面，建立市、县两级村级集体经济发展专项基金，整合各部门支农惠农资金，对发展计划可行、经营风险小、管理科学的村集体经营项目，采取贴息、奖励、补助等方式予以扶持，并按国家税收政策规定，依法享受企业所得税减征、免征优惠政策。另一方面，支持引导金融机构对符合贷款条件的村集体经济发展项目优先提供金融服务，特别是对薄弱村的集体经济发展项目加大信贷支持力度，实行优惠利率。

三是用地方面。江苏提出，支持村集体经济组织按照土地利用总体规划和城乡建设规划要求，利用集体非农建设用地、村级留用地及村庄整治、集中居住点建设、宅基地整理复垦节余土地，发展集体经济。建议将年度新增建设用地指标按一定比例用于农村建设，并优先安排村集体用地；积极推进城乡建设用地增减挂钩，置换出的建设用地指标优先安排用于农村各类建设以及发展工业、商业、旅游、休闲等多种经营项目，节余指标经批准可以有偿调剂到城镇使用，其土地增值收益返还村集体所有，用于发展村集体经济；集中连片开展农村土地综合整治，新增加的耕地可以确权归村集体所有；在符合规划和用途管制前提下，允许农村集体经营性建设用地出让、租赁、入股，实行与国有土地同等入市、同权同价。

四是服务方面。研究强化科技部门、科技人员服务乡村振兴的机制、办法，使他们经常深入农村，切实关心、支持和参与村级集体经济的发展。发挥有关服务部门的作用，帮助乡村干部对市场需求及其变化规律进行科学预测和分析，合理地选定发展项目，有效地组织和调整生产，不断提高经济效益和村集体收入。

五

“双清”工作实践表明，发展村级集体经济关键是要有一个好班子，特别是要选出一个好的村党支部书记，必须把选优配强村干部作为发展村级集体经济、推进乡村振兴的关键。

“双清”工作涉及广大群众的切身利益，是全面完成好农村产权制度改革的一场硬仗，政策性、工作量和推进难度都很大。在推进“双清”工作中，村干部坚持困难和问题面前不躲不绕、不推不拖，敢于面对、敢于担当，一步一个脚印、实打实地干，不折不扣抓好各项工作的贯彻落实。比如，各村均组建了“双清”工作领导小组，明确责任人，通过召开党员和村民代表会议、张贴标语、悬挂横幅等形式，教育和引导广大群众积极参与“双清”工作；坚持问题导向，注意区分不同类型、不同情况，对症施策，不搞形式主义，因地制宜开出解决问题的良方；对于群众一时不理解、不支持的，采取“两委”干部、党员带头“清”等方式，理顺情绪，化解矛盾，真正把工作做到了群众的心坎上，不到一年时间就基本完成了各项目标任务。

党的十九大报告提出，乡村振兴要“培养造就一支懂农业、爱农村、爱农民的‘三农’工作队伍”。从实践看，凡是村集体经济发展较好的，都是能人带动、村“两委”班子团结、村民拥护的，这是搞好村级集体经济的先决条件。我们必须把更多优秀人才选拔到村干部岗位，增强基层领导力量，引领农村集体经济发展。目前，受经济利益驱动，潍坊市很多有头脑、有闯劲、懂经济、年富力强的村民纷纷外出创业或务工，导致村干部多数年龄偏大且观念落后，常规工作压力大，没有把主要精力、心思放在增加群众收入和壮大集体经济上；有的驾驭市场经济的能力不足，缺乏信心，在发展集体经济上畏手畏脚，裹足不前，不敢先行先试；个别的不懂农业农村工作，导致有集体经济不会管、有资源条件不会用。必须有针对性地解决好这些问题。一是解决好村干部选拔任用问题。优先在新型经营主体带头人、致富能手等优秀人才中选拔，只要符合条件，就不受年龄、地域、身份限制；对暂时没有合适人选的村，可采取县、镇派遣的办法。二是解决好村干部培训提高问题。坚持村干部新任职和任内调训、轮训制度，定期培训提高，并适时组织外出学习考察，相互交流经验，也可安排经济薄弱村的干部到经济发达村实践或见习。三是解决好村干部工作动力问题。通过考核、奖惩等措施，充分调动村干部发展村级集体经济的积极性、创造性和主动性。如在没有主导产业和主导产业不突出、集体经济薄弱的村，让村干部采取项目自选、经营自主的办法领办村集体经济，落实目标责任，年终进行考评。对发展村集体经济作出成绩的，给予表彰奖励；特别优秀的，可选拔为乡镇公务员，甚至进镇、街领导班子；对无所作为的，给予批评教育，甚至免职。此外，注意解决好村干部生活保障问题，合理确定村干部的基本报酬，解决村干部的后顾之忧，让村干部在职有待遇、干好有奖励、退职有保障、工作有动力。

（2018 年 9 月）

关于高密市宏基农机合作社“整建制”大田托管运营模式的调查与思考

◎ 李少军　方典昌

2017 年以来，高密市宏基农机合作社探索的镇级土地“整建制”大田托管引起了一定的反响。前期，市农机局联合高密市围绕宏基农机合作社“大田托管”进行了专题调研，形成了调研报告。近期，根据市委主要领导安排，市委政研室、市科学发展研究院赴高密市进行了实地调研，与市农机局和高密市有关部门、镇、村、合作社的同志进行了座谈调研，有关情况如下。

一、基本情况

高密市宏基农机合作社“整建制”大田托管，是在不改变土地承包权和经营权的前提下，对镇域所有村土地、大田作物生产多数环节进行托管的一种农业生产经营模式。具体操作中，由宏基农机合作社以村社共建、社企共建、社社合作等方式，为村民提供农业社会化服务，村民在保留土地经营自主权的同时，将土地耕种环节委托给合作社，既有效破解了“谁来种地”“怎么种好地”的问题，满足了农户“离乡不丢地、不种有收益”的需求，更抓住了农业增效、农民增收、农村发展的关键，实现了农业发展和村民、村集体、农机合作社多方共赢。目前，宏基合作社的“大田托管”已实现对咸家工业区内全部24个村和大田作物耕、种、防、收等环节的全面覆盖。

二、基本判断

（一）宏基农机合作社“整建制”大田托管契合中央关于健全农业社会化服务体系、实现小农户和现代农业发展有机衔接的要求

2014年，中央一号文件首次提出土地“托管式”服务。此后，从2015年中央推进供销合作社综合改革、国务院推进农村一二三产业融合发展，到2016年、2017年的中央一号文件，都将土地托管等专业化、规模化服务作为支持的重要内容，农业部、财政部等也相继出台《关于支持农业生产社会化服务工作的实施指导意见》《关于加快发展农业生产性服务业的指导意见》，对推进农业生产托管提出具体意见。高密市开展的“大田托管”与中央提出的“土地托管”“农业生产托管”等，可以说发展一脉相承、内涵基本一致，都是近年来中央大力倡导的农业适度规模经营的新模式，本质上都是农业社会化服务，是实现小农户和现代农业发展有机衔接的形式。

（二）相比土地流转，高密的“大田托管”在土地承包经营权归属、利益分配、抗风险能力等方面适用性、灵活性更强，农户的接受程度也更高

目前，实现农业规模经营主要通过土地流转和农业生产服务规模化（以

土地托管、出租、转包等为主）两种方式。在高密的实践中，以大田托管为主要方式的农业生产服务规模化方式，具有明显的比较优势。一是承包经营权归属方面，与土地流转不同，大田托管模式下农地承包经营权仍归农户所有，种什么、怎么种均由农户决定。二是利益分配方面，土地流转中农户仅获得流转租金收入，转入方获得全部农业经营收益，而大田托管中农户除向受托方支付相关服务费用外，获得全部农业经营收益。三是资金周转方面，土地流转多数需要转入方预付租金，前期周转资金量大，而大田托管中经营方只负责自身运营费用，企业发展空间更大。四是经营风险方面，土地流转过程中经营主体承担所有的风险，而托管过程中市场风险和自然风险由托管双方共担。总体来看，高密的大田托管模式，更多的是小农户和规模化经营主体围绕土地流转中的困难和约束，在不断磨合和博弈中的一种探索，其适用性、灵活性使其在农户中拥有更高的认可度。

（三）“大田托管”不仅实现了农民、村集体、合作社三方共赢，溢出效应正向生态、文化、城镇化等方面拓展，对乡村振兴起到了初步作用

宏基农机合作社“整建制”大田托管生产经营模式，是在构建现代农业生产服务体系过程中、在土地基本制度与农业经营机制改革探索中形成的，适合新时代农业农村发展的新型经营机制，是农业服务机制的创新与发展，不仅较好实现了农业增效、农民增收、农村发展的战略目标，而且溢出效应正向生态、文化、城镇化等方面拓展。

农户方面，不仅通过规模化作业，每年每亩节省成本 280 元，而且土地托管后，农户从土地劳动中解放出来，到企业打工，实现了种田和务工“两不误”、农业种植收入和工资性收入“双保证”。如陈屋村，土地加入大田托管后，仅秋季作物一季可节省 8.4 万元，而村民就近到工厂上班，人均月收入达 4000 元。

村集体方面，村党支部通过领办农民合作社，每亩计提 40 元组织服务

费，拓宽了村级集体收入渠道，解决了二轮土地延包后部分村集体经济“空壳”问题。托管后，咸家工业区 50% 的村每年增加集体收入 5 万元，部分村超过 10 万元，全面消灭了“空壳村”。

农机合作社方面，通过托管服务，一年收益超过 2700 万元，利润超过 150 万元。村集体经济收入的增加，也让农业农村发展更有底气。2018 年上半年，咸家工业区 24 个村共投资 80 余万元，实施了环卫一体化整治工程，13 个村投资 68 万元，新建了村级健身活动广场。

（四）大田托管的推进，离不开党委、政府的大力扶持，通过构建“合作社+党支部+农户”模式，形成政府、基层党组织、合作社合力推进机制

土地托管是一项系统工程，涉及多方面的切身利益，推进过程中遇到的困难很多，推进难度较大。这种模式能够在短短一年时间就取得成效，得益于党委、政府的支持和多方协作。一是高密市委、市政府确定两名班子成员分管大田托管，定期听取工作实施进度，专门出台了《关于加快推进“1+N”协同为农服务体系建设的实施方案》，支持农机合作社的联合融合和发展壮大。二是咸家工业区不断加强对大田托管的组织协调与推进，作为年度重点工作纳入村级班子综合考评，激发并调动了全区干部群众参与大田托管的积极性和主动性。三是村级党组织主动担责，各村党支部积极牵头成立合作社，与宏基农机合作社开展了“村社共建”，使村党支部的组织优势和地缘优势、合作社的经营服务优势得到充分发挥。四是宏基农机合作社抢抓供销社改革的先机，拓展了测土配方、智能配肥、农资直供、烘干仓储、职业培训、庄稼医院等业务功能，基本实现了大田托管“一站式”服务，全力保障了大田托管工作的有序开展。

三、相关建议

总体来看，高密市宏基农机合作社“整建制”大田托管运营模式契合乡村振兴大背景下现代农业规模经营的发展趋势，是小农户和现代农业发展有机衔接而探索的新路径。为推进大田托管模式，我们提出以下建议。

（一）完善宏基农机合作社大田托管模式

宏基农机合作社探索的大田托管模式具有较好推广价值，但目前运营时间不长，更多是合作社的自发探索，无论是在对托管服务的认识、托管项目的选择，还是配套设施建设、利益联结机制等方面，都有待进一步完善。建议市级涉农相关部门持续跟踪关注，加大对大田托管工作的指导，引导基层切实担负起先行先试责任，大胆探索、创新引领，在实践中进一步完善提升，努力推动形成可复制、能推广的经验和模式。

（二）加强政策扶持引导

近三年，中央层面出台涉及土地托管的文件十余个，2017 年农业部就做好农业生产托管专门出台了指导意见，山东省农业厅也印发了《关于加快发展农业生产托管的实施意见》。潍坊市正处在推进乡村振兴、加快打造“潍坊模式”升级版的关键阶段，建议：一是研究出台扶持政策，通过财政扶持、信贷支持、税费减免等多种措施，推动各类新型农业生产服务企业和组织健康、快速发展。同时加大涉农资金整合力度，确保形成合力、取得实效。二是加强托管服务主体管理。由农业管理部门牵头，针对合作社、供销社、农业服务企业和集体经济组织等经营主体的运行管理，制定出台规范制度和托管标准体系，提高土地托管服务的供给质量。三是强化对农民的宣传引导。通过媒体宣传、现场介绍等方式，深化农户对托管模式的理解，消除农户的顾虑，引导有条件的农户主动参与大田托管，营造良好发展环境。

（三）加强大田托管的示范引领

建议组织县、镇、涉农企业的负责同志，到高密及其他先进地区实地考察、交流学习，切实发挥典型的示范引导作用。通过典型示范，鼓励全市各类涉农服务主体积极创新托管模式，并注重从实际出发、因地制宜分类开展托管工作。比如，对于农户家庭经营意愿较强的地区，可从推广单环节托管、多环节托管入手，逐步转变农户的生产经营方式，逐步扩大托管服务覆盖面；对于农业劳动力转移程度较高的地区，可重点推广全程托管等模式；同时，探索推动托管服务向经济作物延伸，向山地、丘陵等不同地区延伸。

（四）加强配套设施建设

一是支持建立托管综合服务平台。宏基农机合作社已在合作社内部建立了信息化经营管理系统，效果很好。建议借鉴这种信息化的方式，探索在全市范围内建立集信息发布、农机调度、物流配送、金融保险等于一体的农业生产托管综合服务平台，整合资金、信息等资源，服务于大田托管工作的开展。二是完善基础设施建设。目前，集中育秧、粮食烘干、农机场库棚和仓储物流等配套基础设施相对不足。建议从两方面着手：一方面，对托管土地内部基础设施适当补贴，特别是对较大规模的涉农项目，如道路、农田水利、地力提升、农业污染源治理等方面的投入，加大扶持力度，降低托管主体的服务成本；另一方面，把托管土地外部基础设施作为基层政府投入的重点，高标准建设水利、电力、道路、绿化等设施，提升乡村基础设施建设水平。

（五）努力管控潜在风险

大田托管推进过程中还存在一些潜在风险，建议采取如下几点管理措施。一是加强农产品市场风险预警。实时评估土地托管风险，防范和化解可能出现的违约风险、托管方经营风险和自然灾害风险，尽量将损失降到最低。二是建立风险保障机制。探索由政府部门牵头设立土地托管风险防控专项基金，在因重大自然灾害等造成土地托管协议无法兑付的情况下，由专项基金进行政策兜底，保障农民基本权益，扶持托管主体渡过难关。三是充分发挥农业信贷和担保体系的作用。借鉴先进地区经验，支持托管主体以厂房、大棚、大型农机具、农田水利设施产权等进行抵押贷款，以生产订单、农业保单等进行合理融资，着力解决农资、农机、农技等社会化服务企业融资难、融资贵等问题。还应拓宽涉农保险覆盖面，提高赔付额度，下大力气解决当前农业保险作用发挥不平衡不充分问题。四是加强纠纷调解仲裁体系建设。探索成立县、镇两级土地托管纠纷仲裁委员会，依法开展纠纷调解仲裁。同时，发挥村“两委”组织优势，及时调处、化解土地托管纠纷。五是积极管控政策性风险。推进大田托管要充分考虑农业科技、资源禀赋、劳动力、托管主体经营能力、农民认可程度等因素，统筹土地托管进度和规模，不人为设定规模指标，减小因政策制定不当或执行偏差带来的风险。

（2018 年 10 月）

新旧动能转换

关于浙苏粤三省经济转型情况的分析与思考

◎ 李少军　贺绍磊　刘　磊　方典昌

一、浙江经济转型历程

改革开放以来，民营经济是浙江经济发展的显著特征。政府引导推动经济转型的措施，明显有突出民营经济转型的痕迹，注重明晰和保护私有产权，注重调动民营企业发展积极性，体现了遵循民营经济发展规律的特征。总体来看，浙江实现了六次转型。

（一）1978—1985年，工业化初始阶段，个体经济脱颖而出

浙江民间素有经商传统和底蕴深厚的经商文化。改革开放之初，各种商品短缺，特定的历史条件形成了卖方市场，农村劳动力向非农转移意愿强烈、途径多样。浙江注重保护和激发民间的创业热情，大力推进农村工业化，提出个体工商户、私营经济、民营经济、（乡镇）集体经济“四个轮子一起转”，迅速掀起工业化高潮，在较短时间内实现了第一次经济转型跨越，即从以农业为主导向以工业为主导转型。这期间，个体经济异军突起，义乌、诸暨等地出现了大量前店后厂式的家庭工厂，在整个经济中占有相当比重，并显示出强大生命力。

（二）1985—1991年，工业化迅速推进阶段，家庭工厂迅速向有一定规模的企业转型，乡镇企业迅猛发展

20 世纪 80 年代中期，浙江大批家庭工厂积累了一定原始资本，但也暴露出一些问题，主要是规模较小、技术水平低、产品单一，企业在市场竞争中逐渐处于劣势，浙江在全国竞争中优势逐渐减小。1984 年，中央肯定并支持发展乡镇企业后，浙江提出乡镇企业可以乡村办、联办、合作办、个体办“多路并进”，引导家庭工厂向企业转型，迅速培育了一批家族式企业，规模、技术和产能大大提高。这期间，私营企业出于对自身合法生存地位的担忧，往往采取挂户经营的做法，许多企业挂着“乡镇企业”“集体企业”的帽子，实质上却是私营企业。

（三）1991—2001年，市场化改革加快推进，以明晰和保护产权为重点，乡镇企业向市场机制、市场体系转型

浙江乡镇企业中有大量戴“红帽子”的个私企业，到 20 世纪 90 年代初，产权模糊、机制僵滞等问题严重制约了企业竞争力，而集体经济性质的乡镇企业“国企综合征”也日益凸显。1992 年后，浙江以明晰和保护产权为重点，全面启动以产权制度改革为核心的乡镇企业改制。从改革形式上看，注重因地制宜、因企制宜，措施多种多样，不搞“一刀切”，包括主要由摘帽转为个私企业、组建股份有限公司、有限责任公司、股份合作制企业和全额拍卖，动产拍卖、不动产租赁，资产全额租赁、兼并、外资嫁接改造等形式。从改革重点方面看，以抓好“大而盈”“大而亏”两类企业改制作为重点，其中对“大而亏”企业采取分解重组、破产、以股转债、以贷转股等方式盘活存量资产。到 2001 年，浙江乡镇企业改制面达到 98%，企业组织形式、组织结构基本上形成了投资主体多元化、多种所有制形式并存的经济格局，盘活了乡镇集体企业存量资产数百亿元。个体私营经济占全部乡镇企业经济总量的比重达到 55%，成为最具活力的增长点。

（四）2001—2010年，对外开放深入推进，传统“块状经济”加速向现代产业集群转型，民营经济集约化、规模化水平显著提升

20世纪90年代末，浙江经济逐渐形成了“块状经济”格局，即不同地区都以特色产品为龙头、以专业化分工为纽带聚集发展，区域间相对分割，可视为产业集群的初级形态和低级阶段。2001年中国加入世界贸易组织（WTO）之后，随着市场走向全方位开放，曾经以“快、灵、活”为主要特征的“块状经济”开始凸显“低、小、散”弊端，而同期江苏、广东和上海通过打造现代产业集群，区域创新力、竞争力大幅提升。浙江依据“凤凰涅槃、腾笼换鸟”理念，提出以园区建设为载体，在“块状经济”基础上打造现代产业集群，推动现有块状经济、小规模经营逐步向更高层次的集群化、规模经营转变。2002—2007年，浙江以环杭州湾产业带、温台沿海产业带和金衢丽沿高速公路产业带建设为途径，建设了“10个中心、20个基地”。2009年，浙江出台《关于加快块状经济向现代产业集群转型升级的指导意见》，确定杭州装备制造业等21个块状经济示范区，引领带动浙江经济转型升级。经过努力，浙江打造现代产业集群取得明显进展。据中国社会科学院公布的“2008中国百佳产业集群”名单，浙江高达29家，比江苏、广东、山东分别高6家、9家和21家；中国科学院发布的《中国科学发展报告2010》，浙江科学发展水平居全国第4位、省区市第1位，其中创新指数列全国各省区市第2位，仅次于广东。

（五）2008—2014年，大力发展服务型经济，率先迈入以现代服务业为主导的后工业化时代

2008年国际金融危机之后，随着“改革红利”和“人口红利”弱化，以廉价要素供给为特征的基本经济格局逐步发生重大转变，浙江经济同样面临发展瓶颈。这一时期国内经济转型的路径，一是发展重化工。江苏、上海、山东等地都实现了机械、化工等产业的重大突破。二是发展服务业。2008年，浙江人均GDP达到中等收入国家的平均水平，根据国际经验，是

经济结构从以制造业为主转向以服务业为主的阶段。浙江认为，2003 年以来中国新一轮重化工热潮中浙江已经落后，现在重上重化工面临诸多不利条件，应该遵循经济发展规律，跳过重化工业发展阶段，率先迈入以现代服务业为主导的后工业化时代。2008 年 9 月，浙江高规格召开全省服务业工作会议，把加快发展服务业提升到经济发展“新引擎、新支撑”的高度，并确定了把三产调整作为今后发展的战略重点。随后浙江省正式公布了《关于进一步加快发展服务业的实施意见》，提出包括三大类、16 条具体政策，并发布了《浙江省服务业发展规划（2008—2012 年）》。2010 年以来，在一批现代服务业集聚示范区、重大项目和服务平台的引领带动下，浙江服务业增加值位居全国第 4，仅次于广东、江苏和山东；人均服务业增加值仅次于北京、上海、天津，列各省区市首位；2016 年中国服务业企业 500 强中，浙江有 63 家，仅次于广东的 78 家。

（六）2014年至今，把发展信息经济作为转型升级“组合拳”的“主拳法”，统领经济社会转型，一跃成为新时代高质量发展标杆

随着我国经济社会进入新阶段，浙江也感受到“成长烦恼”，突出表现为三个“难以为继”：产业粗放发展“难以为继”、要素支撑“难以为继”和环境承载“难以为继”。信息化作为新一轮科技革命和产业变革的核心与关键因素，具有泛在、连接、智能、普惠的特点，正在从生产力的维度深刻改变着经济社会发展的方方面面。在新一轮科技革命和产业变革演进中，浙江选择了走信息经济主导的产业发展之路，作为抢占未来发展制高点的战略选择。

第一，浙江谋篇布局发展信息经济时先人一步。早在 2013 年 12 月，浙江省经济工作会议就提出大力发展信息经济；2014 年政府工作报告中，信息经济产业被列为浙江大力发展的七大万亿级产业之首；2014 年 7 月，《关于加快发展信息经济的指导意见》出台，浙江由此成为全国首个将信息经济作为战略行动提出的省份。特别是 2016 年 G20（二十国集团）杭州峰会后，浙江出台了大量发展信息经济的行动计划和保障政策，仅 2016 年就出台政

策文件3个。省内各地也纷纷行动，杭州将信息经济和智慧经济作为“一号工程”全力推进，信息经济对杭州GDP增长的贡献率超过50%；宁波成为首个中国制造业试点示范城市。

第二，在打造创业创新生态上持续发力。信息经济一定程度上是环境经济，浙江信息经济领先发展离不开阿里巴巴等名企、马云等知名企业家，以及未来科技城、梦想小镇、云栖小镇等优质平台和世界互联网大会、云栖大会等知名展会。浙江注重打造自由开放的市场环境、良好的创业创新生态、完善的基础设施、健全的公共服务体系以及活跃的创投资本。2013年，浙江出台了《关于全面实施创新驱动发展战略加快建设创新型省份的决定》，此后几年，先后提出浙商回归、“四换三名”、特色小镇建设、25条人才新政、万亿产业发展战略，旨在通过优化制度供给与服务方式，让产业链、资金链、创新链、服务链无缝对接，推动人才和产业集聚，让创业创新门槛更低、成本更小、环境更优。

目前，在浙江经济的转型发展中，信息经济正起着越来越重要的作用。自2014年以来，浙江信息经济核心产业增加值年均增长16.2%，比GDP增速快近一倍，占GDP的比重年均提高0.7个百分点。2017年，腾讯研究院发布《中国“互联网+”数字经济指数》省级排名，浙江居第4位（广东、北京、上海前3位，江苏第5位、山东第8位）。

二、江苏经济转型历程

改革开放以来，江苏走过了一条“起于乡镇企业，壮于园区经济，强于创新经济”的发展之路。面对不同发展阶段的内外形势，江苏准确把握发展机遇，通过兴办乡镇企业、建设工业园区、开展产权改制、实施两化融合与发展创新型经济等措施，实现了四次较大转型。

（一）20世纪80年代，通过发展乡镇企业推动工业化，形成“苏南模式”

江苏是社队工业的发源地。改革开放初期，江苏手工业、县乡工厂和农业在全国范围内都具有一定优势；在社队企业调整、整顿期间，政府采取宽容和支持措施，保护社队企业改革发展积极性，大力推广无锡“一包三改”模式、吴江资产经营责任制和宿迁“耿车模式”等，引发了乡镇企业发展高潮。在此阶段，江苏乡镇企业在全国异军突起，总产值占全国的近 50%，并推动江苏 GDP 在 1986 年超过山东跃居全国第 1，实现了由农业经济向工业经济的转型。社会学家费孝通称此现象为“苏南模式”。

（二）20世纪90年代到21世纪初，通过乡镇企业改制、建设工业园区、借力上海推动开放型经济发展，形成“新苏南模式”

20 世纪 80 年代末，中央对经济实行全面“治理整顿”，江苏乡镇企业产权矛盾、经营落后、负债率高等问题暴露，超过 1/3 的乡镇企业面临破产倒闭，江苏 GDP 两年间被广东和山东连续超过，1990 年跌至全国第 3，发展遇到瓶颈，转型压力巨大。恰逢此时，国家开展浦东大开发，邓小平“南方谈话”全面加速改革开放步伐，江苏准确把握机遇，实施三大举措向开放型经济转型。

一是推进乡镇企业改制，发展多元混合的市场经济和开放型经济。针对乡镇企业出现的问题，江苏以产权制度改革为切入点，实施乡镇企业大面积改制，大力发展股份制、股份合作制，推动集体经济向多元混合的市场经济转型，使江苏，尤其是苏南的乡镇企业体制发生了根本性变化，形成了多种经济成分共存的新格局。同时，江苏积极引导乡镇企业发展开放型经济，生产出口创汇产品，发展“三来一补”和“三资企业”，引进外资、技术和设备等，乡镇企业逐渐建立了新的发展优势。

二是强力推动工业园区建设吸引外资。1992 年后，全国上下兴起开发区建设热潮，江苏抢抓这一机遇，当年迅速建设了南京、徐州、昆山、常熟等一大批国家级工业园区，特别是1994年建设的中新苏州工业园，成为我国改革开放史上的标志性事件。这个阶段，江苏工业园区发挥地处东部沿海、交通便利、劳动力素质高、土地广阔等优势，为江苏大量引进外资发挥了至关重要的作用。以昆山为例，1992年昆山实际利用外资同比增长700%多，三资企业产值每年翻一番。

三是借力上海提升开放水平。浦东大开发后，江苏主动把握机遇，率先组团访问上海，通过升级高速公路、扩建港口、整治运河、新建长江大桥等，开展与上海的基础设施对接。同时采取差异化发展策略，形成有竞争力的特色产业，如上海发展软件，苏州就主攻硬件，建立加工配套项目，吸引外商投资大规模的工业项目。另外，江苏为破解技术人才缺乏的困境，利用地缘优势，充分吸引上海"星期日工程师"提供技术指导，积极创办高科技创业中心、留学生创业园等，吸引大批国内外高科技人才来江苏创业。对接浦东有力地促进了江苏外向型经济的发展，使江苏特别是苏南地区逐渐成为以上海为核心的长江三角经济区最强劲的一翼。经济学家吴敬琏将江苏这种善于创新、改善投资环境、发展外向型经济的做法称为"新苏南模式"。

（三）2002—2012年，通过信息化与工业化融合发展，走出一条新型工业化道路

改革开放以来，江苏经济获得飞速发展，总体上进入工业化中后期，特别是苏南地区，已基本进入工业化后期阶段。这一时期，江苏区别于广东和浙江最显著的特点是工业发达，特别是江苏的制造业，在全国占据较为突出的优势地位，占全国的比重长期维持在14%左右。但同时，江苏产业结构偏重、制造业发展层次较低、过度依赖资金和劳动力要素投入、产业技术创新水平低等问题也比较突出。2002年党的十六大提出，要坚持以信息化带动工业化、以工业化促进信息化，走出一条科技含量高、经济效益好、资源消耗低、环境污染少、人力资源优势得到充分发挥的新型工业化路子。江苏把落实这一战略作为转型发展的重大机遇，着力促进新型工业化，主要采取了

以下措施。

一是推进两化融合（即以信息化带动工业化，以工业化促进信息化），实现领跑全国。江苏深入开展“两化融合企业行”活动，推进项目库、企业库和专家库建设。2009 年以示范工程为抓手，建立面向企业信息的全方位支持服务体系，为全省两化融合发挥了示范作用。同时普及两化融合管理体系标准，创新企业组织管理模式，提升设计、生产、管理水平，增强企业软实力。信息化为江苏工业的发展创造了新的引擎，到 2012 年时，江苏两化融合指数得分高出全国平均水平 25 个百分点，在各省份中排名第 1。

二是率先部署发展战略性新兴产业。2006 年，江苏瞄准世界科技发展前沿，排出 800 项关键技术，组织产学研用联合攻关，成功地突破了一批关键技术，率先集聚了一大批新兴产业。2009 年，江苏太阳能电池产量占全国的 70%、全球的 15%，风电设备关键零部件占全国的 50%，智能电网设备研发和生产处于国内领先地位；其他如新材料、新医药、节能环保等新兴产业，无论在规模上还是在技术水平上，也都领先全国。依托高新技术园区，江苏创造了全省 34% 的高新技术产业产值和 60% 的新兴产业产值。

三是以智能制造为主攻深耕制造业转型升级。江苏在全国率先出台配套文件促进制造业发展，2010 年将传统产业升级作为全省三大重点计划之一，设立省级层面工业转型专项基金，以智能制造为主攻方向，开展大规模技术改造、技术创新服务平台建设、企业自主创新载体建设等，推动产业结构从低端环节向高端环节提升，产品结构从低端产品向高端产品提升。2012 年，江苏规模以上工业企业主营收入、制造业营业利润均高居全国第 1，制造业迈入新发展阶段，逐渐成为拉动江苏经济发展的核心引擎。

（四）2012年至今，以创新型经济统领社会转型升级，推动区域向高质量发展迈进

党的十八大之后，我国经济发展速度、结构和动力都面临变革，江苏经济暴露出的资源要素供应紧张、污染严重、产能过剩等问题严重，迫切需要

进行更加深刻、更加全面的转型。此时，以“互联网 +”、云计算、大数据、物联网为代表的新一轮信息技术革命催生的产业变革正在涌现，浙江信息经济、贵阳大数据正风生水起，江苏面对压力与机遇，发挥区域创新能力领先、科教资源丰富等优势，通过以下四大举措，大力发展创新型经济，统领经济社会转型升级，走出了一条高质量发展的新路子。

一是大力实施创新驱动战略。江苏最早提出建立创新型省份，率先实施科教强省、人才强省、创新驱动等一系列战略，着重推进体制创新，构筑区域创新体系、政策支持体系和科研投入体系三大体系，建设科技成果交易、技术公共服务、多元化创新融资、人才服务四大服务平台，持续提升科技创新能力。2016 年区域创新能力连续 8 年位居全国首位，科技进步贡献率提高到 60%；2017 年国家科学技术奖励大会上，江苏有 54 个项目获奖，全国第 1。

二是发展互联网经济。2013 年，江苏首次召开互联网大会，到 2017 年已连续举办 5 届，比山东首届互联网高峰论坛早了近两年；2016 年以来连续举办两届世界智能制造大会和世界物联网博览会。同时，以“宽带江苏”“无线江苏”建设为突破口，加快互联网基础设施建设和网络宽带化进程，实现光缆建设里程全国第 1，移动互联网基站数居全国第 2。全力构建良好生态系统，组织或参与互联网前沿技术攻关，大力推进互联网应用服务，培育新兴消费需求，不断深化两化融合。江苏的互联网产业生态日渐成熟，有力推动江苏从互联网大省向互联网强省迈进。

三是打造物联网名片。无锡是中国物联网的发轫地，形成了一定的先发优势。江苏以无锡为核心，苏州和南京为支撑，着力打造“一体两翼”的产业布局，突破物联网关键技术，打造产业体系，承担了多个国家重大应用示范工程，在全球近 30 个国家、200 多个城市都有物联网应用工程项目，一举成为国内物联网发展的高地。江苏因此被认为正在用物联网追赶浙江的互联网。

四是鼓励发展新经济。江苏出台专项资金、科技创新、金融服务、项目建设等支持政策，引导各方资本、创新要素向新经济领域聚集，鼓励以新产业、新业态、新商业模式为代表的新经济发展，推动全省形成了南京有北斗导航世界、苏州有纳米城、常州有石墨烯小镇、泰州有生物医药城等新经济蓬勃发展的局面，为江苏经济转型发展提供了源源不断的新动能。

三、广东经济转型历程

改革开放以来，外向型经济是广东发展的显著特征，尤其是2008年以前，依托港澳和国际市场、资本等外部要素，实现迅速崛起。1978—1989年，短短10年，广东省GDP全国排名由第5位上升至第1位，从此连续29年保持全国第1；2008年之后，在国际金融危机的强烈冲击下，广东经济逐步由外向型发展向内源型发展转变，注重自主创新，注重区域产业分工转移，注重区域一体化发展。总体来看，广东经济有五次较大转型。

（一）1978—1992年，通过创办经济特区确立了对外开放大格局

毗邻港澳、与港澳巨大的经济差距是广东改革开放的最大推动力。新中国成立后，广东先后发生三次大的“逃港”潮，表明开放对广东而言是顺势而为。积极创办特区是广东改革开放的突破点、关键点。广东以深圳、珠海、汕头三个特区引领，辅以市场化改革、外商投资优惠政策，开放势能得到迅速释放，与港澳差距迅速缩小，对外开放大格局基本形成。

一是迅速形成特区开放高地。率先在特区基础建设中引入市场机制，开放建筑市场，实行开发性建设，建设速度、建设规模、投资效益前所未有，短短几年就把边陲小镇变成现代化城市和新型工业区。这些特区既吸引港澳资金、技术等要素加快流入，又吸引其他全国各地的资源要素迅速聚集，使特区迅速成为发展高地，成为广东乃至全国的改革开放、发展龙头。

二是积极发展“三资”企业，迅速解决了资金短缺问题，解决了发展动力问题。由外商出资、中方出土地或者厂房，大力发展中外合作企业，进而发展中外合资、外商独资企业。利用国家政策，鼓励外商投资各行各业，重点是交通、能源等基础设施，高新技术产业以及金融、旅游等服务业。

三是重点发展“三来一补”加工贸易，迅速扩大了经济规模。以优惠政策和廉价的土地和劳动力，顺应国际产业转移趋势，从港澳引进技术、设备、资金、原料，进行产品的加工、制造和装配，形成销售在港澳、生产在珠三角的“前店后厂”经济模式，很好地解决了当时物品短缺的需求，奠定了广东外向型经济基础。1979—1992年，全省地区生产总值年平均增长13.1%，进出口总额年增长23.2%。1992年外贸出口总额比1978年增长12倍，实际利用外资比1978年增长52倍。

四是减少政府管制。从省政府到各地市，再到各县区，广东一向以对内放宽、政府放权、少管事，放手让基层和民间求发展而闻名。这种以减少管制为特点的治理模式是广东改革开放取得巨大成功的一大法宝。

（二）1992—2001年，围绕产业层次升级完善经济结构、市场机制阶段

20世纪90年代是广东经济由低端向高端转型的阶段，突出表现在两个方面：一是由低端的“三来一补”加工业向高科技产业转型；二是弥补了重工业的短板，工业结构更加完善。经历了20世纪80年代的开放发展，广东的产业和基础设施有了一定基础，但“三来一补”加工贸易附加值很低，发展代价很大，经济转型有强大的内生动力；20世纪90年代初，上海浦东新区开发加快了长三角地区的改革开放发展，广东80年代享有的先行先试政策优势逐渐减弱，经济转型面临强大的外部压力。广东在20世纪90年代适时提出“增创新优势，更上一层楼”的发展导向，着力推动产业结构完善和转型升级。

一是从企业角度，初步建立起现代企业制度。以顺德产权制度改革为

试点，率先在全国转变企业发展机制，对大部分企业实行股份制和股份合作制，创建起“产权清晰、自主经营、利益共享、风险共担”的发展模式，有效解决了企业运营低效、活力不足的问题，推动了乡镇企业向现代企业转型。

二是从经济结构角度，着力培育支柱优势产业。广东原有的以轻型加工业为主、以中小型企业为主的结构特点，难以应对日益激烈的国际竞争。为此，广东把培育支柱产业、强化基础产业、造就优势产业作为突破性战略，决心发展重工业，将交通运输设备制造业、电子通信业和石油化工确立为支柱行业，彻底扭转了“轻重重轻”的产业局面，推动了产业结构的平衡和完善。

三是从产业升级角度，大力发展高科技产业。科技兴粤战略是广东抢占产业制高点的关键，率先成立加快发展高科技成果产业化的科技风险投资有限公司。1995—2001 年，科技经费年均增长 31.2%，科技人力投入年均增长 31.2%，推动广东高科技产业实力突飞猛进，迅速成为广东经济新的重要增长点、经济发展的主要支撑力量之一。2001 年，广东高新技术企业 2013 家，占全国 17.8%，第 2 名江苏仅为其 68%。高技术产业产值 4532 亿元，占全国 30%，为第 8 名山东的 6.9 倍。

（三）2001—2007年，外向型经济高速高质发展阶段

这一时期，广东经济发展总体特点就是快，年均增长率达 18.3%，GDP 从 1978 年的 185 亿元到 2000 年的超万亿元用了 22 年，而从 1 万亿元到 2005 年超 2 万亿元仅仅用了 5 年。这得益于“入世”为广东开拓国际市场提供了便利条件，也得益于广东自身积极适应国际规则，调整产业布局，参与国际分工合作，大跨步“走出去”。

一是空间布局上，构筑沿海经济带。广东海岸线长居全国第 1 位，随着广东产业重型化发展，临海布局产业的优势进一步凸显。广东把海洋当作支撑未来经济社会发展的战略性空间和资源，构建粤东、粤中、粤西三大海洋

经济区，加快发展海洋工业、海洋交通运输业、滨海旅游业，推动海洋经济大发展。惠州壳牌石化与液化天然气（LNG）发电项目、湛江棕榈油发电、70万吨纸浆项目及核电项目等投资数百亿元的特大型支撑性项目，都是在这一时期建设的。

二是推动粤港澳经济一体化。随着中国加入WTO，粤港澳经贸关系更加紧密，一体化发展程度迅速提高。2004年，中国内地和香港特区、澳门特区关于建立更紧密经贸安排（CEPA）正式实施，降低贸易壁垒，推进贸易、投资便利化，大大加快了广东企业借道港澳"走出去"的步伐，带动更多企业利用香港资本市场融资，也使得香港的服务业、特别是生产性服务业加快流向广东，大大提升了广东服务业发展水平。

三是发展方式上，从以"引进来"为主转向"引进来"与"走出去"相结合。广东在积极参与国际分工合作，主动承接新一轮产业和国际资本转移的同时，"走出去"战略加快推进，出口商品结构得到优化，高新技术产品、机电产品和高附加值产品的出口比重提高。境外加工贸易、对外承包工程和劳务合作进一步拓展，在90多个国家和地区设立的非金融类企业达到1804家，与世界上200多个国家和地区建立了贸易关系，世界财富500强在广东投资或者设立了400多家企业或机构。广东对外开放进入新的、更高形态和发展阶段。

（四）2007—2012年，由外向型经济向内源型经济转变阶段

2008年国际金融危机，使广东外向型经济的缺点全面暴露，并使改革开放30年以来积累的深层次矛盾全面爆发。广东的发展方式仍然粗放，2007年高新技术企业对外技术依存度在70%以上；研发投入占GDP比重不仅低于江苏、浙江等省份，也低于全国平均水平。区域发展很不平衡，东西两翼和粤北山区的人均GDP只有珠三角的1/4。资源和环境的约束依然趋紧，单位GDP能耗比美国、日本、英国分别高2.3倍、6.2倍和3.2倍。这一切均表明，广东必须要进行一个大的转型才有出路，转型主要围绕珠三角

产业转型升级、区域一体化发展和政府自身建设等问题展开。

一是实施自主创新力和产业竞争力“双提升”，促产业转型升级。重点破解产业价值链低端循环锁定的难题，通过提高自主创新能力、建立现代产业体系、提升产业竞争力等，把科技创新、生产工艺、市场营销、品牌塑造以及产业集聚等结合起来，将更多的现代生产工艺、现代商业技术、现代管理方法整合进产业价值链中，与产业科技同步推进，从“微笑曲线”的低端走向价值链的高端。至2012年，珠三角率先在高端新型电子信息、新能源汽车、半导体照明三大产业实现了关键技术和产业发展重大突破；现代服务业增加值14000亿元，占服务业增加值比重达58%；先进制造业增加值达10000亿元，占规模以上工业增加值比重达46%。

二是实施珠三角一体化发展和省内“双转移”。为更好地发挥珠三角发展中的龙头作用，解决区域内部恶性竞争，广东向中央争取把珠三角一体化上升为国家战略，出台了《珠江三角洲地区改革发展规划纲要（2008—2020年）》，设定一体化目标，完善一体化机制，构建起珠三角经济共同体。大力推进产业和人口的“双转移”，把珠三角技术水平低、附加值低的劳动密集型产业向粤东、粤西、粤北地区转移，同时对粤东、粤西、粤北地区的劳动力进行培训后转移到珠三角就业，既拓展了发展空间，减轻了人口资源环境压力，又推动了欠发达地区加快发展。

三是大力推行政治和社会改革。政府机构改革，以顺德大部制改革为试点，并迅速在全省推广，大幅精简机构，构建起高效的党政决策权、执行权和监督权分工制衡机制，推动了服务型政府建设，提高了行政效能和服务水平。商事登记制度改革，推行登记注册“零首期”等创新举措，市场主体活力充分激发，社会投资创业热情进一步迸发，2012年全省私营企业比上年增长13%。社会改革，以外来人口积分入户改革为抓手，解决了长期存在的外来务工人员身份问题，加速了城市化进程，促进了社会和谐，自2010年政策推出至2012年，每年积分入户人数超过15万人。

（五）2012年至今，进入开创新时代高质量发展阶段

实现全面高质量发展，当好改革开放的排头兵、先行区和试验区，是中央对广东新时代发展的总要求，是广东由中等收入经济体向高收入经济体跨越的内在需要，也是顺应国际政治经济格局变化、再造发展优势的必然要求。这一时期，广东围绕构建推动经济高质量发展体制机制、建设现代化经济体系、形成全面开放新格局、营造共建共治共享社会治理格局“四个走在全国前列”，重点推进改革、创新、开放三方面工作，奋力开创高质量发展新局面。

一是以经济体制改革为核心，全面深化改革。广东紧紧扭住经济体制改革这个核心，围绕商事制度、企业投资体制、行政审批制度、财税体制、科技体制、金融体制、土地制度国企国资改革等重点环节和关键领域持续发力，不少创新性做法引领全国，如率先开展“先照后证”，推行网上注册大厅等；深入推进供给侧结构性改革，出台《广东省供给侧结构性改革总体方案（2016—2018 年）》及 5 个行动计划，在落实国家“三去一降一补”重点任务基础上，提出加快形成以创新为主要引领和支撑的经济体系和发展模式等 5 项重点任务，着力破解制约广东经济发展的深层次结构性问题。加大生态文明体制改革力度，探索建立生态保护红线制度、资源有偿使用制度和生态补偿制度、更加有效的环境保护管理制度。

二是以建设国家科技产业创新中心为引领，打造中国创新高地。广东充分认识到，与发达国家和地区相比，科技创新的基础还不牢固，创新水平还存在明显差距，制定出台了《广深科技创新走廊规划》，提出打造“中国硅谷”的目标。高标准建设珠三角国家自主创新示范区，加快形成“1+1+7”创新发展格局，开展科技资源开放共享、股权激励、创新人才跨区域流动等先行先试。深入实施高新技术企业培育等 8 项举措，坚持数量扩张与质量提升并举、壮大规模与提高创新能力并重，力争 5 年内实现高新技术企业数量翻番。实施“珠江人才计划”“特支计划”“扬帆计划”等重大人才工程，加快培养和引进一批科技领军人才和高水平创新团队，全力打造创新人才高

地。2017 年，广东国家级高新技术企业达 3.3 万家，是 2012 年的 5 倍，位居全国第 1；区域创新能力首次超过江苏，跃居全国首位，其中企业创新、创新环境、创新绩效 3 个指标均排名全国第 1。

三是以自贸区、粤港澳大湾区为重点，推进高水平对外开放。自由贸易试验区建设方面，广东以制度创新为核心，在法治化营商环境、金融创新等领域，先后推出 2 批共 66 项改革创新经验。在商务部提出的可复制的改革试验经验中，有一半来自广东。产业发展上，坚持高端引领，南沙片区重点发展航运物流、国际商贸、高端制造等产业；深圳前海蛇口片区重点发展金融、信息服务、科技服务等产业；珠海横琴新区片区发展旅游休闲健康、文化科教、高新技术等产业，3 个片区定位明确、相互支撑，着力建设高水平对外开放门户。粤港澳大湾区建设方面，2017 年正式推出，把香港、澳门两个特别行政区和广东省九市组成的城市群，作为我国参与全球竞争的重要空间载体，致力于发展成为比肩东京、纽约和旧金山湾区的世界四大湾区之一。依托发达的交通物流、蓬勃的创新高地和强大的产业集群等优势，推进基础设施互联互通，进一步提升市场一体化水平，打造国际科技创新中心，构建协同发展现代产业体系，共建宜居宜业宜游的优质生活圈等合作重点领域。目前，粤港澳大湾区已初步显露世界一流超大城市群和国际自由贸易港雏形，以 0.6% 的国土面积创造了中国 12.4% 的 GDP。经济增速是纽约湾区、东京湾区、旧金山湾区的 2 倍以上。

四、几点思考

改革开放 40 年来，南方三省转型发展方面总是领先一步，分析原因，我们主要存在以下几个方面差距。

（一）在敢想敢干上有差距，根源在于担当精神欠缺

改革开放40年，浙江、江苏、广东的经济转型归根到底并不是简单源自这样那样的“模式”，而是来自一种“精神”，即“敢想敢干”的担当精神。这些地区共同之处是，境界高远、思路开阔，在更高层次、更高标准上定位工作，敢于打破不合时宜的思想观念；业务熟练、能力突出，最大限度地发挥活力、创造力、潜能和聪明才智，变不可能为可能；精神饱满、干劲十足，敢于“啃硬骨头”、敢于“涉险滩”，大事、难事面前勇挑重担，急事、危事面前挺身而出。比如，浙江在改革开放初期，率先冲破计划经济体制束缚，冲破思想禁锢，率先在全国发展民营经济；广东在1978年前后，顶着压力，敢闯敢干，向中央争取经济自主权，创办深圳、汕头、珠海等经济特区，“杀出一条血路来”；杭州从“五水共治”到“三改一拆”等环境综合整治，各级干部攻坚克难、创业实干，换来了城市环境的大改善。他们之所以敢想敢干，根本在于把发展当成一项崇高的事业，不过分计较个人利益得失。这就是他们力量的根本来源。

在敢想敢干上有差距，根源在于担当精神不足。一是缺乏担当境界。现在不像改革开放初期那样面临大的社会环境、生命考验，但也有纪律、名誉等风险。即使做不到不计较个人得失这样的高境界，但也绝不能对个人得失斤斤计较，一味“求稳”。二是许多干部总以三线城市标准要求自己，缺乏攻坚克难的信心，总感觉自己办不了，“小进即满”思想严重，不求无功，但求无过。三是缺乏担当能力。四是无论政府、社会还是舆论，都还没有形成容错纠错、为改革创新者保驾护航的包容环境。我们既要深刻领会广东等地区敢闯敢干的精神实质，真正从内心深入“想闯想干”，又要建立健全奖惩机制，在全社会形成“为实干者鼓劲、为改革者撑腰、为担当者担当”的鲜明导向。

（二）在发展理念上有差距，根源在于把握中央精神欠缺

我国经济社会发展之所以取得举世瞩目的成就，根本上靠的是发展理念与时俱进。浙粤苏之所以能够在每个发展时期都能持续引领潮流，与先

进的发展理念密切相关。比如信息化，从十七大“两化”融合、十八大“四化”同步再到十九大发展数字经济，中央推进信息化的顶层设计非常清晰，但真正把信息经济上升到实现经济社会转型升级、可持续发展的战略高度的首推浙江：杭州把信息经济作为“一号工程”；宁波举办了7届智慧城市博览会；浙江省政府、浙江大学、阿里巴巴共同出资成立之江实验室，并且谋划抢占新一轮信息化技术高地。再比如湾区经济，深圳早在2004年就开始了谋划，广东2016年政府工作报告正式提出联手港澳打造粤港澳大湾区。在广东的持续推动下，打造粤港澳大湾区写进了2017年政府工作报告、党的十九大报告。这与广东贯彻新发展理念、准确把握世界湾区经济发展趋势分不开。

我们与南方发展理念上的差距，原因是多方面的，根源在于对中央一系列重大精神把握不到位。改革开放40年来，中央提出的发展理念一直是与时俱进、符合我国国情的，是对经济发展规律、时代发展特征、地方探索实践高度总结后形成的科学认识。南方对这些发展理念，往往能够及时、主动、准确地把握，并立刻贯彻落实，甚至中央的很多发展理念都是来自南方的实践经验，如五大发展理念，就源自习近平同志主政浙江时的探索实践，所以中央提出后浙江能够接茬干。而我们对于中央的新理念，往往反应比较慢，经常先抵触、后接受、再落实，甚至选择性执行，影响了我们经济的转型速度，贻误发展时机。一方面，必须坚定不移、不折不扣地执行中央治国理政新理念新思想新战略；另一方面，应该时刻关注先进地区经济发展的最新动态，学习其前瞻性和战略性的做法。在新发展理念的指引下，积极营造争当先进、创新发展的浓厚干事创业氛围，争取实现由跟跑向伴随跑到领跑的转变。

（三）在简政放权、打造营商环境、尊重市场主体地位上有差距，根源在于对市场经济规律把握欠缺

中国改革开放40年，主线就是对社会主义市场经济体制的探索，核心是处理政府与市场之间的关系，从1978—1992年计划经济体制向市场经济体制转变，到党的十六大进一步完善社会主义市场经济体制，再到十八届三

中全会提出“使市场在资源配置中起决定性作用和更好发挥政府作用”的重大命题，说明我们对市场经济规律的认识在不断深化，而简政放权、打造营商环境、尊重市场主体地位就是发展市场经济的基本要求。历史地看，浙江、江苏、广东之所以经济转型得好，在于这些地方素有经商传统和底蕴深厚的经商文化，理解市场经济更多是出于一种本能，按市场经济规律办事更多是一种自觉行动，还在于政府在发展市场经济中找准了位置，不管是引进外资还是发展民营经济，都努力为企业提供自由发展的良好环境，而不在于掌握多少支配企业的权力。广东早在20世纪80～90年代就很注重简政放权，从政府放给企业、从官员放给市场，特别是近年来以简政放权为方向的商事制度改革，政府转变为服务角色，让市场按照自身规律配置资源，政府权力的减法换来了市场活力的加法，换来了华为、腾讯、美的、TCL等龙头企业的崛起。浙江一直有尊重市场主体地位、打造营商环境的优良传统，特别是近年来倡导的“店小二”服务、“最多跑一次”改革，在打响政府服务品牌的同时，充分激发了各类市场主体的活力。江苏借鉴新加坡“亲商”理念为企业营造宽松规范环境的做法，也很好地体现了这一理念。

我们与这些地区的差距，表面是简政放权、打造营商环境、尊重市场主体地位的差距，根子在政府与市场边界不清、定位不准，更深层是对社会主义市场经济规律的认识不深入。社会主义市场经济，尊重市场主体地位是不二法则，我们必须对规律抱有敬畏之心，着力解决政府干预过多和监管不到位问题，真正让市场主体有活力，让市场环境公平、稳定、宽松，让政府监管准确、科学、有效。

（四）在把握机遇上有差距，根源在于对发展规律认识欠缺

历史地看，无论国家还是地区的繁荣与衰落、影响力的此消彼长，都与把握机遇密切相关，而能否把握机遇的根源在于是否能够深刻认识到发展的规律性。通过浙苏粤三地经济转型升级的轨迹可以发现，三地之所以能够领先全国，都得益于在关键节点上抢抓发展机遇。如广东在20世纪70年代末

80年代初，抓住改革开放机遇，主政者全力向国家“要权”，为经济起飞创造了前提条件。苏州利用改革初期的国内大市场，抓住商品短缺机遇，以乡镇企业领跑全国，为其工业发展提供了原始资本积累；20世纪90年代又充分发挥地缘优势，借力上海浦东开发，强力推动园区建设和招商引资，促进了经济的腾飞。浙江抓住新一轮科技革命和乡村振兴战略机遇，信息经济和美丽乡村建设都走在了全国前列。南方这些地区能够把握机遇，实现领先发展和转型发展，主要归功于其在每个历史时期都能洞察时代发展大势，掌握发展规律，对形势进行提前研判，从而持续获得发展先机。

我们在把握机遇方面与南方差距较大，但很大程度上是我们对发展规律的认识不到位、不深刻。一是对时代发展大势的洞察力度不够。如20世纪90年代，潍坊华光电子的激光照排技术处于国内外领先地位，当时全世界范围内的电子信息技术正处于迅速发展阶段，但因我们对时代和行业发展的大势把握不足，并未依托华光科技的绝对领先优势建立起优势产业集群，最终华光电子走向了没落。二是发挥自身优势，把大势、谋全局、抓机遇的能力不足。在基础设施建设领域，我们的高速公路曾经领先全国，但现在山东的高速公路通车里程已经落到了全国第8位，至今没有一条真正意义上的高铁，对发展的制约愈加明显。在新一轮科技革命背景下，城市发展进程大大加快，之前上百年才能完成的赶超进程，现在可以缩短到几十年甚至更短时间。一个城市越是深刻理解和把握规律，越能够对发展大势进行预判，从而作出前瞻性的安排，抢抓机遇的能力也就越强，实现赶超发展、转型发展的速度也就越快。我们要加快推动经济转型，必须抢抓机遇。要从根本上提高对发展规律的认识水平，一是深入研究新一轮科技革命对经济社会带来的深刻影响，深入洞察世界发展大势；二是紧盯国家和先进地区的发展战略；三是深入研究城市协作与竞争发展规律，强化对新经济、湾区经济、城市群发展等前瞻性领域的研究。

（2018年7月）

潍坊与南方先进地区的差距、思考与建议

◎ 贺绍磊 李少军 方典昌 刘 磊

为全面落实习近平总书记视察山东重要讲话和近期省重要会议精神，我们将浙苏粤等南方先进地区作为标杆，开展对标对表研究，寻找自身差距和原因，提出相关建议。

一、对标先进我们存在差距

（一）在贯彻落实习近平总书记重要指示精神方面有差距

我们与南方先进地区的差距，根源在于贯彻落实习近平总书记重要指示精神方面的差距。南方三省，特别是浙江，之所以转型快、效果好，是因为他们对总书记的重要指示行动自觉、久久为功、真抓实干，做成了品牌，取得了成效。

一是行动自觉。“绿水青山就是金山银山”的论断最早是总书记在浙江安吉考察时提出的，多年来，浙江坚持不懈落实，将“两山”理论变为内化于心、外化于行的自觉行动，相继诞生了“千村示范、万村整治”“三改一

拆”“五水共治”“特色小镇”等一系列领先全国的典型经验，绿水青山也成了浙江最亮丽的名片。

二是久久为功。2003 年，总书记着眼于解决浙江发展面临的根本性、前瞻性、长远性问题，提出了“八八战略”，之后浙江四届省委践行“八八战略”15 年如一日，“咬定青山不放松”，“一张蓝图绘到底”，一任接着一任干，使浙江的发展发生了质的变化。

三是真抓实干。十多年来，浙江以“踏石留印、抓铁有痕”的劲头，痛下决心，“腾笼换鸟”，破解制约发展的痼疾顽症，逐渐形成了以创新驱动为引领、以治水为突破口、以“拆治归”为基本招法的经济转型升级系列“组合拳”，为全国经济转型发展贡献了浙江经验。

四是成效明显。得益于贯彻落实习近平总书记重要指示精神的坚定性、持续性和实效性，浙江已率先迈入创新型经济地区行列，GDP 连续 21 年居全国第 4 位；人均 GDP 接近 13000 美元，居全国第 2 位；城镇和农村常住居民人均可支配收入与人均 GDP 的比值均居全国第 1 位；全面小康社会实现程度为 97.2%，居全国第 1 位。

相比之下，潍坊在贯彻落实习近平总书记重要指示精神方面与南方先进地区有一定差距。十年来，总书记 3 次来山东考察、2 次亲临山东代表团参加审议，多次对山东发展作出指示。潍坊在落实总书记重要指示精神方面有一些亮点，如潍柴牢记总书记嘱托，一心专攻主业，一跃成为世界 500 强企业。盛瑞传动前置前驱 8 挡自动变速器（8AT）项目荣获 2016 年国家科技进步一等奖。“中国食品谷”正引领潍坊推进农业转型升级、强化食品安全的响亮名片等。但与南方三省相比，我们的贯彻落实力度仍然不够、成效不突出，究其原因，在于对习近平新时代中国特色社会主义思想、新发展理念转化为现实生产力、发展动力的巨大现实意义认识不到位、理解不深刻，领导和驾驭落实新发展理念、加速高质量发展的素质能力与南方先进地区有差距！特别是不同程度存在调门高、加速快、衰减快问题！一方面，学习领会不到位、不深刻。2013 年，习近平总书记视察山东提出了现代农业“三个导向、一个翅膀”的重要指示，我们虽然第一时间传达学习，但并未第一时间深入落实到行动上。反观浙江，这一时期则按照这一重要指示精神，陆续打出“循环农业”“化肥农药减量增效”“土壤污染防治”等农业生态建设“组合拳”，实现了从资源小省向农业强省的跃升。另一方面，在措施上没能把总书记的重要指示精神落实到地区发展规划和考核中。

（二）在贯彻新发展理念、推动高质量发展方面有差距

习近平总书记强调，推进高质量发展关键是按照新发展理念的要求，不断增强经济创新力和竞争力。我们与南方发达地区的差距，最主要的是在贯彻新发展理念方面的差距。

一是敏锐性高。早在2013年，浙江敏锐意识到信息经济发展的巨大潜力，提出大力发展信息经济，是全国首个将信息经济作为战略行动的省份；之后又出台大量行动计划和扶持政策，推动了以阿里巴巴为代表的信息经济企业快速发展。2014年以来，浙江信息经济核心产业增加值年均增长16.2%，比GDP增速快近1倍，特别是杭州信息经济，对GDP增长的贡献率已超过50%。

二是驾驭水平高。①善于大视野审视把握。广东注重在全球、全国发展大格局中研究机遇，审视谋划发展，依托香港、澳门两个特别行政区和广东省九市，推出粤港澳大湾区，致力于打造成为比肩东京、纽约和旧金山湾区的世界级大湾区。②大区域布局统筹。2010年，广东以大手笔在粤东、粤西、粤北间统筹推进产业和人口的转移与流动，既拓展了珠三角发展空间，减轻了珠三角人口、资源、环境压力，又推动了欠发达地区加快发展。2014年，江苏将全省划分为宁镇扬、锡常泰、宿淮盐、连云港桥头堡、徐州淮海经济的“六大组团”，进行大区域布局统筹，有力促进了苏南、苏中、苏北的协调融合发展。③大跨度持续推进。纵观浙苏粤发达地区，大都经过了多次转型发展，浙江6次，广东5次，江苏4次。但无论哪个地区，都抓住关键领域，大跨度持续推进。江苏一直以来重视创新工作，区域创新能力连

续9年位居全国首位；广东坚持改革开放不动摇，目前正在推进更高层次的开放，向更高质量方向发展；浙江持续推动信息经济领跑全国。④大生态综合打造。浙苏粤均注重三产融合，产、城、人协调发展，坚持打造高效便捷的政务环境、竞争有序的市场环境、公平公正的法治环境、开放包容的人文环境、宜居宜业的生态环境等五大环境。⑤大基础设施配套。广东以粤港澳大湾区建设为重点，设立规模5500亿元的基础设施投资基金。深圳前海自贸片区明确1/3空间面向港企出让，积极引入港企参与基础设施建设。港珠澳跨海大桥、杭州湾跨海大桥等重大基础设施的建设，为区域协作发展、高质量发展提供了重要支撑。⑥大担当强力推进。改革开放40年，南方的经济转型归根到底并不是简单源自这样那样的模式，而是来自"敢想敢干"的担当精神。如广东在20世纪70年代末80年代初，两任主政者全力向国家"要权"，创办深圳、汕头、珠海等经济特区，"杀出了一条血路"，促进了经济的腾飞。浙江在改革开放初期，率先冲破计划经济体制束缚和思想禁锢，大力发展民营经济，成为全国的"民富第一省"。

三是转型发展水平高。浙苏粤发达地区经过多次转型后，目前都在积极抢抓新一轮科技革命契机，向更高水平的创新型经济、创新型社会转变。

比较而言，我们贯彻新发展理念，推动转型发展、高质量发展方面反应比较慢。

第一，潍坊产业结构偏重。潍坊以资源能源和重工业为主，产业层次较低、竞争力不强，特别是高新技术产业产值比、单位投资对GDP贡献率等指标，长期落后于南方苏州、杭州等城市。

第二，转型力度小。近年来，我们采取一些措施，推进产业持续转型升级，"十二五"期间潍坊万元GDP能耗大幅下降，超出省定指标6个百分点以上；近两年来又连续下降，在此情况下，2017年潍坊规模以上工业利税、利润大幅增长，分别高于全省平均7.6个百分点和8.7个百分点。但与南方发达城市相比，潍坊的转型力度仍然不够，产业结构仍然偏重、层次较低、竞争力不强，转型升级的任务十分艰巨。

第三，转型模式不新。南方先进地区创新意识强，善于用新办法破解难题、用新模式创造优势，相比之下，我们在运用新技术、新模式、新业态上还有很大差距。南方城市早已开始打造产业业态，而我们还在固守原有思维，以抓单体项目为主。

第四，把握机遇不准。潍坊在把握机遇方面与南方发达地区差距较大，主要是对时代发展大势的洞察力度不够，未充分认识到将国家战略与自身发展相结合的重大意义，把大势、谋全局、抓机遇的能力不足。总体上看，与南方发达地区的城市相比，潍坊在结构、质量、效益和发展后劲方面差距较大，发展的可持续性不容乐观，加快推动转型发展任务依然十分艰巨。

（三）在创新发展方面有巨大差距

习近平总书记强调，要坚持把发展基点放在创新上。潍坊与南方发达地区形成的巨大差距，最核心的是创新驱动的差距。南方发达地区对创新的认识布局早，推进实施力度大，转型发展更快、更强。

一是把技术创新作为关键。南方三省均注重把握世界科技革命、产业变革新趋势，强化企业的创新主体地位，在一些重点领域突破一批关键共性技术。如江苏出台科技创新“40 条政策”，最大限度激发创新活力。据统计，我国 15.1% 的领跑技术分布在江苏。2017 年国家科学技术奖励大会上，江苏有 54 个项目获奖，全国第 1，而山东仅有 18 个。目前，江苏在纳米、超级计算、生命科学、太阳能光伏、物联网等领域的一批重大技术水平均居国际前列。

二是把产业创新作为根本。通过产业创新，能够摆脱产业与企业发展的停滞和危机，实现产业领先，再塑竞争优势。浙江为摆脱产业粗放发展困局，选择了走信息经济主导的产业创新之路。提早布局信息产业，使浙江一跃成为新时代高质量发展的标杆。自 2014 年以来，浙江信息经济核心产业增加值年均增长超过 16%，比 GDP 增速快近 1 倍，占 GDP 的比重年均提高 0.7 个百分点。

三是把模式创新作为亮点。南方三省善于用新模式增创优势，用新办法破解难题。20 世纪 90 年代，江苏迅速转变原有发展模式，抢抓开发区建设机遇，建设了南京、徐州、昆山、常熟等一大批国家级工业园区，发展外向型经济，特别是 1994 年建设的中新苏州工业园，使江苏特别是苏南地区逐渐成为长江三角经济区最强劲的一翼，被经济学家吴敬琏称为“新苏南模式”。深圳先进技术研究院为加快科技创新，在体制创新方面，实行理事会领导下的院长负责制，实现三方共建，深港一体，协同创新，共谋发展。在业务创新方面，实行科研、教育、产业、资本四位一体的“微创新体系”，拥有国家级创新载体 9 个，累计孵化企业 513 家，持股企业 162 家，产值过亿元的有 27 家，新三板挂牌 3 家。

20 世纪 80 年代，山东经济发展和产业结构曾引领全国，但后来在产业升级上慢慢落伍了，主要是在创新发展上落后造成的。近年来，潍坊大力推进创新发展，取得一定成绩：国家创新型城市刚刚获批建设；北京大学现代农业研究院（由以色列特拉维夫大学、北京大学、山东潍坊共建，着力打造国内一流的应用生物与现代农业技术研发及科研成果转化基地）已开工建设；盛瑞传动 8AT 项目获得国家科技进步一等奖；潍柴动力“重型商用车动力总成关键技术及应用”项目已通过国家科技进步一等奖初评；潍坊（寿光）高新区创建工作进入国家考核程序。但潍坊在全社会研发经费投入占 GDP 比重、政府资金占全市科研经费支出比重、高新技术产业占比等方面，与南方发达城市相比差距还很大，产业创新的压力很大。原因主要有三个。

第一，理念创新不够。南方已经把经济社会发展的理念真正转到了创新驱动上，既紧扣中央要求，又善于把握新特征、新机遇、新趋势，不断创新。而潍坊仍习惯于过去的发展理念、发展思路、发展模式，不能很好地研究新情况、解决新问题，没有很好地把握机遇。如 20 世纪 90 年代潍坊华光电子的激光照排技术处于国内外领先地位，当时国际范围内电子信息技术迅猛发展，但我们对创新理念把握不足，并未依托华光技术优势建立产业集群，最终华光电子走向没落。

第二，机制办法不活。南方先进地区非常善于通过灵活运用政策、创新机制体制来增强城市活力和竞争力，在指导思想、实施计划、保障措施等方面，都根据国际最新动态制定，确保高端、科学、务实、管用。如浙江，由省政府、浙江大学、阿里巴巴集团三方共同出资成立之江实验室，管理体制上灵活采用理事会领导下的主任负责制，由省政府主要领导任理事长。而潍坊在政策运用、机制创新方面创新力度不够，成效不高。

第三，干部视野不高。南方发达地区的干部普遍业务能力强，且大多是领域内的行家里手。而我们的干部更多地是从事管理等事务性工作，疲于应付日常工作，业务水平普遍不高，业务提升渠道相对更少。我们必须从发展大趋势、世界大格局、历史大逻辑入手，紧紧抓住创新驱动这个“牛鼻子”，引燃山东新旧动能转换的新引擎，力争成为世界创新和科技发展的战略高地。

（四）在乡村振兴方面有巨大差距

此次考察对标南方三省，特别是浙江的乡村振兴态势，一个深刻感受就是，在浙江“七山一水两分田”的大地上，既有青山绿水的田园之美，也有城乡融合的现代之美。浙江之所以在乡村振兴方面取得显著成效，主要是发展理念、治理模式、传统乡土文化方面比较优势很大。

一是坚持先进理念和规划引领。浙江自始至终以“两山”理论作为指导浙江乡村发展的核心理念，历经示范引领、整体推进、深化提升三个阶段。到 2017 年底，浙江 97% 的建制村完成了村庄整治建设，全部建制村实现生活垃圾集中收集、有效处理，41% 的村实现生活垃圾分类处理，90% 的村实现生活污水有效治理。在规划引领方面，浙江形成以县域美丽乡村建设规划为龙头，村庄布局规划、中心村建设规划、农村土地综合整治规划、历史文化村落保护利用规划四个专项规划为基础的“1+4”县域美丽乡村建设规划体系。目前，浙江省呈现出城乡差别明显缩小、文化传承和现代文明有机融合的良好态势。

二是创新发展模式。在浙江的乡村振兴实践中，政府、市场、民众之间的良性互动是重要特色。安吉县鲁家村启动全国首个家庭农场集聚区和示范区建设，探索出了一条美丽乡村建设和经营创新之路，创建为国家级美丽乡村精品示范村。乡村文化打造过程中，湖州市南浔荻港古村，依托江南水乡鱼文化、水乡古村落、水乡特产等特色资源和产品优势，秉承“吃农家饭、住农家屋、干农家活、享农家乐”的理念，打造了一个集生态农业、休闲度假、餐饮住宿、会务娱乐于一体的高效生态休闲观光园。乡村治理过程中，形成“法治—德治—自治”的协同格局。2013 年，浙江桐乡率先推出“法治为要、德治为基、自治为本”的“三治”模式。

三是注重乡村文化。浙江将文化为魂的理念贯穿乡村振兴的始终，既注重传承和弘扬传统农耕文化与优秀民俗文化，又注重推进社会主义先进文化建设。杭州桐庐的古村落，蕴含着深厚的历史文化和民俗文化，具有极高的历史价值，成为旅游“软实力”。德清县后坞村的洋家乐，安吉县的马家堂村、高家弄村，在民居的外部改造上严格按照地方风格和特色打造，在内部装修上又融合了现代生活方式，实现了传统风貌与现代设施有机统一。浦江县仙华街道方宅村文化礼堂，结合街道文化中心和历史建筑存雅堂，建成乡村记忆馆、农家书屋、非遗展示馆、书画创作室、乒乓球室等特色场馆，让古老建筑重新焕发活力，丰富了群众精神文化生活，增强了向心力、凝聚力和幸福感。

相比浙江，潍坊优势不再明显，有些领域还落后了，原因主要有三个。

第一，发展理念落后。过去，长三角、珠三角基础条件并不优于我们，但是他们思想解放，谋定而动，实现了乡村面貌的巨大变化，特别是浙江形成了乡村振兴“浙江模式”。反观我们，过去农村改革发展成绩很大，创造了“诸城模式”“潍坊模式”“寿光模式”，在实施乡村振兴战略中也做了大量工作，但在发展理念上仍在探索中，还没有形成成熟的、可以借鉴的经验样板。

第二，工作推进力度小。虽然把乡村振兴战略摆在重要位置，但缺乏顶层设计，办事机构力量和工作统筹力度有待加强。比如，浙江从21世纪初就把乡村振兴工作提到富农强省战略层面来规划、组织和推进，先后实施了“美丽浙江”“幸福浙江”等工程。潍坊直到党的十九大之前还没有把乡村振兴放到战略的高度来认识。再比如，潍坊推进农村产权制度改革走在全省前列，但因工作推进力度不够，还存在部分土地流转产生权益纠纷、土地流转比例低、齐鲁农村产权交易中心管理体制机制尚未理顺等问题。

第三，措施办法较少。基层存在“等靠要”思想，运用市场化机制不活，过度依赖财政投入。目前，潍坊市乡村振兴90%以上的资金来自财政投入，虽然设立100亿元乡村振兴产业基金，但缺少配套落实措施，难以落地，杠杆作用发挥不足。基层党组织方面，不同程度存在“就城市抓城市、就农村抓农村”的传统思维模式，党的组织优势在推进城乡一体化发展中的作用不够明显，基层党组织的战斗堡垒作用和村“两委”成员的创富带动能力未充分发挥。

（五）在解放思想方面有差距

解放思想要经常抓、反复抓，努力在深化省情认识上解放思想、在上下结合上解放思想、在制度创新上解放思想。改革开放40年来，浙苏粤的经济转型归根到底来自思想的大解放。这些地区，思想解放程度高，发展境界水平高，城市发展活力足，干事创业激情大，工作走在全国前列。

一是敢于担当，即不计较个人得失，敢于啃硬骨头、敢于涉险滩。比如，广东在1978年前后，顶着压力，敢闯敢干，向中央争取经济自主权，创办深圳、汕头、珠海等经济特区；浙江在改革开放初期，率先冲破计划经济体制束缚，在全国发展民营经济。

二是创新求变，即打破习惯思维和主观偏见的禁锢，研究新情况、解决新问题，适应不断发展变化的新形势。比如，在园区市场化开发上，深圳前海深港现代服务业合作区早在2010年成立之初，就实行政府雇员制和企业化管理，同时创新实行“前海合作区咨询委员会”模式，聘任内地和香港等地的金融、社会管理、法律、财税等领域专家，为高层决策提供咨询参谋，组建开发投资控股、金融控股、商务秘书三家管理局直属公司，通过市场化手段推动前海开发建设。

三是敢于自我革命，即敢于冲破各种不合时宜的体制机制障碍，勇于探索、勇于突破。比如，在杭州高新区发展中，杭州市委、市政府2002年6月调整高新区和滨江区管理体制，实行两块牌子、一套班子、全交叉兼职，既享受国家级高新开发区的国家优惠政策，又具备滨江区一级政府的各项职能，通过“办事不过江，收入归滨江”的特殊政策，原两区机构人员进一步精简，政策优势得到充分释放。

潍坊之所以与南方先进地区在经济发展总体水平上有差距，固然有区位差异和国家特殊政策的原因，但更多是在思想和境界上的差距，缺少敢闯敢试精神。总书记在视察山东时提出，山东干部最大的优点就是踏实肯干，最大的缺点就是思想解放程度不高，不敢先行先试，可谓把脉准、切中要害。

第一，在理解把握中央精神上，“从严扎篱笆”而不是“戴镣铐”。南方一些地方认为，我们把中央文件精神学偏了，大都僵化执行，办什么事都要看上面有没有明确依据，没有依据的不办，有依据的才敢办。比如，党的十八大之后，中央出台八项规定，我们“一刀切”把所有奖金全停了，而浙江等一些地方却没有被“捆住”手脚，仍旧通过发放绩效考核奖等措施，充分调动了干部的积极性。

第二，在激励保护机制建设上，目前对干部的保护机制仍然不够健全，正向的表彰奖励比较少，动辄问责追责，“做好没人知，做坏要埋单”，造成干部产生被动消极情绪；有的干部常年工作在一线，“五加二、白加黑”，但组织上对他们的日常关怀不够多，考核评比时体现也不明显，造成“干与不干一个样”“干多干少一个样”。中央已经印发了《关于进一步激励广大干部新时代新担当新作为的意见》，但山东省、潍坊市配套政策还不到位，还没有具体定性定量的操作办法。

第三，在政府服务上，我们的“官本位”思想浓厚，缺乏服务意识。至今很多政府人员仍不能摆正心态，习惯于把工作当作一种身份，而不是职业，尤其是服务意识匮乏和服务态度欠缺，使服务型政府的建设有时流于口号和形式。虽然目前我们也在积极推进“一次办好”改革，但尚未实现全覆盖，仍有较大提升空间。

第四，在支持市场主体上，南方发达地区首先关注的是机遇、潜力，而我们往往首先看到的是不足；南方发达地区对理念超前、主导产业清晰、运营模式先进、发展潜力大的项目，在土地、资金、配套政策方面都非常灵活，给予大力支持。比如，无锡引进华中科技大学无锡研究院，政府盖好楼，配套好所有的设施，拿出地来让他们搞开发，还给了 1.5 亿元的扶持经费。当前，解放思想已经由过去的敢想敢试，进入以新理念引领发展的更高层次，我们要想抓住新旧动能转换综合试验区的机遇，加速追赶，首先是解放思想。

（六）在改革开放方面有差距

山东 40 年来的历史变迁和巨大成就，就是因为在改革开放进程中不断解放思想，敢领风气之先，敢于创造，善于创新。实践证明，是改革开放发展了山东、改变了山东、成就了山东。但是，我们的改革开放与南方城市是有差距的。南方先进地区的领先表现在以下六方面。

一是在改革时机上先人一步。2006 年，浙江面对资源要素紧张、环境容量制约等发展难题，在全国率先探索“亩均论英雄”模式的公共资源要素化配置改革。经过十多年的实践，浙江以土地资源的节约、集约有力地促进产业结构的转型升级。

二是在改革领域上更全面。近五年来，广东大力推进全面深化改革，覆盖行政体制与行政审批制度改革、经济体制改革、民生事业改革等诸多重要领域和关键环节，仅 2014 年就明确提出了 10 个方面、52 项主要改革任务。广深科创大走廊、粤港澳大湾区等重大发展举措，都极大推动了广东的高质量发展。

三是在改革力度上更大。苏州抓住城乡发展一体化改革试点的重大机遇，先后推出“三集中”“三置换”“三大合作”“三大并轨”“四个百万亩”等一系列举措，创造了多项全省乃至全国第一。杭州拱墅区智慧网谷小镇，突破工业用地规划性质的限制，在工业用地性质中增加创新型产业用地门类，从制度层面上解决了产业聚集区、开发区、工业园区内难以配套服务设施的问题。

四是在改革重点上更准。南方发达地区城市往往把发展的难点、痛点、堵点作为改革的突破口和关键点。浙江针对经济发展中的制度成本不断上升问题，大力开展“最多跑一次”改革，以此撬动“整头牛”的全面改革。

五是在市场化改革方向上更坚定。市场化程度决定经济活力，是动能转换的重要影响力量。南方发达地区的民营经济、外向型经济发达，市场化程度高，政府主动向市场放权，在对外开放、招商引资、人才引进等领域创造了良好环境。共享单车、滴滴打车等新经济蓬勃发展，以腾讯、阿里巴巴等为代表的互联网企业、独角兽企业在深圳、杭州等城市大量涌现。

六是政府作用发挥更好。中国改革开放40年，有一条主线，就是处理好政府与市场之间的关系。浙江、江苏、广东之所以经济转型得好，就是政府在发展市场经济中找准了位置，不管是引进外资还是发展民营经济，都努力为企业提供自由发展的良好环境，“放水养鱼”。浙江一直有尊重市场主体地位、打造营商环境的优良传统，特别是近年来政府倡导“店小二”服务、“最多跑一次”改革，在打响政府服务品牌的同时，充分激发了各类市场主体的活力。深圳高度重视营商环境建设，企业可以安心做自己的事，如果企业有事了，政府会全力提供服务。

我们在政府服务方面的差距主要表现在四方面。

第一，认识程度不够，对改革开放在经济发展中的重要性、紧迫性认识不足。如改革开放初期，江苏已经大力推动农业经济向工业经济转型，而山东还徘徊在农业经济的老路子上。2009年深圳就借鉴世界湾区经验，联合珠三角城市提出“湾区发展计划”，比中央提出发展粤港澳大湾区早了8年。

潍坊在 2018 年 5 月才出台了关于在全市开展工业企业综合评价的指导意见，与浙江相比晚了很多年。

第二，动力不足。我们往往沉浸在过去的成绩中，视野不够开阔，做规划、出政策常常限制在自己的“一亩三分地”里，很多措施都不能及时跟上时代潮流。比如，目前杭州正在谋划杭州湾大湾区，深圳正借力粤港澳大湾区迅猛发展，而处在渤海湾畔的潍坊在这方面落后了。

第三，措施落实不到位。我们的政策出台了很多，但很多没有完全落到实处。如全市政务信息系统整合共享工作 2017 年才开始，且纵向不能联通，横向不能融合，信息仍然无法共享。再如，在杭州、深圳等城市开始“抢人大战”时，我们虽然制定了相关政策，但落实力度不够。

第四，政府与市场、社会边界不清。政府习惯大包大揽，定位不准。当南方发达地区城市着力打造营商环境“放水养鱼”的时候，我们还在忙着帮企业抓项目，特别是盯着大企业发展，既影响了政府管理、服务职能的正常发挥，也干扰了正常的市场秩序，束缚了市场活力。

二、思考与建议

对表习近平总书记重要讲话，对标浙苏粤先进地区，差距和原因都已经很清晰，关键是结合实际，以问题为导向，谋划好改革发展创新的措施，以改革开放创新的新突破奋起直追，再造新优势、再创新辉煌。潍坊下一步工作可突出抓好六个方面。

（一）坚定不移贯彻落实习近平总书记重要讲话精神，以此统领各项工作

习近平新时代中国特色社会主义思想、习近平同志 2008 年以来 3 次视

察山东发表的重要讲话，以及对潍坊作出的一系列批示，可以说理念高瞻远瞩、部署科学到位，关键是抓好落实。

一是在精准把握上下功夫。学习贯彻习近平新时代中国特色社会主义思想，中央明确提出“学懂弄通做实”要求，其中学懂是基本前提。下一步，我们突出在精准把握上下功夫，将学习总书记视察山东的重要讲话与学习总书记2008年视察潍坊重要讲话精神结合起来，与2018年3月总书记参加全国两会山东代表团审议提出农业农村改革发展的“诸城模式”“潍坊模式”“寿光模式”重要论断结合起来，领导干部带头原原本本、原汁原味反复学、持续学、逐字逐句学，加深对其中蕴含的科学立场、观点方法的理解，把握重要讲话中的思想理论源流，认清所指明的事业发展方向，确保不走样、不跑偏。

二是在用习近平总书记重要讲话精神统领各项工作上下功夫。总书记的重要讲话，体现了对山东发展的全局谋划和整体考量，既与总书记对山东的一系列重要指示一以贯之，又根据时代发展提出新的更高要求，是做好各项工作的指挥棒。我们将以总书记重要讲话精神作为统领全市各项工作的总纲，作为推进潍坊改革开放、创新各项事业必须长期坚持的重要指导方针和根本行动指南，以总书记重要讲话精神指导、确定我们的大政方针、发展战略、政策措施，把总书记重要讲话精神贯彻到经济社会发展的各方面，转化为一项一项的工作举措。

三是在行动自觉、持续不懈上下功夫。习近平总书记视察山东并发表重要讲话后，省委第一时间出台学习和贯彻落实意见，这种高度自觉的行动为我们作出了表率。我们决心像南方先进地区那样，沿着总书记指明的道路，坚持不懈地做好“新、特、优”三篇大文章，坚持“腾笼换鸟、凤凰涅槃”的思路，“在转变经济发展方式、全面提高经济发展质量效益上起到领头雁作用”“坚定践行新发展理念，努力实现高质量发展”，打出一套潍坊落实总书记重要讲话精神、开创改革开放发展新局面的“组合拳”，不断把总书记重要指示精神深入落实。

四是在落实落地上下功夫。总书记要求，一分部署，九分落实。我们必须牢牢把握总书记提出的新要求，落实落深落细，化为具体行动。农业农村改革发展的“诸城模式”“潍坊模式”“寿光模式”，是总书记2018年全国两会参加山东团审议时提出的，我们将其提炼总结，提出打造“潍坊模式升级版”，目前正在聘请高端机构对乡村振兴规划进行提升。这是落实总书记重要指示精神的具体行动。下一步，我们将系统完整地学习、借鉴外地经验做法，建立总书记重要讲话精神落实落地机制，包括组织领导机制、宣传发动机制、工作推进机制、督查考核机制等，形成具有潍坊特色的发展经验和模式，为改革开放、创新发展提供潍坊实践、潍坊经验。

（二）坚定不移地实施新旧动能转换重大工程，加快推进高质量发展

落实习近平总书记系列重要讲话精神，省委已经作出系列部署，特别是召开了全面展开新旧动能转换重大工程动员大会，作为省委统领经济发展的重大工程，作为迈向高质量发展的关键一招。我们立志打头阵，更大力度、更加深入地实施新旧动能转换重大工程，努力为全国、全省蹚路子、作贡献。

一是扎实实施“十百千万”工程。高质量发展的基础在于高素质产业，要求在做优、做强、做大“十强”产业上实现新突破。我们按照这一要求，大力实施了“十百千万”工程，重点突破十大产业，集中培育10家以上500亿级骨干企业，重点打造6大基地，力争到2022年，打造高端化工和高端装备两个5000亿级产业集群，汽车制造等4个千亿级产业集群。比如，国际动力城建设，2017年潍柴主营业务收入突破2200亿元，正式成为世界500强企业，我们将发挥潍柴、福田、盛瑞、豪迈等骨干动力装备企业的带动作用，加快推进氢燃料电池研发及产业化、新能源动力产业园等项目，突出支持潍柴传统板块提档升级、新能源动力板块加快推进，力争到2030年建成全国最大的新能源驱动电机制造基地、商用车新能源动力总成系统制造基地。

二是加速“腾笼换鸟、凤凰涅槃”。习近平总书记于2013年和2018年来山东视察，都提出加快“腾笼换鸟、凤凰涅槃”，不仅对山东具有普遍指导意义，也切中潍坊高质量发展的难点和痛点。围绕加速“腾笼换鸟、凤凰涅槃”，我们先后数次到浙江等地学习，重点做好“腾、换、转、管”四篇文章，近几年拒批重污染项目266个，其中，2017年以来清理整治“散乱污”企业2770家，清理取缔1615家，整改提升1155家。在此基础上，我们分县市区、分行业组织实施工业企业综合评价和资源要素差别化配置，下一步将探索实施新上工业项目“标准地”制度。目前，各县市区已全部展开工作，2018年7月底前，部分县市区已完成预测评。

三是加速创新驱动。创新是引领发展的第一动力，是实现新旧动能转换的基础，也是推动新旧动能转换的动力支撑。①创新理念方面，坚决落实总书记“创新是引领发展的第一动力，抓创新就是抓发展，谋创新就是谋未来”的重要指示精神，切实把动能转换工作着力点转到创新上，主要领导抓创新、谋划创新、推动创新，真正形成“一把手”抓“第一动力”的工作新局面。②政策体系方面，建立健全以创新为主的政策体系，一方面继续坚持创新市场化改革方向，强化龙头企业创新引领作用，推动规模以上企业设立研发平台，开展研发活动，尤其是发挥好潍坊已有优势，努力扩大国际科技合作；另一方面，加快政府科技管理职能由研发管理向创新服务转变，着力培育一批行业创新龙头企业、科技型中小企业、科技服务业，积极推动公共资源向创新倾斜，在评价考核中突出创新所占的分量，在干部选拔中突出对创新理念的重视程度。③创新平台建设方面，突出抓好北京大学现代农业研究院、歌尔北航机器人与智能制造研究院、潍柴氢燃料电池国家技术创新中心、中科院激光研究院建设运营，加快新松机器人研究院、北京理工大学、天津大学研究生院签约步伐，同时继续加大招院引校力度，新招一批大院、大所，培育并壮大创新资源。

四是加速基础设施互联互通。扎实推动新旧动能转换，离不开基础设施等要素条件的有力支撑。习近平总书记在山东省视察时指出，山东的基础设施落后了，要求加快基础设施互联互通。这方面，潍坊是国家规划的全国高铁枢纽城市，正在建设的济青高铁、规划中的京沪高铁二通道、环渤海高铁等都在潍坊交会，目前京沪高铁二通道潍坊以北段已经基本确定，但山东省潍坊以南段的研究论证还未开始，建议省里加大京沪二通道潍坊以南段推进力度。围绕推进区域一体化发展，我们以交通互联互通为突破口，积极推进“七城一体”，轨道交通年内开工建设，机场迁建争取年内开工建设，建议省里加大半岛城市群统筹发展力度，积极推进环渤海高铁、济青高速中线等重点交通项目，争取打造渤海南部大湾区。

（三）思想解放再解放，牢牢把握走在前列的目标定位

思想是行动先导，没有思想的大解放，就不可能实现发展的新跨越。潍坊与南方先进地区有差距，根子还是在解放思想方面的差距。我们将在全市范围内扎实开展“深入对表对标解放思想大讨论”活动，引导党员干部持续解放思想，推动各项工作在全省、全国创新发展、走在前列。

一是提升解放思想的境界。解放思想是一个连续不断、永无止境的过程。我国经济社会发展之所以取得举世瞩目的成就，根本上靠的是思想理念与时俱进。浙苏粤之所以能够在每个发展时期持续引领潮流，也与先进的思想理念密切相关。我们必须在解放思想上来一场深刻的自我革命，在解放思想中解放思想，打破自身“紧箍咒”，念好“思想解放”经。一方面，必须坚定不移、不折不扣地执行中央治国理政新理念新思想新战略，真正做到合拍共鸣、同频共振；另一方面，应该时刻关注先进地区的先进思想、先进理念，学习其前瞻性和战略性思维，力争做到达标、提标。

二是增强解放思想的能力。我们将以“大学习、大讨论、大调研”“深入对表对标解放思想大讨论”等活动为契机，切实增强领导干部的思想解放能力。一方面，坚持“看不到问题是最大的问题”的理念，引导大家对表总书记讲话、对标南方先进地区，从思想上、行动上、工作上、作风上找差距、找症结，深挖根源，制定整改措施。另一方面，把解放思想落实到实际

工作中，自觉把自身工作放到全市大局中思考，把当前工作放在未来趋势中谋划，把上级要求与自身实际相结合，着力在推动高质量发展、打造乡村振兴“潍坊模式升级版”、保障和改善民生等领域明思路、定措施，创造性开展工作，久久为功、善作善成。

三是以解放思想抢抓机遇。浙苏粤之所以能够实现领先发展和转型发展，主要归功于在每个历史时期都能洞察时代发展大势，掌握发展规律，在关键节点上抢抓发展机遇，根源在于他们思想解放、理念超前。我们将以思想解放为先导，坚决打破一切惯性思维和路径依赖，全面强化战略机遇意识、创新意识和争先意识，从根本上提高对重大机遇的认识水平，组织专门力量重点深入研究国际竞争发展格局面临深刻变化的机遇、全球科技革命和产业变革孕育兴起的机遇、我国经济发展全面进入新常态的机遇，以及加快新旧动能转换和实施乡村振兴战略的机遇，切实把各种机遇转化为加快“走在前列”的有利条件。

四是以“走在前列”作为解放思想的衡量标准。“走在前列”目标定位是指挥棒。我们解放思想的程度如何，主要在于总书记重要讲话精神和地方实际结合得是否到位，特别是落实“走在前列”目标定位的措施是否到位。下一步，我们所有工作都将围绕“走在前列”目标定位来展开，发展思路着眼“走在前列”来谋划，发展布局围绕“走在前列”来展开，发展举措针对“走在前列”来制定，发展成果用“走在前列”来衡量，把“走在前列”的目标定位更好地落实到各级发展和工作中。

（四）用好改革开放“关键一招”，持续释放经济社会发展活力

改革开放只有进行时，没有完成时。省委全会以突出深化改革、贯彻落实总书记视察山东讲话精神，为我们提出了新要求。潍坊将继续把活力城市建设作为落实省委改革开放新要求的载体，在深化改革、扩大开放进程中走在全省、全国前列。

一是始终坚持问题导向。省委全会要求我们更加注重坚持问题导向，深

化改革、抓好落实，我们将以强烈的问题意识，紧紧盯住改革痛点、难点、堵点集中发力。①找准问题，这是基础。以“大学习、大调研、大改进”为契机，大兴调查研究之风，把调查研究贯穿改革的全过程，围绕经济社会发展的重点领域和关键环节，找准主要矛盾。②对症施策，这是关键。对改革过程中的各种问题要具体问题具体分析，抓矛盾的主要方面。③动真碰硬，这是根本。紧紧扭住触及本质打开“结”这个根本，敢于刀刃向内，勇于自我革命，坚定不移打破一切顽瘴痼疾，打破利益固化藩篱。

二是突出抓住改革核心。①推进“放管服”改革是我们当前首要的“牛鼻子”。我们将加快培养形成政府服务意识，像深圳那样平时见不到政府，但遇到事情政府就出来帮忙提供服务。深入推进削权减证等“三大工程”，在投资建设领域重点推行“六集中”审批服务运行机制，全面推进“互联网+”政务服务，深化“零跑腿”和“只跑一次”改革，研究制定解决“两个最后一公里”的措施。②深入落实“三去一降一补”重点任务是我们当前重要的“牛鼻子”。我们将进一步淘汰落后产能，出清“僵尸企业”，严控政府新增债务，完成60亿元债务置换工作，全面清理涉企收费，持续深化降成本“711”专项行动。③推进财税体制改革、资源要素配置市场化改革、党政机构改革等。

三是更加注重以扩大开放倒逼深化改革。要用开放推动创新，用创新倒逼改革，并明确提出打造对外开放新高地的要求。我们将积极学习、借鉴浙苏粤三省打造外向型经济的成功经验，一方面，主动融入国家开放大格局，深度融入“一带一路”，深化与韩、澳等自贸协定国家合作，对接京津冀，在加强国际和区域产能合作、建设高水平合作项目、推进海洋经济合作发展方面实现新突破。另一方面，突破几个重大项目。把推进国家农业开放发展综合试验区建设作为开放发展的首要工程全力抓好；积极探索高新区全域国际化的体制机制和模式。最近，寿光高新区已经通过商务部部务会研究，我们将坚持高标准、高质量推进，将其打造为全省乃至全国创新驱动引领区、高端产业集聚区、开放创新示范区。

（五）突出抓好重大任务，以重点突破带动全局发展

扎实推动高质量发展、扎实实施乡村振兴战略、扎实做好保障和改善民生工作、扎实抓好干部队伍建设。这也是潍坊当前发展的重点任务，我们将着力在这些方面率先实现突破，带动全局发展。

一是打造“潍坊模式”升级版，为乡村振兴“齐鲁样板”贡献力量。打造乡村振兴“齐鲁样板”是党中央交给山东的重大政治任务。潍坊在我国农村发展史上作出过重大贡献，理应在打造乡村振兴“齐鲁样板”贡献新的力量。①突出规划统筹这个关键。进一步完善潍坊市乡村振兴战略规划和专项工作方案，突出理念、模式、机制创新，以高质量、高水平的规划引领乡村振兴步伐。同时，借鉴江浙等地做法，聘请高规格的规划团队，对县市区进行系统谋划，注重体现特色，错位发展，避免“千村一面”。②抓住农业“新六产”这个总抓手，以及促进适度规模经营、培育新型农业经营主体、完善农业社会化服务体系、构建职业农民队伍“四个关键”。③抓住农业由增产导向向提质导向转变这个根本，强化创新创业驱动，为农业插上科技的翅膀。发挥中国食品谷和潍坊（寿光）农业高新技术产业示范区的引领作用，打造全国农业创新创业基地；突出区域布局、集群发展、龙头带动、标准引领，大力发展设施农业、智慧农业、绿色农业、循环农业、品牌农业，全面提升潍坊农产品公共品牌和企业、产品品牌影响力。④突出抓好“四个融合”这个重点。产业融合，就是要延伸农业产业链、价值链，促进一二三产业交叉融合；人居融合，就是要牢固树立“绿水青山就是金山银山”的理念，走低碳生态可持续的发展路径；要素融合，就是要整合集聚资金、科技、金融、土地等生产要素，为农村发展注入新的动力；服务融合，就是要整合政府、市场、企业、新型经营主体等各方力量，建立农业社会化服务体系。

二是深耕海洋，助力全省海洋经济走在前列。山东发展最大的优势和潜力在海洋，最大的新动能也在海洋。潍坊海洋资源丰富、涉海产业基础雄厚，拥有发展海洋经济的优势。①尽快研究制定海洋强市建设方案。根据

《海洋强省建设行动方案》的精神，尽快研究出台潍坊的行动方案，明确海洋科技创新、海洋生态环境保护、陆海基础设施配套等重大工程，为海洋经济发展做好规划。②全力推动海洋产业升级。加快盐及盐化工、海洋渔业等传统海洋产业转型升级；培育壮大海洋新能源、新材料等新兴产业，打造重要的海洋新兴产业集聚区；重点推进海洋装备高端化、智能化、集成化，打造国际海洋动力装备城。③推进科技兴海。积极对接青岛高端海洋科研资源，打通科研、产业、资金和成果转化的链条，推动资源共用共享，同时创新人才机制和人才政策，营造有利于形成海洋人才高地的制度和社会环境。

三是扎实做好保障和改善民生工作。省委全会强调要扎实做好保障和改善民生工作，在发展中补齐民生短板，促进社会公平正义。我们将以增进民生福祉作为发展的根本目的，持续聚力，提高保障和改善民生水平。①保持深厚的为民情怀。习近平总书记多次提到郑板桥在潍县为官期间十分关心百姓疾苦，称其展现了真挚的民本思想。我们要学习郑板桥这样的民生情怀，带着真情、真心、真诚深入群众，特别关注农村留守老人、妇女、儿童以及城市困难群众等最需要帮扶的重点人群。②扭住人民群众最关心的问题。我们将聚焦聚力就业、教育、收入、社保、医疗、养老、居住、环境、食品药品安全、社会治安等领域，对事关群众切身利益的问题“动大手术”，持续加大投入、补齐保障短板。③把解决突出生态环境问题作为民生优先领域。我们将深入学习贯彻习近平生态文明思想，牢固树立“绿水青山就是金山银山”的理念，加大生态环境整治力度，打好化解污染防治攻坚战，开展农村环境整治专项行动，要扎扎实实抓好中央环保督察反馈问题的整改落实，促进生态环境持续改善。

（六）加快工作作风再转变，打造忠诚、干净、担当的干部队伍

省委提出要“打造德才兼备、高素质专业化干部队伍”，这是落实习近平总书记“扎实抓好干部队伍建设”的具体行动。苏州、杭州每年春节假期刚过就召开作风建设大会，抓干部作风建设多年一以贯之，措施科学得当。

潍坊2017年开展的“作风建设年”活动，还有许多需要提升的地方。下一步，我们将以深化开展“作风建设年”活动为抓手，推动作风再转变、境界再提升、工作再落实，全面提升干部的引领力、带动力，为“走在前列”提供坚强保障。

一是以过硬作风打造信念坚定的干部队伍。习近平总书记指出，理想信念坚定是好干部第一位的标准，是不是好干部首先要看这一条。下一步，我们将通过加强作风建设，打好坚定理想信念“强心针”，抓好习近平新时代中国特色社会主义思想理论武装这个根本、党性教育这个核心、道德教育这个基础，体现时代特色，回应干部关切，改进方式方法，解决好理想信念内化、深化、强化问题，切实把理想信念转化为干部对党忠诚的自觉坚守。

二是以过硬作风打造本领高强的干部队伍。领导干部是党和人民事业的骨干、关键，其专业素质、领导才能直接影响决策水平、管理成效和发展成果。与南方先进地区相比，我们的干部相对缺乏市场意识、竞争意识、开拓意识，素质能力还不能适应时代发展的需要。下一步，我们将在加快知识更新、加强实践锻炼上下功夫。一方面，引导各级干部努力学习各方面知识，优化知识结构，拓宽眼界和视野，着力克服本领不足、本领恐慌、本领落后问题；另一方面，坚持把实践锻炼作为提升领导干部专业化能力的重要渠道，有针对性地选派干部到偏远乡镇、基层一线、关键岗位锻炼、蹲点服务，让干部在一线岗位练兵，在基层积累工作经验，在实干中提升专业素养。

三是以过硬作风打造敢闯敢干的干部队伍。改革开放40年，浙苏粤的经济转型归根到底是来自“敢想敢干”的担当精神。相对而言，我们闯劲弱了、步子慢了、力度差了。我们既要深刻领会广东等地区敢闯敢干的精神实质，真正从内心“想闯想干”，又要建立健全奖惩机制，真正激发各级干部干事创业的积极性、主动性。

四是以过硬作风打造实干求成的干部队伍。落实是作风建设的最终体现，是衡量干部作风的根本标准。浙苏粤等地都注重干在实处，形成了具有地方特色的“浙江模式”“苏南模式”“广东模式”。潍坊要“走在前列”，只有靠实干。我们将通过加强作风建设，大力弘扬务实、扎实、踏实的作风，推动领导干部在一些改革发展的重点、难点问题上，在党中央重大决策和省委部署要求的推进落实上真抓实干。针对重点任务和关键环节，实行项目制，明确时间表、路线图，责任到人、倒排工期，确保每项工作都能见底到位、落地见效。

（2018 年 7 月）

特色小镇、“五水共治”、“三改一拆”等浙江省重大工作抓手推进机制分析

◎ 贺绍磊 刘 磊 杜慧心

近年来，浙江持续领跑全国经济高质量发展，根本在于实施“转型升级”战略走在了全国前列，关键是形成和丰富了以特色小镇“五水共治”“三改一拆”等作为重大工作抓手的经济转型升级系列“组合拳”。这些抓手是浙江贯彻中央精神、把握发展规律、抢抓时代机遇、结合自身条件等作出的科学选择，是环境工程和民生工程，也是经济转型升级的“牛鼻子”，更是全面深化改革、倒逼转型升级的关键所在。浙江以这些抓手成功倒逼产业转型升级，闯出了一条极具浙江特色的“腾笼换鸟”“凤凰涅槃”之路，为新时代引领全国高质量发展树立了标杆。根据市委主要领导安排，我们对浙江特色小镇、“五水共治”、“三改一拆”等重大工作抓手的推进机制进行了分析研究，主要情况如下。

一、特色小镇推进机制情况

特色小镇是新常态下浙江推动产业转型升级和新型城镇化发展的重要抓手，2014 年 10 月首次提及，2015 年浙江省政府工作报告正式提出，目前已

开展3批特色小镇创建，累计获批114个。2016年9月，住房和城乡建设部、国家发展和改革委员会、财政部联合发文在全国开展特色小镇培育，全国迎来特色小镇建设热潮，目前共认定中国特色小镇2批、403个，其中浙江23个，居全国首位。

特色小镇不同于行政建制镇和传统产业园区，是一个产业发展载体，是生态环境优美、人文气息浓厚、具有一定旅游和社区功能的发展平台。一个乡村、一个园区、一个区域都可以成为特色小镇。特色小镇在浙江率先出现的条件有三个。一是问题倒逼。21世纪以来，浙江传统的“块状经济”逐渐暴露“低、小、散”的弊端，遭遇发展空间不足、生态退化、产业升级等瓶颈制约，需要探索新机制、新办法。二是浙江发挥基础优势的主动作为。浙江民营经济发达，山水资源、历史文化比较优势明显，特别是在新一轮信息技术和新业态发展中的领先优势突出，都为发展特色小镇提供了有利条件。三是国外有成功经验。浙江受瑞士达沃斯小镇、美国格林威治对冲基金小镇等国外特色小镇的启发，创造性提出特色小镇这一新的发展模式。特色小镇为浙江推进供给侧结构性改革和新型城镇化提供了新路径。截至目前，浙江平均每个特色小镇入驻企业250多家，税收增幅14%，远高于同期全省税收6%的总体增幅。一个个特色小镇，如同漫天繁星闪耀在浙江大地，改变着浙江经济社会的发展格局。总结浙江特色小镇的推进机制，主要包括五个。

（一）坚持规划先行，突出多规合一，精准定位

浙江高标准、高起点编制小镇发展规划，按照规划全省统一行动。

1. 多规合一

将产业、城镇、土地、生态和公共服务等多种规划合而为一，编制综合性规划，合理确定特色小镇的功能定位、主攻方向和建设规模、标准等，实现以规划定空间、定功能、定产业、定项目，切实提高了规划的前瞻性、科学性和可操作性。具体来讲，就是产业、文化、旅游“三位一体”，生产、生活、生态“三生融合”，工业化、信息化、城镇化“三化驱动”，项目、资

金、人才“三方落实”，结构、功能、形态“三者互动”。

2. 定位精准

致力于打造产、城、人、文“四位一体”的空间载体，建设起点高、标准高。一方面，始终围绕小镇“非镇非区”的独特内涵，突破“行政区划单元 + 产业园区”的简单组合，不搞大规模土地开发，不搞“摊大饼”式的大拆大建，突出小镇聚合的功能，规划面积一般为 3 平方公里左右，其中，核心区 1 平方公里，规模小而精，资源投入更加集约。另一方面，规划强调整体形象设计，确保有山、有水、有人文，让特色小镇真正实现“高颜值”。浙江建设特色小镇，尤其是布局在城乡接合部和各县市区的特色小镇，都充分利用原有生态特色，按照 3A 级以上景区标准规划建设，彰显出了独特的江南特色和人文底蕴。

（二）在创建方式上，采用“宽进严定、分类分批”的创建制

浙江创新采用“创建制”代替传统的审批制，实行“宽进严定、动态管理、政策激励、验收命名”，有效避免了“重创牌、轻落实”的现象，建立起“落后者出、优胜者进”的竞争机制。

1. 事前竞争申报

浙江专门出台了《全省特色小镇创建导则》《省级特色小镇创建名单和培育名单产生办法》等文件，鼓励各地积极谋划，不搞区域平衡、产业平衡、数量限制。实施过程中，按照“培育一批、创建一批、命名一批”的梯度，以是否符合内涵要求、编好建设规划、落实建设用地、确定建设主体、排定投资计划、明确具体项目为标准，分批公布省级特色小镇培育名单和创建名单，原则上一年公布 2 次。

2. 事中考核，动态调整

浙江建立了特色小镇统计监测指标体系，开展季度和年度监测，作为兑现政策和动态调整的基础。具体操作中，列入特色小镇创建名单但未完成年度建设进度的，次年降为培育名单；连续 2 年未完成的，退出省级培育名单。

省级特色小镇培育对象由各设区、市重点扶持培养，年度有效投资完成10亿元的，次年优先列入创建名单。每年都会公布年度达标小镇，并在年度达标小镇中评出年度优秀特色小镇，推动各地主动创建，快出成效。

3. 事后奖惩

特色小镇采取的是验收命名制度，只有年度考核合格或验收命名后，才能获得政府扶持。特别是注重转变扶持方式，财政上实施“期权激励制”，由“事先给予”改为“事后结算”。特色小镇在创建期间及验收命名后，规划空间范围内的新增财政收入上交省财政部分，前3年全额返还，后2年返还50%给当地财政。土地上实施“追惩制”，供给有奖有罚，对如期完成年度规划目标任务的，省里按实际使用指标的50%给予配套奖励，其中，信息经济、环保、高端装备制造等产业类特色小镇按60%给予配套奖励；对于3年内未达到规划目标任务的，加倍倒扣省奖励的用地指标。

（三）在产业定位上，立足特色、面向未来

产业是特色小镇的核心，是小镇的立足之本和魅力所在。为破解高端要素聚合度不够等问题，浙江特色小镇致力于打造“产业增长极”，坚持“一镇一业”，培育具有行业竞争力的“单打冠军”，打造完整的产业生态圈，本质都是在既有产业基础上寻找产业升级和转型的突破口。

1. 在“特”上做文章

每个特色小镇都紧扣信息经济、环保、健康、旅游、时尚、金融、高端装备制造等七大产业，茶叶、丝绸、黄酒、中药、青瓷、木雕、根雕、石雕、文房等历史经典产业，主攻最有基础、最有优势的特色产业，即便主攻同一产业，也要引导差异定位、细分领域、错位发展，真正做到“他无我有，他有我优，他优我精”，防止百镇一面、同质竞争。如云栖小镇、梦想小镇都是信息经济特色小镇，但云栖小镇以发展大数据、云计算为特色，而梦想小镇则主攻“互联网创业 + 风险投资”。

2. 在“强”上下功夫

每个小镇都紧扣产业升级趋势，瞄准高端产业和产业高端，引进创新力强的行业领军型团队、成长型企业，占领一批产业高地，孵化一批新兴业态，着力在云计算、机器人、新能源汽车、新材料、金融及浙江原有的“块状经济”方面做大做强。例如，物联网小镇的科技研发投入占生产总值的比重达到 14%，小镇所在的杭州高新区（滨江）承担了全省 70% 的国家“核高基”重大专项（核心电子器件、高端通用芯片及基础软件产品国家科技重大专项），企业参与国际标准研制 40 项，主导研制已发布的国际标准 13 项。

3. 在“聚”上求突破

围绕打造完整、高端的产业生态圈，聚焦一批高端要素，特别是加快创业者、风投资本、孵化器等创新要素的集聚与耦合，促进产业链、创新链、人才链等聚变。例如，云栖小镇依托阿里巴巴、富士康等优势平台资源和西湖历史生态优势，集聚各类“涉云”企业近 300 家，涵盖 App 开发、互联网金融、数据挖掘等多个领域；萧山机器人小镇在引入全球机器人领军企业的同时，引入了浙江大学机器人研究中心和上海交大机器人研究中心，使机器人小镇具有了研究开发和生产制造两大核心功能。

（四）在运作方式上，坚持企业为主体、市场化运作

市场化机制是特色小镇的活力源泉。浙江在特色小镇建设过程中，严格执行市场配置资源的基本规则，强调成败不在于政府是否“给帽子”、给政策，关键在于企业是否有动力、市场是否有激情。

1. 以企业为主体

特色小镇建设运营中，浙江彻底改变“先拿牌子、政府投资、招商引资”的传统模式和政府“大包大揽”的现象，提出每个特色小镇都要以企业为主推进建设、管理和招商，全权负责特色小镇的开发；投资主体可以是国有投资公司、民营企业或混合所有制企业。尤其注意发挥龙头企业的带动作用，借助龙关企业市场力量强大、资金实力雄厚的优势，推动特色小镇建

设。如吉利主导沃尔沃小镇，绍兴黄酒集团主导黄酒小镇，斯麦乐集团投资建设嘉善巧克力甜蜜小镇。

2. 坚持市场运作

为了使特色小镇“不跑方向、不缺活力”，具体运营中，政府甘心当配角，主要是负责产业定位、规划和服务，给予小镇充分的独立运作空间。坚持市场化手段，委托行业领军企业和专业孵化机构，开展产业链招商；激活产业基金、股权众筹、PPP（Public-Private Partnership）等投融资模式，构建新型众创平台；发挥小镇行业领袖、技术专家、企业高管、中小创业者等在产业链中的不同角色，构建“共生共荣”的生态圈。如云栖小镇由阿里巴巴牵头，会同鸿海集团、英特尔等建设“创新牧场”，会同小镇创业企业组成“云栖小镇”联盟，举办阿里云开发者大会，形成良好云产业生态圈。

（五）在组织保障上，坚持明确责任分工、优先改革试点、突出“定制化”服务

浙江率先在体制机制上寻找突破，组织、政策、服务精准对接，打破了行政化的思维定式、路径依赖和体制束缚。

1. 明确责任分工

为加强特色小镇规划建设工作的组织领导和统筹协调，浙江建立了特色小镇规划建设工作联席会议制度，在省发展改革委设立了联席会议办公室，13个省级部门为联席会议成员单位，并明确了各成员单位职责。除省级政府层面大力推进外，各地也积极推动特色小镇的建设，出台了特色小镇培育建设指导意见，建立相应的特色小镇规划建设工作联席会议制度、领导小组办公室，明确了职责分工和主要任务。

2. 优先改革试点

浙江明确特色小镇的定位是综合改革实验区，凡是国家的改革试点，特色小镇优先上报；凡是国家和省里先行先试的改革试点，特色小镇优先实施；凡是符合法律要求的改革，允许特色小镇先行突破。如跨境贸易领域，杭州

下城区跨贸小镇利用国家级跨境电子商务综合试验区，打造“浙江电子口岸”，在全国率先解决了跨境电商出口面临的难以快速通关、无法规范结汇、不能顺利退税三大难题。

3.“定制化”的贴心服务

浙江特色小镇的建设，不沿用老思路、老办法，在探索中实践、在创新中完善，注重服务、突出“定制”，尤其是在市场主体登记上再放宽，在审批流程上再削减，甚至不审批，让小镇企业“少走弯路”好办事。义乌市打造的从市场主体登记到项目验收的“一条龙”审批流程，政府部门审批时限从原来的30个工作日缩减到4个工作日，对入驻省级特色小镇的企业申请冠省名的，注册资本从1000万元降至500万元，实现了特色小镇建设的快速推进。

二、“五水共治”推进机制情况

“五水共治”是2013年以来浙江为了解决“水”问题，通过“治污水、防洪水、排涝水、保饮水、抓节水”等举措，在全省持续开展的一场声势浩大的水环境治理工程，是浙江以治水倒逼产业转型升级，实现“腾笼换鸟”“凤凰涅槃”蹚出的一条成功路子。

浙江境内有钱塘江等八大水系，8万多条河流。前些年，经济虽然发展了，水环境却变差了。数据显示，2012年浙江221个省控监测断面中，有32个省控地表水断面为劣Ⅴ类；钱塘江等八大水系均受到不同程度污染，有农业面源污染、生活污染、畜禽污染、径流污染等因素影响，但根源是低层次产业造成的工业污染。2012年，浙江印染、造纸、制革、化工等四大重污染产业，产值占比不到37%，但化学需氧量和氨氮排放量分别占到67%和80%；电镀、制革业产值占比不到5%，但总铬排放量占比高达92%。“水”

问题成为制约浙江持续发展的重大瓶颈，到了必须转型的紧要关头。2013年11月，浙江省委十三届四次全会作出“五水共治”的战略部署，决心以治水为突破口，倒逼产业转型升级。其推进机制主要包括五个方面。

（一）抓住规划蓝图这个关键，统筹规划“五水共治”

“五水共治”既涉及水生态建设规划、水环境治理规划、洪涝防治规划等，又与主体功能区规划、国土空间规划、环境保护规划等密切相关，因此，规划统筹成为治水成败的关键所在。

1. 明确路线图和时间表

浙江在治水初期就明确了“三五七”时间表和“五水共治、治污先行”的路线图，即以治污水为突破口带动全局，三年（2014—2016年）解决突出问题，明显见效；五年（2014—2018年）基本解决问题，全面改观；七年（2014—2020年）基本不出问题，实现质变。

2. 制订具体行动计划

2014年初，浙江出台“十百千万治水大行动”计划，省环保厅等牵头印发了“治污水”“防洪水”“排涝水”“保供水”“抓节水”五大实施方案及相关的实施计划，各市、县（区）积极跟进制定了联动规划或具体方案。2016年初又出台了《浙江省水污染防治行动计划》，省政府与11个设区市政府签订水污染防治目标责任书，并建立103个国家地表水考核断面水质状况月报制度。

3. 坚持一张蓝图绘到底

治水是一项统一思想不易、投资巨大、成效显现缓慢的“德政”工程。浙江省历届省委、省政府坚持“一张蓝图绘到底”，在绿色浙江建设、生态浙江建设、美丽浙江建设等不同时期，始终把治水作为一个重点。虽然不同时期治水的表述有所不同，但治水的主线是一脉相承的。特别是连续十多年来的三轮“811”行动计划，以治水为起步，又以治水作为重点，充分体现了浙江省接力治水的传承精神。

（二）坚持制度建设这个根本，推进治水长期性和有效性

浙江认为，虽然治水工作有地区差异，但是治水制度具有普遍适用性。“五水共治”要常抓不懈，必须在制度建设上下功夫。

1. 重视治水制度体系建设

“五水共治”的制度不是单一的制度，而是制度体系。浙江十分重视“五水共治”的管制性制度、选择性制度和引导性制度等制度体系建设。例如，取水总量控制制度、污水排放总量控制制度、水文监测监管制度、水安全责任追究制度等管制性制度的建设，形成了“五水共治”的高压态势和倒逼机制；水资源价格改革制度、水污染权有偿使用制度、水生态补偿制度、水权交易制度等选择性制度的建设，激励水资源和水环境的优化配置，大大提高了水资源和水环境的配置效率；治水舆论引导制度、水道德教化制度、水科学普及制度等引导性制度的建设，提高了治水的认识和觉悟，促进了全民治水格局的形成。

2. 重视治水制度结构建设

浙江建立了由正式制度、非正式制度和实施机制三方面组成的完整的制度结构。治水的正式制度包括治水的地方性法规、规章和文件等。治水的非正式制度包括水风俗、水道德、水文化等，这方面的教育普及活动，使得“五水共治”的理念内化于心、外化于行。“五水共治”的信息披露机制、违法举报机制、违法惩处机制、损害赔偿机制等实施机制的建设，使得“五水共治”的机制长期有效发挥作用。

3. 重视治水考核制度建设

实施差异化考核制度，对于生态功能区不考核 GDP，实施奖惩结合的出入境水质考核制度。对于出境水质好于入境水质的区域给予奖励，对于出境水质劣于入境水质的区域加以惩处；设立“大禹鼎”，授予“五水共治”走在前列的先进县市区。

4. 重视治水制度创新

河长制是浙江综合治水的创新之举，核心是由党政主要领导负责属地河

流生态环境管理，让每条河流都有“负责人”。浙江建立了省、市、县、乡、村五级河长体系，以及全面覆盖的河长制管理信息系统，时时监控巡查轨迹，并把河长制落实情况纳入“五水共治”工作考核，作为党政领导干部考核评价的重要依据。河长制不仅是浙江治水的重要机制，而且已成为全国治理河湖水系的强有力抓手。

（三）坚持市场化这个手段，化解水资源难题

在推进“五水共治”的过程中，浙江积极引入市场化手段，很多做法走在了全国前列。

1. 注重市场化配置

一是在全国最早开展区域之间的水权交易。浙江省内相邻的行政区之间，以平等、自愿的协商方式，利用市场机制，实现区域间水资源的优化配置，早在2000年，东阳市和义乌市就签署了全国首例水权交易协议。二是在全国最早实施水污染权有偿使用。2002年发端于嘉兴，2009年在浙江全省推进，不仅实现了以最低成本达到水环境保护目标的效果，而且促进了经济发展方式的转变和产业结构的转型升级。截至目前，浙江省排污权有偿使用和交易总额累计达76.1亿元，占全国2/3左右；共有534家排污单位通过排污权抵押，获得银行贷款251.84亿元。三是在全国最早实施省级水生态保护补偿。水生态保护补偿能从根本上解决流域饮用水安全问题，实现上下游生态保护与经济发展的共赢。浙江把水生态保护补偿扩展到省际，在财政部和环保部支持下，浙江与安徽在新安江流域实施全国首例跨界横向水生态保护补偿，有力保障了新安江入境浙江时水质达标。

2. 注重市场化投入

治水需要大量的投入，浙江积极发挥财政资金的引导作用，不断创新办法吸引社会资本，除传统的银行信贷外，还包括私募债券、企业捐款、建设—经营—转让（BOT）、PPP等多种市场投入方式，鼓励和引导民间资本更多地参与“五水共治”基础设施的建设，极大解决了治水的资金难题。

如诸暨市政府拿出4200万元资金，撬动了总投资5.7亿元的污水处理厂项目。

3. 注重市场化运营

治水工作涉及面广、技术要求高，凡是能够推向市场的工程项目，浙江都采用市场化托管的模式推到市场上运作，委托给专业公司，如“五水”抽检、环境污染治理设施第三方运维以及河道淤泥处置、农村生活污水处理长效运维等，政府的角色在于购买污水处理服务。

（四）突出社会参与这个重点，形成全民治水合力

“五水共治”涉及惠民生、扩投资、促转型和优环境，必须实现自上而下推动和自下而上推动相结合。浙江除发挥政府引领作用和企业主体作用外，积极动员全民参与治水，形成“治水没有旁观者，人人都是行动者”的局面。

1. 强化舆论宣传

在浙江卫视、《浙江日报》、浙江在线开辟“五水共治”专栏，以及运用各地报纸、电视、政府门户网站和微信、微博等载体，广泛宣传治水工作，既鼓劲造势，又“揭短亮丑”，形成强大舆论攻势。

2. 发动捐资投劳

浙江广泛发动干部群众、企业家、省外浙商、华人华侨踊跃捐款，“五水共治”提出后短短8个月认捐金额就达25.5亿元，所有捐款都已纳入各级财政专户，专款专用。引导社会各界组建治水队、护水队、宣传队、市民监督团、义工服务队等，义务投工投劳，参与助推治水工作。

3. 开展志愿服务

坚持公众志愿参与和专家技术指导相结合。一方面依托工会、青年团、妇联和民间社团组织，发展志愿者队伍，开展公益活动；另一方面成立由216名专家组成的浙江省“五水共治”技术服务团，组织治水专家到基层挂职服务。

4. 鼓励社会监督

建立水资源信息披露机制、水环境信息披露机制、水价听证制度、水环境污染举报机制，设立举报热线、举报信箱、曝光专栏，广泛发动群众监督治水，共同护水。

（五）强化保障支撑，确保“五水共治”有序推进

打赢治水攻坚战，离不开有力的保障措施，特别是组织保障、资金保障、项目和考核保障。

1. 强化组织保障

浙江成立“五水共治”工作领导小组，制定工作规则、成员单位职责分工、工作考核办法、工作督导方案，建立目标指标体系、标准评价体系、多元监督体系等。

2. 强化资金保障

浙江把水环境保护资金列入各级政府年度财政预算，建立年度动态增长机制，同时积极争取国家中央预算、国债等各类水环境保护专项建设补助资金。2013 年，浙江提出未来 7 年规划投资 4680 亿元用于“五水共治”，其中近 3 年共计投资 2300 多亿元。此外，浙江还把省、市、县政府三公经费预算支出削减 30% 的经费全部用于“五水共治”。

3. 强化项目支撑

浙江围绕“十百千万治水大行动”排项目、上项目，制定项目表，启动建设一批应急项目、重大基础设施项目等。目前正在加快实施百项千亿防洪排涝工程，涵盖 138 个项目建设，预计到 2020 年完成投资额近 2000 亿元。

4. 加大考核力度

浙江把“五水共治”工作考核情况纳入对领导班子和领导干部年度考核与党风廉政建设责任制考核的重要内容，作为领导干部业绩评定、选拔任用、奖励惩处的重要依据。对履职不到位或失职渎职的，依法追究当地党

政主要负责人的责任，对所在市、县（区）"五水共治"工作年度考核优秀"一票否决"，已授予的浙江省治水最高奖项"大禹鼎"也要收回。

三、"三改一拆"推进机制情况

"三改一拆"是浙江推进经济社会转型升级"组合拳"的重要组成部分。2013年初，围绕提升城市品质、推进新型城镇化、转变经济发展方式，浙江在全省开展"三改一拆"行动，即旧住宅区、旧厂区、城中村改造和拆除违法建筑。"三改一拆"主要分为两个阶段：第一阶段，从2013年初开始，3年全面推进旧住宅区、旧厂区、城中村改造，违法建筑行为得到全面遏制；第二阶段，从2016年上半年开始，全面创建"无违建"，由阶段性整治行动变为常态化工作。

改革开放以来，浙江的经济社会发展和城乡面貌发生了翻天覆地的变化，同时也遗留下了许多旧住宅区、旧厂区和城中村，特别是随着民营经济和中小企业的快速发展，乱搭乱建的小作坊、小工厂以及其他各种违法建筑也"野蛮生长"。据统计，2013年初这样的建筑达数亿平方米，给浙江发展带来了严峻考验。

1. 严重制约经济转型升级

浙江人多地少，违法建筑占据了宝贵的土地资源，大量新的产业投资由于没有土地指标而无法落地，严重阻碍"腾笼换鸟"和转型升级。

2. 严重制约美丽浙江建设

大量违法违章建筑的存在以及旧住宅区、旧厂区、城中村"脏、乱、差"现象，严重影响美丽城乡的面貌，影响了浙江的良好形象。

3. 严重制约新型城镇化发展和群众生活品质

违法建筑普遍存在消防安全、居住安全、建筑安全、财产安全等隐患，很难推进基础设施、公共服务设施的建设和提升，无法实现人民群众居住环境的改善。

为改变这一局面，浙江开启了在全国具有首创意义的“三改一拆”行动，截至2017年底，累计进行“三改”13.93亿平方米，拆除违法建筑8.99亿平方米，极大优化了环境民生，释放了发展空间，推动了转型升级。其推进机制主要包括三个方面。

（一）坚持依法治理，依法依规“改拆”

过去违法建筑得不到根本遏制的一个重要原因，就是未能在初期就严格执法、坚决破灭。为此，浙江围绕立法、执法、普法，牢牢抓住“依法推进”这个“牛鼻子”。

1. 坚持立法先行

“三改一拆”行动开展之初，浙江就着手进行深入的立法调研，在广泛征求意见的基础上，2013年浙江省人大常委会制定出台《浙江省违法建筑处置规定》，对违法建筑的认定、处置原则、处置主体、处置程序、处置方式、责任追究、权利保障等方面做了明确规定。省政府同步制定下发《浙江省“三改一拆”行动违法建筑处理实施意见》，全省各地也制定了相关配套政策和分类处置办法，如湖州2014年初制定了《湖州市市区违法建筑认定标准及处置规定》，依法依规对各类违法建筑进行分类处置。

2. 创新执法形式

违法建筑涉及多个执法主体，协调不力、推诿扯皮等现象较普遍。在“三改一拆”推进过程中，浙江省探索开展相对集中行政处罚权工作，在规范操作流程、依法高效推进“三改一拆”专项行动方面先行先试。如宁波市北仑区原国土、农林、水利及各街道（乡镇）的行政处罚权划转到区城管执法局，新划转的行政处罚权达531项，涉及8个区级行政执法部门的29个行政管理领域，形成了协调顺畅的“三改一拆”工作格局。同时，为从源头上防止“死灰复燃”或新增违法建筑的产生，浙江进一步加强新增违法建筑管控强化责任追究，对辖区一年内新增违法建筑行为 3 起以上或新增单体违法建筑面积达 1000 平方米以上，且未依法依规有效处置的，对有关责任人予以追责。

3. 开展普法宣传教育

浙江把“三改一拆”的每一天都当成“普法日”，编印《“三改一拆”法律知识 100 问》等宣传册，组织开展“三改一拆”专项宣传教育下基层、下农村、进农户活动，并积极通过网络、报刊、广播电视等媒体进行普法宣传，为“三改一拆”顺利实施营造了良好的法治氛围。

（二）全社会动员，齐心协力推进“改拆”

拆除违法建筑被称为“天下第一难题”，必须动员全社会力量，才能顺利有序推进。

1. 领导亲自推动

浙江多次召开专题会议、现场会专题调度，省委、省政府主要领导对“三改一拆”工作逢会必讲、调研必查、材料必批，政府工作报告连续 6 年将“三改一拆”列入“十大民生实事”。

2. 各级各部门狠抓落实

浙江成立由分管副省长任组长、十多个部门参与的省“三改一拆”行动领导小组，全省上下一盘棋，确保有机构、有人员、有资金、有政策。各地党政主要领导既挂帅又出征，短时间内迅速掀起了势如破竹的拆除违法建筑高潮。

3. 乡镇街道发挥实施主体作用

围绕破解“看得到的管不着，管得着的看不到”的难题，浙江确立了乡镇、街道的实施主体地位，明确了乡镇、街道的主管责任、日常巡查责任，以及对违法建筑的行政强制权，把拆除违法建筑的权力直接放在一线，大大提高了工作执行力和效率。

4. 广大群众积极参与

浙江鼓励社会公众参与违法建筑监督，及时发现、处置和消除新增违法建筑，不断加大宣传力度，拓宽全民参与渠道，真正实现了“开门”拆除违法建筑。绍兴成立由“两代表一委员”、青年志愿者代表、网民代表等组成的市民监督团，依托微信平台，联合论坛力量，开展“随手拍、大家评、政府查”活动，积极回应和引导社会关切。

（三）多途径出击，多管齐下推进“改拆”

1. 做好结合文章

“三改一拆”推进过程中，浙江注重对拆除违法建筑形成的区块进行统一规划，与推进“四换三名”“浙商回归”“机器换人”等“组合拳”有机地结合起来。据统计，实施“三改一拆”以来，浙江已经改造旧厂区 1 亿平方米，以用地零增长实现“空间换地”，推动“腾笼换鸟”，促进产业转型升级，找到了一条集约发展的新路子。同时，还把“三改一拆”与治城治乡有机结合，提升综合交通、地下空间开发利用等城市基础设施建设水平；与治水相结合，推进“四边三化”、“清洁河道 清洁乡村”、“千村示范 万村整治”、美丽乡村建设等工作，着力整治、提升城乡环境。

2. 强化重点项目引领带动

为强化拆后土地利用，浙江实施重点项目推进机制，自 2015 年开始，通过各市推荐、“三改一拆”领导小组办公室审核和专家评选，确定重点项目，并实行动态化、集中式监管，同时要求各地排出一批市、县级功能性项目，同步推进改造工作。2015 年，浙江推出 30 个“三改一拆”重点改造功能性项目；2016 年又确定 30 个“三改一拆”重点改造项目、20 个拆后土地利用示范项目。

3. 建立违法建筑管控长效机制

“三改一拆”开展后，浙江就提出开展“无违建县（市、区）”创建，制定创建标准及考核验收评分细则，明确违法建筑处置、城中村改造、拆后土地利用等 8 项指标，凡是创建成功的，意味着“三改一拆”从全方位拆除违法建筑攻坚全面转向建机制、保长效。目前，浙江基本形成农村“一户多宅”防控、城市乱搭乱建防控、农村宅基地保障、基层执法队伍建设管理等长效机制，到2020年底将实现县县基本无违法建筑，建成基本无违法建筑省。

四、浙江省重大工作抓手的共性特征

浙江特色小镇、“五水共治”、“三改一拆”等重大工作抓手，尽管涉及领域、目标任务、推进机制、关键举措各不相同，但有一些共同的特征。

（一）都是解决发展重大问题的切入点

浙江以特色小镇抓产业转型，以“五水共治”抓生态建设，以“三改一拆”抓城镇化建设，背后都反映了浙江善于抓核心关键、善于从根本上解决问题的特质。这些工作抓手都是围绕影响经济社会发展的战略性、全局性、根本性问题提出的，在解决各自领域问题的同时，又能和经济社会总体战略保持一致，均发挥了“牵一发而动全身、动一域而谋全局”的作用，推动了浙江整体高质量发展。

（二）都是项目化推进

这是浙江推进重大工作、确保任务落实、确保工作成效的重要法宝。在浙江，每项重大工作任务都当成一个项目，每个重大项目都有一系列具体项目作支撑，均实行清单化管理、工程化调度，通过明确的时间表、路线图、责任状，落实各自的责任，明确考核目标，持续抓直至抓出成效。同时，他们根据新形势、新情况，不断对原有项目进行调整和完善，不断提出新项目，而不是停留在原来的水平上，确保了抓项目持之以恒、常抓不懈、常抓常新。

（三）都是以谋划、规划作为引领

这是保证项目化运作不走弯路、快速推进工作的捷径。浙江在推进特色小镇、“五水共治”、“三改一拆”过程中，都是谋划在先，强调规划先行，坚持不规划不建设、不设计不施工，非常舍得投入，往往聘请高水平团队操作，尤其注重综合性、协调性、长远性和专业性。如特色小镇同步编制概念性规划、控制性规划、核心区设计规划等，确保了小镇可落地、可实施。同时，切实维护规划的严肃性、权威性，规划一经制定就不能随意调整，严格按规划行动，保证了“一张蓝图绘到底”，一任接着一任干。如“五水共治”，全省总规划审定后，浙江各地制定了联动规划或具体方案，明确治水的路线图和时间表，统筹推进治水进程。

（四）都把制度供给放在重要位置

制度体系化和制度创新性是浙江工作高效推进的关键。通过制度体系化，进一步理顺关系、打通经络，形成制度合力，将方方面面都纳入规范有效的运行轨道；更重要的是把好经验、好做法用制度形式固定下来、坚持下去。通过制度创新，能够瞄准阻碍发展的难点、痛点，先人一步，以创新性的制度激发潜力、迸发活力，这是“浙江经验”的重要内核。如特色小镇采用创建制，而非审批制，实践证明充分调动了各地的主动性。

（五）都注意充分利用社会资源形成合力

浙江充分调动各方积极性，特别是注重发挥市场力量，动员民众参与，最大限度形成推进重大抓手的工作合力。一方面，运用市场机制，通过市场化的激励约束机制，发挥企业家、民间资本、专业机构力量作用，实现资源高效配置、多方共赢；另一方面，发挥群众力量和智慧，拓宽全民参与渠道，引导群众共同参与谋划、建设、运营、保障，保证工作推进集众智、顺民心、汇民意。

（六）都有系统化组织保障

浙江推动重大工作离不开系统化的组织保障，特别是注重发挥重要岗位、关键岗位领导干部和专业化干部的作用。在浙江，凡是重大任务，往往是主要领导亲自挂帅、牵头抓总，分管领导、相关部门领导靠上抓推进，这样既能够发挥谋篇布局定方向的作用，又保证了工作扎实推进、深入开展。同时，浙江推进工作注重选用有较高专业水平和职业素养的干部，真正把党委、政府的决策部署落在细节、落在具体行动上，有效保证了政策设计和执行的专业化、有效性。

（2018 年 7 月）

以数字经济新引擎加快推动新旧动能转换

◎ 贺绍磊　刘　磊

2018 年初召开的全市经济工作会议提出，将数字经济纳入现代化产业体系；最近召开的全市全面展开新旧动能转换重大工程暨“四个城市”建设推进会议又明确提出，抢抓数字经济等新兴产业爆发式增长机遇，力争再在 1 ~ 2 个领域取得优势地位，形成转型升级新支撑、动能转换新板块。这是潍坊市落实党的十九大提出的建设网络强国、数字中国和智慧社会战略部署的具体实践，是贯彻新发展理念、推进新旧动能转换、加快建设“四个城市”的战略选择。当今，人类社会正在进入以数字化生产力为主要标志的新阶段，数字经济作为引领科技革命和产业变革的核心力量，已成新旧动能转换的重要驱动力，正推动经济社会发生深刻巨变，发展数字经济已是大势所趋、全球共识。潍坊市将数字经济上升到战略高度，打造数字经济“新引擎”，必将培育发展新动能，加快“四个城市”建设，引领潍坊迈向更具未来、更高质量发展新时代。

一、数字经济是信息化发展的结果内涵特征日渐明晰

2016年，中国作为二十国集团（G20）轮值主席国，首次将“数字经济”列为G20创新增长蓝图中的一项重要议题，并对数字经济作出准确定义：数字经济是以使用数字化的知识和信息作为关键生产要素、以现代信息网络作为重要载体、以信息通信技术的有效使用作为效率提升和经济结构优化的重要推动力的一系列经济活动。

可见，数字经济是信息化发展的结果，其发展特征主要体现在三个方面。一是数据成为新的关键生产要素。如同农业经济时代以劳动力和土地、工业经济时代以资本和技术为新的生产要素一样，数字经济时代，数据成为新的关键生产要素。数据量现在每年增长50%，迅猛增长的数据已成为社会基础性战略资源。二是技术创新成为数字经济发展的核心驱动力。大数据、物联网、云计算、人工智能、区块链等前沿技术正加速进步，产业应用生态持续完善，不断强化未来发展动力，全面拓展人类认知和社会经济发展空间。三是产业融合是推动数字经济发展的主引擎。数字经济正在加快向其他产业融合渗透，提升经济发展空间。一方面，数字经济加速向传统产业渗透，不断从消费向生产、从线上向线下拓展，分享经济等新模式、新业态持续涌现；另一方面，传统产业数字化、网络化、智能化转型步伐加快，新技术效应显现。

二、数字经济在全球范围内蓬勃发展 潍坊数字经济走在全省前列

（一）数字经济已成为全球经济社会发展的主导力量

2007年，全球市值前十大公司中的互联网企业只有微软1家，2017年已达到7家。据腾讯研究院预测，到2025年，全球经济总量的50%来自数字经济。经济合作与发展组织（OECD）“2015经合组织数字经济展望”报告显示，截至2015年，80%的OECD成员国家都制定了国家战略或者部门政策，构建了数字经济国家战略框架。美国发布《联邦云计算战略》《大数据研究和发展计划》，之后又发布《国家创新战略》，以确保数字经济全球领导地位；英国推出“数字大不列颠”行动计划；日本制定《2015年i-Japan战略》；澳大利亚启动国家数字经济战略，等等，纷纷抢占大数据时代战略制高点。

（二）我国数字经济进入高速发展阶段

2016年，全国数字经济总体量达到22.8万亿元，占当年全国GDP总量的30.6%，数字经济对GDP增长的贡献率达69.9%，已经成为我国GDP增长的核心动力。据腾讯研究院测算，2016年全国“互联网+”数字经济指数为261.95点，同比上升61.9%，远远超过GDP总体增长速度。“互联网+”数字经济指数总量上升161.9点，大致带来280万新增就业人数，带来新增就业占比超过21.3%。近几年，中央密集出台信息化发展战略纲要、“互联网+”行动、宽带中国、大数据、智能制造等系列规划和政策；2017年政府工作报告首次写入“数字经济”。国内各地也积极响应国家战略，北京、上海、杭州等城市纷纷把数字经济作为下一步发展的突破点。十九大报告明确要求，推动互联网、大数据、人工智能和实体经济深度融合。我们有理由相信，数字经济将引领经济增长新时代。

（三）潍坊数字经济有基础、有潜力，走在了全省前列

根据腾讯研究院报告，我国351个城市数字经济发展水平呈现5个梯次，数字经济一线城市4个，二线城市14个，三线城市19个，四线城市65个，潍坊列数字经济四线城市，全国排名第48位，全省第3位，省内仅次于青岛、济南。从省内看，潍坊尚有领先优势。潍坊市数字经济基础设施条件较好，智慧城市建设先人一步，成立了城市云计算中心、全市大数据中心，建设了免费无线城市网，搭建了“潍V”等云服务平台，正在打造物联城市样板；数字产业初具规模，物联网、人工智能、虚拟现实等关键技术实现突破，形成了一批重点项目、企业和园区。但潍坊数字经济也存在一些制约因素，如数字经济的统筹推进有待加强，各类高精尖人才和复合型人才不足等。

三、潍坊应对标先进，着力从三个层面发展数字经济

对任何一个城市而言，以数字经济为代表的信息化机遇带给城市的影响无法估量，抓得住就发展得快，抓不住就可能被超越。潍坊要推进新旧动能转换，加快“四个城市”建设，必须深刻认识数字经济发展的意义和规律，研判所处的阶段、拥有的特征和未来的趋势，有效发挥数字经济的全方位辐射带动作用，抢占数字经济时代的发展制高点。

（一）对标深圳、杭州，补齐短板、放大优势

深圳、杭州是国内数字经济发展的标杆城市，主要经验集中在“三个力”。一是把全力发展数字经济放到战略地位。杭州、深圳数字经济对城市发展的带动和渗透作用是战略性的，一方面发展大量成长性好的数字产业；另一方面数字技术对各行各业的渗透应用、对整个经济起到极其强大的提升作用。二是大力培育数字经济的主导产业。发展数字经济的关键是培育主导

产业和龙头企业，深圳以华为、腾讯为代表的通信互联网产业，杭州以阿里巴巴为代表的电子商务产业，都对城市经济发展具有巨大示范效应和放大作用。三是聚力推动数字经济的创新创业。杭州、深圳发展数字经济的根本在于推动创新创业。在数字经济发展中，既有顶天立地的大企业，又有铺天盖地的创业小企业，更有成千上万应用数字技术改造的创新企业，通过数字经济的创新创业构建城市经济新的基础结构。潍坊应对标这两个城市，立足潍坊的基础和条件，明确潍坊数字经济发展的战略地位，制定符合潍坊实际的数字经济发展目标、战略和政策。

（二）重点从三个层面推进数字经济发展

一是建设环渤海地区大数据中心。把数字资源型经济打造成潍坊数字经济的名片，争取国家级、行业级数据资源汇聚潍坊，开展数据交易交换，形成环渤海地区的数据高地，争取进入全国一体化的国家大数据中心战略布局。二是打造新一代中高端数字产品。重点在农业、制造、金融 3 个领域发力，依托歌尔等龙头企业，发展移动终端、虚拟现实技术（VR）、人工智能（AI）和智能制造软件、服务等产品，建立山东半岛智能研发生产基地，重塑制造业核心竞争力；发展数字金融服务产品；推动农业的数字化转型，包括农业生产方式、经营方式、管理方式的网络化、智能化，农业精准化、集约化发展等。三是扩大 3 类数字化应用。商用方面，主要开展企业改造工程、大数据专项行动，促进企业生产技术更新、商业模式创新和产品供给革新，打造旅游、物流、电商等军民融合产业。政用方面，政府发挥支持和示范作用，在城市建设、质量安全等方面开展大数据应用示范，带动数据资源跨层级、跨地域、跨系统、跨部门、跨业务互联互通。民用方面，推动智慧交通、智慧旅游、智慧医疗融合应用，实现包容、普惠、平等的数字化社会服务。

（2018 年 4 月）

区块链有关情况分析与建议

◎ 杜慧心　董俐君　刘永杰

一、什么是区块链

关于区块链的概念，比较权威的是工业和信息化部指导发布的《中国区块链技术和应用发展白皮书 2016》的定义：广义来讲，区块链技术是利用区块链式数据结构来验证与存储数据、利用分布式节点共识算法来生成和更新数据、利用密码学的方式保证数据传输和访问的安全、利用由自动化脚本代码组成的智能合约来编程和操作数据的一种全新的分布式基础架构与计算范式。简单来说，区块链是一种去中心化的分布式账本数据库，数据存储的每个节点都会同步复制整个账本，信息透明难以篡改。本质是一种数据库技术、一个分布式的公共账本。

区块链的主要特征有三个：一是去中心化。区块链采用分布式结构，不依托任何中心设备或管理机构，交易信息分布式传播，避免将信息传送到中央服务器，提升了信息传播效率。二是不可篡改。区块链的链条结构，保证了每次交易环节能被真实记录，一旦信息经过验证并添加至区块链，就会被永久存储，单个节点对数据库的修改是无效的，因此数据稳定性和可靠性极高，建立了新的信任方式。三是开放性。除交易各方的私有信息被加密外，区块链的数据对所有人公开，任何人都可通过公开接口查询区块链数据和开发相关应用。

二、区块链主要应用场景

理论上，区块链技术在所有产业场景都能应用，因为几乎所有产业都涉及交易，都有降成本、提效率、优化诚信环境的需求，而这正是区块链落地应用后能迅速发挥的作用。但从实践看，由于技术、门槛等因素限制，目前，除金融服务行业应用相对成熟外，其他行业的应用还处于快速发展阶段。

（一）金融服务领域

金融服务是区块链技术的第一个应用领域，依托其加密性以及平等、自由、共享的技术特性，区块链技术能够广泛应用于数字货币、支付清算、数字票据、银行征信管理、权益证明和交易所证券交易、保险管理、金融审计等方面。马云认为区块链会改变未来20年、30年的金融体系。以支付领域为例，金融机构，特别是跨境金融机构间的对账、清算、结算的成本较高、程序复杂，小额支付业务难以开展，区块链有助于降低对账成本及争议解决成本，显著提高办理效率。2016年8月，微众银行联合上海华瑞银行推出微粒贷机构间对账平台，目前平台已稳定运行两年多，累计有1500万笔交易是通过区块链方式清算的。

（二）实体经济领域

目前，区块链与实体经济结合从2018年才起步，物流和产品溯源成为主要结合点，有望拓展到智能制造、能源生产与交易、物联网、医疗等领域，有效减少交易中间环节，为实体经济降低成本。如物流领域，区块链可以影响原材料、生产、运输、销售等全链条，优化运输路线，保证货物安全，提高物流基础设施的灵活性和弹性。沃尔玛、亚马逊等巨头正在利用区块链改进物流链。比如，在产品溯源方面，蚂蚁金服与国酒茅台的合作，利用区块链对茅台酒的正品防伪溯源提供服务；京东正在打造全链条区块链技术，溯源跨境电商平台，实现“全程溯源”。在能源生产交易方面，上海链昱科技公司基于区块链技术开展微电网内清洁能源计量、登记、管理、交易与结算等，已在菲律宾成功落地试点项目。在物联网领域，区块链可以解决物联网的规模化问题，以较低成本让数十亿、数百亿的设备共享同一个网络，解决数据易受损失且维护费用高等问题。

（三）电子政务领域

区块链为跨级别、跨部门的数据互联互通提供了安全可信任的环境。区块链允许政府部门对访问方和访问数据进行自主授权，同时又能准确追责，大幅降低了电子政务数据共享的安全风险，提高了执法效率。比如，众享比特针对某省级财政厅下辖各地市信息系统应用多、数据交互易出错、成本高、运维压力大等问题，利用区块链构建数据总线平台，在各下辖地市建设区块链节点组成联盟链体系。株洲市政府建立区块链敏感数据审计平台，采用区块链技术记录敏感数据，形成强审计的业务日志。另外，政务链利用区块链技术，将多个政务领域结合，开发了多级权限管理系统。广州市南沙区政府与链合科投合作，将区块链与电子政务相结合，打造政务链。南京基于区块链技术上线全国首个电子证照共享平台，提升数据防篡改能力，实现行政事项全程网办。

（四）医疗领域

区块链技术利用其数据加密技术与信息共享性，有效地解决了患者敏感信息隐私保护与多方机构对医患信息安全共享的矛盾。如贵阳朗玛信息技术股份有限公司利用区块链技术，提供了全新的分级诊疗就医体验，在保证用户隐私基础上，实现了慢性病管理的全程共享、全程协同、全程干预。另外，药品溯源也是区块链在医疗领域的重要落地方向，如上海三链信息科技有限公司开发了基于区块链技术的医药溯源应用，主要落地在医药的溯源、追溯查询和医药溯源数据交易方面，解决了供应链上下游之间的信息不透明、不对称，以及企业间信息共享的难题。

（五）版权保护领域

区块链与数字版权保护能够完美结合。在版权确权环节，区块链的不对称加密技术保证了版权的唯一性，时间戳技术保证了版权归属方。在版权交易环节，区块链公共平台存储交易记录，版权方能够对版权内容进行加密，智能化自动执行合约版权交易，将版权交易环节透明化的同时，也能帮助创造者获取最大收入。如西安纸贵互联网科技有限公司开发的“纸贵区块链版权存证平台”，基于区块链数据存证透明、不可篡改的技术特点，将版权信息记录到链上，帮助原创者实现版权保护。安妮股份开发的版权区块链系统，可以将用户的整个创作过程完整记录上链，采用实名数字身份机制，保证了作品的权属与存在时间。

（六）电子证据领域

区块链技术在此领域主要有两个应用优势：安全存证和提高取证效率。在电子证据生成时被赋予时间戳，在传输过程中采用不对称加密技术，对电子证据进行加密，保障传输安全。在取证环节，分布式的存储方式允许多个节点链上共享电子证据，提高多方协作效率。如深圳仲裁委员会与深圳市公证处就共同打造“证据固化 + 云公证 + 网上裁判”智慧平台，系统自动进行认证时间绑定、第三方云存储、司法鉴定预备份、区块链防篡改。微众银行联合广州仲裁委、杭州亦笔科技共同研发了基于区块链的仲裁链，实时保全的数据通过智能合约形成证据链，满足证据真实性、合法性、关联性的要求，从而将仲裁流程缩短到7天左右，司法成本降低了90%。

三、国内外主要应用动态

（一）国内城市应用动态

目前，全国有50多个城市和地区正在布局区块链产业，抢抓区块链带来的新机遇。深圳、杭州、贵阳、青岛等地的区块链发展最为抢眼。

1. 深圳

一是政策支持。2016年底就在其金融“十三五”规划中提出，加强对区块链等新兴技术研究，之后出台具体措施，奖励区块链等领域优秀项目。2018年，深圳市经济和信息化委员会将区块链纳入“深圳战略性新兴产业新一代信息技术信息安全专项2018年第二批扶持计划”。二是推广应用。2018年8月，国家税务总局在深圳开展区块链发票试点。这是全国首创，纳税服务正式开启区块链时代。三是开展研究。目前，深圳有5家区块链研究院，其中4家都是2018年成立的，高校和企业平分秋色。

2. 杭州

一是高度关注。2017年4月，在杭州召开2017全球区块链金融（杭州）峰会，这是当年国内政府层面主办的最高规格的区块链峰会。2018年2月，杭州政府工作报告明确将区块链产业列入加快培育的七大未来产业之一。这是中国省会城市政府工作报告首次提及并重点表达了对区块链的追求。二是建立产业园区。2018年4月，成立“中国杭州区块链产业园”，打造中国乃至全球区块链学术交流、技术研发、产业落地的中心。三是打造生态圈。借助阿里巴巴等人才、资源优势，发展区块链产业。目前，杭州区块链企业已超过30家，涉及区块链各个环节，已形成比较完整的生态圈。

3. 贵阳

贵阳是国内最早占据区块链发展风口、率先制定出区块链发展战略规划的城市。一是建立标准体系。2016 年底，贵阳就发布《贵阳区块链发展和应用白皮书》，计划 5 年建成主权区块链应用示范区。2017 年，贵州以区块链标准体系建立为突破口，先后制定《区块链应用指南》《区块链系统测评和选型规范》《基于区块链的数据共享开放要求》《基于区块链的精准扶贫实施指南》《基于区块链的数据交易实施指南》等。二是出台专项政策。2017 年 6 月，贵阳出台《关于支持区块链发展和应用的若干政策措施》，从主体支持、平台支持、创新支持、金融支持、人才支持等方面加速推动区块链发展和应用。

4. 青岛

一是政策支持。2017 年 6 月，青岛市北区出台《关于加快区块链产业发展的意见（试行）》，力争到 2020 年，形成一套区块链可视化标准，打造一批可复制推广的应用模板，引进和培育一批区块链创新企业。2017 年 9 月，青岛发布《青岛链湾白皮书 1.0》，计划成立全球区块链中心，建设青岛“全球区块链 +”创新应用基地。二是引进院所。2017 年 8 月，工业和信息化部直属的中国电子信息产业发展研究院同北京天德科技有限公司发起设立的赛迪（青岛）区块链研究院正式落户青岛崂山区。赛迪（青岛）区块链研究院是山东省内首个国字号的区块链研究院。目前，青岛有 150 多家区块链企业，约 60% 的企业是 2018 年注册或变更为区块链公司的。

5. 广州

广州主要是资金扶持。2017 年底，黄埔区、广州开发区出台的“区块链 10 条”扶持政策，每年重点支持 10 个区块链应用场景建设；每年会挑选 10 个左右应用场景予以重点支持，每个项目最高支持 300 万元。这是目前国内支持力度最大、模式突破最强的区块链扶持政策。

6. 其他城市

南京在 2017 年 5 月上线全国首个基于区块链的电子证照共享平台，提升数据防篡改能力，实现行政事项全程网办。雄安已建成区块链租房应用平台，是国内首例。通过区块链租房应用平台，挂牌房源信息、房东房客的身份信息以及房屋租赁合同信息将得到多方验证，避免遇到假房东、假房子。中国建设银行、链家、蚂蚁金服等机构参与了这一租房模式的建设。佛山禅城区率先将区块链技术运用到政务服务中，打造出全国首个区块链政务应用创新平台，进行身份认证和智信城市建设，进一步推动智慧城市发展与信用社会建设，深化“一门式一网式”政务服务改革。

（二）国外应用动态

区块链正成为全球技术发展的前沿阵地，开辟了国际竞争新赛道。很多国家都在抢抓这一机遇，以获得先发优势。据统计，全球已经有 20 多个国家正在投资区块链技术，80% 的银行在 2017 年前启动区块链项目，90 多个中央银行加入了区块链讨论，90 多个公司加入了区块链联盟。在过去 3 年里，区块链风险投资超过了 14 亿美元，产生了超过 2500 个区块链相关专利。

美国作为区块链技术的前沿阵地，将区块链上升为“革命性技术”，成立国会区块链决策委员会，不断完善与区块链技术相关的公共政策。欧洲联盟建立“欧盟区块链观测站及论坛”机制，加快研究国际级“区块链标准”，并为区块链项目提供资金，努力把欧洲打造成全球发展和投资区块链技术的领先地区。英国政府在 2016 年发布《英国区块链白皮书》，积极评估区块链技术潜力，将其用于减少金融欺诈、降低成本等领域。韩国将区块链上升为国家战略，全力构建区块链生态系统，推出“I-Korea4.0 区块链”战略，计划在物流、能源等核心产业内开展试点项目。日本在 2016 年由央行与日本交易所集团牵头成立日本区块链联盟，开展资本市场基础设施建设等数个区块链项目；2017 年，日本金融厅发布了首批得到许可的日本“虚拟货币交易所”名单，这是全球范围内首批正式获得政府批准的虚拟货币交易所。迪拜于 2016 年成立了全球区块链委员会，目前拥有超过 30 个会员，包括政府实体、国际公司以及区块链创业公司，其计划在2020年之前全面启动区块链应用，使之成为世界首个区块链全面应用的国家。新加坡是亚洲区块链技术研究的领头羊。新加坡金融管理局利用区块链技术推出“沙盒机制”，鼓励金融科技公司创新发展。瑞士正在打造“全球加密、区块链和去中心化技术的领先生态系统”之一。

四、几点建议

（一）区块链是潍坊实现赶超的重大机遇，必须高度关注

区块链这个机遇可以打破城市对传统发展路径的依赖，为后发地区实现跨越式发展提供可能。如贵阳依靠大数据、杭州凭借信息经济都实现了城市的快速崛起。当前，区块链被认为是继大型机、个人电脑、互联网之后计算模式的颠覆式创新，正在全球范围引起一场新的科技革命和产业变革。从国外到国内、从中央到地方、从企业到政府，纷纷把区块链作为抢占竞争制高点、培育经济新动能的重大机遇。潍坊要想不落在其他城市后面，需要牢牢把握区块链这个机遇；潍坊要想实现跨越式赶超发展，更需要高度重视区块链这个重大机遇。

（二）以金融服务和电子政务两大领域为切入点，实现区块链应用率先突破

区块链应用需要一定的技术基础和产业基础，潍坊若全面推广、应用区块链技术，难度较大，所以应该坚持“先试点、后推广”的发展策略。目前，金融服务领域的区块链技术相对成熟，结合潍坊人口大市的客观现实，可以优先考虑在金融服务和电子政务领域进行试点发展。另外，考虑到潍坊是一个农业大市，潍坊应主动探索农业金融领域与区块链技术的有机结合，

切入精准扶贫，利用大数据来解决当下涉农财政和金融的问题。通过在上述领域试点，积累起一定经验后，可以考虑推广到其他领域，尤其是具备比较优势的产业领域。

（三）着力打造信息化基础设施高地

区块链本质上与云计算、大数据、物联网等一样，都植根于信息化，是信息化发展到一定阶段而催生的一种新技术。潍坊发展区块链，前提和基础是要有高水平的信息基础设施，应当将信息基础设施建设上升为战略工程，加强顶层设计和统筹谋划，像抓交通基础设施一样抓信息基础设施建设，加快构建高速、移动、安全、泛在的新一代信息基础设施，在某些重点领域和关键环节确保全省乃至全国领先。

（四）主动借力青岛和济南区块链建设

区块链行业本身具有较高的进入壁垒和沉淀成本，仅靠潍坊自身的实力与经验恐怕无法实现快速追赶发展。青岛属于山东省区块链行业的先行者，设立了国家级区块链研究院——赛迪（青岛）区块链研究院，济南也设立了省级区块链技术应用创新中心，青岛和济南具有资金、人才资源和科研院所等方面的比较优势。潍坊市位于青岛与济南之间的中心位置，应充分利用地理区位与传统强势产业的优势，积极融入青岛和济南区块链发展中，主动对接二者，合作共建，搭上区块链发展的“顺风车”。

（2018 年 11 月）

弘扬企业家精神 助推高质量发展

◎贺绍磊 刘 磊

新时代，弘扬企业家精神至关重要。“市场活力来自于人，特别是来自于企业家，来自于企业家精神。”企业家是经济活动的重要主体，企业家精神是经济发展的动力源泉。进入新时代，要完成新旧动能转换的艰巨任务，实现高质量发展，必须发挥企业家的突出作用，让企业家精神绽放更加夺目的光彩。

一、企业家精神是高质量发展的内生动力

美国经济学家迈克尔·波特指出，一个国家和地区优势的核心是“发明”和“企业家”。企业家是企业的灵魂，是决定企业兴衰的主要力量。如果企业家是“1”，土地等资源要素就是“0”，有了企业家这个“1”，后面的“0”才有意义，才会产生价值。高质量发展过程中，结构调整、动能转换、质量提升最终要落实到企业上，这就需要企业家发挥“头羊效应”，发现机会，整合资源，勇于创新，敢于拼搏，以企业高质量发展促经济高质量发展。

二、企业家精神是城市活力的应有之义

企业家精神和城市精神高度契合，企业家精神是城市活力最生动的体现。改革开放以来，潍坊市企业家成为推动变革、改变面貌的重要力量，2017 年民营经济纳税额占潍坊市税收总额的 58.11%。当前，创新是引领发展的第一动力，特别是随着新一轮科技革命和产业变革兴起，创新正跑出前所未有的加速度，亟须激发以创新为灵魂的企业家精神，进而让企业家精神内化为城市发展活力，推动潍坊市在新一轮高质量发展竞争中赢得主动、走在前列。

三、企业家精神是社会文明进步的重要支撑

达则兼济天下。新时代高质量发展，对企业家履行社会责任提出新的要求。企业家不仅要提供更加优质的产品和服务，创造社会财富，还应在承担社会责任中更好地体现自身价值。这就要求企业家以更高站位、更大格局、更宽视野，在构建和谐劳动关系、促进就业、关爱员工、节约资源、保护生态等方面发挥更大作用，推动人的全面发展、社会全面进步。

四、大力弘扬企业家精神，为高质量发展提供精神引领

潍坊改革开放 40 年以来取得的辉煌成就，离不开企业家精神的引领。

当前和今后的高质量发展，更离不开企业家精神。应大力弘扬企业家爱国敬业、遵纪守法、艰苦奋斗的精神，引导树立崇高理想，自觉遵纪守法，保持自强不息、艰苦奋斗作风。弘扬企业家创新发展、专注品质、追求卓越的精神，激发创新活力和创造潜能，倡导“工匠精神”，敢闯敢拼，争创一流。弘扬企业家履行责任、敢于担当、服务社会的精神，增强履行社会责任的荣誉感和使命感，鼓励企业家服务经济社会发展和国家重大战略。

五、更好发挥企业家作用，为高质量发展打造驱动力

企业家是企业的灵魂，是潍坊经济增长的核心驱动力。推动潍坊市新旧动能接续转换、实现高质量发展，应进一步完善企业服务专员机制和面向企业家的政府政策咨询机制，畅通政企双向沟通交流渠道，把企业家的聪明才智及时吸纳到政策制定中。发挥统战、工商等部门作用，建立帮扶企业家的工作联动机制。表彰、宣传有突出贡献的优秀企业家，发挥示范带动作用。建立健全企业家培训体系和创业辅导制度，支持发展创客学院，培养年青一代企业家。

六、营造企业家健康成长环境，为高质量发展打造支撑力

企业家精神、企业家作用需要良好的环境。应加强产权，特别是知识产权的保护力度，保护企业家自主经营权，着力减轻企业负担。落实公平竞争审查制度，加强对影响公平竞争的重点关系、重点环节、重点人物等的监

管，特别是做好招投标过程中的公平、公正、公开，建立企业家信用档案，实行守信激励和失信惩戒。构建“亲”“清”新型政商关系，营造尊重和激励企业家干事、创业的良好氛围，形成尊重企业家、鼓励企业家创新、发挥企业家作用的社会环境。

（2018 年 6 月）

壮大平台经济 培育发展新动能

◎ 杜慧心 周志鹏

潍坊全面展开新旧动能转换重大工程，平台经济意义重大。作为社会创新和产业升级的新引擎，平台经济已全面渗透到经济社会各个领域，成为推动新旧动能转换的一个重要抓手。潍坊建设现代化经济体系、推进新旧动能转换，应认真研究平台经济的特征和规律，推动平台经济大发展。

一、从四个维度理解平台经济

平台经济是基于移动互联网、大数据、云计算等现代信息技术，以需求为核心，全面整合产业链、融合价值链，进而创造新价值的一种现代网络经济或新型服务经济。

（一）平台经济在互联网时代获得了全新的规模、内涵和影响力

平台经济不是一个全新的词汇，贸易市场、购物中心、银行等所扮演的角色，都属于传统的平台经济。但传统的平台经济活动易受地域、时间、交

易规模、信息沟通等条件的限制，其发展受到一定制约。随着数字技术的普及，以互联网为代表的平台经济加速发展，催生了新一轮平台经济浪潮。在新的时代特征下，平台经济消除了交易壁垒，解放了新的供给和需求，并且随着人工智能、物联网、工业互联网、第五代移动通信（5G）、增加现实/虚拟现实（AR/VR）、区块链等技术的发展，平台经济将以更迅猛的速度发展，更深、更广地影响和渗透经济社会领域。

（二）平台经济的种类划分方式多样

按服务内容可分为交易服务、信息服务、中介服务等类型；按功能作用可分为交易平台、支付平台、社交平台、媒体平台、软件平台、通信平台等类型；按交易对象可分为企业对企业（B2B）、商对客（B2C）、个人对个人（C2C）、个人对企业（C2B）等类型；按盈利模式可分为交易佣金收入、增值服务收入、广告收入等类型；按产业分类可分为商品交易、金融服务、航运服务、文化内容等类型。

（三）平台经济需要参与者共同发挥作用

平台、消费者、商家和政府共同构成的协作网状是平台经济发展的基石，参与者能够互相影响、协同治理、相互合作，进而为创造更大的价值提供可能性。平台是整个生态系统的基础，为消费者、商家提供信息、交易、物流等基础设施。海量的消费者和商家是平台经济体的主体，通过平台完成信息交换、需求匹配、资金收付、货物交收等经济活动。政府对其他平台参与者进行监管、服务。

（四）以数字技术驱动的平台经济作用凸显

互联网、云计算和大数据等一系列数字技术驱动的平台型新兴经济业态，成为平台经济的主流。截至 2017 年 7 月，全球十大主流平台经济体市值已经超过十大传统跨国公司，并且中国已占据 3 席。2030 年，中国主流平台经济规模估计将突破100万亿元，平台经济正为中国经济营造出转型升级的巨大空间。主流平台经济不仅影响国家发展，也对企业经营产生重要影响。据不完全估计，全球最大的100家企业中，有60家企业的大部分收入来自平台类业务。

二、潍坊平台经济仍有较大发展空间

（一）数字技术驱动的平台经济成为潍坊动能转换的重要力量，外地主流平台经济体已大规模进驻潍坊，本地平台经济体的数量在增加

外地知名交易平台，如京东、慧聪、58同城、阿里巴巴、美团、苏宁等在潍坊已开展业务，建立了“淘宝网·特色中国·潍坊馆”“苏宁易购·中华特色·潍坊馆”“京东商城·潍坊馆”等网上交易平台或者本地运营机构。全市仅在阿里巴巴平台注册的外贸企业就有1000多家，入驻1688B2B平台企业16000多家；在淘宝和天猫注册的网上店铺2万多家，有力地支持了中小企业发展。本地平台在多个领域同时发力，以智慧商务综合服务平台为代表的公共服务平台，潍柴英致汽车的互联网汽车智慧化系统平台——Meetwo（米图）等工业生产平台，爱购商城、奕佳商城、中团网等商品交易平台，在招商引资、生产制造、商品交易等领域发挥了重要作用。

（二）本地平台企业整体实力和竞争力较弱，产业融合发展程度不高，政府扶持平台经济发展的空间大

全市只有75%左右规模以上工业企业通过自营或第三方平台开展了业务，平台经济模式还未达到全覆盖；中小企业通过平台开展业务则更少，只有40%左右。多数已建成的企业平台，仍处于供求信息发布等初级阶段，

行业平台服务单一，离集商流、物流、信息流、资金流为一体的目标还有距离。传统产业与平台经济融合程度还不够深，虽然潍坊农业、物流、生活服务等均走在国内前列，却没有产生与之相匹配的平台型龙头企业。威龙商务、爱购商城、奕佳商城、中团网等30多个本地平台企业成长良好，有一定市场影响力。政府通过制定扶持平台经济发展的意见，可进一步推动发展。

（三）各级政府已成为潍坊平台经济的重要参与者，提升潍坊平台经济发展水平需要政府和企业共同发力

政府承担了部分重要平台的建设，如潍坊食品谷、总部基地、农村产权交易中心、环境能源交易中心、中小企业公共服务平台等，各领域大型平台背后都有政府相关部门的强力支持。政府不断普及大数据、云计算、物联网等新一代信息技术应用，使得潍坊信息化整体水平已迈入全国城市信息化50强行列，为平台经济发展的要素提供了较好的保障。但是支撑平台经济发展的物流配送体系、网络配套环境、运营管理人才、信贷和融资制度以及监管和服务等，潍坊仍须进一步优化。同时，潍坊大多数企业还没有认识到平台经济对于企业生产、营销和服务模式所带来的冲击与影响，企业需要借政府扶持机遇，同时提升平台经济的发展意识和发展能力。

（四）潍坊发展平台经济是一举多得之策，政府发展目标和企业发展目标能够找到最佳契合点

有好的平台，才能有更大的作为，对城市、企业和个人来说，道理都一样。《山东新旧动能转换综合试验区建设总体方案》中，有至少16处涉及平台建设问题，某种程度上可以认为，新旧动能转换就是在打造更好的发展平台，拼平台就是拼城市竞争力。潍坊建设先进制造业集群需要工业互联网平台，发展现代服务业需要金融、咨询、科技等服务平台，农业提升国际竞争力也需要农业全产业链的相关平台。平台经济大发展，潍坊城市竞争力才能有大提高。同样，企业发展平台经济，也是提高市场竞争力的有效途径。国外西门子、国内航天云网等工业互联网平台牢牢占据着行业发展的制高点，支付宝、腾讯等服务平台占据着高市场份额而利润不减。这些企业都是把建平台、生态作为企业发展的重大战略。潍坊企业优势再造、竞争力提升也应当多学习多积累经验，发展壮大自己的平台。

三、潍坊发展平台经济的着力点

（一）重点发展大宗商品、智能制造、现代金融、新兴消费四大领域的相关平台

一是建设大宗商品现货交易平台。以现代农业和高端化工为重点，扶持食品谷（潍坊）大宗商品交易中心、山东滨海化工电子商务有限公司等成为行业内领先的商品现货交易平台，实现平台交易支付、信息发布、产品展示体验、售后服务、品牌管理等功能集合。二是打造智能制造创新平台。以新一代信息技术、高端装备、新能源新材料等为重点，依托潍柴、歌尔、盛瑞传动、赛马力等智能制造试点示范企业，推动智能制造平台，特别是工业互联网平台建设。三是提升现代金融平台。支持潍融 E 平台、网贷天眼、融金所等互联网金融平台进一步发展壮大，提供个性化的金融产品。充分利用已建成的潍坊大数据交易中心、云计算中心、互联网金融中心，开展互联网金融与电子商务、现代物流、跨境贸易等行业融合发展。四是培育新兴消费服务平台。重点关注医养健康、文化旅游等新兴消费领域，建设具有针对性、满足大众需求的服务平台。同时，加速培育智能汽车、虚拟现实、娱乐、健康等新消费热点市场，释放消费新动能。

（二）培育和招商双结合，丰富各类平台经济企业主体

一是积极培育本地平台企业。结合本地发展优势与机遇，在重点领域选取有潜力的发展对象，包括平台创业企业、已具有雏形的平台、可转型平台的传统企业，通过帮助打磨模式、给予政策资金支持、链接资源等方式，促进平台企业发展。通过资金整合、项目优化和功能拓展，将有条件的电子商务产业园、商贸物流产业园、健康养老产业园等，改造提升为区域性平台经济基地。二是将招平台作为招商重点工作。要有招平台的招商意识，一方面招大平台的新业务，在本地建立子平台；另一方面招新兴产业领域具有发展潜力的平台。通过提供政策支持、基金引导，帮助平台对接资源、寻找引爆点，使其成长为“独角兽”企业，为经济发展赋能。

（三）推动模式创新和技术创新，增强平台经济发展的内生动力

一是推动商业模式创新。平台经济的发展归根结底要依赖商业模式的创新。依托现有产业集群、品牌、专业市场等线下资源，引导企业导入消费者对企业（C2B）、线上到线下（O2O）、产品对消费（P2C）等模式，实现线上与线下、体验店与网点互动共赢。推广“产品对电商”“视频 + 电商”“直播 + 电商”等购买体验模式，支持佳乐家商城、印象商城 · 潍坊礼物等拥有内容制作能力的购物平台，开展“平台 + 内容制作”的营销模式。二是开展面向平台经济的技术创新。依托潍坊市大数据交易中心和云计算数据中心，提升数据分析处理、开发应用、交易服务能力，努力打造全国性和区域性信息交换枢纽和信息存储中心。积极与“双一流”高校开展“产学研用”合作，集中力量突破一批关键共性技术，为平台运营提供技术支持。

（四）夯实平台经济发展要素，优化发展环境

一是构建广泛、高效、安全的信息网络。深入推进“宽带中国”工程，开展 5G 组网试点，提升潍坊骨干网络容量和网间互联互通能力。加快推进和完善潍坊大数据交易中心、云计算中心、潍坊公共资源大数据中心等信息

技术重点平台，提高潍坊信息数据处理能力。二是推动专业配套服务体系建设。积极培育、引进一批与平台经济发展相配套的认证、培训、检测等专业性服务机构，逐步形成平台经济第三方服务体系。加快建设与平台经济相配套的标准体系和物流体系，增强平台技术的包容性和可达性。三是增强人才支撑。制定专门人才引进政策，将平台经济人才引进纳入市内人才创新创业工程，加强对接国家“千人计划”“万人计划”等人才政策，重点引进一批融通互联网思维和实体经济规律的复合型人才。加强培育平台经济应用型人才，支持高校和职业院校开展融合学科布局调整，培养平台企业所需技术应用型人才。

（2018 年 6 月）

潍坊现代海洋经济发展研究

◎ 课题组

21 世纪以来，海洋经济已经成为世界经济增长的重要组成部分和新亮点，发达国家和新兴经济体纷纷推出海洋发展战略。顺应这一发展大势，党的十八大作出了建设海洋强国的重大战略部署。

海洋兴则潍坊兴，海洋强则潍坊强。作为潍坊发展的优势和潜力巨大产业，海洋既是潍坊经济社会发展的重要依托和载体，也是高质量发展的战略要地。习近平总书记深刻指出："纵观世界经济发展的历史，一个明显的轨迹，就是由内陆走向海洋，由海洋走向世界，走向强盛。"本报告通过与对标城市进行对比，全面评价潍坊现代海洋经济发展水平，厘清优势和短板，提出加快提升现代海洋经济发展水平的对策和建议。

一、潍坊现代海洋经济发展评价指标体系

本报告借鉴《山东海洋强省建设行动方案》《潍坊市新旧动能转换重大工程实施规划》等相关文件，参考《中国海洋统计年鉴》《中国海洋经济发

展报告》等相关著作，结合潍坊实际情况，从综合实力、产业发展、创新能力、生态环境四大方面选取 14 个指标组成潍坊现代海洋经济发展评价指标体系，对潍坊与青岛、烟台、威海、日照等山东省其他沿海城市进行横向对比分析（见表 1）。

表1　　现代海洋经济发展评价指标体系

	一级指标	二级指标
现代海洋经济发展评价指标体系	综合实力	海洋生产总值
		海洋生产总值同比增速（%）
		海洋生产总值占全市 GDP 比重
		海洋生产总值占全省海洋 GDP 比重
	产业发展	海洋三次产业比例
		海洋新兴产业增加值占全市海洋生产总值比重（%）
		海洋传统产业产值与增加值
		港口货物吞吐量
	创新能力	海洋高新技术企业数量
		市级及以上涉海科技创新平台
		涉海发明专利
	生态环境	海洋保护区面积占比
		近岸海域水质优良率
		自然岸线保有率

二、海洋经济分析和评价

（一）总体评价

自然基础方面：潍坊市海洋矿产资源丰富。地下卤水资源得天独厚，居全国首位，富含溴素、氯化物、氟化物等独特资源。土地面积较大。咸淡水分界线以北面积达 2657 平方公里，拥有 974 平方公里浅海和 447 平方公里滩涂。

社会、经济、人文方面：海洋物流运输外部发展条件较好。潍坊港是国家一类对外开放口岸、对台海运直航港口，是山东半岛蓝色经济区、黄河三角洲高效生态经济区两大战略区域港口群的重要成员之一。海洋旅游资源独具特色，建设步伐加快。潍坊有着悠久的海洋、风筝、渔盐文化，近些年加大了旅游基础设施和大项目建设。海洋产业研发平台建设速度较快。目前，潍坊争取市级以上大项目不断增加，科技成果转化步伐加快。海洋机械装备基础牢固。机械装备产业是潍坊市的传统优势产业，在动力机械、工程机械方面已形成一定的产业规模，成为山东省重要的机械装备生产基地。

外部环境方面：省内支持力度加强。《山东省新旧动能转换重大工程实施规划》《山东省“十三五”海洋经济发展规划》《山东海洋强省建设行动方案》等，给予潍坊市海洋产业发展有力政策与财政支撑，促进与青岛、烟台、威海等拓展深化区域协调发展。对外合作加快推进。潍坊市把与东亚、东盟的海洋经济技术合作作为突破口，积极引进国外资金、技术、项目，大力改善海洋渔业生产、加工和流通业、服务业。

在上述基础和努力下，潍坊市近年来海洋产业整体实力不断改善，结构不断优化，发展潜力较大。

（二）综合实力评价

1. 海洋产业生产总值稳步提高，但增速较慢

2017 年，潍坊市实现海洋生产总值 1200 亿元，同比增长 5.0%。省内其他海洋产业典型城市的发展情况，青岛市实现海洋生产总值 2909 亿元，同比增长 15.7%；烟台市海洋产业生产总值突破 2000 亿元，同比增长 8%；威海市产业海洋生产总值 1307.54 亿元，同比增长 13.9%；日照市海洋产业生产总值 1237 亿元，同比增长 10%。对比而言，潍坊市海洋产业规模和增速较小，发展基础仍有不足（见图 1）。

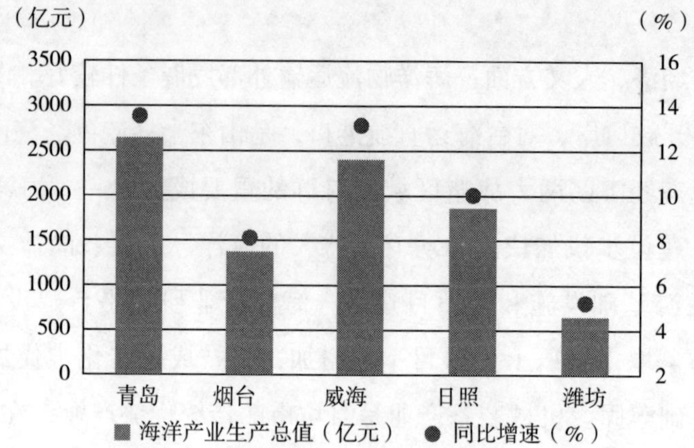

图 1　2017 海洋产业生产总值与同比增速

2. 海洋产业生产总值占自身 GDP 的比重稳定，进程相对缓慢

2017 年，山东省海洋产业生产总值占自身 GDP 比重接近 20%。其中，青岛市海洋产业该比重约为 26.4%，烟台市约为 27%，威海市约为 37.6%，超出全省平均水平；日照市约为 61.2%，经济增长对海洋产业的依赖度最为显著；而潍坊市为 20.5%，与全省平均水平相当，且与自身 2016 年该比重接近。潍坊市在打造自身海洋产业特色，提升海洋产业对经济增长的重要支撑作用上，进程相对缓慢（见图 2）。

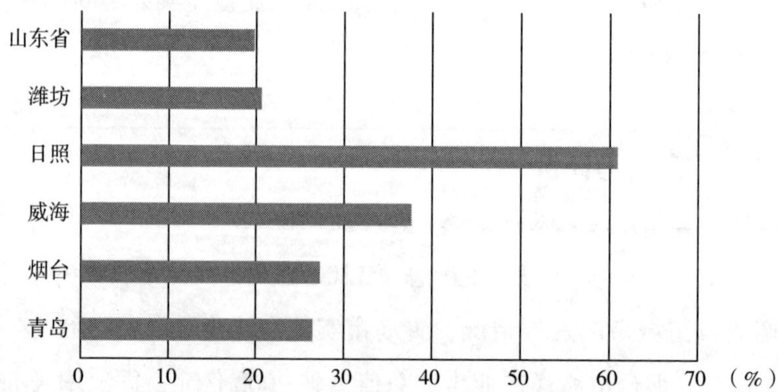

图 2　各城市海洋产业生产总值占自身 GDP 比重

3. 相较于省内其他城市，海洋产业生产总值占全省比重相应偏低

2017 年，潍坊市海洋产业生产总值占全省比重为 8.1%，青岛市占比为

20.8%，烟台市占比为14.2%，威海市占比为9.3%，日照市约为8.8%。仅青岛、烟台、威海三市就占了全省海洋产业GDP的44.3%，青岛市海洋产业生产总值约为潍坊市的2.5倍，日照在比重上略高于潍坊。因此，潍坊市应首先推进海洋产业做大（见图3）。

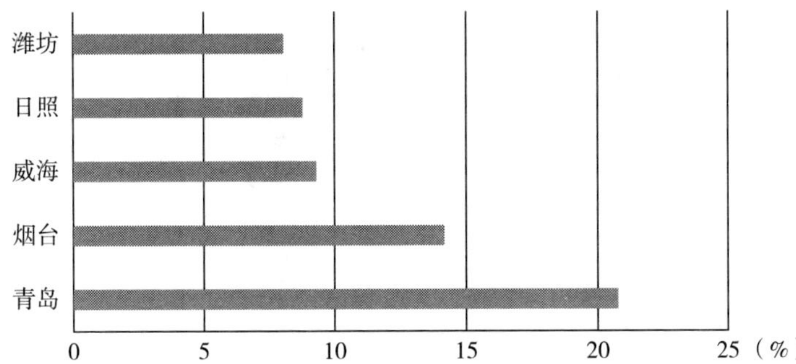

图3 各市在全省海洋产业生产总值中的占比

表2 潍坊市与省内其他典型城市海洋产业综合实力对比

	青岛	烟台	威海	日照	潍坊	位次
海洋产业生产总值（亿元）	2909	2000	1307.5	1237	1200	5
海洋产业生产总值同比增速（%）	15.7	8	13.9	10	5.0	5
海洋产业生产总值占自身GDP比重（%）	26.4	27	37.6	61.2	20.5	5
海洋产业生产总值占全省比重（%）	20.8	14.2	9.3	8.8	8.1	5

（三）产业发展评价

1. 海洋三次产业结构越发优化，但与省内其他城市仍存差距

2017年，潍坊市三次产业比例为8.4 ∶ 45.6 ∶ 46。相比于2016年，潍坊市海洋第一产业比重下降，二、三产业比重上升，产业结构不断优化。2017年，与省内其他城市相比，青岛市海洋三次产业比例为3.6 ∶ 52 ∶ 44.4，烟台市为10 ∶ 48.9 ∶ 41.1；威海市为12.5 ∶ 55 ∶ 32.5，日照市约为30 ∶ 14 ∶ 56。由于潍坊海洋产业生产总值相对较小，三次产业产值仍落后

于青岛、烟台、威海，海洋第三产业产值落后于日照，但第二产业较日照具有优势。总之，渔业自然资源日益凸显的瓶颈使潍坊海洋第一产业产值下降，本土高端化不足使其海洋二、三产业竞争力相对较弱（见图 4）。

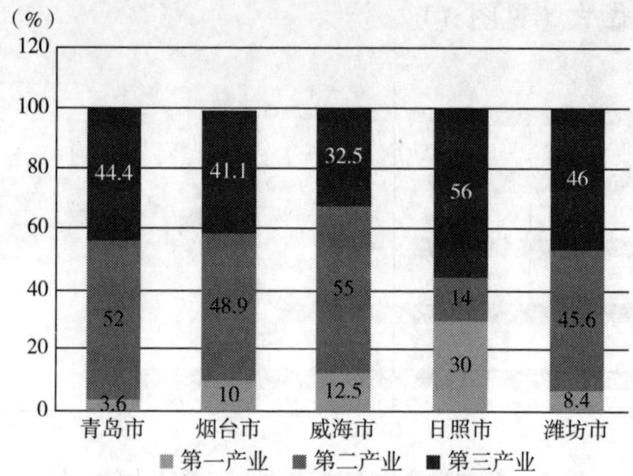

图 4　山东省各市海洋三次产业结构

2. *海洋新兴产业*

2017 年，潍坊市海洋新兴产业增加值 60 亿元，占全市海洋产业生产总值的比重达 5%；青岛市海洋新兴产业增加值 370 亿元，占海洋经济比重 12%；烟台市战略性海洋新兴产业产值 700 亿元，占全市海洋产业生产总值的 35%。比较来看，潍坊市在海洋战略性新兴产业发展上，与山东省东部沿海城市仍有较大差距。

（1）涉海装备制造业起步较晚。目前，山东省海洋工程装备制造业已经形成了以青岛、烟台、威海、日照、东营为主的产业集群。2017 年，青岛市海洋装备制造业实现增加值 513 亿元，威海市为 174 亿元，日照市为 164 亿元。潍坊市机械装备制造业实力雄厚，2014 年，规模以上机械装备制造企业 1022 家，主营业务收入 3500 亿元，分别居全省第 2 位、第 3 位，但是涉海装备制造发展处于起步阶段，在已有坚实基础上须加快与海洋对接。

（2）海洋化工独具优势。潍坊市海洋化工增加值位居全国首位，已建成亚洲最大的以盐、碱和溴系产品为主导的海洋化工产业集群，形成了 4 条相对完整的产业链，盐化工、精细化工是其中两大主力。青岛市海洋化工以海水化合物资源提取和利用、海洋涂料等新兴海洋化工为主，有了相当的基础和积累。东营市海洋化工主要围绕石油展开；烟台、威海着力打造绿色生产，海洋化工产业未列入发展重点。对比来看，各市海洋化工各具优势，未形成竞争性发展局面。

（3）海洋生物医药平台加快搭建，产业规模与收益有待提高。潍坊市海洋生物医药行业起步较晚，多为工业化学用医药，目前未形成较大规模。2017 年，青岛市海洋生物医药产值 178.4 亿元，烟台市约为 150 亿元，走在全国前列；威海市海洋生物医药产业规模较小；日照市该产业发展更为落后，没有成为自身海洋产业主体。但目前来看，潍坊积极构建和完善海洋生物医药软、硬件，生物医药产业园是潍坊市 10 个重点特色产业园区之一，拥有 110 余家生物医药企业，为国内近 300 家医药企业提供产品研发和中试服务；在药品销售流通方面，拥有国内一流的企业和平台作支撑。总体来看，潍坊市医药产业基础好于东营和日照，未来有较大发展潜力和空间。

3. 海洋传统产业

（1）海洋渔业增加值较低。2017 年，潍坊市海洋渔业实现增加值 69.6 亿元。比较来看，青岛市增加值为 106 亿元，烟台市增加值为 200 亿元，威海市增加值为 163.4 亿元，日照市增加值为 371.1 亿元。潍坊市由于海洋资源瓶颈逐渐显现，人工培育和远洋捕捞力度较弱，加之深加工技术不足，影响海洋第一产业产值与收益的提升（见图 5）。

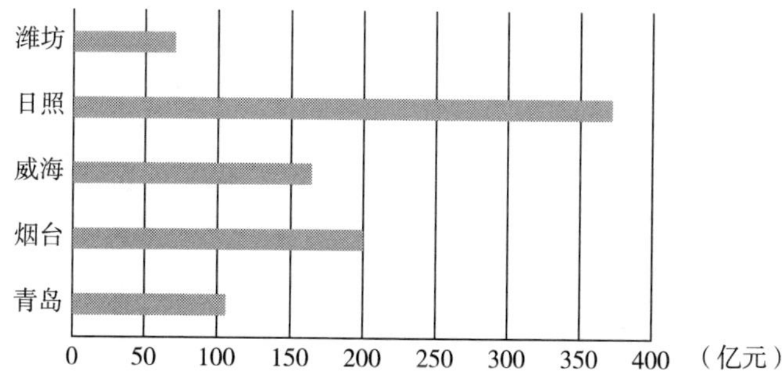

图 5　各市海洋渔业增加值

（2）海洋休闲旅游吸引力不断增强。作为努力打造滨海名片的城市，海洋休闲旅游的吸引力应体现和渗透到与全市旅游相关的各个部门。2017 年，潍坊市旅游业保持较快增长。全市接待游客 6805.5 万人次，增长 11.3%（见图 6），实现旅游消费总额 775.9 亿元，增长 14.6%。相比而言，规模上，潍坊接待游客人数仅低于青岛和烟台，旅游消费总额高于威海和日照；增速上，潍坊接待游客人数增速高于青岛、烟台、威海和日照，而旅游消费总额增速与青岛、烟台有一定差距，与日照较为接近，并高于威海（见图 7）。目前，潍坊市海洋区域规划不断完善，已建与在建项目不断增加，与国外的旅游合作加强，成效的显现还需要时间，未来有更大发展空间。

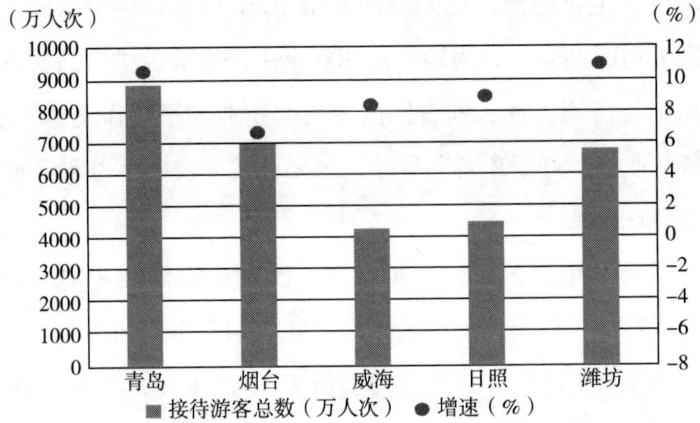

图 6　2017 年各市接待游客总数及增长

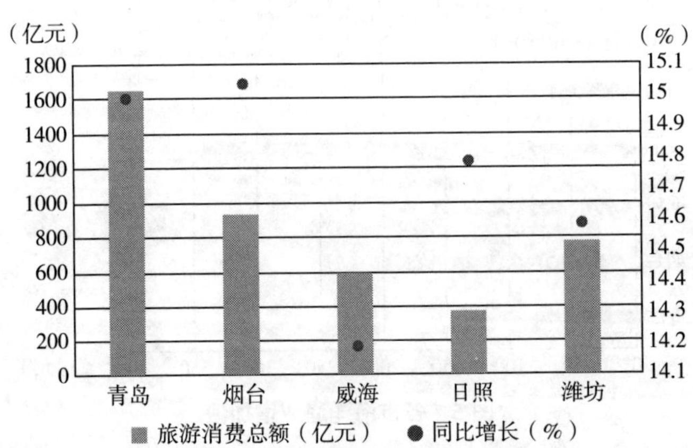

图 7　各市旅游消费总额及同比增长

4. 港口货物吞吐量

2017年，全国沿海港口货物吞吐量排名前10位的港口中，山东省青岛港、日照港和烟台港吞吐量分别为5.08亿吨、3.60亿吨和2.86亿吨，分别位居第5位、第9位和第10位。潍坊港完成货物吞吐量4210万吨，与威海市4467万吨接近，低于东营市5007万吨，港口利用率不足（见图8）。

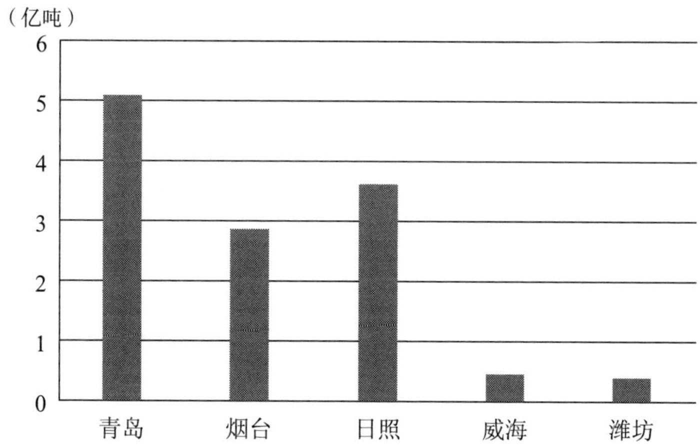

图8　各市港口货物吞吐量

（四）创新能力评价

1. 海洋高新技术企业数量

2017年，潍坊市海洋高新技术企业有28家；青岛市涉海高新技术企业累计达510家以上，烟台市达300家以上，威海市达200家以上，日照市为50多家，其中包含部分非涉海企业。潍坊市在海洋高新技术企业吸引与培育上，远远不及青岛、烟台、威海；与日照在海洋产业核心竞争力提升上，主体支撑不足。

2. 涉海科技创新平台

2017年，潍坊市涉海科技创新平台75个；青岛市接近200个，烟台市81个，威海市80个，日照市较少，虽多数工业均有涉海内容，但全部来看，日照涉海科技创新平台仅40个左右，弱于潍坊市。潍坊在软实力的固定资产投资上不断改善，后续应思考如何发挥这些平台的作用，做强自身软实力。

3. 涉海发明专利

2017 年，潍坊市涉海专利授权数量 139 项；对比而言，2016 年，青岛市涉海发明专利 689 项，烟台市 205 项，威海市 280 项，日照市涉海与非涉海发明专利总共 200 多项。可见，青岛市涉海发明专利最多，约为潍坊的 5 倍。潍坊市近年来加强对研发和专利的重视，促使其得到较快发展，与烟台、威海之间差距不断缩小。

（五）生态环境

1. 海洋保护区面积

潍坊市在省内对比城市中，海洋保护区面积最小，为 29.3 平方公里，占全市管辖海域面积的 2.06%。其中，烟台市各类海洋保护区面积达到 2572 平方公里，占管辖海域面积的 21%，全国领先。随后依次是日照市（835.8 平方公里）、青岛市（635 平方公里）和威海市（138 平方公里），分别占管辖海域面积的 13.9%、5.2% 和 1.2%（见图 9）。

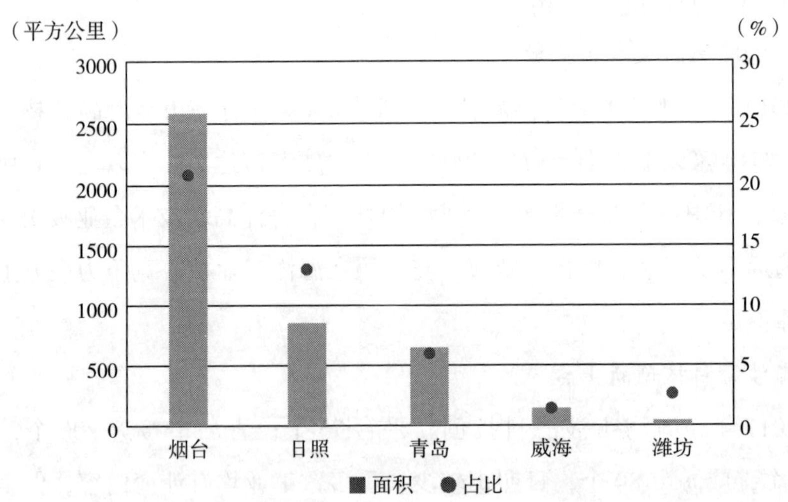

图 9 海洋保护区面积

2. 自然岸线保有率

自然岸线对保护自然生态环境和生物多样性具有重要价值，也有助于促进海洋渔业和旅游业发展。威海市自然岸线保有率为 60% 左右，全省最高；日照市自然岸线保有率为 58%，位居第二；青岛市和烟台市较为接近，分别为 40% 和 42%；潍坊市为 22.4%，低于国家 35% 的水平（见图 10）。

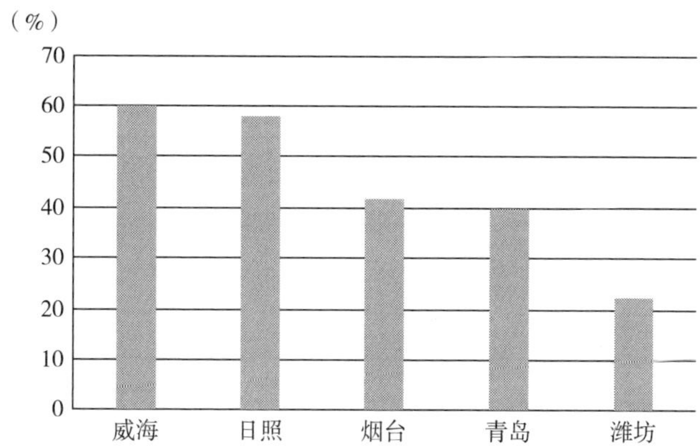

图 10 各市自然岸线保有率

3. 近岸海域水质优良率

青岛近岸海域水质优良率达 98.5%，烟台市约为 95%，威海市接近 100%，日照市与威海相当，而潍坊市为 23.3%，远低于环保部 2017 年《近岸海域污染防治方案》提出的 2020 年实现 70% 的目标，影响渔业和海洋休闲旅游业发展（见图 11 和表 3、表 4）。

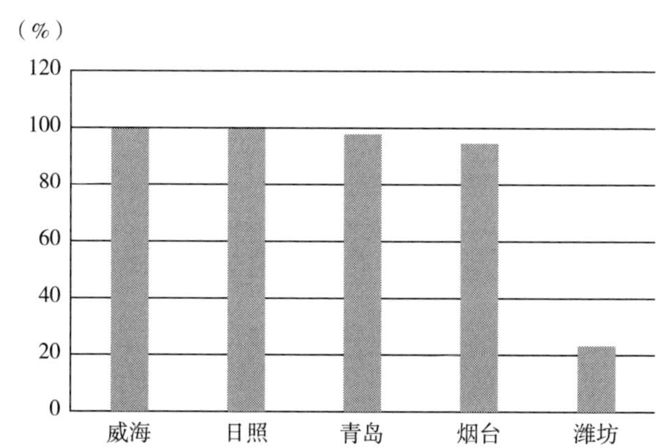

图 11 各市近岸海域水质优良率

表3 各市海洋分产业竞争力状况

	青岛	烟台	威海	日照	潍坊
传统海洋渔业	***	****	***	*****	**
海洋休闲旅游	*****	****	***	**	****
海洋运输与物流	*****	****	**	****	**
海洋装备制造业	****	****	***	***	***
海洋生物医药	*****	****	***	**	**
海洋化工	****	***	***	**	*****

注：5个城市比较，强为*****，较强为****，一般为***，较弱为**，弱为*。

表4 各市海洋生态与科技研发评价

	青岛	烟台	威海	日照	潍坊
海洋高新技术企业数量	*****	****	****	**	**
涉海科技创新平台	*****	***	***	**	***
涉海发明专利	*****	****	****	*	***
海洋保护区面积	***	*****	**	****	*
自然岸线保有率	****	****	*****	*****	**
近岸海域水质优良率	****	****	*****	*****	*

注：考虑5个城市海洋产业竞争力现有基础（有的基础采用多指标，则综合考虑），强为*****，较强为****，一般为***，较弱为**，弱为*。

三、潍坊市现代海洋经济发展的对策及建议

为贯彻落实习近平总书记“经略海洋”重要指示，提出海洋传统产业走向远海、海洋新兴产业走向深海、海洋服务业走向陆海统筹“三个走向海洋”举措，潍坊市发展现代海洋经济应做到以下几点。

（一）保护海洋生态环境，着力打造绿色可持续海洋生态环境

海洋不仅是生产空间，更是重要的生态空间。要加强陆海污染同防同治，对全市海洋排污总量进行控制，实施“流域—河口—海湾”污染防治联动机制，通过流域统筹、海河联动、总量控制等综合性措施，大幅减少陆源

污染物入海。同时，实施最严格的围填海和岸线开发管控，做好区域建设用海规划、在建工程用海项目动态监视监测，有效规范用海行为。实施全海域生态红线制度，全面落实海洋生态红线区分类管控。开展“蓝色海湾”“南红北柳”等重大海洋生态修复工程，实施近岸海域养殖污染治理工程，推动近岸海域生态养护。强化能评、环评约束作用，对海洋油气、海洋化工、海洋交通运输等高耗能产业实施严格节能减排，加快淘汰落后过剩产能。围绕海洋养殖、海洋药物与生物制品、海水利用、海洋化工、海洋盐业等领域，加快建设一批海洋循环经济产业园。

（二）优化升级传统优势海洋产业，孵化培育新兴海洋产业

1. 升级传统与优势产业

目前，潍坊市海洋经济形成以海洋化工、涉海装备制造、海洋生物制药、海洋渔业等产业为核心的发展布局，但这些传统优势产业与先进地区相比，仍存在一定的差距。相关建议如下。

一是继续扩大海洋化工产业的独特优势。潍坊市海洋化工增加值虽然位居全国首位，但整体规模偏小，产业链延展不足，应培育一批核心技术能力和集成创新能力强、能够引领海洋化工产业发展的创新型企业，提升产业规模效益，形成世界级海洋化工的重要聚集区。海洋化工的重点发展领域可在原基础上升级改造传统盐化工产业，开展医用盐、多晶型盐、畜牧盐、盐藻等高附加值产品技术研发，形成面向高端市场的系列盐产品，深化现代盐化工产业链；积极开发溴系阻燃剂、溴化钙等产品，延伸发展其他相关下游产品。建立盐、碱和溴化工产业循环示范工程，鼓励传统制盐与海水淡化产业有机结合，支持海水资源综合利用技术研发，推动相关成果的产业化应用。

二是建设海洋工程装备制造示范基地，大力推动高端装备制造项目发展。2018 年 10 月 30 日，山东省政府发布《山东省高端装备制造业发展规划（2018—2025 年）》。未来几年，将是山东省高端装备产业发展的重要战略机

遇期，潍坊市要按照省委、省政府的决策部署，抢抓机遇、强化措施，聚焦重点、补齐短板，推进高端装备制造业加快发展。据统计，在近十年发现的大型油气田中，有近60%位于茫茫大海，海洋工程装备及海洋工程结构物的需求已经呈现出快速增长态势。为缓解目前全球油气供需的矛盾，海洋油气开发将成为世界油气生产最主要的增长点，并为海洋工程装备制造业的发展提供更广阔的市场空间。目前，山东省青岛市的海洋设备制造业向高端智能和核心技术自主研发发展。东营市则为石油石化装备制造基地，日照则以造船为装备制造业主要发展内容。与青岛、烟台、威海相比，潍坊市机械装备制造业基础雄厚，但涉海装备制造起步较晚，海洋支柱产业仍在发展完善进程中，可以发展安装技术与产业化工程及重型装备制造基地项目；建设国家级海洋工程装备产业基地，形成以海工成套装备为核心、以基础部件为支撑、以全产业链服务为特色的完整海工装备产业体系；建立海洋工程装备产业支撑平台，延伸海洋工程装备上下游产业链，提高技术研发能力，拓展市场空间，建设海洋工程装备产业的研发、展示、交易和服务中心，为中国海洋工程装备交易提供“一站式”整体解决方案。另外，随着海洋矿产资源的开发规模日益扩大，可提前布局相关机械设备制造技术的研发与生产。目前，世界对可燃冰的开采技术逐渐成熟，相关海工设备需求市场业已形成，潍坊市可以利用自身装备制造业的优势，进行相关海工设备的技术研发和生产。例如，潍坊市豪迈集团成功研发了“海洋石油982”平台关键部件——隔水管产品，成为中国第一家掌握海洋隔水管制造技术的公司，填补了国内空白，成功为世界顶级石油公司——壳牌公司生产三套海上采油平台用大型功能性模块，成功进入海工装备“蓝海”领域。可以依托合资模式，例如，与新加坡合资建修船和改装船厂。新加坡是传统的修船和改装船大国，各大船厂自20世纪60年代转型进入海洋工程领域，一直专注于钻井平台建造。我国海洋工程装备制造业起步较晚，设计、建造能力还十分薄弱，技术水平与世界先进水平还有不少差距。而新加坡凭借自身在造修船方面的优势，已经在自升式平台、半潜式平台、钻井船和浮式生产系统等主流海洋工程装备领域占据了较大的市场份额，并具备了部分产品的关键设计能力，推出的产品也已经为国际主流所接受。潍坊市可以鼓励当地企业和新加坡海洋工程装备制造企业联合开展装备的研发与创新，鼓励合资成立研发机构。

三是提升海洋生物制药产业规模，促进新产品研发。目前，潍坊市海洋生物制药以工业化学用药为主，与青岛、烟台两市相比处于劣势地位，急需转型升级。但海洋生物制药属于高科技含量产业，仅依靠本市自有科技力量进行研发力有不及。青岛市海洋生物医药产业的发展走在全国前列，产业竞争力随着“产学研”链条的完善而日益增强，目前正开展国家海洋生物医药产业基地建设，重点开发抗病毒、降血糖、心脑血管等绿色、安全、高效的海洋创新药物及海洋生物新材料、功能食品和生物制品，建设海洋生物医药资源库。因此，潍坊市可引进青岛、烟台等市，以及省内外在海洋生物医药上的先进技术和人才，合作开展对海洋生物基因及海洋水产品功能性食品、药品等领域的研究开发，深化研究海洋生物活性物质的提取、结构和功能，解决产品高效制备、合成和质量控制等药源生产关键技术；加快突破鱼油、鱼胶蛋白、系列多肽、壳聚糖、海藻多糖等主要海洋生物资源提取利用的核心技术，尽快形成潍坊市独有的生物制药优势，建成全国重要的海洋生物医药产业基地。

四是转型发展传统海洋渔业为智慧渔业。随着近海渔业资源的减少，传统的海洋渔业面临着进入深海、向智慧渔业转变的需要。山东省的青岛、烟台、威海、日照等市都在积极发展“智慧海洋”，高标准建设“蓝色粮仓”，大力推进科技兴渔，构建现代渔业产业体系，通过发展高端远洋捕捞装备，探索“陆海接力”养殖模式，集成工业化养殖等，实现了规模化、装备化、智能化的养殖捕捞模式。在天然海洋资源日益减少之下，海洋牧场成为海洋第一产业增量提质的重要支撑。潍坊市在海洋牧场的面积上高于东营和日照，但在远洋捕捞方面落后于青岛、烟台、威海和日照。针对潍坊市海岸线相对较短、地处内海、洋流较差的特点，应着力发展工厂化养殖、水产品加工贸易、休闲渔业、远洋捕捞等领域，降低近海捕捞总量，逐渐恢复近岸渔业资源，形成海洋渔业良性发展格局。在海洋渔业科技研发方面，重点开展渔业资源增殖技术、人工鱼礁建设技术及其配套监测评估技术研究，开展水产品深加工技术研究、水生生物疾病防控技术研究及海水养殖主要经济鱼类多品种节能、高效、健康养殖综合技术的集成与示范。海洋渔业转型升级，以生态养殖和设施渔业为重点，大力发展陆基工厂化循环水养殖、离岸深水海域抗风浪网箱养殖等设施渔业。大力发展远洋渔业，积极推动远洋渔船及船用装备的更新、改造和升级，推动建设海外渔业保障基地和加工基地。打造生鲜食品国际采购和分拨中心、跨区域冷链物流配送中心。结合核心渔港建设、增殖放流和海洋牧场建设等渔业工作，合理规划布局，大力发展休闲垂钓、观光旅游和观赏渔业等形式多样的休闲渔业第三产业，培育一批有规模、有特色的休闲渔业基地。科学布局增殖渔业，推行立体增殖模式，促进渔业资源修复和优化。延伸远洋捕捞—深海养殖—精深加工高增值产业链条，开发高附加值海洋生物营养品、功能食品、化妆品、保健品和新型营养源等。

2. 孵化培育新兴海洋产业

《全国海洋经济发展“十三五”规划》及《山东海洋强省建设方案》中提出培育壮大海洋新兴产业，结合潍坊市实际情况，建议如下。

一是注重发展海水利用。青岛市在海水利用方面，正以海水淡化专用膜及关键装备和成套设备的自主研发为主，推进海水淡化规模化应用。潍坊市也应利用自身的海洋工程装备制造业的优势，实现海水淡化设备国产化，攻克关键核心技术，为海水利用业技术进步积累原创资源，提高海水淡化能力，扩大海水淡化水应用规模。依托滨海经济开发区，建设集科研开发、检测评价、孵化转化、设计咨询于一体的海水淡化与综合利用创新示范区和产业化基地，全面提升海水淡化与综合利用科技创新能力，延伸海水资源综合利用产业链条，与本市海洋化工有机结合。积极探索低成本、高效率运行的商业模式，逐步实现淡化海水并入市政管网。加大海水直接利用在生活用水中的比例，推进滨海经济开发区及新建生活小区使用淡化海水，扩大海水淡化水的应用规模。

大力推广海水直接利用，结合电厂、化工、钢铁等高耗水企业项目建设，推广海水直接利用。潍坊市要充分发挥海洋化工基地的优势，依托丰富的卤水资源，推广循环经济发展模式，推进卤水资源深加工，重点打造溴系阻燃材料产业链，新医药、农药中间体及原料药产业链，以及钠产业链和氯产业链等四大产业链，加强提取海水有效化学成分的技术研发和应用，打造海水化学资源综合利用产业链，形成深加工能力，提高资源使用效率和产品附加值，建设全国最大的海水综合利用产业基地。

二是大力发展海洋电力业。海洋电力业指利用海洋能进行的电力生产，包括利用海洋中的潮汐能、波浪能、海流能、温差能、盐差能、风能等天然能源进行的电力生产。这些能源属于可再生清洁能源，应得到合理利用。随着我国海上风电并网价格等相关政策的出台，海上风电行业加速发展，辽宁、福建、江苏等地海上风电项目相继开工，大大增强了海洋电力产业的发展潜力。世界首台 3.4 兆瓦模块化大型海洋潮流能首套 1 兆瓦的发电机组已在浙江舟山下海。目前，山东省在海洋电力业上的尝试尚显不足，因此潍坊市可尝试开发海洋电力新能源技术、研制相关装备及进行大规模应用，同时攻克大规模供需互动、储能和并网关键技术，科学布局沿海风电，结合海洋功能区划，稳妥推进海上风电发展，集中开发滨海经济开发区陆域区域。

三是积极探索开展深海采矿业需要的勘探和辅助设施的研发制造。海底蕴含丰富的矿产资源，深海采矿一直是近些年来的热门话题。目前矿产资源的开发程度与人们未来的需求并不匹配，陆地资源早已被过度开采，矿物供不应求促使越来越多的公司考虑在海底作业。据悉，铜、镍、钴等金属在海底的贮藏非常丰富，而黄金和铂金的数量相对较少。目前，联合国国际海底管理局（ISA）已经批准了 20 多份海底探索和采矿合同，涵盖数十万平方英里海域；且已经向政府和公司颁发了26个海底矿产勘查许可证。潍坊附近莱州湾的三山岛金矿是中国唯一海底采矿的金矿，是国家黄金工业“七五”期间重点建设项目，是中国100家最大有色金属矿采选业企业之一，也是目前全国机械化程度最高的地下开采黄金矿山，目前用于采矿、出矿、运输、提升、探矿的设备全部从国外引进；潍坊附近的龙口煤矿是中国唯一的海底煤矿，潍坊市可以依托潍柴动力及丰富的高校资源，尝试研发、引进相关设备的生产制造。

（三）积极推动海洋服务业发展

目前我国的经济结构比例中，三次产业占比已超过50%，正稳步向发达国家的经济结构模式优化，因此，我们对海洋服务业的发展提出以下建议。

1. 建设“智慧港口”，打造现代（海洋）物流体系，在“港产城”一体化方面实现突破

潍坊市位处环渤海湾经济带，地理优势作用发挥不足，应围绕国家“一带一路”倡议实施，以莱州湾港区为中心，克服港口发展的体制性障碍，以全国沿海港口布局规划为引领，以资本为纽带，以市场为导向，积极配合全省港口资源整合，推动港口间协同合作和一体化运营，尽快形成发展合力，进一步扩大潍坊市对外开放和中西部辐射能力，推动区域创新能力和竞争力整体提升。着力建设环渤海湾国际航运核心区，打通鲁辽大通道，打造航运基础设施完善、航运服务功能优良、全球配置资源能力突出的国际航运区。利用物联网、大数据、云计算等新技术，提高港口航运效率，加快实现智慧港口工程项目，建设高效、安全、智能的港口感知网络，积极打造港口数据云服务平台，发展基于大数据的高品质增值信息服务新业态，实现资源集中管理与大集成应用，全面提升港口物流供应链一体化服务能力与水平。同时，抓住京津冀协同发展机遇，通过陆路新枢纽京沪二通道（京沪高铁东线）、环渤海通道（环渤海高铁、环渤海高速、环渤海高等级

公路）等，做好南北联通工程，与同处环渤海湾的其他城市（城市群）合理分工与错位发展。支持港口企业合资合作，整合利用港口资源，发展大陆桥运输，打造区域营销中心和物流中心。将“港产城”一体化发展作为滨海新区发展的一项战略任务，目前，滨海新区港口、临港产业和新城发展脱节，今后要统一规划，梯次推进，实现滨海新区“港产城”一体化的突破。

2. 塑造海洋文化旅游、休闲渔业等新旅游模式

青岛市正发展多元化旅游业态，突出滨海度假旅游、海洋休闲旅游、品质乡村旅游、融合创新旅游、服务输出旅游等五大发展方向，打造“游在青岛”品牌；烟台市设计了20条文化旅游主题线路；威海市在民族风情、渔业节庆、渔业产品上更具优势，着力打造“全域旅游”格局。对比而言，青岛、烟台、威海和潍坊在旅游资源上各具优势，潍坊在人文和历史方面更具自身特色，可以打造出独具一格的旅游内涵。如潍坊市可以以滨海经济开发区生态旅游度假区为依托，深度挖掘和开发滨海旅游资源，打造滨海旅游产业集聚区，开发特色旅游项目，优化滨海旅游产品结构，加快塑造潍坊滨海旅游品牌（青岛市以“帆船之都”著称，潍坊市也可深化自身“鸢都”的美名），将滨海旅游与传统旅游项目结合起来，壮大旅游产业整体规模。滨海旅游业发展要做到“陆海融合、康养结合、休闲竞技兼备”，尽快构建以水上竞技体育、马术比赛、温泉康养为主体的滨海旅游产品体系。同时，加大宣传力度，可以将潍坊滨海城市艺术中心打造成国内外知名的海洋文化展示交流平台，以及新时期潍坊的文化地标和城市名片，努力实现成为集收藏保护、展示教育、科学研究、交流传播、旅游观光等功能于一体的国家爱国主义教育基地；完善“滨海休闲游、现代工业游、历史文化游、渔乡体验游、新区观光游”等专项旅游产品，打造各具特色的滨海休闲旅游区。加强宾馆、饭店、停车场等基础设施建设，提高旅行社、景区等的咨询服务和团队服务质量；开辟旅游专线，大力提升滨海旅游配套服务能力；依托莱州湾建设国际邮轮母港，引进国际知名邮轮公司设立区域总部，培育壮大本土邮轮

公司，拓展21世纪海上丝绸之路沿线市场，扩大邮轮增值服务，丰富邮轮旅游产品，逐步形成以邮轮经营为中心，邮轮旅游、商业休闲和文化娱乐为主业，相关金融、贸易、研发、培训、创意、会展等服务业为延伸的现代邮轮产业体系；除了海洋旅游之外，潍坊市还可以依托滨海经济开发区海域及陆域面积辽阔的特点，设立海陆运动基地，按国际化高标准建立航海基地和航海学校，推进相关海陆运动项目的发展，建设以水上项目为中心、陆地项目相结合的训练营地，打造集旅游、健身、休闲和海上观光于一体的综合性海陆运动中心。

3. 立足海洋产业，健全优化金融服务

目前，我国在传统以陆域经济为核心的发展惯性下，针对海洋产业发展的金融服务还相当有限。从目前山东省各市看，青岛、烟台、威海、日照、东营等市的金融机构正同当地政府有关部门研究制定支持海洋经济发展的金融政策措施，探索建立金融支持海洋经济发展的政策体系，积极促进形成各方支持海洋经济发展的政策合力。有鉴于此，潍坊市应积极促进金融与海洋产业的深度融合，在做大做强传统金融服务的基础上，继续创新涉海金融产品，建立多层次、多元化金融服务体系，提高金融服务海洋产业发展的能力。如设立涉海融资租赁工程，扩大融资租赁规模，拓展海洋工程装备、高端专业设备等领域租赁品种和经营范围，大力开展涉海直接融资服务，支持涉海企业通过经营权和资产转让、联合兼并等方式，盘活存量资产，优化增量资产，形成多元化的海洋产业投入机制和融资渠道；充分发挥滨海经济开发区建设优势，着力做好人民币跨境使用、外汇改革创新业务试点，促进投资和服务贸易便利化；开展银行、保险、信托、基金等航运金融业务，鼓励全市保险公司参与海洋强市建设，加大保险对海洋渔业支持力度，引导和鼓励保险机构探索建立巨灾保险和大宗水产品出口保险制度，开展水产养殖互助保险试点和远洋渔业政策性保险；加快设立航运保险公司，完善海上工程保险等保险服务；创新发展海洋领域金融服务新业态，探索设立海洋经济发展引导基金，发展涉海私募股权投资基金和海洋产业创业投资基金。

（四）构筑创新平台，促进对外合作

发展海洋三次产业是潍坊市增强自身硬实力的最有效做法。在这个发展过程中，创新与合作不可或缺，建议如下。

1. 构筑创新平台，引进高端人才，同时健全职业教育涉海专业设置，形成完整的产业链人才储备，提升海洋产业软实力

潍坊市应充分整合各涉海单位的科技资源，发挥各自优势，建立海洋成果转化平台、海洋产业技术平台和海洋创业创新平台，通过制度改革激发创新活力，营造创新创业良好环境，发展规范化、专业化、市场化、网络化的海洋技术成果转化平台。健全海洋科技成果转化体系，加快海洋科技成果转化和产业化，形成研发转化一体、产业高效集聚的发展格局。围绕潍坊“人才新政20条”，坚持人才优先战略，加快建设海洋科技创新领军人才和高技能人才队伍，集聚高端创新人才，充分发挥人才对科技兴海的支撑作用，优化人才队伍结构，注重培养一线创新人才和青年科技人才，建立较为完善的涉海学科体系。除了引入高端科技人才，还应大力培养本市海洋产业急需的制造业人才和销售人才，充分发挥本市众多高校，如潍坊学院、潍坊医学院、潍坊职业学院、山东畜牧兽医职业学院、山东科技职业学院、山东信息职业学院、山东交通职业学院等大专院校的优势，设置健全涉海产业研发、制造、销售全产业链专业，培养用得好、留得住的本科和职业教育层次人才。

2. 优势产业“走出去”，加大对外合作力度

海洋经济的开放性特征要求海洋开发应实施“走出去”和“引进来”相结合的发展战略，主动参与国际海洋经济合作与竞争，在经济全球化和世界海洋开发格局的整体框架下推进海洋经济发展。潍坊市作为环渤海湾经济带及山东半岛上重要的一环，在“引进来”与“走出去”方面的发展尚有极大

潜力可以挖掘。跳出自身看自身，要摒弃狭隘的地方利益，握指成拳，抱团发展；站在全国看山东，向北向南，京津冀、长三角、珠三角都是对接、互动对象，要积极推动分工协作，促进市场融合，优势互补，错位发展；放眼世界看山东，全球都是“原料厂”“产业链”“大市场”，要精准对接“一带一路”建设，面向世界配置资源、拓展市场，形成一个国际产能合作与山东新旧动能转换良性互动的开放新格局。可以借助青岛、烟台的基础，帮助潍坊向国外输出优势产能，比如，直接利用青岛、烟台现有的研发和销售生产点，青烟威抱团形成优势互补，一起“走出去”；也可以与青岛、烟台合作增设潍坊的研发、销售生产点，或者自己独立建设，向省政府要政策，乘着“一带一路”建设的东风，加强与发达国家技术合作，将本市的优势产能输出到国外。海洋经济，说到底是开放型经济，一方面，要立足国内，继续将海洋开发与管理作为海洋经济发展的战略重点，不断提高资源利用效率和可持续发展水平，让海洋化工产品、海工装备、海洋生物医药、海洋水产品精深加工等优势产业“走出去”，加大对外合作力度，既有助于对外竞争力提升，又可以培育新的经济增长极；另一方面，海洋资源丰厚、富矿云集，是推动高质量发展的新“蓝海”；同时，海洋八面来风、通达全球，又是提升开放型经济水平的重要载体，需要放眼全球，积极参与海洋开发的国际事务，了解全球现代海洋产业发展最新动态，积极争取和营造自身发展的良好条件与环境。

（五）提升滨海“企业+园区”模式

滨海产业园是山东半岛蓝色经济区重点打造的示范园区之一。潍坊市应出台更加优惠政策，支持潍坊滨海产业园充分利用已有的基础优势，率先发展，发挥“四区三园”在新旧动能转换中的示范带动作用；支持省属重点企业、中央驻鲁企业整合资源，入驻滨海产业园，集约、转型发展；可通过“园中园”模式，以园区开发企业为主导，依托潍柴重机股份有限公司滨海区“三中心两基地一园区”中“国家高端装备制造产业基地”产业片区的重要载体——华尚科技园等项目，实行大企业开发和工业地产开发，以及依托中欧、中法等产业园，引进国外大财团，进行整体的打包运营。

课题组成员

中国海洋大学：柴寿升　张红智　秦　宏

潍坊市科学发展研究院：郑爱文　王耀强

（2018 年 12 月）

城市竞争力

潍坊城市竞争力研究

◎ 课题组

城市竞争力是推动、支撑城市持续发展及竞争的关键因素和有机构成。城市竞争力反映了城市和理想城市间的差距、不断迈向理想城市的能力。在国际贸易环境动荡、国内改革深度推进的背景下，寻找城市竞争力动力和来源、探索新的竞争优势正在成为各城市发展的重要议题。为全面了解潍坊城市竞争力发展的整体水平，厘清潍坊城市竞争力的比较优势与现实挑战，完善城市竞争力对策建议。本课题组在选取对标城市进行指标设计与数据测度的基础上，形成对潍坊城市竞争力发展的研究报告。

一、城市竞争力的内涵与评价指标体系

（一）城市竞争力的内涵解读

城市竞争力即城市创造财富和价值的能力，体现为城市创造财富和价值的规模、速度和效率。通过文献查阅发现，目前对城市竞争力的研究不断丰富和深化，其内涵呈现出以下特点。

1. 多层次性

城市竞争力是城市在竞争中形成的多元优势。而现代城市聚集的多样性，决定了城市优势不仅包括资源禀赋与空间区位等形成的比较优势，还包括能充分发挥城市效应的竞争优势，如以知识创新为支撑的要素培育内生动力，以扩展资源聚集、缩短时空距离为驱动的交通发展优势等。

2. 可持续性

由于城市竞争力表现在城市的持续繁荣和人民生活的持续改善上，因此城市竞争力不是短期的经济增长，而是能够带动城市长期增长和发展的多种因素的协同，如创新活力、城市多元功能、城市环境可持续性等。可持续的城市竞争力不仅仅指当期的要素吸引和积累，还包括影响城市未来发展优势的形成，影响城市长期增长的要素积累。

3. 动态变化性

城市竞争力的决定性因素在不断发生变化。当前，先进技术推动的生产方式和生活方式成为关键要素，知识和高素质的劳动者成为创造城市增长的根本动力。另外，未来城市发展要依靠高科技和创新来推动，这就促使城市竞争力来源变成能够吸引和汇聚创新要素的人力、科研等环境要素，制度、机构、文化等软要素成为竞争力的关键，政府在营造竞争软环境中发挥着关键作用。

本课题研究中，城市竞争力研究的目的是要衡量城市有机体的运行机理，从经济、文化、活力、品质等四个方面构建促进城市有机体有效运行的重要动力源泉。具体到城市竞争力，则表现为一个城市在市场竞争环境中，相对于其他城市而言特有的、短期内难以被复制和模仿的比较优势及竞争优势。城市只有具备可持续的竞争力，才可能缩小与理想城市的差距，提升不断迈向理想城市的能力。

（二）城市竞争力指标体系

1. 指标体系

课题组充分借鉴国内外相关城市评价指标体系的设计思路和创新点，参考中国社会科学院城市竞争力指数等研究，以潍坊市“四个城市”发展规划为基础，将城市竞争力分为四个方面：综合持续的经济竞争力、包容开放的文化竞争力、宜居奋进的品质竞争力、多元创新的活力竞争力。

基于以上四个方面，在指标的城市级数据可得的前提下，根据指标最小化原则，每个方面分别提炼出3个二级指标，每个二级指标包含2个三级指标，整个指标体系由4个一级指标、12个二级指标和24个三级指标组成（本研究中的指标全部采用基础指标复合计算获得，以便更全面地反映城市竞争力情况）。课题组力图通过统计计量方法，对城市竞争力进行定量的分析和比较，为潍坊市确定自身发展优势和劣势、规划未来发展方向提供重要参考（见表1）。

表1　城市竞争力指标体系

	一级指标	二级指标	三级指标
城市竞争力	经济竞争力	经济基础	人均GDP增长率
			工业企业全员劳动生产率
		经济潜力	R&D（科学研究与试验发展）支出占GDP比重
			城镇居民储蓄率
		经济环境	外贸依存度
			万元GDP耗电量
	文化竞争力	文化服务	教育支出占财政支出比例
			百人公共图书馆馆藏量
		文化影响	万人在校大学生数
			日均国内外游客数量
		文化产业	人均电影票房
			文体娱乐从业人员占比
	品质竞争力	城市建设	常住人口城镇化率
			建成区绿化覆盖率
		市民生活	城镇职工基本养老保险参保比例
			每万人拥有公共汽车
		社会文明	公共组织活跃度
			地方政府网站评估得分
	活力竞争力	经济发展	人均社会消费品零售额
			本外币贷款余额增长率
		创新创业	万人专利授权量
			私营及个体工商业活跃度
		社会开放	每千人拥有执业医师（助理）
			国家级高新区留学归国人员占从业人员比例

2. 计算方法

（1）数据来源。所有基础指标数据来源于《中国城市统计年鉴》（2015—2017 年）、各城市 2015—2017 年统计年鉴、历年《火炬统计年鉴》、各城市国民经济和社会发展统计公报、中国社会科学院及其他研究机构相关数据库等。

（2）指标数据标准化方法。由于基础指标数据量纲不同、数值量级不同，因此需要对基础指标数据进行标准化处理，以消除量纲及数量级对评价结果的影响。标准化方法采用阈值法，具体计算公式为：

$$x'_{ij}=\frac{x_{ij}-\min\left(x_i\right)}{\max\left(x_i\right)-\min\left(x_i\right)}$$

其中，x_{ij} 为第 j 个城市第 i 个基础指标值；x'_{ij} 为对应标准化值；$\max\left(x_i\right)$、$\min\left(x_i\right)$ 分别为第 i 个指标的最大值和最小值；i 代表指标序号；j 代表城市序号。

（3）指标权重确定。权重的确定使用熵值法。熵值法的基本思路是根据指标变异性的大小来确定客观权重。一般来说，若某个指标的信息熵越小，表明指标值的变异程度越大，提供的信息量越多，在综合评价中所能起到的作用也越大，其权重也就越大。①

第一，原始数据说明。由于指标数据是涉及多个年份、多个城市的面板数据，考虑到不同年份之间的可比性，决定使用基础指标历年指标值的平均值来测算指标权重。计算平均值采用两种方法：比率数据采用几何平均数公式，其余数据类型采用算数平均数公式。

算数平均数公式：

① 目前流行的城市竞争力评估方法主要包括：德尔菲法、层次分析法、主成分分析法、熵值法、模糊综合评价法。在这些方法中，熵值法是一种客观赋权方法，通过计算指标的信息熵，根据指标的相对变化程度对系统整体的影响来决定指标的权重，相对变化程度大的指标具有较大的权重，具有极强的客观性和可比性，但缺点是容易受到极端值的影响。

$$\overline{x}_{ij}=\frac{\sum_{k=1}^{n}x_{ijk}}{n}$$

其中，k代表年度，n=2、3、4

几何平均数公式：

$$\overline{x}_{ij}=\sqrt[n]{\prod_{k=1}^{n}x_{ijk}}$$

其中，k代表年度，n=2、3、4

第二，计算第j个城市第i个指标值的比重p_{ij}，公式为：

$$p_{ij}=\frac{x'_{ij}}{\sum_{j=1}^{m}x_{ij}}(m=10)$$

第三，计算各指标值的信息熵。第i个指标的信息熵公式为：

$$E_i=-\ln(m)^{-1}\sum_{j=1}^{m}p_{ij}\ln\left(p_{ij}\right)$$

第四，确定各指标权重。第i个指标的权重公式为：

$$w_i=\frac{1-E_i}{\sum_{j=1}^{m}\left(1-E_i\right)}$$

根据以上步骤和公式，分别计算出各三级指标的权重，然后使用对应指标加总的方法，分别计算各二级指标及一级指标的指数值。各指标权重如表2所示。

表2　城市竞争力评价指标权重

	一级指标及权重	二级指标及权重	三级指标	权重
城市竞争力	经济竞争力 0.2466	经济基础 0.0685	人均 GDP 增长率	0.0435
			工业企业全员劳动生产率	0.0250
		经济潜力 0.0582	R&D 科学研究与实验发展支出占 GDP 比重	0.0201
			城镇居民储蓄率	0.0381
		经济环境 0.1199	外贸依存度	0.0621
			万元 GDP 耗电量	0.0578

续表

<table>
<tr><th></th><th>一级指标及权重</th><th>二级指标及权重</th><th>三级指标</th><th>权重</th></tr>
<tr><td rowspan="18">城市竞争力</td><td rowspan="6">文化竞争力
0.2870</td><td rowspan="2">文化服务
0.0967</td><td>教育支出占财政支出比例</td><td>0.0296</td></tr>
<tr><td>百人公共图书馆馆藏量</td><td>0.0671</td></tr>
<tr><td rowspan="2">文化影响
0.0973</td><td>万人在校大学生数</td><td>0.0593</td></tr>
<tr><td>日均国内外游客数量</td><td>0.0380</td></tr>
<tr><td rowspan="2">文化产业
0.0930</td><td>人均电影票房</td><td>0.0328</td></tr>
<tr><td>文体娱乐从业人员占比</td><td>0.0602</td></tr>
<tr><td rowspan="6">品质竞争力
0.1691</td><td rowspan="2">城市建设
0.0534</td><td>常住人口城镇化率</td><td>0.0335</td></tr>
<tr><td>建成区绿化覆盖率</td><td>0.0199</td></tr>
<tr><td rowspan="2">市民生活
0.0633</td><td>城镇职工基本养老保险参保比例</td><td>0.0402</td></tr>
<tr><td>每万人拥有公共汽车</td><td>0.0231</td></tr>
<tr><td rowspan="2">社会文明
0.0524</td><td>公共组织活跃度</td><td>0.0300</td></tr>
<tr><td>地方政府网站评估得分</td><td>0.0224</td></tr>
<tr><td rowspan="6">活力竞争力
0.2973</td><td rowspan="2">经济发展
0.0846</td><td>人均社会消费品零售额</td><td>0.0319</td></tr>
<tr><td>本外币贷款余额增长率</td><td>0.0527</td></tr>
<tr><td rowspan="2">创新创业
0.1119</td><td>万人专利授权量</td><td>0.0451</td></tr>
<tr><td>私营及个体工商业活跃度</td><td>0.0668</td></tr>
<tr><td rowspan="2">社会开放
0.1008</td><td>每千人口拥有执业医师（助理）</td><td>0.0336</td></tr>
<tr><td>国家级高新区留学归国人员占从业人员比例</td><td>0.0672</td></tr>
</table>

（4）指标权重说明。熵值法是一种客观赋权法，其根据各项指标观测值所提供的信息的大小来确定指标权重。某项指标的各城市指标值之间差距越大，其信息熵越小，该指标所包含的信息量就越大，其在综合评价中所起到的作用也就越大，即该指标的权重也就越大。

一级指标的权重由对应的 3 个二级指标总权重加总得到，二级指标权重由下设 2 个三级指标权重加总得到，因此一级指标权重的大小最终取决于 6 个三级指标权重的大小。以活力竞争力指标为例，活力竞争力（0.2973）的指标权重最大，原因在于对应的 3 个二级指标的权重都比较大，其中“经济发展”权重为 0.0846、“创新创业”为 0.1119、“社会开放”为 0.1008。活力竞争力下设 6 个三级指标的权重在所有 24 个三级指标中均较大。

三级指标权重的大小取决于 10 个城市指标值之间的差距大小，指标值差距越大，指标权重越大。譬如，24 个三级指标中“百人公共图书馆馆藏量”（0.0671）指标权重最大，原因在于 10 个城市指标值之间差距很大，2016 年离散系数达到 0.78；三级指标中“R&D 支出占 GDP 比重”指标权重最小，仅为 0.0201，原因在于 10 个城市中“R&D 支出占 GDP 比重”之间的差距很小，离散系数仅为 0.2160。

需要注意的是，根据熵值法计算确定的指标权重与指标的相对差距有关，即某一指标的不同城市的指标值之间差距越大（离散性越强），则该指标权重越大。所以，指标权重大并不完全意味着该指标更重要，这与依据主观判断得到的权重有所区别。基于此，4 个一级指标中，“活力竞争力”（0.2973）的指标权重最大，并不是说明“活力竞争力”这个指标在城市竞争力中最重要，而是说明各城市在“活力竞争力”各项指标中的差异最大；“品质竞争力”（0.1691）的指标权重最小，并不是说明“品质竞争力”这个指标在城市竞争力中最不重要，而是说明各城市在“品质竞争力”各项指标中的差异最小。由于熵值法采用的客观赋权方法一定程度上忽略了指标本身的重要程度，有时确定的指标权数会与预期的结果有所差别。

（5）指标指数的计算。由三级指标标准化值和相应权重计算出每个城市每个指标各个年度的评价值，将评价值按所属竞争力指标加总即可得到指数值。计算公式如下：

$$Z_j = \sum_{i=1}^{q} x'_{ij} w_i$$

其中，q=24；q 代表指标数量。

（三）对标城市选择说明

本次研究中的对标城市选择，采取客观选择与主观选择相结合的方法：先是按照 2013—2017 年的年均城市 GDP 总量将城市进行分层，然后根据地理区位、发展速度、城市相似度等各方面进行综合权衡，在 3 个不同层次的城市中各选择3个城市作为对标城市。具体来说，共分为如下两个步骤。

第一步是客观选择。将2013—2017年年均GDP总量高于潍坊的33个城市，按照GDP总量比潍坊高30%以内、30%~60%、60%以上的条件分为3组，分别视作潍坊城市竞争力的近期赶超对象、中期竞争对手、远期标杆城市3个层次。

第二步是主观选择。在年均GDP总量比潍坊高30%以内的城市中选择济南、东莞、烟台3个城市作为对标城市；在年均GDP总量比潍坊高30%~60%的城市中选择郑州、佛山、宁波作为对标城市；在年均GDP总量比潍坊高60%以上的城市中选择长沙、青岛、杭州作为对标城市。这9个城市和潍坊一起组成本研究的对标城市组（见表3）。

表3　城市竞争力研究的对标城市选择

序号	城市	2013—2017年年均GDP（亿元）	年均GDP总量高于潍坊比例（%）	2017年GDP（亿元）	2017年GDP全国排名	所在省份
1	杭州	10240.95	98.78	12556	10	浙江
2	青岛	9409.47	82.64	11037	12	山东
3	长沙	8669.46	68.28	10536	13	湖南
4	宁波	8226.18	59.67	9847	15	浙江
5	佛山	8159.39	58.38	9500	16	广东
6	郑州	7508.86	45.75	9130	17	河南
7	烟台	6465.33	25.50	7339	23	山东
8	东莞	6411.21	24.45	7582	19	广东
9	济南	6167.82	19.72	7202	25	山东
10	潍坊	5151.84		5859	34	山东

9个对标城市可以按照其地理区位划分为4组。每组对标城市均包括不同于潍坊发展阶段的2个或2个以上城市，有助于通过多层面的比较更系统地掌握城市竞争力的结构要素与发展趋势（见表4）。

表4 对标城市的区位分组

地理区位	GDP 高于 60% 以上	GDP 高于 30%~60%	GDP 高于 30% 以内
长三角	杭州	宁波	
珠三角		佛山	东莞
中部省份	长沙	郑州	
山东省内	青岛		烟台、济南

二、城市竞争力分析：基本特点与发展趋势

（一）城市竞争力指数呈纺锤形结构，相对差距较小

研究发现，在 0 ~ 100 分的竞争力指标中，处于高分和低分两端的城市数量少，大多数城市得分在 35 ~ 55 分之间。此外应看到，即便排名靠前的城市也不足 65 分，且除杭州之外的城市竞争力指数均低于 60 分。另外，2014—2016 年城市竞争力指数情况中，分别有 5 个、4 个、5 个城市低于竞争力平均水平。从得分分值来看，城市竞争力平均分更接近于下半区域，整体水平不高（见表 5）。针对此结论，有以下三点需要说明。

第一，熵值法确定的城市竞争力得分，反映的是城市之间在既定指标上的差距，也就是说，竞争力指数反映的不是各城市竞争力的绝对数值，而是其相对差异。城市竞争力指数整体水平不高，并不代表这些城市竞争力低下，而是反映了这些城市竞争力差距相对较小。

第二，中国社会科学院“城市竞争力”课题组近几年的研究结论中，城市竞争力指数呈现较为明显的两极分化现象。这与本课题研究得出的“纺锤形结构”结论不同，主要原因是样本城市选择不同。在中国社会科学院“城市竞争力”研究中，样本城市涵盖了国内多数地级以上城市，数量在 290 个左右。由于各城市要素禀赋、发展基础等差距悬殊，城市竞争力呈现“极化”现象在所难免。但本课题研究选择的是国内 GDP 排名前 34 位中的 10

个城市，经济基础、资源结构、发展能力等相对较为均衡，其竞争力差距比全国城市间的极差差距要小得多。

表5　　城市竞争力得分统计

城市	2014 年		2015 年		2016 年		3 年平均	
	得分	排名	得分	排名	得分	排名	得分	排名
杭州	63.55	1	64.23	1	64.01	1	63.93	1
东莞	45.71	5	53.48	2	53.21	2	50.80	2
郑州	46.12	3	46.62	3	48.12	3	46.95	3
宁波	48.92	2	45.29	5	45.01	5	46.41	4
济南	43.32	4	43.91	4	43.27	4	43.50	5
长沙	41.36	6	42.95	6	40.02	6	41.43	6
青岛	39.27	7	38.97	7	38.30	8	38.85	7
佛山	38.30	8	34.19	8	39.14	7	37.21	8
烟台	22.24	10	29.95	9	24.32	9	25.50	9
潍坊	25.30	9	27.24	10	23.99	10	25.51	10
均值	41.41		42.68		41.94			

第三，关于青岛和济南城市竞争力指数的说明。根据本课题研究，济南市城市竞争力得分与排名优于青岛市，这与我们的认知有一定偏差。对此有三个方面的解释：一是近几年济南市不断强化在国家与山东省规划建设中的地位和作用，积极发挥其省会城市优势，多种政策叠加促成济南市城市竞争力大幅进步；二是与城市竞争力的结构要素有关，比较发现，青岛市的文化竞争力得分远低于济南，从而拉低了青岛城市竞争力的总体指数，与济南形成一定差距；三是与熵值法的采用有关，本研究采用的熵值法更多关注相关指标的城市间差距，在一定程度上会忽略指标本身的重要程度。也就是说，通过熵值法确定的指标权重可能会弱化青岛市在某些指标上的竞争优势，从而使得最终结果与一般性认知有所差距。

（二）城市竞争力与GDP发展相关性不强

数据显示，2013—2017 年 10 城市 GDP 排名变动较小，表明经济发展能力在时间序列上具有很强的传承性。与GDP排名以及城市GDP分层相比，城市竞争力的排名变动较大。除杭州的GDP和竞争力排名双高外，东莞、郑州、济南的竞争力排名远远高于其GDP排名，而青岛、长沙、佛山的竞争力排名大幅落后于其GDP排名。这表明城市GDP并不与竞争力正相关。因此，GDP排名较低的城市，既有较大的发展转型压力，也有较好的竞争力反超空间（见表6和图1）。

表6　城市竞争力研究的目标城市选择

序号	城市	2013—2017年年均GDP（亿元）	年均GDP总量高于潍坊比例（%）	2014—2016年城市竞争力平均指数	城市竞争力平均指数高于潍坊比例（%）
1	杭州	10240.95	98.78	63.64	193.15
2	青岛	9409.47	82.64	37.17	71.21
3	长沙	8669.46	68.28	39.68	82.78
4	宁波	8226.18	59.67	46.47	114.05
5	佛山	8159.39	58.38	34.60	59.38
6	郑州	7508.86	45.75	47.02	116.57
7	烟台	6465.33	25.50	21.68	-0.16
8	东莞	6411.21	24.45	49.90	129.87
9	济南	6167.82	19.72	41.12	89.41
10	潍坊	5151.84		21.71	

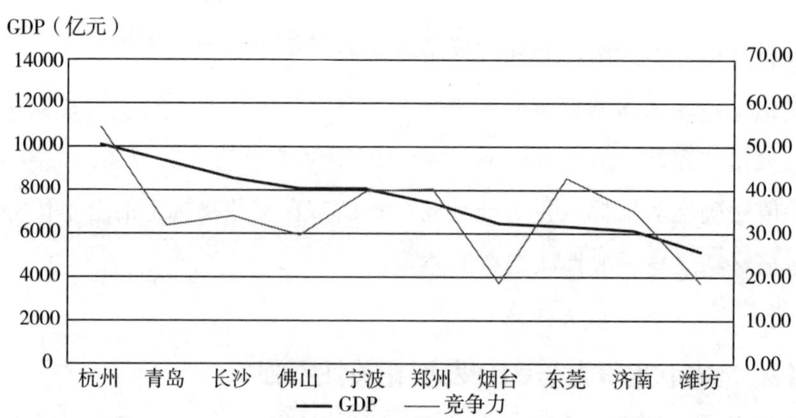

图1　城市GDP与竞争力指数相关

（三）城市竞争力增速不稳定，总体波动下滑

2014—2016 年，10 城市竞争力均值分别为 41.41、42.68、41.94。总体来看，城市竞争力整体水平出现缓慢的波动下滑趋势。这一测度结果与中国社会科学院城市竞争力报告的结论相一致，表明在宏观经济转型升级的大环境下，城市竞争力的效率水平也有所调整。

由图 2 可以看出，除郑州一直保持竞争力的增长趋势外，其他城市竞争力均呈现波动起伏，杭州、东莞、济南、长沙、烟台、潍坊先升后降，佛山是先降后升。这说明城市竞争较为激烈，不进则退。只要利用好城市优势，大胆创新改革，就有大幅提升和改善竞争力的空间。

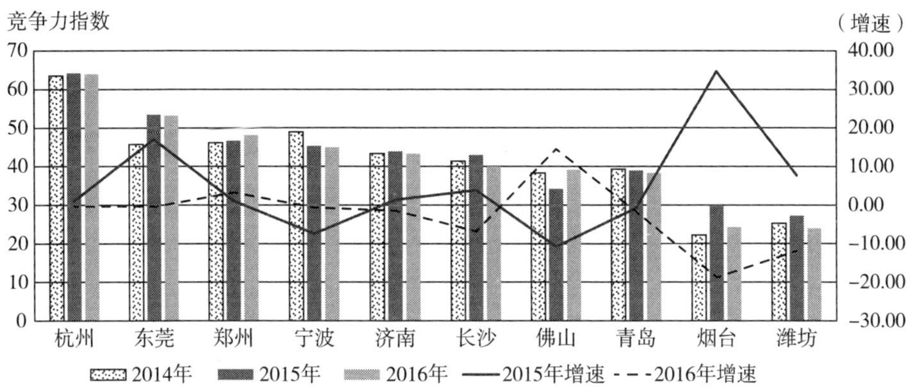

图 2 城市竞争力增长趋势

（四）城市竞争力排名的延续性较强

对城市竞争力考察发现，10 个样本城市分为两个梯队：第一梯队包括杭州、东莞、郑州、宁波和济南，3 年得分一直在前 5 名；第二梯队包括长沙、佛山、青岛、烟台和潍坊，3 年得分一直在后 5 名。另外，2016 年的竞争力指数与 2014—2016 年 3 年均值呈现比较典型的对应关系，且连续 3 年 10 个城市竞争力均值变化很小。可见，城市竞争力存在着很强的延续性，竞争力排名呈现一定的固化现象。这说明提升城市竞争力绝非一朝一夕的事情，需要在多个分项指标上长期积累。

（五）城市竞争力区域化差距明显，中心城市地位突出

杭州、东莞城市竞争力发展显著，近几年一直位居10城市的前2名；而烟台、潍坊连续3年位居最后2位，竞争力发展较为滞后。课题研究的10个城市，按照地理区位可以划分为4组：长三角、珠三角、中部省份及山东省内（详见表4）。从城市竞争力能力来看，长三角（杭州、宁波）竞争力指数均值远远高于10城市均值，中部省份（长沙、郑州），珠三角（东莞、佛山）竞争力指数均值也高于10城市均值，而山东省内4城市的竞争力指数均值则低于10城市均值。总体来看，城市竞争力区域化发展特点明显，区位优势对城市竞争力的影响较为显著（见图3）。

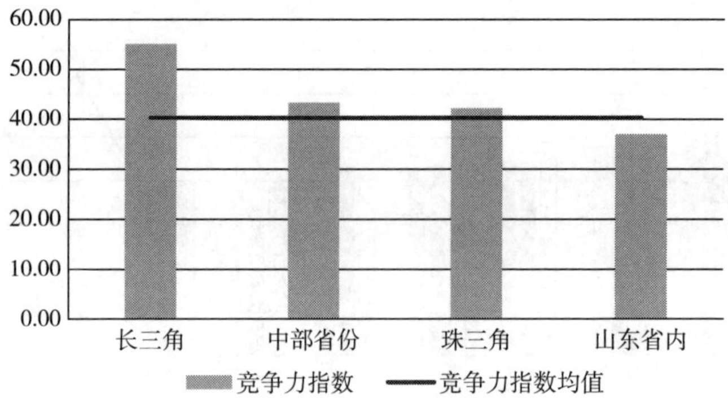

图3 城市竞争力的区位差距

另外，从不同区位城市群内的竞争力指数来看，中心城市竞争力地位突出。2016年，杭州和宁波的竞争力指数之比为1.42 ∶ 1，在山东省内，济南、青岛、烟台、潍坊的竞争力指数之比为1.80 ∶ 1.60 ∶ 1.01 ∶ 1。区域内部城市之间的竞争力差异大于区域差异，中心城市在区域内的发展优势可见一斑。

（六）城市行政等级对竞争力影响较大

从城市的行政等级来看，省会城市、计划单列市的竞争力要明显高于其他地级城市（见图4）。杭州、郑州、济南、长沙4个省会城市的竞争力指数远远高于10城市均值；宁波、青岛2个计划单列市的竞争力指数也略高于10城市

均值。4 个一般地级市（东莞、佛山、烟台、潍坊）的竞争力指数均值低于 10 城市均值。省会城市和计划单列市有较好的资源聚集效应和政策叠加优势，如果不能妥善处理区域协调发展问题，可能会进一步加剧城市竞争力的马太效应。建议潍坊根据自身发展需要，借力济南、青岛，以区域化发展战略强化城市竞争力。

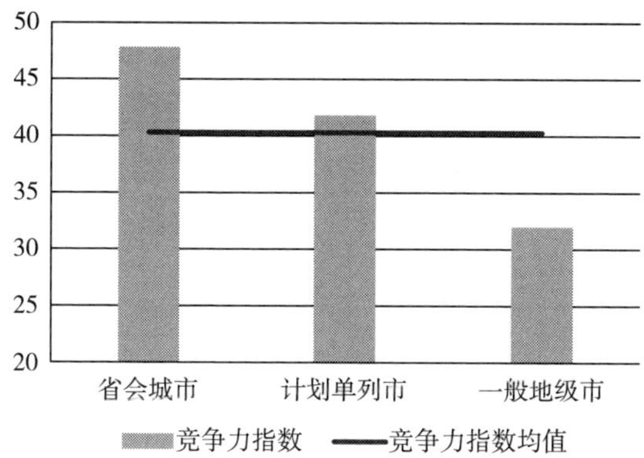

图 4　行政等级对城市竞争力的影响

（七）活力竞争力对城市竞争力影响最大

城市竞争力采取熵值法来确定指标权重。各城市指标值之间差距越大，对竞争力的影响就越大，该指标权重也就越大。由图 5 可以看出，城市竞争力的 4 个一级指标中，活力竞争力对城市竞争力的影响最大，文化竞争力的影响次之，经济竞争力的影响排在第 3 位，品质竞争力的影响程度最小。也就是说，当下 10 城市之间活力竞争力各指标差距最大，品质竞争力各指标差距最小。提升城市竞争力的关键不在于经济实力的大小，而在于如何促进城市发展的持续活力。

二级指标中，经济竞争力中的“经济环境”、活力竞争力中的“创新创业”、“社会开放”、文化竞争力中的“文化影响”权重最大，说明各城市在这些分项指标中差距较大。而杭州、东莞、宁波等城市竞争力之所以一直位居前列，重要原因是其“创新创业”活力一直领先于其他城市（见图 6）。

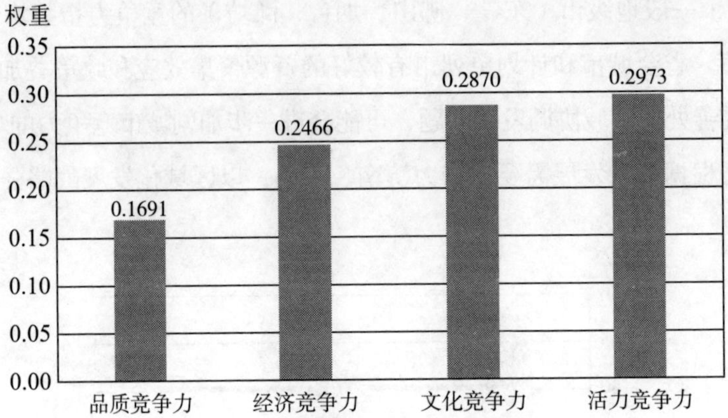

图 5 城市竞争力的指标权重

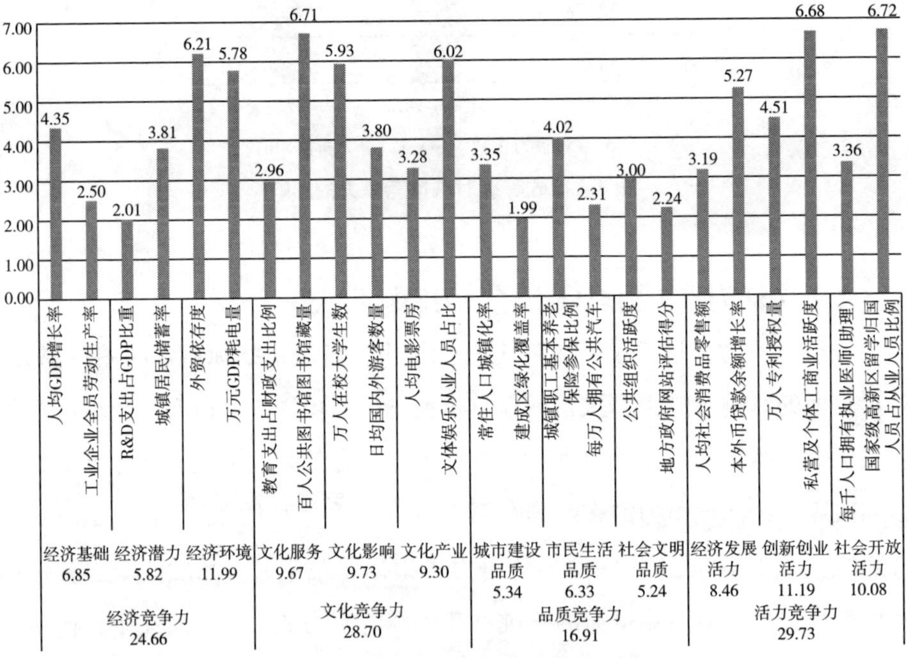

图 6 城市竞争力指标权重结构

另外，三级指标中权重最小的 6 个指标是建成区绿化覆盖率、R&D 支出占 GDP 比重、地方政府网站评估得分、每万人拥有公共汽车、工业企业全员劳动生产率、教育支出占财政支出比例，其权重总和为 14.01%。这些指标多属于政府公共服务与基础设施，权重较小说明各城市政府注重投入与建设，相对水平均衡。三级指标中影响最大的六个指标是国家级高新区留学归国人员占从业人员比例、百人图书馆馆藏量、私营及个体工商业活跃度、外贸依存度、文体娱乐从业人员占比、万人在校大学生数，其权重总和达到 38.27%。这些指标涉及人才、第三空间、市场主体、对外开放、文化市场、高等教育，说明这些指标对城市竞争力影响较大，需要引起充分关注。

（八）城市竞争优势各不相同，须注意均衡协调发展

课题组对 10 城市竞争力进行结构分析发现，各城市的竞争优势不相同。杭州、郑州、佛山、青岛的优势是活力竞争力；东莞、烟台、潍坊的优势是经济竞争力；济南是文化竞争力、活力竞争力并重；宁波是经济竞争力、活力竞争力并重；长沙的优势是文化竞争力（见图 7）。

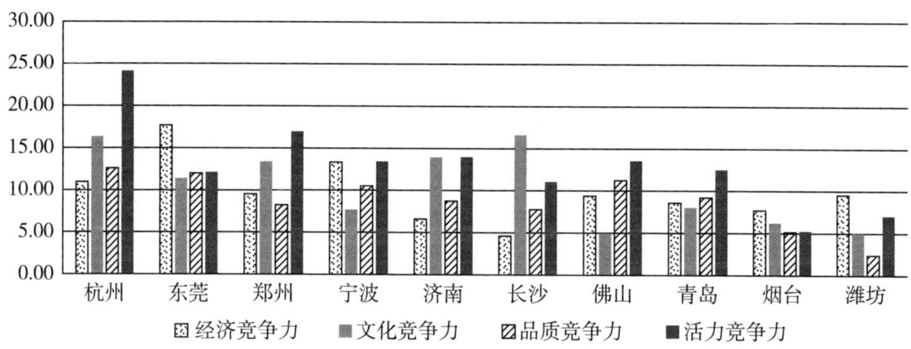

图 7　2016 年城市竞争力结构

另外，在经济、文化、品质、活力等子系统之间具有较好协调度的城市，其城市竞争力往往较强。在当前背景下，提升城市竞争力各要素结构优化，着力补齐相关短板进而实现更加平衡和更加充分的发展态势，对于提升城市竞争力具有重要意义和深远影响。

三、潍坊城市竞争力分析

（一）潍坊城市竞争力总体分析

1. 城市竞争力与其他城市差距逐渐扩大

潍坊城市竞争力分值较低，既远远低于 10 城市均值，也较大幅度低于山东省内均值。2016 年潍坊市竞争力指数只有杭州的 37.48%、东莞的 45.09%、10 城市均值的 73.90%，排名居于 10 城市末位。这与潍坊市 GDP 总量最低紧密相关。但需要注意的是，潍坊城市竞争力指数增速低于 10 城市均值和山东省内均值，且 2016 年出现急剧下滑，与其他城市差距扩大，形势较为严峻（见表 7）。

表7 城市竞争力统计

城市	城市竞争力得分			增长速度	
	2014 年	2015 年	2016 年	2015 年	2016 年
杭州	63.55	64.23	64.01	1.07	−0.34
东莞	45.71	53.48	53.21	16.99	−0.50
郑州	46.12	46.62	48.12	1.08	3.22
宁波	48.92	45.29	45.01	−7.42	−0.62
济南	43.32	43.91	43.27	1.36	−1.46
长沙	41.36	42.95	40.02	3.84	−6.82
佛山	38.30	34.19	39.14	−10.73	14.48
青岛	39.27	38.97	38.30	−0.76	−1.72
烟台	22.24	29.95	24.32	34.67	−18.80
潍坊	25.30	27.24	23.99	7.67	−11.93
10 城市均值	41.41	42.68	41.94	4.78	−2.45
山东省内均值	32.53	35.02	32.47	7.64	−7.28

2. 各分项指标发展不均衡，优势突出、短板明显

从具体指标来看，潍坊城市竞争力 4 个方面的指数发展并不均衡。总体来看，经济竞争力优势最突出，活力竞争力次之，品质竞争力和文化竞争力短板突出，是制约城市竞争力的重要因素。这说明潍坊经济发展基础相对较好，具有较好的可持续发展潜力，但需要在品质竞争力和文化竞争力方面增加建设力度（见图 8）。

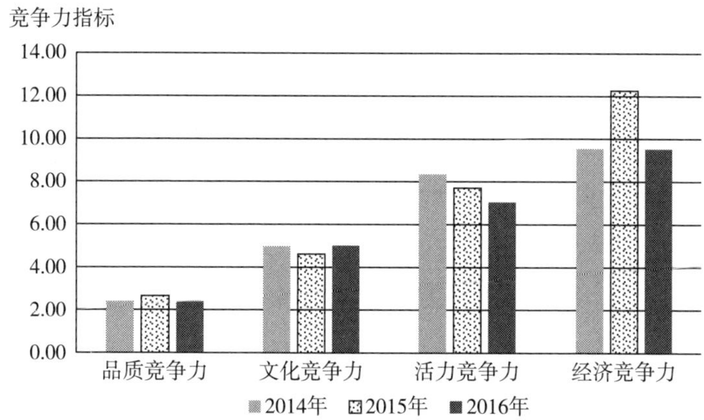

图 8　潍坊城市竞争力一级指标情况

（二）潍坊城市竞争力分项指标分析

1. 经济竞争力

经济是城市竞争力的物质基础和核心组成部分。要提升城市发展的综合水平，必须首先提高经济竞争力。

数据发现，经济竞争力与 GDP 排名有差距，与城市行政等级无关，但与区域发展相关性比较强。另外，经济竞争力波动幅度较大，郑州 15.59% 的正增长与长沙 –33.39% 的负增长差距悬殊，说明各城市在经济转型期面临各种挑战与改革，经济竞争力也呈现出一定的不确定性（见图 9）。

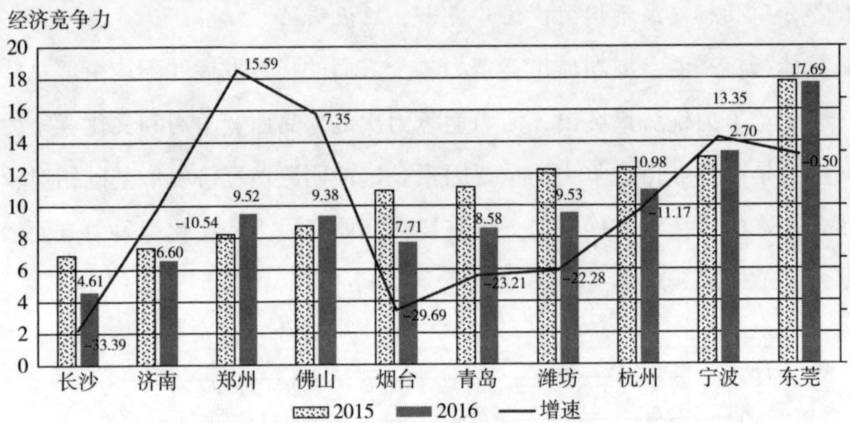

图 9　城市经济竞争力增长趋势

各分项指标中，经济基础排名前 3 位的是郑州、东莞和杭州；经济潜力前 3 名是潍坊、青岛和宁波；经济环境前 3 名是东莞、宁波和佛山。

（1）潍坊市经济竞争力较为强劲，但增幅波动较大。通过测度数据可以看出，潍坊市虽然 GDP 总量居于 10 城市最后，但是其经济竞争力却表现不俗，位居 10 城市中游水平，优于长沙、佛山、烟台等城市，说明潍坊市经济发展具有一定的竞争能力。但需要注意的是，各城市经济竞争力增速波动幅度较大，呈现明显的震荡形态。潍坊市经济竞争力 2015 年增速最快，但 2016 年大幅下跌，存在很大的不稳定性。需要在经济转型期抓住机遇，及时调整产业结构，提升并巩固经济竞争力优势（见表 8）。

表8　城市经济竞争力得分及增速统计

城市	2014 年	2015 年	2016 年	2015 增速（%）	2016 增速（%）
东莞	13.06	17.78	17.69	36.14	−0.51
宁波	12.29	13.00	13.35	5.78	2.69
杭州	11.71	12.36	10.98	5.55	−11.17
济南	11.06	7.37	6.60	−33.36	−10.45
青岛	9.63	11.17	8.58	15.99	−23.19
潍坊	9.55	12.26	9.53	28.39	−22.27
佛山	9.36	8.73	9.38	−6.73	7.45
长沙	7.73	6.92	4.61	−10.48	−33.38
烟台	7.52	10.96	7.71	45.74	−29.65
郑州	6.57	8.23	9.52	25.27	15.67

（2）潍坊市经济竞争力对城市竞争力贡献度最高。数据统计发现，潍坊市经济竞争力的贡献度在 10 个城市中一直高居榜首，与 GDP 排名形成截然相反的表现。这说明潍坊市经济发展在城市建设中受到高度重视，具有较好的发展与规划（见表 9）。

表9　城市经济竞争力贡献度统计

城市	2014 年	2015 年	2016 年
潍坊	37.74	45.00	39.71
烟台	33.80	36.60	31.70
东莞	28.58	33.25	33.25
济南	25.53	16.79	15.25
宁波	25.12	28.71	29.67
青岛	24.51	28.67	22.40
佛山	24.45	25.55	23.96
长沙	18.69	16.11	11.51
杭州	18.42	19.24	17.15
郑州	14.25	17.66	19.78

（3）潍坊市经济竞争力结构不均衡。经济竞争力的 3 个二级指标要素极不均衡，得分相差较大。具体来看，经济潜力得分最高且发展平稳，经济基础得分居中但波动最大，经济环境得分最低但逐年提升。这说明潍坊市需要在以后稳定经济发展基础，更大幅度优化经济环境（见图 10）。

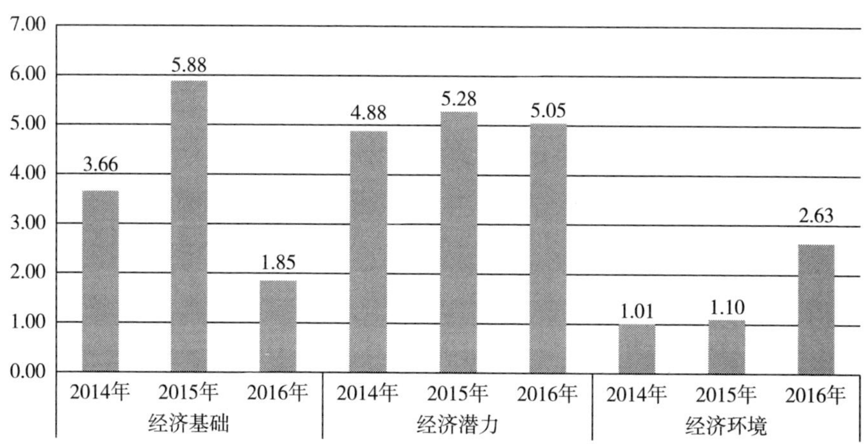

图 10　潍坊市经济竞争力结构

2. 文化竞争力

当下，文化成为一种凝聚资本和民众参与的生产方式，是推动各种空间演化与发展的重要力量。城市文化正逐渐成为城市经济新的增长点。

测度数据发现，10 城市文化竞争力及其各分项指标均未能与 GDP 发展同步。文化竞争力排名前 4 位的长沙、杭州、济南、郑州都是省会城市，而 GDP 排名靠前的青岛、宁波、佛山，其文化竞争力则较为落后。

各分项指标中，文化服务竞争力排名前 3 位的是东莞、杭州、济南；文化影响竞争力排名前 3 位的是郑州、长沙、济南；文化产业竞争力排名前 3 位的是长沙、郑州、杭州（见图 11）。

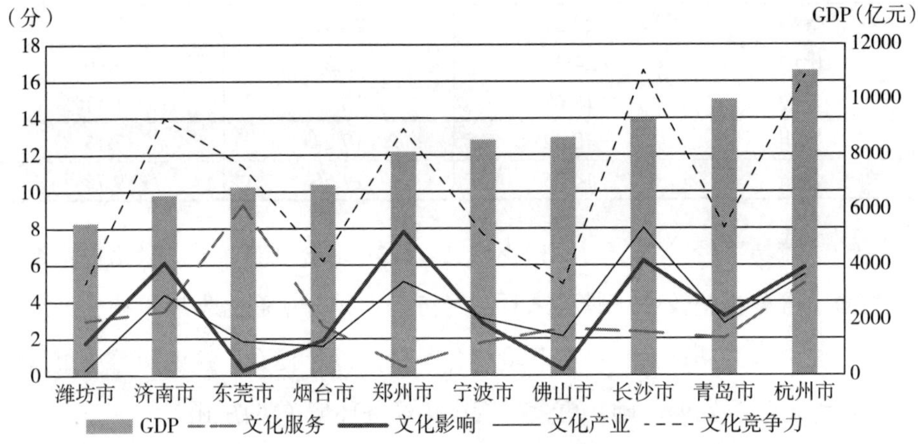

图 11　2016 年城市文化竞争力发展情况

（1）潍坊文化竞争力水平落后，但呈现积极增长态势。对标城市中，潍坊的文化竞争力较为落后，2016 年仅为长沙的 30.22%、杭州的 30.73%、济南的 35.94%，与一流城市之间的差距较大。但通过图 12 可以看出，佛山、潍坊、烟台等文化竞争力排名靠后的城市，其增长速度却位居 10 城市的前 3 位。这说明潍坊市在文化竞争力的发展中具有较好的后发优势，文化市场和文化产品尚有待深度开发。

（2）潍坊文化竞争力对城市竞争力贡献度较低。数据显示，潍坊市文化竞争力对城市竞争力的贡献度连续 3 年低于 10 城市平均值（相关数据分别是：2014 年 19.70% 低于 25.08%；2015 年 16.95% 低于 24.00%；2016 年 20.92% 低于 24.57%；3 年平均 20.35% 低于 25.19%），既与省内的青岛、烟台、济南有一定差距，也与省外的长沙、杭州、郑州差距悬殊。为提升城市综合竞争力，潍坊以后需要在文化建设方面倾注更多的关注和努力（见图 13）。

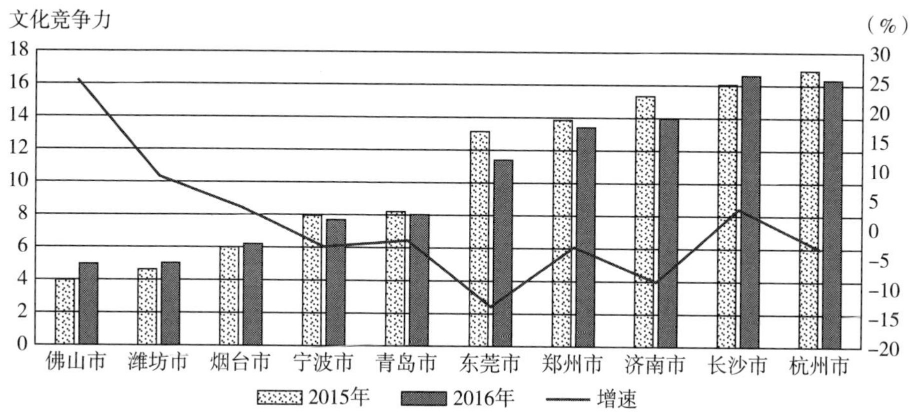

图 12　城市文化竞争力发展情况

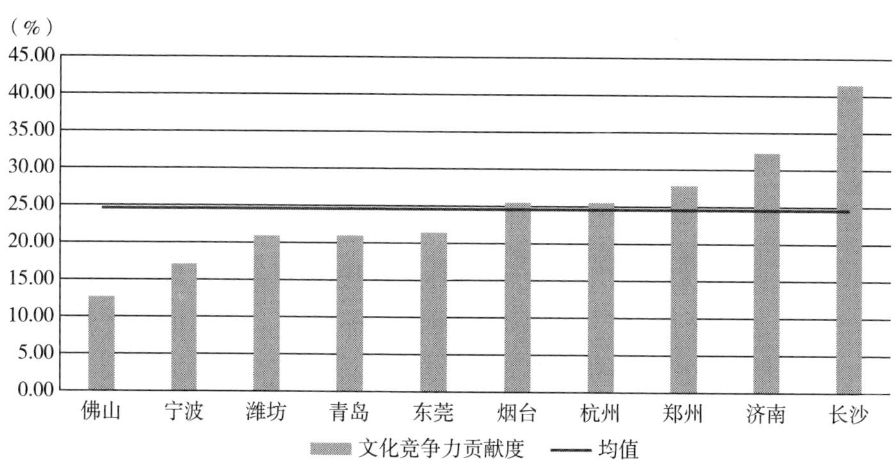

图 13　2016 年潍坊文化竞争力贡献度

（3）潍坊市文化竞争力结构不均衡。文化竞争力的二级指标中，文化服务具有较好的优势，在 10 城市中排名第 4，仅次于东莞、杭州和济南；但文化产业极为落后，在 10 城市中排名末位，且仅为 10 城市均值的 8.27%。这说明潍坊市文化竞争力发展中，政府作用发挥较好，但文化市场发育尚须强化（见图 14）。

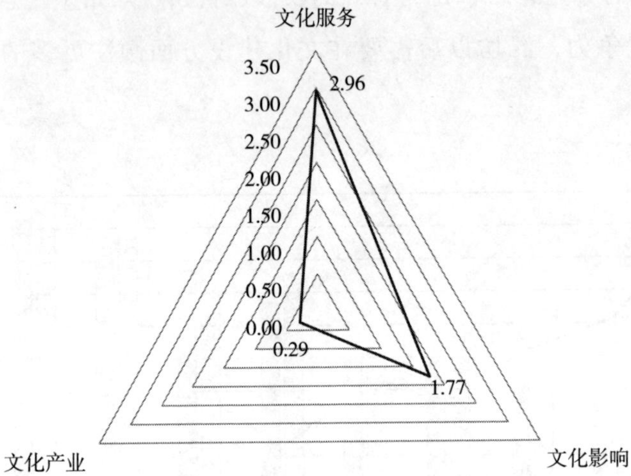

图 14　2016 年潍坊市文化竞争力结构

3. 品质竞争力

城市品质是城市精神品位和城市发展质量的统一体，是城市内部各要素集成经过长期发展和积淀而形成的综合形态反映，是美好外在形象与优秀文化内涵的完美结合，体现的是城市对人才、企业的吸引力和凝聚能力。

测度数据发现，近 50% 的城市品质竞争力低于 10 城市均值水平，整体品质竞争力仍然相对较弱。

城市品质与 GDP 总体正相关。杭州一直位居 10 城市品质建设之首，而潍坊一直处于 10 城市末位。但需要注意的是，GDP 与城市品质并不完全一致。如 2016 年 GDP 总量排名第 8 位的东莞，凭借卓越的品质建设在品质竞争力中排名第 2；而长沙 GDP 总量虽然位居第 3，却因各品质要素表现平平，在城市品质中排名第 8（见图 15）。

各分项指标中，城市建设品质排名前 3 位的是东莞、佛山、郑州；市民生活品质的前 3 位是杭州、东莞、宁波；社会文明品质的前 3 位是宁波、杭州、郑州。总体来看，山东省各城市在品质建设上较为滞后。

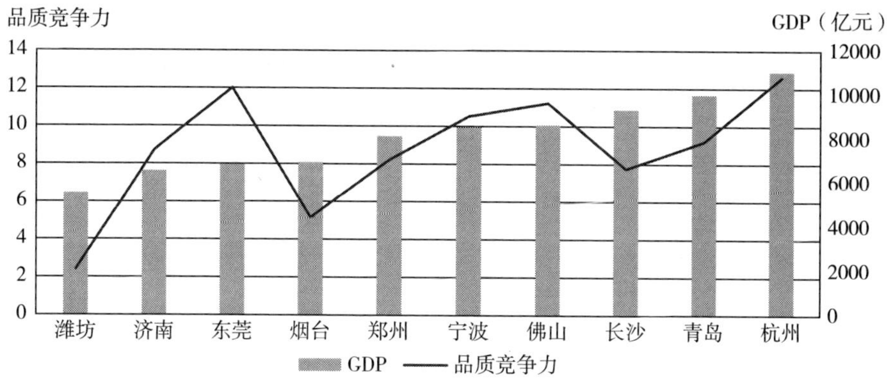

图 15　城市品质竞争力发展情况

（1）潍坊市品质建设滞后，与其他城市差距悬殊。由测度数据可以看出，10 城市的品质竞争力大致可以分为两个层级，杭州、东莞、宁波、青岛、佛山 3 年来一直位居前 5 名，而济南、郑州、长沙、烟台、潍坊一直排名后 5 位。品质竞争力排名出现一定的固化。由于城市品质与 GDP 总体正相关，而潍坊 GDP 排名靠后，在品质建设中一直排名末位，与其他城市差距悬殊（见表 10）。

表10　2014—2016年城市品质竞争力

城市	2014 年		2015 年		2016 年	
	得分	排名	得分	排名	得分	排名
杭州	13.54	1	13.03	1	12.59	1
东莞	10.69	2	11.95	2	12.00	2
佛山	9.54	5	10.87	3	11.22	3
宁波	10.40	3	10.32	4	10.53	4
青岛	9.84	4	9.40	5	9.20	5
济南	8.50	6	9.20	6	8.72	6
郑州	7.85	7	8.83	7	8.22	7
长沙	6.40	8	7.19	8	7.76	8
烟台	4.78	9	4.15	9	5.15	9
潍坊	2.42	10	2.66	10	2.40	10
均值	8.40		8.76		8.78	

（2）潍坊品质竞争力对城市竞争力贡献度最弱。数据显示，潍坊市品质竞争力对城市竞争力的贡献度最小，2016 年仅为 10.02%，远远低于经济竞争力、活力竞争力、文化竞争力的 39.71%、29.35% 和 20.92%。另外，潍坊市品质竞争力的贡献度也远远低于其他城市，说明未来还要进行更为深入的品质建设改革（见表 11）。

表11　2014—2016年城市品质竞争力贡献度比较　单位：%

城市	2014 年		2015 年		2016 年	
	贡献度	排名	贡献度	排名	贡献度	排名
佛山	24.90	2	31.79	1	28.68	1
长沙	25.05	1	24.13	2	24.02	2
济南	21.27	6	22.78	3	23.39	3
宁波	23.38	3	22.35	4	22.56	4
东莞	21.51	4	13.85	9	21.18	5
杭州	19.61	7	20.96	5	20.16	6
烟台	21.31	5	20.29	6	19.67	7
郑州	15.48	9	16.75	8	19.38	8
青岛	17.02	8	18.95	7	17.08	9
潍坊	9.58	10	9.77	10	10.02	10
均值	19.91		20.16		20.61	

（3）潍坊市品质竞争力结构不均衡。品质竞争力的 3 个二级指标均值在 10 城市中排名末位，城市建设品质、社会文明品质均不足 10 城市均值的 50%，市民生活品质甚至由于绝对数值最小而得分为 0。由于熵值法反映的是城市指标值之间的差距，所以潍坊市市民生活品质指标得分为 0，仅说明市民生活品质考查的两个三级指标——城镇职工基本养老保险参保比例、每万人拥有公共汽车——在 10 城市中指标值最低。得分为 0 并不说明潍坊市在市民生活品质方面毫无作为或毫无成效，但排名末位说明潍坊市品质竞争力水平落后于其他城市，尚须全面发力，增强建设成效（见图 16）。

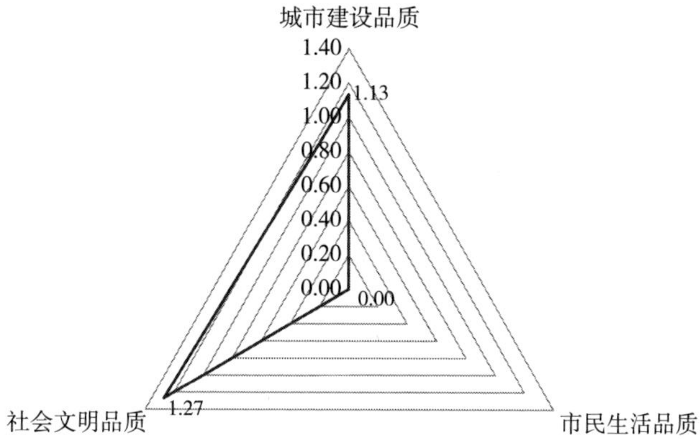

图 16　2016 年潍坊市品质竞争力结构

4. 活力竞争力

城市活力主要是指城市发展各项活动的活跃度。充满活力是城市良性发展的基本保证；活力不足，城市就会落后，甚至停滞、僵化。

测度数据发现，城市活力与 GDP 总体正相关，但并不完全一致。如 2016 年 GDP 总量排名第 9 位的济南，却在活力城市中排名第 3 位；而烟台 GDP 总量虽然位居第 7，却因各活力要素表现平平，在活力城市中排名末位。这说明各城市面对经济社会转型压力，必须挖潜相对优势，形成各具特色的城市发展路径。

各分项指标中，经济发展活力排名前 3 位的是郑州、济南、杭州；创新创业活力的前 3 位是杭州、东莞、宁波；社会开放活力的前 3 位是郑州、杭州、潍坊（见图 17）。

（1）潍坊市活力水平排名略优于其 GDP 排名，但与其他城市差距较大。在 10 个城市的活力竞争力测度中，潍坊连续 3 年排名略优于其 GDP 总量排名（第 10 位），但活力竞争力连续呈现下降趋势，值得关注。另外，潍坊市活力竞争力与其他城市分数相差较为悬殊，2016 年只有杭州的 29.21%、郑州的 41.49%。这说明潍坊的城市发展活力基础与其他城市相比尚有较大发展空间，需要在以后的工作中积极深化改革，充分释放城市发展新活力（见表 12）。

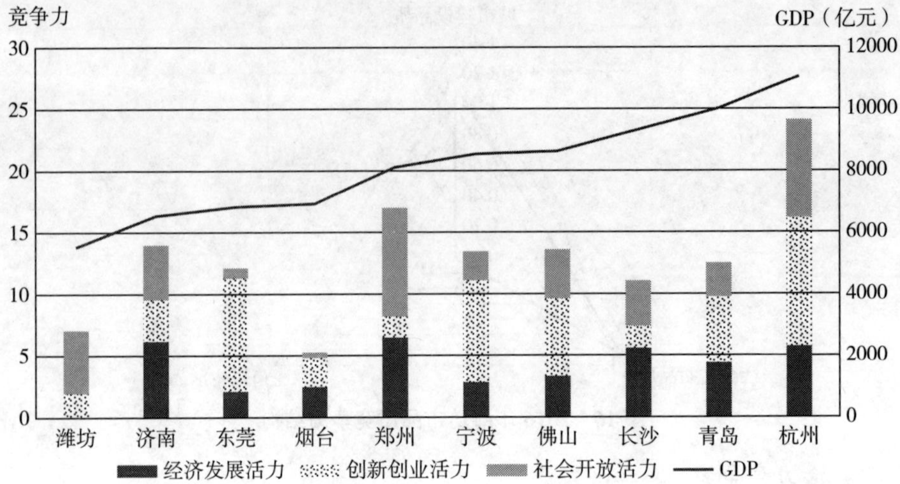

图 17　2016 年城市活力竞争力发展情况

表12　2014—2016年城市活力竞争力

	2014 年		2015 年		2016 年	
	得分	排名	得分	排名	得分	排名
杭州	21.48	1	21.93	1	24.11	1
郑州	17.91	3	15.71	2	16.97	2
济南	9.17	8	12.00	5	13.98	3
佛山	14.90	4	10.62	6	13.58	4
宁波	18.27	2	14.03	3	13.44	5
青岛	11.75	5	10.19	8	12.50	6
东莞	9.37	7	10.60	7	12.12	7
长沙	11.15	6	12.77	4	11.05	8
潍坊	8.34	9	7.70	10	7.04	9
烟台	4.12	10	8.85	9	5.26	10

（2）潍坊活力竞争力对城市竞争力贡献度较好。数据显示，潍坊市活力竞争力对城市竞争力的贡献度较高（29.35%），在 4 个一级指标中仅次于经济竞争力的 39.71%，高于文化竞争力的 20.92% 和品质竞争力的 10.02%。另外，活力竞争力的贡献度与 10 城市均值基本相当。这说明潍坊市近几年着力于活力城市的推进工作，并且已经有较好成效（见表 13）。

表13　　2016年活力竞争力贡献度

	活力竞争力	排名	城市竞争力	排名	活力贡献度	排名
杭州	24.11	1	64.01	1	37.66	1
郑州	16.97	2	48.12	3	35.27	2
佛山	13.58	4	39.14	7	34.69	3
青岛	12.50	6	38.30	8	32.63	4
济南	13.98	3	43.27	5	32.32	5
宁波	13.44	5	45.01	4	29.87	6
潍坊	7.04	9	23.99	10	29.35	7
长沙	11.05	8	40.02	6	27.61	8
东莞	12.12	7	53.21	2	22.77	9
烟台	5.26	10	24.32	9	21.63	10

（3）潍坊市活力竞争力结构不均衡。活力竞争力的二级指标中，潍坊社会开放活力具有较好的优势，在10城市中排名第3位，仅次于郑州和杭州；但创新创业活力短板较为突出，经济发展活力更是在10城市中排名末位（得分为0仅说明该项指标数值最低。请参照全文关于潍坊市市民生活品质的解释）。这在很大程度上与潍坊市GDP总量在10城市中排名最低有关，未来须寻求突破，大力发展（见图18）。

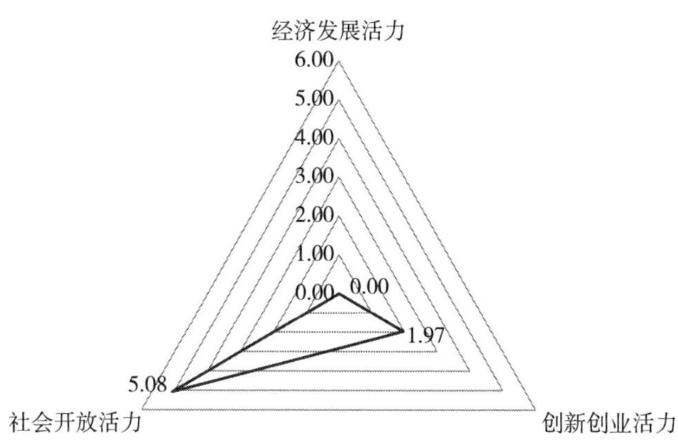

图18　2016年潍坊市活力竞争力结构

四、潍坊城市竞争力的优势与挑战

（一）优势与条件

1. 经济基础较好，具有一定的发展活力

潍坊市 GDP 一直保持良性增长态势，在全国地级市排名中比较靠前。近年来，潍坊市 R&D 支出占 GDP 比重仅次于杭州市和青岛市，排名第 3 位（2014 年第 4 位），且所占比重保持持续上升的趋势，说明潍坊市政府及企业比较重视科技研发资金投入，逐步提高产品科技含量和技术附加值（见图 19）。研发资金的持续投入在工业企业、劳动生产率的提高方面发挥了重要的作用。2014—2016 年，潍坊市工业企业全员劳动生产率在 10 个城市中排名第 3 位，2017 年略有下滑，至第 4 位，说明潍坊市工业企业生产效率较高，竞争能力强，具有较强的可持续性和发展潜力（见图 20）。

另外，从经济环境角度看，潍坊市私营企业及个体工商户虽数量较低，但近年来增速显著，在 10 城市中位居第 3。说明潍坊注重“放管服”改革，通过优化营商环境保障经济发展活力（见图 21）。

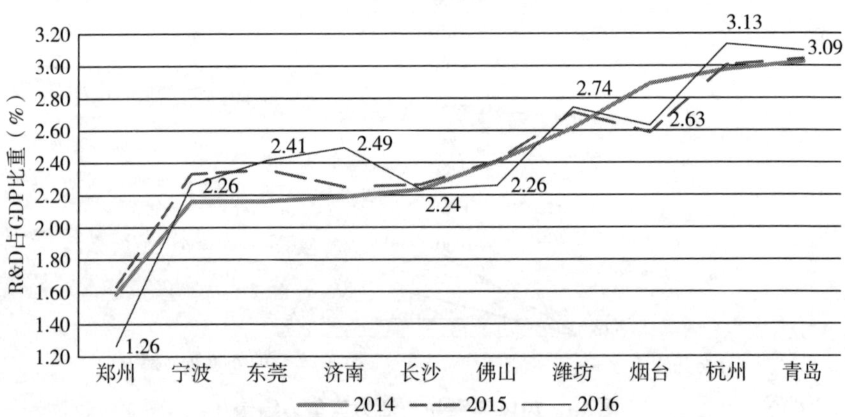

图 19　R&D 支出占 GDP 比重统计

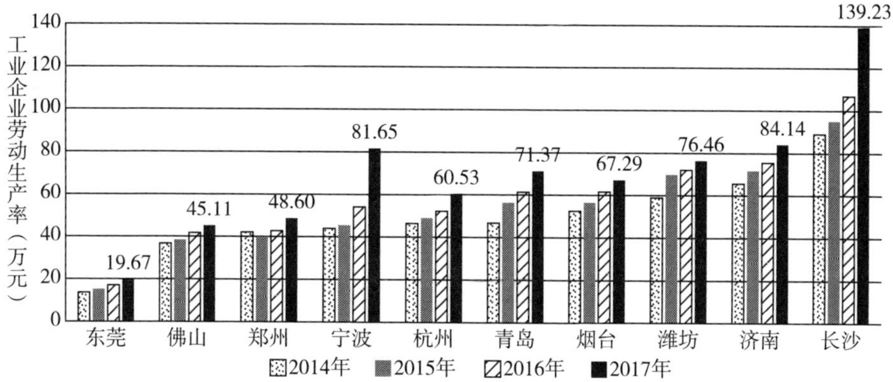

图 20　工业企业劳动生产率统计

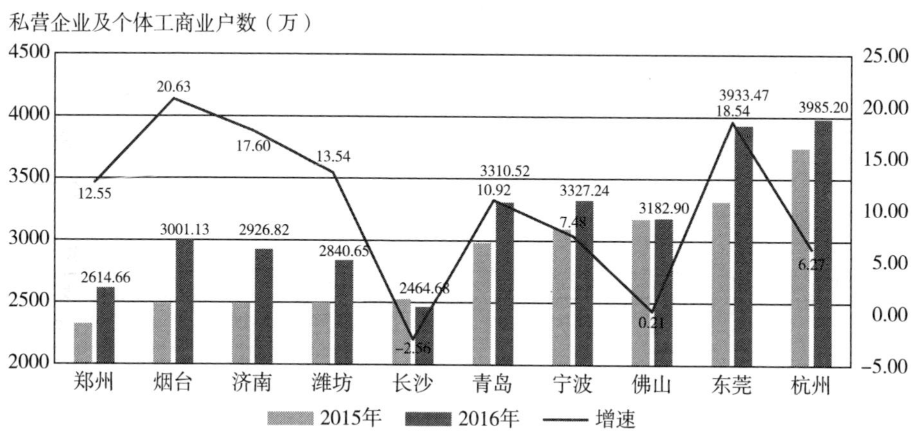

图 21　私营企业及个体工商户统计

2. 教育、医疗资源优势突出

数据分析可以看出，潍坊市教育支出占地方公共财政支出一直维持在25%以上，远远高于对标的其他 9 个城市，是 10 城市均值的 1.46 倍、烟台的 1.34 倍、青岛的 1.42 倍、杭州的 1.45 倍、济南的 1.60 倍。这说明潍坊市注重教育发展，具有极好的比较优势，是城市竞争力得以延续和壮大的重要支撑（见图 22）。

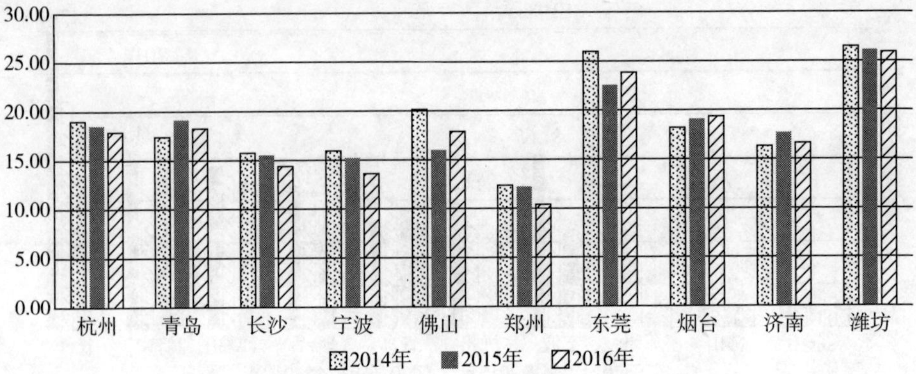

图 22　教育支出占公共财政支出比例（%）

潍坊高度重视医疗资源的投入水平，医疗卫生与计划生育支出占公共预算支出比重处于较高水平，位居 10 城市首位；2016 年潍坊医疗卫生机构数量较高，排名第 1（见表 14）。另外，潍坊市每千人口拥有执业医师（助理）的数量虽连年下降，但在 10 城市中仍居前列。这都说明潍坊市具有较好的医疗服务资源（见表 15）。

表14　医疗卫生机构数量与财政支出比例统计

城市	2016 年卫生机构数（个）			医疗卫生与计划生育支出比例（%）		
	数量	增速	排名	2015 年	2016 年	排名
潍坊	7706	0.75	1	9.38	9.48	1
青岛	7564	-3.62	2	5.72	6.57	7
济南	5726	-1.04	3	9.13	8.72	3
烟台	5336	-1.09	4	7.64	8.07	4
杭州	4691	5.94	5	6.36	6.91	5
长沙	4605	-1.2	6	5.76	5.33	10
宁波	4115	1.13	7	6.72	6.88	6
郑州	3964	1.07	8	7.36	6.55	8
东莞	2344	4.78	9	4.51	6.06	9
佛山	1469	-0.41	10	5.98	8.88	2

表15 每千人口拥有执业医师（助理）统计

城市	2014 年		2015 年		2016 年	
	得分	排名	得分	排名	得分	排名
济南	353.93	3	464.66	1	486.78	1
杭州	345.80	4	375.46	2	407.95	2
郑州	393.33	1	329.03	3	365.16	3
潍坊	367.74	2	328.88	4	329.79	4
宁波	287.00	5	295.18	5	300.07	6
青岛	280.54	6	291.31	6	301.21	5
长沙	269.06	7	281.40	7	296.30	7
烟台	210.92	8	205.41	8	213.00	8
佛山	194.55	9	197.15	9	209.96	9
东莞	160.81	10	166.05	10	171.53	10

3. 城市环境建设较好

潍坊市建成区绿化率高，在10城市中仅次于东莞和烟台。另据统计数据显示，潍坊市空气质量指数持续改善，2015—2017年PM2.5平均浓度呈现逐渐降低趋势，但由于绝对数值仅优于郑州和济南，且其空气质量改善程度低于10城市均值，以后仍须努力（见表16）。

表16 各城市PM2.5平均浓度（微克/立方米）统计

城市	2015 年	2016 年	2017 年	2017 年改善程度变化（%）
郑州	95.7	78.7	72.0	-8.5
济南	90.3	75.6	65.3	-13.6
潍坊	71.7	62.6	59.6	-4.8
长沙	60.2	53.3	53.1	-0.4
杭州	54.7	47.0	43.9	-6.6
佛山	39.4	38.3	40.3	5.2
青岛	51.0	44.8	38.4	-14.3
东莞	36.3	35.2	37.5	6.5
宁波	44.9	38.3	37.2	-2.9
烟台	45.2	39.8	34.9	-12.3
均值	58.9	51.4	48.2	-6.2

在交通方面，高德地图发布的《中国主要城市交通分析报告》表明，潍坊城市道路拥堵水平一直处于较低水平，说明潍坊市道路比较顺畅，工作时间成本较低（见表 17）。

表17 城市高峰拥堵延时指数

城市	2015 年	2016 年	2017 年	2018 年第一季度	2018 年第一季度全国排名
济南	2.039	2.173	2.067	1.954	2
烟台	—	1.729	1.821	1.75	31
长沙	1.765	1.843	1.798	1.723	38
郑州	1.803	1.848	1.715	1.714	42
佛山	1.695	1.806	1.815	1.651	65
青岛	1.851	1.808	1.744	1.62	73
宁波	1.572	1.642	1.617	1.616	74
潍坊	1.549	1.541	1.565	1.588	82
杭州	1.984	1.887	1.699	1.586	83
东莞	1.545	1.639	1.622	1.57	86

4. 区位优势比较明显

潍坊位于山东半岛中部，是连接山东沿海与内陆地区的中心枢纽城市。潍坊西至省会济南 183 公里，东面与青岛无缝对接、接触面最大，是青岛连接国内的必经之地。

潍坊市地理位置优越，交通发达，已经被确定为全国性综合交通枢纽、全国 100 个区域性高铁枢纽之一。另外，根据国家 2016 年制定的《中长期铁路网规划》，未来会有 5 条高铁在潍坊市交会，京沪高铁二通道将打造“到北京 1.5 小时、到上海 2.5 小时”的快速通道，与济南、青岛形成 0.5 小时生活圈。目前正在修建的高铁潍坊北站坐落于济青高铁中间位置，是太石济青发展轴与津沪通道发展轴两大国家级发展轴的交会点。高铁潍坊北站建成后，将成为国内为数不多的集客货运于一体的高铁综合枢纽，形成衔接北京、上海、济南、青岛、烟台等方向的客运线路大格局。潍坊将成为北连京津冀、南接长三角、东邻青烟威、西接省会济南的铁路“米字路口”。

另外，潍坊港是鲁中、鲁北、鲁西物资出海陆路运距最短、最便捷的港口，近几年吞吐量不断提升，国际化交流越来越多样化。目前，潍坊市已经逐步构筑起了集公、铁、水、空于一体的立体交通体系，成为潍坊市发展的有力支撑。

（二）问题与挑战

1. 经济发展面临转型挑战

受结构性矛盾、周期性波动等宏观因素综合影响，潍坊市 GDP 和人均 GDP 增速双双放缓，反映出经济转型与产业结构调整问题突出；对外开放程度（外贸依存度）相对比较低，无法充分利用国际市场优势（见表 18）。

表18 城市GDP、人均GDP增长率统计

城市	GDP 增长率（%）				人均 GDP 增长率（%）			
	2014 年	2015 年	2016 年	2017 年	2014 年	2015 年	2016 年	2017 年
长沙	10.5	9.9	9.4	9.0	9.2	8.4	7.0	5.6
佛山	8.6	8.5	8.3	8.5	6.6	7.9	6.5	7.2
郑州	9.5	10.1	8.5	8.2	7.5	7.9	6.5	6.5
东莞	7.8	8	8.1	8.1	7.4	8.4	8.6	7.5
济南	8.8	8.1	7.8	8.0	7.9	7.0	6.5	6.6
杭州	8.2	10.2	9.5	8.0	7.8	9.1	7.7	5.4
宁波	7.6	8.0	7.1	7.8	6.2	3.5	6.2	14
青岛	8.0	8.1	7.9	7.5	7.5	6.2	6.7	9.1
潍坊	9.1	8.3	8.0	7.0	8.9	8.0	7.4	6.5
烟台	9.1	8.4	8.1	6.5	8.9	8.2	7.6	5.9
均值	8.72	8.76	8.27	7.86	7.79	7.46	7.07	7.43

从潍坊市与其他 9 个城市的 GDP 倍数和人均 GDP 倍数来看，潍坊市人均 GDP 与其他城市之间的差距普遍大于 GDP 水平与其他城市的差距，即便和省内烟台市、济南市相比，依然能看到差距不小。2017 年烟台市和济南市 GDP 分别是潍坊市的 1.25 倍和 1.23 倍，但人均 GDP 倍数却扩大到 1.65 倍和 1.57 倍（见表 19）。

表19 2017年GDP城市比较

城市	GDP		常住人口		人均 GDP		GDP 是潍坊市的倍数	人均 GDP 是潍坊市的倍数
	数值	排名	数值	排名	数值	排名		
长沙	10535.51	3	791.81	7	133056.04	1	1.80	2.13
杭州	12556.00	1	946.80	2	132615.12	2	2.14	2.12
佛山	9549.60	5	765.67	8	124722.14	3	1.63	1.99
宁波	9846.90	4	800.50	6	123009.37	4	1.68	1.97
青岛	11037.28	2	929.05	4	118801.79	5	1.88	1.90
烟台	7338.95	8	708.94	10	103520.04	6	1.25	1.65
济南	7201.96	9	732.12	9	98371.31	7	1.23	1.57
郑州	9130.20	6	988.10	1	92401.58	8	1.56	1.48
东莞	7582.12	7	834.25	5	90885.47	9	1.29	1.45
潍坊	5858.60	10	936.30	3	62571.83	10	—	—

人口老龄化与人口增速放缓是影响经济发展的重要原因。一方面，潍坊市常住人口总量仅低于郑州和杭州，但2015—2017年潍坊市常住人口增量有限，人口集聚效应并不明显；另一方面，从城市年轻指数来看，15～35岁年轻群体比例相对较低，且没有很好改善，说明城市吸引力不强。这都在一定程度上为潍坊的经济转型发展带来一定的挑战（见表20）。

表20 城市常住人口及年轻指数统计

城市	常住人口变动规模（万人）				城市年轻指数		
	2015年	2016年	2017年	2017年排名	2015年	2016年	2017年
杭州	12.60	17.00	28.00	1	79	80	80
长沙	12.03	21.34	27.29	2	77	78	78
佛山	8.00	3.21	19.40	3	77	73	—
郑州	19.10	15.50	15.70	4	80	82	82
宁波	14.35	5.00	13.00	5	76	74	76
济南	6.50	10.11	8.81	6	76	75	74
青岛	5.08	10.70	8.65	7	71	71	71
东莞	−8.90	0.73	8.11	8	81	78	77
烟台	1.18	4.99	2.54	9	67	66	—
潍坊	3.00	7.98	0.60	10	69	69	—

潍坊市外贸依存度一直偏低，2014—2016 年，外贸依存度一直保持在 22.8% 左右，2017 年有所上升，至 24.99%，与排名第 1、2 位的东莞市和宁波市差距很大，即便剔除转口贸易和加工贸易总量较大的东莞和宁波，潍坊与佛山、青岛、郑州、烟台和杭州相比仍然具有较大差距。外向型经济的发展有助于潍坊市与其他国家和地区之间资源、资金、技术和人员的流动与交流，有助于定位潍坊市资源禀赋和比较优势，促进城市竞争力的提高。外贸依存度较低说明潍坊市外向型经济发展仍然存在较大差距，资源、资金、技术和人员的跨国、跨地区流动仍然存在较多障碍，经济开放程度有待提高（见表 21）。

表21　　外贸依存度统计

城市	2014 年		2015 年		2016 年		2017 年	
	数值	排名	数值	排名	数值	排名	数值	排名
东莞	169.76	2	166.43	1	167.20	1	161.75	1
宁波	176.64	1	150.54	2	136.59	2	140.55	2
佛山	55.60	5	51.14	3	47.87	3	45.63	3
青岛	56.46	4	46.90	6	43.46	5	45.60	4
郑州	42.05	8	48.56	4	45.05	4	44.10	5
烟台	53.99	6	47.72	5	41.94	6	41.94	6
杭州	45.40	7	41.24	7	40.60	7	40.50	7
潍坊	22.82	9	22.80	8	22.62	8	24.99	8
济南	11.18	10	9.30	10	9.79	9	9.83	9
长沙	60.65	3	9.47	9	7.79	10	8.90	10

2. 城市创新较为乏力

专利申请和授权量是比较典型的创新活力指标。统计数据发现，潍坊市万人专利授权量较低，在 10 城市中仅领先于烟台；且 2016 年专利授权增速为负值，说明潍坊市创新转换产出能力较弱，成为创新活力的制约因素（见图 23）。

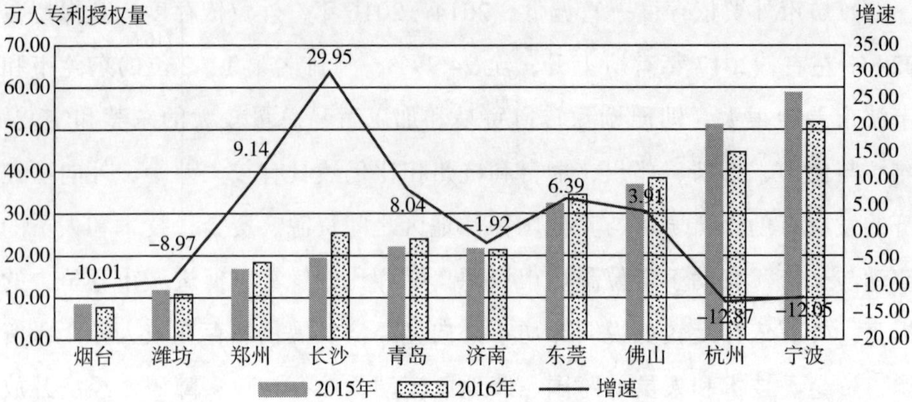

图 23　万人专利授权量统计

缺乏高等院校和研发人员不足是潍坊进一步提升创新活力的制约因素。目前，潍坊普通本科院校数量较少，发展滞后，缺少知名高校和优势学科，科研转化能力较弱。从全社会研发从业人员来看，万人研发人员数量近几年潍坊一直低于山东省平均水平，低于烟台，不到宁波的 1/2（见图 24、图 25）。

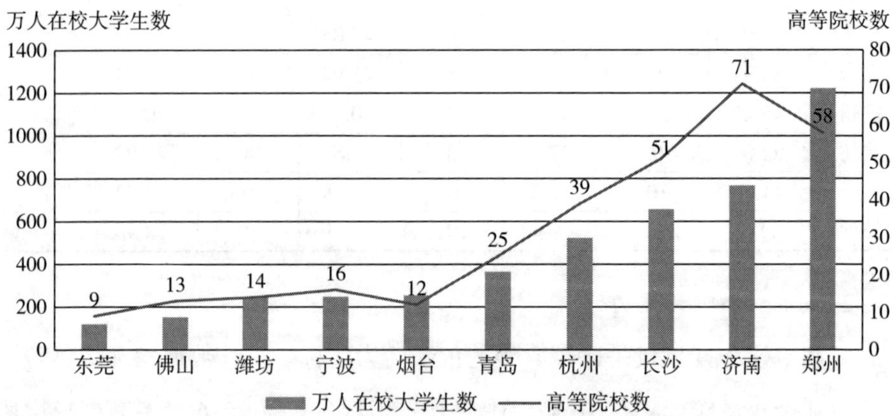

图 24　2017 年各城市高等院校数量

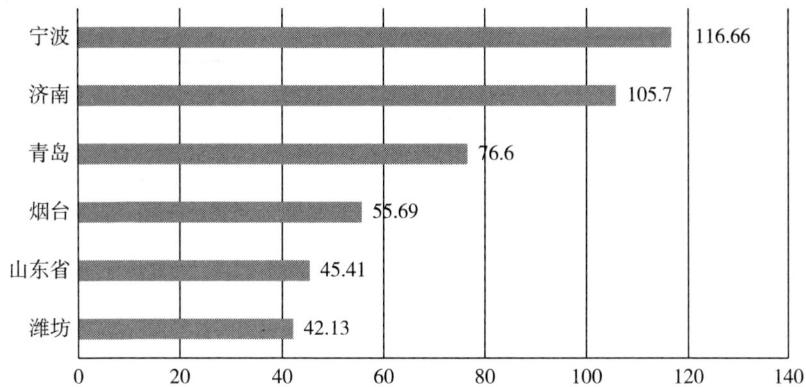

图 25　2016 年万人研发人员数量

3. *数字经济发展落后*

数字经济[①]是近年来带动经济增长的核心动力，2016 年中国数字经济对 GDP 的贡献率已达到 69.9%。2018 年政府工作报告提出“发展壮大新动能”“为数字中国建设加油助力”。在此背景下，数字经济建设在全国范围内不断下沉，城市成为数字经济发展最适合的承载主体。

课题组从信息社会发展指数、政府网站排名、数字经济指数等数据中发现，潍坊的数据及信息化基础设施、政府治理、数字产业及融合等方面与其他城市差距较大，需要引起足够重视（见图 26、图 27）。

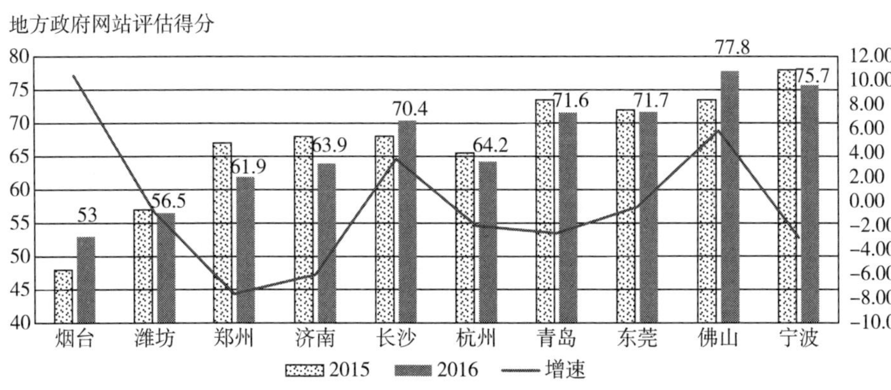

图 26　地方政府网站评估得分

① 数字经济是指以使用数字化的知识和信息作为关键生产要素、以现代信息网络作为重要载体、以信息通信技术的有效使用作为效率提升和经济结构优化的重要推动力的一系列经济。

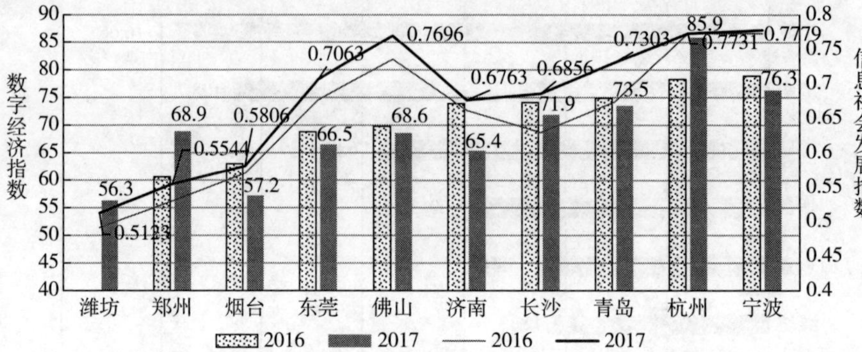

图 27 城市数字经济指数

4. 城市功能缺乏多样性

美国社会学家欧登伯格认为，一个城市最能体现功能多样性和发展活力的地方就是第三空间[①]。图书馆、电影院是衡量城市第三空间的重要指标。但潍坊市这两项指标均较落后。

百人公共图书馆馆藏量指标中，潍坊连续几年在 10 城市中排位最后，与其他城市相差较大，仅为东莞的 9.34%、杭州的 16.22%、济南的 23.21%。但百人图书馆馆藏量增长速度较快，列 10 城市第 4 位，有助于进一步焕发潍坊的文化活力（见图 28）。

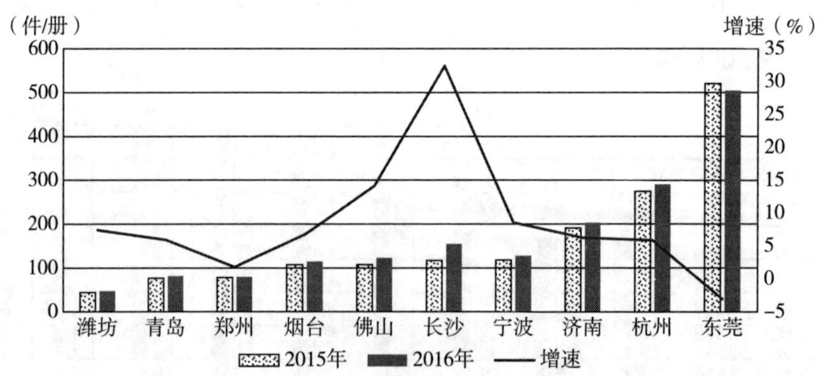

图 28 百人公共图书馆馆藏量

① 第三空间主要是指一个城市的酒吧、咖啡店、博物馆、图书馆、公园等公共空间，是家庭居住空间（第一空间）、职场（第二空间）之外的购物休闲空间。因此，第三空间设计得越合理，城市多样性越丰富，城市活力也越突出，是驱动城市竞争力发展的重要基础保障。

电影是衡量文化产业和文化消费的重要数据。2017 年潍坊市人均电影票房只有 19.80 元，仅为 10 城市均值的 16.89%，不到省内均值的一半（仅为 4 城市均值的 49.80%）。国际经验显示，人均 GDP5000 美元为文化娱乐消费爆发点。目前，10 城市人均 GDP 均已突破 5000 美元，但电影票房没有呈现与人均 GDP 同步的特征。另外，潍坊影院数量及银幕数量也居于 10 城市末位。这意味着在今后相当长一段时间内，潍坊的电影产业存在广阔的前景（见图 29、图 30）。

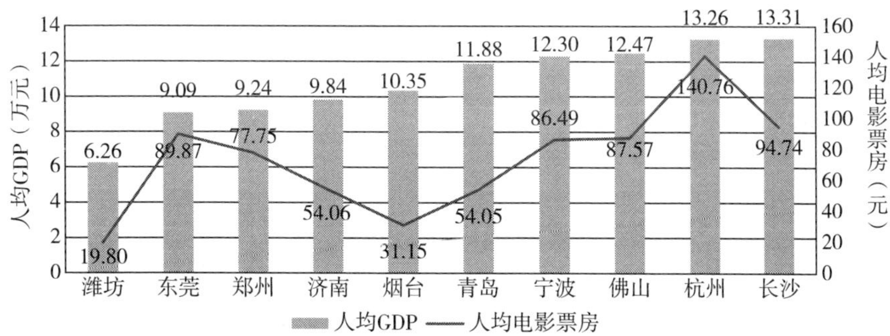

图 29 城市人均 GDP 与人均电影票房相关数据

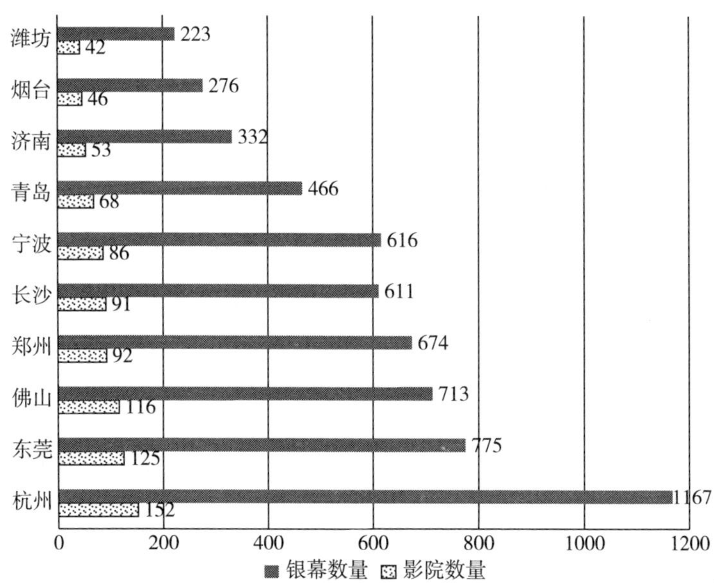

图 30 2017 年各城市影院数量和银幕数量

五、提升潍坊城市竞争力的对策与建议

（一）明确枢纽型城市战略定位，扩展城市发展多元空间

国内外研究发现，交通设施对经济增长有正向促进作用。在这方面，美国奥克兰市是从港口经济升级为枢纽经济的标杆。作为美国西海岸主要港口城市，在旧金山、硅谷等地的光环笼罩下，奥克兰面临发展受到挤压、港口经济依赖、高失业率三大问题。为实现转型发展，奥克兰以太平洋铁路西海岸终点站设立于此为契机，从完善交通设施开始，相继建设了湾区捷运快线和奥克兰海湾大桥，成为一个四通八达的枢纽城市，并且充分建设海岸资源，与内陆交通有机整合，成为全美第二大港口，打造国家经济的门户城市。在产业培育上，围绕交通枢纽和跨湾大桥打造以高科技为主的产业区，积极开展招商引资，并重点吸引一些保险公司之类的轻资产设立总部。10年间，奥克兰制造业产值增加了3倍多，成为区域中心城市之一。

目前，以高铁为骨干的快速交通体系深刻影响了中国经济空间格局和城市之间的关系，成为决定城市体系演变的关键。正在建设的中国新高铁时代，是城市洗牌的重要机遇期。潍坊处于环渤海湾区与内陆腹地的连接地带，是湾区通往内陆的便捷通道，拥有港口对接陆地的交通枢纽的独特地理位置优势。为此，潍坊市应该充分发挥区位优势，学习郑州、奥克兰等国内外枢纽型城市建设经验，强化“从交通枢纽到经济枢纽、从经济枢纽到枢纽经济”长远规划，推动潍坊从交通节点城市向多元城市功能拓展和突破。

1. 构建包容开放的现代综合交通运输体系，打造城市开放门户

以高铁建设为契机，对接国家空间战略、产业经济和城镇发展格局，提升全国综合性交通枢纽功能，实现由单纯的客流、货流汇聚向人流、货流、商流、信息流、资金流等要素流集聚辐射地转型，打造全国重要的高铁经济

集聚区和山东半岛经济区的重要增长极。

2. 发展以资源配置为主要功能的服务型经济体系，以交通枢纽为依托，打造不同功能层次的现代服务平台

结合潍坊优势，着力打造以传统制造、电商物流、生产加工为主导，健康休闲和文化创意产业为亮点，具有枢纽特色的现代服务业产业体系。

3. 推动传统产业转型升级，集聚优势，培育、构建枢纽偏好型产业体系，实现产业链高效整合

依托交通枢纽集聚各种资源要素优势，结合“一带一路”和“蓝色发展战略”，积极培育发展海洋产业、新型农机等特色新兴产业，加快产业链条化和集聚化发展，形成不同产业集群构建的生态群落，培育枢纽经济发展新的增长极。

（二）聚焦数字经济新生态，激发转型升级新活力

数字经济是由信息技术革新驱动的经济增长。当前，全球已进入第三次技术革命的深化阶段，迎来全新的数字经济时代，中国也开始从数字经济领域的跟跑者向领跑者转变。2017 年 9 月，麦肯锡发布的《中国数字经济如何引领全球新趋势》报告指出，中国已拥有全球最活跃的数字化投资与创业生态系统；据毕马威预测，到 2030 年时，数字经济在中国 GDP 中的占比将会达到 77%，超过 153 万亿元人民币的 GDP 贡献将来自数字经济。利用数字化技术打破传统经济结构，建立新的产业模式，已经成为我国部分先行城市发展经济的重要抓手。潍坊市要抓住经济转型新机遇，加快数字技术与一、二产业的融合应用，形成数字融合型经济新增长极。

1. 制定数字经济发展规划，超前布局前沿技术产业

借鉴贵州、浙江数字经发展济规划，围绕量子通信、人工智能、区块链、网络安全等前沿关键技术，抢占新一代信息技术发展应用主导权；强化潍坊学院多光子纠缠与操纵重点实验室科技成果转化，争取建设量子通信网络节点城市（目前全国只有北京、上海、合肥、济南、宿州 5 个城市）。

2. 深化制造业与数字经济深度融合发展，加快智能制造进程

潍坊制造业基础优势明显，应该深化数字技术在制造业的应用，加快重点制造领域装备数字化、智能化，大力发展数字产品，提升制造业数字化控制和管理水平。推进重点企业工业互联网建设，加快向综合集成、创新引领等高阶水平发展；大力发展个性化定制、服务型制造、协同制造等新模式，形成一批智慧制造模型、模式、技术标准规范，初步形成具有一定竞争力和影响力的智能制造产业集群。

3. 发展服务型数字经济，培育数字应用新业态

加快数字技术与服务业融合发展，积极培育数字化、网络化的现代服务产业新业态，着力提升服务水平和服务质量，再造数字消费“新蓝海”；支持与数字技术相融合的商业模式和产品服务创新，为新服务业态提供宽松包容的发展环境，探索建设服务型数字经济先行先试区；增强软件和信息技术服务能力，扩大呼叫服务建设规模及服务能力，着力打造“潍坊服务”等知名品牌，拓展信息技术服务的专业化、规模化、品牌化发展。

（三）持续优化营商环境，增强高质量发展新动能

“种好梧桐树，引来金凤凰。”营商环境对城市发展的重要性不言而喻。世界银行发布的研究表明，良好的营商环境会使投资率增长 0.3%，GDP 增长率增加 0.36%。建议潍坊学习上海、杭州、佛山等城市营商环境优化经验，解放生产力，提升竞争力，增强驱动力。

1. 对标一流营商环境

要学习上海借鉴国内外先进经验、开门搞改革的做法。2017 年 12 月，上海市邀请世界银行营商环境报告专家团队来沪磋商，分别就跨境贸易、不动产登记、开办企业、保护少数投资者、办理施工许可证等指标情况与主管部门做了研讨，走访了相关办事窗口，对上海营商环境的实际情况有了更准确的了解，并给出针对性建议。建议潍坊学习上海经验，对标世界银行营商环境评价标准，对潍坊市营商环境进行全面评价，以国际最高标准、最好水

平查找差距，不断提升制度环境软实力，努力打造营商环境新高地。

2. 着力深化行政审批制度改革，充分释放市场活力

学习与借鉴上海“证照分离”、杭州证照合一和多证联办等改革经验，着力打造宽松平等的市场准入环境。

3. 以优化服务为关键，打造精简高效的政务生态

打通数据通道，加快统一身份认证、证照数据和政务信息共享服务，实现线上线下融通办理，努力做到企业市场准入“全网通办”、个人社区事务“全市通办”、政府政务信息“全域共享”；以“互联网＋监管”新模式为突破，着力打造规范审慎的政府监管环境，对新产业、新业态、新模式等积极探索包容审慎监管，让监管更加行之有效，使市场活而不乱；不断创新政务窗口服务，推广容缺后补、绿色通道、首席服务官和数字化审图、告知承诺、邮政送达等便利化措施。

（四）借力青岛，加快区域经济对接，提升城市发展速度

在交通通信技术改进、运输成本大大下降的背景下，周边区域的资源、要素和市场，可以成为一个城市发展的广域比较优势。在城市竞争力区域分化的格局下，潍坊应借鉴长三角、珠三角等区域一体化发展经验，借力青岛，实现经济形态和物理空间的提质扩容，吸引高端要素集聚，拓展国际化发展水平。

1. 增强经济要素联系度

通过交通、能源、信息等重大基础设施和公共服务的互联互通，促进物流、资金、人员、信息等方面的高效便捷沟通，实现市场主体、各部门之间的相互协同。

2. 优势互补，提升均衡度

吸引并集聚高端人才，推动产业结构向高端环节延伸；深化错位分工，夯实潍坊制造业和农业发展等传统优势，着力培育绿色化工、海工装备等产业集群，强化潍坊在青潍一体化中的优势分工，增强经济韧性。

3. 深度融合，构建利益共同体

借力青岛，深化与国际市场联系；拓展资本运用渠道，推动潍坊金融业跨越式发展；建立风险共担和利益互惠机制，最终实现经济、区域、要素之间的联动发展。

（五）打造健康休闲主题城市，培育城市多元竞争活力

为强化潍坊市鲜明的城市发展风格，建议在城市竞争力发展规划中突出其健康休闲、历史文化与农业资源等特色名片，培育潍坊市既具活力基因又有城市特色的新型城市发展路径。

美国经济学家保罗·皮尔泽认为，健康产业将成为继 IT 产业之后的全球“财富第五波”。为此，潍坊市应基于人口结构变化、依托城市湿地[①]、绿化和健康医疗的优势资源，积极打造融合智慧医疗、健康养老服务于一体的健康产业集聚区。

要深入挖潜“潍坊风筝”的深层文化特质与内涵，凝练具有影响力的文化主题形象和文化符号，构建完整的旅游品牌体系；依托农业发展的优势资源，打造休闲观光农业，拓展农业发展产业链，最终打造特色突出的文化旅游休闲产业聚集区。

课题组成员

山东师范大学：战建华　张　敏　李　勇

潍坊市科学发展研究院：刘　磊　刘永杰

（2018 年 9 月）

① 潍坊市有国家湿地公园9处、省级湿地公园12处，湿地资源丰富，生态系统多样，湿地资源在全国首屈一指。

附录1：城市竞争力指数

2014—2016年城市竞争力平均指数[①]

城市	经济竞争力	文化竞争力	品质竞争力	活力竞争力	总指数
潍坊	8.90	4.42	2.52	5.86	21.71
杭州	12.34	16.49	13.11	21.70	63.64
青岛	9.60	7.88	9.45	10.24	37.17
长沙	5.99	16.18	7.14	10.37	39.68
宁波	14.49	7.75	10.48	13.76	46.47
佛山	7.91	4.40	10.58	11.72	34.60
郑州	8.56	13.71	8.33	16.41	47.01
东莞	16.82	11.98	11.58	9.51	49.90
烟台	6.81	5.84	4.72	4.31	21.68
济南	7.62	14.05	8.82	10.63	41.12

2014年城市竞争力指数

城市	经济竞争力	文化竞争力	品质竞争力	活力竞争力	总指数
潍坊	9.55	4.98	2.42	8.34	25.29
杭州	11.71	16.82	13.54	21.48	63.55
青岛	9.63	8.06	9.84	11.75	39.28
长沙	7.73	16.08	6.40	11.15	41.36
宁波	12.29	7.95	10.40	18.27	48.91
佛山	9.36	4.50	9.54	14.90	38.30
郑州	6.57	13.79	7.85	17.91	46.12
东莞	13.06	12.58	10.69	9.37	45.70
烟台	7.52	5.81	4.78	4.12	22.23
济南	11.06	14.60	8.50	9.17	43.33

2015年城市竞争力指数

城市	经济竞争力	文化竞争力	品质竞争力	活力竞争力	总指数
潍坊	12.26	4.62	2.66	7.70	27.24
杭州	12.36	16.91	13.03	21.93	64.23
青岛	11.17	8.20	9.40	10.19	38.96
长沙	6.92	16.06	7.19	12.77	42.94
宁波	13.00	7.94	10.32	14.03	45.29

① 城市竞争力平均指数的计算方法，不是将各年度竞争力指数进行算术平均，而是将城市竞争力各项指标的3年数据进行算术平均后，按照熵值法进行计算处理。

续表

城市	经济竞争力	文化竞争力	品质竞争力	活力竞争力	总指数
佛山	8.73	3.96	10.87	10.62	34.18
郑州	8.23	13.84	8.83	15.71	46.61
东莞	17.78	13.14	11.95	10.60	53.47
烟台	10.96	5.99	4.15	8.85	29.95
济南	7.37	15.34	9.20	12.00	43.91

2016年城市竞争力指数

城市	经济竞争力	文化竞争力	品质竞争力	活力竞争力	总指数
潍坊	9.53	5.02	2.40	7.04	23.99
杭州	10.98	16.33	12.59	24.11	64.01
青岛	8.58	8.03	9.20	12.50	38.31
长沙	4.61	16.61	7.76	11.05	40.03
宁波	13.35	7.69	10.53	13.44	45.01
佛山	9.38	4.96	11.22	13.58	39.14
郑州	9.52	13.41	8.22	16.97	48.12
东莞	17.69	11.40	12.00	12.12	53.21
烟台	7.71	6.20	5.15	5.26	24.32
济南	6.60	13.97	8.72	13.98	43.27

附录2：城市竞争力分项指标

经济竞争力指标

城市	经济基础			经济潜力			经济环境			经济竞争力指标		
	2014年	2015年	2016年	2014年	2015年	2016年	2014年	2015年	2016年	2014年	2015年	2016年
潍坊	3.66	5.88	1.85	4.88	5.28	5.05	1.01	1.10	2.63	9.55	12.26	9.53
杭州	5.43	5.29	3.75	2.40	3.32	3.61	3.87	3.74	3.62	11.71	12.36	10.98
青岛	2.67	4.20	2.16	4.93	5.04	4.66	2.03	1.93	1.76	9.63	11.17	8.58
长沙	4.68	6.01	3.56	1.19	0.90	1.05	1.86	0.01	0.00	7.73	6.92	4.61
宁波	1.00	0.95	1.39	3.60	4.81	4.89	7.69	7.24	7.08	12.29	13.00	13.35
佛山	2.43	1.41	2.81	1.82	2.04	1.36	5.12	5.29	5.21	9.36	8.73	9.38
郑州	2.00	2.99	5.06	1.22	1.44	1.13	3.35	3.80	3.32	6.57	8.23	9.52
东莞	0.52	4.35	3.80	0.81	1.45	1.90	11.73	11.99	11.99	13.06	17.78	17.69
烟台	1.72	5.02	2.52	3.94	4.19	3.68	1.85	1.76	1.51	7.52	10.96	7.71
济南	5.52	3.06	1.63	4.66	3.47	3.57	0.88	0.85	1.39	11.06	7.37	6.60

文化竞争力指标

城市	文化服务			文化影响			文化产业			文化竞争力指标		
	2014年	2015年	2016年	2014年	2015年	2016年	2014年	2015年	2016年	2014年	2015年	2016年
潍坊	2.96	2.96	2.96	1.34	1.56	1.77	0.68	0.09	0.29	4.98	4.62	5.02
杭州	4.46	4.59	5.00	7.00	6.90	5.87	5.36	5.42	5.46	16.82	16.91	16.33
青岛	1.53	1.94	2.01	3.55	3.43	3.20	2.98	2.82	2.82	8.06	8.20	8.03
长沙	1.74	1.74	2.34	6.51	6.46	6.24	7.83	7.86	8.02	16.08	16.06	16.61
宁波	1.91	1.68	1.80	2.78	2.84	2.80	3.26	3.42	3.09	7.95	7.94	7.69
佛山	2.42	1.70	2.54	0.56	0.43	0.29	1.51	1.83	2.13	4.50	3.96	4.96
郑州	0.33	0.49	0.48	7.89	8.02	7.83	5.57	5.34	5.10	13.79	13.84	13.41
东莞	9.57	8.90	9.28	1.44	2.69	0.27	1.58	1.54	1.85	12.58	13.14	11.40
烟台	2.06	2.35	2.70	2.11	2.01	1.92	1.65	1.62	1.58	5.81	5.99	6.20
济南	2.82	3.23	3.47	7.23	7.13	6.12	4.54	4.97	4.38	14.60	15.34	13.97

品质竞争力指标

城市	城市建设			市民生活			社会文明			品质竞争力指标		
	2014年	2015年	2016年	2014年	2015年	2016年	2014年	2015年	2016年	2014年	2015年	2016年
潍坊	1.11	1.27	1.13	0.00	0.00	0.00	1.31	1.39	1.27	2.42	2.66	2.40
杭州	2.79	2.87	2.59	6.21	5.86	6.00	4.54	4.30	4.01	13.54	13.03	12.59
青岛	3.08	2.24	1.84	3.89	3.87	4.15	2.87	3.29	3.22	9.84	9.40	9.20

续表

城市	城市建设			市民生活			社会文明			品质竞争力指标		
	2014年	2015年	2016年	2014年	2015年	2016年	2014年	2015年	2016年	2014年	2015年	2016年
长沙	1.52	1.59	1.62	1.86	2.10	2.42	3.02	3.50	3.71	6.40	7.19	7.76
宁波	1.96	2.13	2.05	4.38	4.07	4.43	4.06	4.12	4.05	10.40	10.32	10.53
佛山	4.26	4.47	4.33	2.98	4.08	4.19	2.29	2.32	2.71	9.54	10.87	11.22
郑州	2.18	2.37	2.05	1.99	2.57	2.70	3.68	3.90	3.46	7.85	8.83	8.22
东莞	4.85	4.81	4.81	4.16	5.35	5.51	1.68	1.79	1.69	10.69	11.95	12.00
烟台	1.35	0.84	1.57	2.02	1.99	2.15	1.41	1.32	1.43	4.78	4.15	5.15
济南	1.95	2.16	1.90	3.07	3.17	3.47	3.47	3.87	3.35	8.50	9.20	8.72

活力竞争力指标

城市	经济发展			创新创业			社会开放			活力竞争力指标		
	2014年	2015年	2016年	2014年	2015年	2016年	2014年	2015年	2016年	2014年	2015年	2016年
潍坊	3.33	1.03	0.00	0.41	1.13	1.97	4.60	5.54	5.08	8.34	7.70	7.04
杭州	6.17	5.33	5.74	9.51	10.50	10.46	5.80	6.09	7.91	21.48	21.93	24.11
青岛	4.53	4.25	4.39	5.19	4.31	5.37	2.03	1.64	2.73	11.75	10.19	12.50
长沙	6.05	7.57	5.56	1.30	1.95	1.81	3.80	3.26	3.68	11.15	12.77	11.05
宁波	4.83	3.67	2.82	10.53	8.12	8.30	2.91	2.24	2.33	18.27	14.03	13.44
佛山	3.07	1.37	3.31	8.24	6.54	6.30	3.59	2.71	3.97	14.90	10.62	13.58
郑州	6.39	6.41	6.44	1.43	0.74	1.75	10.09	8.56	8.79	17.91	15.71	16.97
东莞	3.67	3.59	2.11	5.64	6.80	9.20	0.07	0.21	0.81	9.37	10.60	12.12
烟台	1.56	4.44	2.46	0.00	0.77	2.36	2.56	3.64	0.44	4.12	8.85	5.26
济南	5.13	6.68	6.15	1.24	1.95	3.42	2.79	3.36	4.41	9.17	12.00	13.98

关于提升潍坊城市竞争力的分析、思考与建议

◎ 刘 磊 贺绍磊 苏双杰

城市繁荣与衰落交替、城市影响力此消彼长，这种变化过程是社会发展固有的规律。工业革命以来，特别是信息化革命以来，这一规律随着生产力的急剧发展而得到强化，传统上百年才能完成的城市赶超进程，现在都可以缩短到几十年甚至更短时间，城市发展不再以慢条斯理的自然方式演进，而是裂变爆发式的加速变迁。韩国首尔 20 世纪 60 年代抓住跨国技术转移机遇，配合外向型工业化发展战略，造就汉江奇迹；印度班加罗尔 20 世纪 80 年代抓住计算机软件兴起的机遇并实施“软件立市”发展战略，成就印度硅谷奇迹；深圳得益于国家特区战略和邻近港澳的区位优势，实现赶超广州；苏州凭借与上海的区位优势和中新合作建设工业园区等战略，实现赶超南京；杭州将信息经济打造为发展的强劲引擎；贵州依靠大数据产业实现“弯道超车”；郑州发展枢纽经济跑出惊艳加速度；成都打造创新创业天堂，强势崛起……这些城市正是凭着自身的优势，抢先把握时代机遇，实现超常规加速崛起，成为城市竞争中被广泛关注的绝对焦点。

城市争先进位现象的背后，直接反映了城市竞争力的起伏变化。在全球竞争日益激烈的时代，国内外各大城市纷纷把提升竞争力作为发展的“硬道理”，如纽约通过实施“创新孵化提速计划”，稳居全球城市竞争力排名首位；上海最近刚刚出台《关于面向全球、面向未来 提升上海城市能级和核

心竞争力的意见》，致力于建设卓越的全球城市。近年来，关于城市竞争力的研究越来越多，从一个侧面也反映了城市竞争日趋激烈，提升城市竞争力正受到越来越多的关注。国外有瑞士洛桑管理学院发布的全球最具竞争力经济体排名，世界经济论坛推出的全球竞争力指数，世界知名杂志——英国的《经济学家》发布的全球最具竞争力城市报告。国内《第一财经周刊》根据商业资源集聚度、城市枢纽性、活跃度、生活方式多样性和未来可塑性五大指标，对中国338个城市排名，2018年潍坊居第48位，划为二线城市。中国社会科学院城市与竞争力研究中心发布的《中国城市竞争力报告》是国内最权威的城市竞争力测评报告，已连续发布16年，创造的“弓弦箭”模型理论成为研究城市竞争力的经典理论。

一、基于近五年中国社会科学院《中国城市竞争力报告》的潍坊城市竞争力分析

中国社会科学院《中国城市竞争力报告》从综合经济竞争力、宜居竞争力和可持续竞争力三个维度，分析了全国地级以上城市的竞争力，我们以近五年报告的数据为基础，对潍坊城市竞争力进行了横向、纵向比较分析，以期明晰潍坊城市竞争力的优势和劣势。

（一）综合经济竞争力

潍坊在全国、全省位次相对稳定，其中，综合增量竞争力位次稳步提升，综合效率竞争力虽保持上升态势，但仍是短板。

1. 总体来看，潍坊综合经济竞争力保持稳定态势，国内主要排在浙苏粤先进地级市之后，省内排名对东营、济宁的优势更加明显，但落后于淄博，这与传统认知不一致

综合经济竞争力主要从经济增长、经济效益、企业、要素、需求、软

环境、硬环境、全球联系等方面设置指标进行评价。①在全国的位次，近五年略有起伏，但基本保持在第47位，在地级市中基本保持在第18位（排名在潍坊之前的，省内有烟台和淄博；省外有15个，江苏8个、广东4个、浙江2个、福建1个），综合经济竞争力保持了稳定状态和较好发展态势。②在省内的位次，近五年一直位居第5，排在青岛、济南、烟台、淄博之后。其中，青岛、济南、烟台的综合经济竞争力、综合增量竞争力和综合效率竞争力均高于潍坊，说明烟台、济南与青岛在省内形成的经济“铁三角”格局已经比较稳固，潍坊与烟台一定程度上是质的差别；此外，三市作为山东省新旧动能转换综合试验区确立的“三核”，具有政策叠加优势，未来潍坊赶超烟台的任务更为艰巨。淄博近五年综合经济竞争力排名一直领先于潍坊，这表明潍坊经济虽然总量更大，但在效率等方面落后于淄博，经济发展优势并不突出；东营、济宁2013—2016年的位次紧随潍坊，2017年被潍坊拉开差距（见表1）。

表1 潍坊综合经济竞争力指数排名情况

年份	全国位次	地级市位次	前位城市	省内位次	省内前位及紧随城市
2017	47	18	苏州 佛山 东莞 无锡 常州 中山 南通 泉州 镇江 烟台 徐州 扬州 泰州 嘉兴 珠海 淄博 绍兴	5	青岛 济南 烟台 淄博
2016	49	19	苏州 佛山 无锡 东莞 常州 南通 中山 泉州 镇江 烟台 徐州 唐山 嘉兴 淄博 扬州 泰州 绍兴 珠海	5	青岛 济南 烟台 淄博； 济宁（50） 东营（51）
2015	46	18	苏州 无锡 佛山 东莞 常州 南通 中山 唐山 泉州 烟台 淄博 镇江 徐州 嘉兴 扬州 泰州 绍兴	5	青岛 济南 烟台 淄博； 东营（47） 济宁（48）

续表

年份	全国位次	地级市位次	前位城市	省内位次	省内前位及紧随城市
2014	46	18	苏州　无锡　佛山 东莞　常州　中山 南通　唐山　烟台 泉州　淄博　徐州 嘉兴　镇江　扬州 绍兴　泰州	5	青岛　济南 烟台　淄博； 东营（47） 济宁（48）
2013	47	18	苏州　佛山　无锡 东莞　常州　唐山 中山　南通　烟台 泉州　淄博　嘉兴 徐州　镇江　绍兴 扬州　泰州	5	青岛　济南 烟台　淄博； 东营（48） 济宁（50）

2. 从综合增量方面看，潍坊经济增长势头强劲，综合增量竞争力在全国、地级市中位次持续提升

综合增量竞争力反映经济增长情况，主要以GDP连续5年平均增量作为衡量标准。①从2017年看，潍坊综合增量竞争力在全国排名第33位（包括港澳台地区），而潍坊GDP在全国居第34位（不含港澳台地区）；在地级市中位居第10，落后于东莞，高于嘉兴、扬州、徐州等市；省内位居第4，列青岛、烟台、济南之后。潍坊的综合增量竞争力在全国、地级市中的位次，比潍坊其他指标在全国、地级市中的位次要高，反映了潍坊经济增长表现突出。②从近五年看，潍坊综合增量竞争力在全国的位次由2013年的第36位上升到2017年的第33位；在地级市中的位次由2013年的第12位上升到2017年的第10位；省内一直稳居第4（青岛、烟台、济南之后）。可见，潍坊综合增量竞争力保持了良好的上升势头（见表2）。

3. 从综合效率方面看，潍坊综合效率竞争力排名大幅低于综合经济竞争力总体排名，但已经呈现向好趋势

综合效率竞争力主要反映经济效率，以地均GDP为衡量标准。①从2017年看，潍坊综合效率竞争力在全国居第75位，大幅落后于GDP在全国的位次；地级市排名第41位，甚至落后于许昌、廊坊、湘潭、马鞍山等城市；省内排名第10位，居青岛、济南、淄博、威海、烟台、枣庄、东营、

泰安、济宁之后。可以看出，潍坊的经济效率在同级别城市中是比较靠后的，说明潍坊GDP尽管总量较大，但地域面积也较大，所以地均GDP排名较为靠后。②从近五年看，潍坊综合效率竞争力在全国的位次，由2013年的第83位上升到2017年的第75位，地级市中位次由2013年的第51位上升到2017年的第41位，省内位次由2013年的第12位上升到2017年的第10位。可见，潍坊经济综合效率虽然与同级别城市相比处于劣势，但近五年保持了很好的上升势头（见表3）。

表2　　潍坊综合增量竞争力指数排名情况

年份	全国位次	地级市位次	前位城市	省内位次	省内前位城市
2017	33	10	苏州　佛山　南通　泉州　无锡　徐州　烟台　常州　东莞	4	青岛　烟台　济南
2016	34	10	苏州　无锡　佛山　泉州　南通　烟台　徐州　常州　唐山	4	青岛　烟台　济南
2015	32	10	苏州　无锡　佛山　烟台　唐山　泉州　南通　徐州　鄂尔多斯	4	青岛　烟台　济南
2014	35	11	苏州　无锡　佛山　唐山　烟台　泉州　南通　鄂尔多斯　徐州　包头	4	青岛　烟台　济南
2013	36	12	苏州　佛山　无锡　唐山　烟台　泉州　鄂尔多斯　南通　东莞　徐州　包头	4	青岛　烟台　济南

表3　　潍坊综合效率竞争力指数排名情况

年份	全国位次	地级市位次	前位城市	省内位次	省内前位城市
2017	75	41	东莞　佛山　无锡　中山　苏州　常州　珠海　镇江　嘉兴　汕头　舟山　淄博　泰州　扬州　铜陵　南通　泉州　绍兴　威海　焦作　烟台　鄂州　徐州　枣庄　许昌　东营　芜湖　泰安　莆田　廊坊　台州　漯河　揭阳　湖州　济宁　淮南　湘潭　马鞍山　乌海　鹤壁	10	青岛　济南　淄博　威海　烟台　枣庄　东营　泰安　济宁

续表

年份	全国位次	地级市位次	前位城市	省内位次	省内前位城市
2016	79	44	东莞　佛山　无锡　苏州 中山　常州　珠海　嘉兴 镇江　南通　舟山　淄博 铜陵　泰州　扬州　泉州 绍兴　威海　唐山　焦作 徐州　枣庄　烟台　鄂州 许昌　东营　泰安　芜湖 莆田　漯河　廊坊　乌海 揭阳　湖州　济宁　马鞍山 盘锦　湘潭　鹤壁　莱芜 淮南　日照　濮阳	12	青岛　济南 淄博　威海 枣庄　烟台 东营　泰安 济宁　莱芜 日照
2015	79	47	东莞　佛山　无锡　苏州 中山　常州　珠海　嘉兴 镇江　汕头　舟山　淄博 南通　铜陵　泰州　扬州 绍兴　泉州　唐山　威海 焦作　东营　烟台　枣庄 鄂州　徐州　许昌　泰安 芜湖　温州　台州　盘锦 漯河　莆田　马鞍山　淮南 湖州　济宁　揭阳　廊坊 莱芜　营口　湘潭　鹤壁 鞍山　日照	12	青岛　济南 淄博　威海 东营　烟台 枣庄　泰安 济宁　莱芜 日照
2014	81	49	东莞　佛山　无锡　苏州 中山　常州　珠海　嘉兴 汕头　镇江　淄博　舟山 南通　铜陵　泰州　扬州 绍兴　唐山　泉州　威海 烟台　焦作　东营　枣庄 徐州　鄂州　许昌　泰安 乌海　芜湖　台州　温州 盘锦　漯河　马鞍山　淮南 莆田　湖州　莱芜　济宁 廊坊　揭阳　营口　鞍山 日照　邯郸　湘潭　鹤壁	12	青岛　淄博 济南　威海 烟台　东营 枣庄　泰安 莱芜　济宁 日照

续表

年份	全国位次	地级市位次	前位城市	省内位次	省内前位城市
2013	83	51	东莞 佛山 无锡 苏州 中山 珠海 常州 嘉兴 汕头 镇江 淄博 舟山 南通 铜陵 泰州 唐山 绍兴 扬州 泉州 威海 烟台 焦作 枣庄 东营 许昌 徐州 鄂州 泰安 台州 温州 漯河 马鞍山 芜湖 乌海 盘锦 淮南 莱芜 湖州 鞍山 莆田 济宁 廊坊 新余 营口 揭阳 邯郸 鹤壁 日照 金华 湘潭	12	青岛 淄博 济南 威海 烟台 枣庄 东营 泰安 莱芜 济宁 日照

（二）宜居竞争力

在潍坊各类竞争力中表现最弱，但已有大幅提升，其中，居住环境、经济环境和教育环境相对较好，医疗环境、基础设施和生态环境是短板。

1. 总体来看，在潍坊各类竞争力全国排名中，宜居竞争力排名最低，但上升势头迅猛

①从 2017 年看，潍坊宜居竞争力在全国排名第 76 位，相对来说比较靠后；地级市排名第 44 位，甚至落后于芜湖、宝鸡、温州、盘锦等城市；省内排名第 6 位，居青岛、济南、威海、烟台、东营之后。可以看出，潍坊宜居竞争力在全国的位次，与综合经济竞争力（第 47 位）和可持续竞争力（第 63 位）在全国的位次相比是最低的，说明潍坊的宜居竞争力短板突出。②从近五年看，潍坊的宜居竞争力在全国的位次，从 2013 年的第 104 位上升到 2017 年的第 76 位，提升了 28 位；在地级市中的位次，由 2013 年的第 73 位上升到 2017 年的第 44 位，提升了 29 位；在省内的位次，由 2013 年的第 9 位上升到 2017 年的第 6 位，宜居竞争力已经有显著提升（见表 4）。

表4 潍坊宜居竞争力指数排名情况

年份	全国位次	地级市位次	前位城市	省内位次	省内前位城市
2017	76	44	无锡 南通 镇江 舟山 苏州 常州 马鞍山 大庆 包头 东莞 中山 威海 佛山 泉州 嘉兴 鄂尔多斯 扬州 绍兴 克拉玛依 珠海 烟台 景德镇 攀枝花 芜湖 宜昌 吉安 泰州 株洲 龙岩 湖州 玉溪 九江 牡丹江 丽水 东营 铜陵 金华 宝鸡 温州 金昌 衢州 黄山 盘锦	6	青岛 济南 威海 烟台 东营
2016	63	32	无锡 南通 镇江 舟山 苏州 大庆 常州 马鞍山 威海 中山 包头 泉州 烟台 东莞 芜湖 珠海 扬州 吉安 嘉兴 佛山 龙岩 景德镇 株洲 攀枝花 绍兴 鄂尔多斯 雅安 铜陵 黄山 东营 玉溪	6	青岛 威海 济南 烟台 东营
2015	126	94	珠海 舟山 三亚 温州 苏州 无锡 东莞 常州 丽水 镇江 佛山 防城港 扬州 台州 金华 衢州 秦皇岛 湘潭 莆田 丽江 铜陵 北海 芜湖 惠州 淄博 绍兴 威海 新余 泰州 鄂州 漳州 日照 湖州 南通 淮安 景德镇 九江 中山 宣城 池州 鄂尔多斯 嘉兴 莱芜 绵阳 岳阳 烟台 萍乡 株洲 丹东 连云港 嘉峪关 马鞍山 西宁 辽阳 抚州 东营 攀枝花 泉州 荆门 上饶 河池 安庆 柳州 江门 蚌埠 桂林 河源 乌海 濮阳 黄山 洛阳 克拉玛依 清远 张家界 宜昌 龙岩 潮州 晋中 盘锦 玉林 常德 娄底 汕尾 淮南 泰安 包头 十堰 宁德 百色 廊坊 焦作 吉安 三明	10	青岛 淄博 威海 日照 莱芜 济南 烟台 东营 泰安
2014	—	—	—	—	—

续表

年份	全国位次	地级市位次	前位城市	省内位次	省内前位城市
2013	104	73	珠海 舟山 无锡 苏州 中山 常州 秦皇岛 鄂州 镇江 芜湖 衢州 克拉玛依 佛山 扬州 铜陵 莆田 威海 丽水 新余 金华 泰安 莱芜 湘潭 湖州 漳州 绍兴 淄博 日照 九江 株洲 北海 南通 马鞍山 温州 泰州 嘉兴 盘锦 池州 烟台 景德镇 攀枝花 惠州 淮安 江门 黄山 丹东 辽阳 抚州 鄂尔多斯 连云港 台州 淮南 防城港 廊坊 丽江 唐山 汕头 汕尾 萍乡 东莞 晋中 绵阳 蚌埠 宜昌 上饶 晋城 阳泉 洛阳 锦州 嘉峪关 潮州 张掖	9	青岛 威海 泰安 莱芜 淄博 日照 济南 烟台

2. 潍坊的宜居竞争力优势在于居住环境、经济环境和教育环境，但居住环境竞争力出现明显下滑；突出短板在于医疗环境、基础设施和生态环境，其中，基础设施继续大幅下滑，应当引起重视

①从2017年看，潍坊居住环境全国排名第49位，经济环境全国排名第55位，教育环境全国排名第64位，这3个分项在全国的位次明显优于潍坊宜居竞争力总体位次；社会环境全国排名第99位，医疗环境排名第146位，基础设施排名第172位，生态环境排名第177位，这4个分项在全国的位次明显低于潍坊宜居竞争力总体位次。其中，生态环境位次最低，主要是在空气质量、单位GDP二氧化硫排放量和绿化覆盖率三大衡量指标中，潍坊的单位GDP二氧化硫排放量偏高，反映产业结构偏重，转型升级压力较大；基础设施位次偏低，主要是在交通拥堵指数、排水管道密度和信息生活三大衡量指标中，潍坊的排水管道密度和信息生活均靠后，城市功能需要再完善。②从2016—2017年各分项全国位次看，教育环境上升49个位次，生态环境上升70个位次，经济环境下降3个位次，医疗环境下降4个位次，社会环境下降12个位次，居住环境下降30个位次，基础设施下降88个位次。需要说明的是，

《中国城市竞争力报告》缺乏该指标历史数据，参考价值偏低（见表5）。

表5 潍坊宜居竞争力分项排名情况

年份	宜居竞争力	教育环境	医疗环境	社会环境	生态环境	居住环境	基础设施	经济环境
2017	76	64	146	99	177	49	172	55
2016	63	113	142	87	247	19	84	52
2015	126	—	—	—	—	—	—	—

（三）可持续竞争力

潍坊可持续竞争力排名落后于经济实力排名，但近五年总体呈现上升趋势，其中，全域城市竞争力具有比较优势，和谐城市、知识城市、生态城市是短板。

1. 总体来看，潍坊可持续竞争力与自身综合经济实力不相称，在国内同级别城市排名中相对靠后，近五年总体呈现上升趋势，但省内被淄博和东营超过

城市可持续竞争力主要从知识城市、和谐城市、生态城市、文化城市、全域城市和信息城市6个方面选择指标进行评价。①从2017年看，潍坊可持续竞争力全国排名第63位，相较于综合经济竞争力全国排名落后16位、相较于GDP全国排名落后29位；在地级市中位居第28位；省内位居第7位，居青岛、烟台、济南、威海、淄博、东营之后。②从近五年看，潍坊可持续竞争力略有起伏，但总体呈现上升趋势，在全国的位次由第67位上升到第63位，但在省内由第5位下降到第7位，被淄博和东营超过（见表6）。

表6 潍坊可持续竞争力排名情况

年份	全国位次	地级市位次	前位城市	省内位次	省内前位城市
2017	63	28	苏州 无锡 珠海 舟山 烟台 东莞 嘉兴 绍兴 常州 镇江 扬州 温州 佛山 南通 中山 黄山 金华 泉州 威海 湖州 惠州 淄博 宜昌 东营 九江 洛阳 景德镇	7	青岛 烟台 济南 威海 淄博 东营

续表

年份	全国位次	地级市位次	前位城市	省内位次	省内前位城市
2016	56	24	无锡　苏州　烟台　舟山　珠海　绍兴　东莞　常州　嘉兴　温州　金华　镇江　秦皇岛　扬州　中山　佛山　惠州　泉州　东营　南通　威海　湖州　宜昌	6	青岛　烟台　济南　东营　威海
2015	61	27	苏州　东莞　无锡　珠海　中山　佛山　惠州　烟台　扬州　镇江　常州　舟山　温州　威海　南通　嘉兴　黄山　泉州　绍兴　鄂尔多斯　芜湖　金华　宜昌　江门　湖州　秦皇岛	5	青岛　济南　烟台　威海
2014	75	39	苏州　东莞　无锡　中山　珠海　佛山　烟台　镇江　常州　扬州　惠州　威海　泉州　南通　嘉兴　绍兴　温州　舟山　鄂尔多斯　黄山　芜湖　金华　江门　肇庆　宜昌　桂林　湖州　三亚　包头　漳州　九江　淄博　景德镇　铜陵　徐州　东营　锦州　连云港	7	青岛　济南　烟台　威海　淄博　东营
2013	67	33	东莞　无锡　苏州　中山　烟台　佛山　珠海　扬州　镇江　常州　泉州　嘉兴　绍兴　惠州　威海　肇庆　南通　鄂尔多斯　温州　宜昌　秦皇岛　金华　芜湖　舟山　漳州　保定　九江　三亚　梅州　江门　桂林　黄山	5	青岛　济南　烟台　威海

2. *潍坊可持续竞争力优势在于全域城市竞争力，排名靠前且仍在提升*

2017 年潍坊全域城市竞争力在全国排第 31 位，远高于可持续竞争力在全国的位次；近 5 年上升 12 个位次，且保持良好发展势头，反映潍坊的全域城市发展水平在同级别城市中具有一定的竞争优势。

3. 潍坊可持续竞争力的短板在于和谐城市竞争力、知识城市竞争力、生态城市竞争力，远低于潍坊可持续竞争力在全国的位次

其中，和谐城市竞争力2017年全国排名第139位，近五年下降58个位次。这可能与参加医疗、失业、养老保险人数占常住人口比重偏低，以及人均社保、就业、医疗等财政支出偏低有关。知识城市竞争力2017年全国排名第104位，近五年下降38个位次，反映出潍坊在大学、科研等方面的不足。生态城市竞争力2017年全国排名第104位，近五年上升89个位次，尽管出现较大幅度提升，但仍排名靠后。

4. 信息城市竞争力、文化城市竞争力略低于潍坊可持续竞争力在全国的位次，表现中规中矩

其中，信息城市竞争力2017年全国排名第76位，但近5年下降14个位次；文化城市竞争力2017年全国排名第79位，近五年上升28个位次，保持了向好发展的基本态势（见表7）。

表7 潍坊可持续竞争力分项排名情况

年份	可持续竞争力	知识城市竞争力	和谐城市竞争力	生态城市竞争力	文化城市竞争力	全域城市竞争力	信息城市竞争力
2017	63	104	139	104	79	31	76
2016	56	102	158	101	67	63	11
2015	61	57	95	205	55	33	46
2014	75	4星	3星	2星	3星	5星	5星
2013	67	66	81	193	107	43	62

二、关于潍坊城市竞争力优势、劣势的定性分析

决定城市竞争力水平的关键是城市的竞争优势与劣势，特别是起决定作用的、根本性的核心优势和劣势。通过与国务院发展研究中心、山东省社会科学院、山东省委党校、中国海洋大学、山东师范大学等机构内对潍坊有一定了

解的市外人士，以及在潍坊工作和生活的部分相对专业人士进行访谈，与潍坊市委党校、潍坊学院两个对潍坊竞争力曾进行过专门研究的专家进行深度交流，我们对潍坊城市竞争的核心优势和劣势进行了定性判断，并通过数据比较进行了论证。

（一）潍坊城市竞争力优势

潍坊城市竞争力的优势主要表现在区位特殊、总量较大、基础教育和职业教育较强三个方面。

1. 区位特殊

区位对一个城市的发展起着重要的先决作用。区位是潍坊的一种比较优势。一是地理位置突出。潍坊位于山东半岛中部，处于济南、青岛、烟台的几何中心，是半岛与内陆交通的必经之地，也是胶济铁路和山东半岛这两大省内最具活力经济带的核心节点。二是交通优势正在形成。这是在地理位置优势的基础上衍生而来的。与烟台、青岛、东营、日照、临沂等周边城市相比，潍坊的公路和铁路交通运输优势明显，最突出的是高铁，目前经停潍坊站的高铁数量是81对，是烟台的2倍，比青岛多16对，远远多于东营、日照、临沂；与淄博相比，潍坊的优势在海、陆、空、铁交通设施的全面性，特别是随着京沪二通道、德龙烟威快速铁路的兴建，潍坊的交通优势将更加明显。

区位往往会左右城市的兴衰更替。区位理论认为，区位对资本积累、劳动力就业、技术创新、产业集群、区际分工、要素空间集聚等，都会产生深刻影响。国内外因区位而崛起的城市比比皆是，比利时因西欧“十字路口”的地缘优势，发展成为超级强小国；扬州作为运河与长江的交会点，在隋朝大运河时代迅速崛起为漕运枢纽；长沙、武汉、郑州等城市，充分发挥高铁等综合交通优势，枢纽经济迅速做大，城市竞争力突飞猛进。在高铁时代，潍坊的区位和交通优势无疑会迎来巨大的发展机遇和红利，可以加速人流、物流、信息流、资金流等汇集，大大增强经济活力，更大力度推动制造、商贸、物流等产业集聚，促进产业结构升级，进而对周边地区产生虹吸效应，实现潍坊的跨越式发展和新崛起。潍坊处在京沪连线与济青连线的交叉节点上，位置非常突出。随着中国进入高铁时代，潍坊将形成衔接北京和上海、济南和青岛的发展大格局，城市未来发展前景很好。但也要正视高铁的“双刃剑”效应，如果优势得不到有效发挥，潍坊的要素资源将会流向沿线发达地区。

2. 总量较大

一是地域面积大。潍坊 1.6 万平方公里，山东省内第 2 位，仅次于临沂；在 GDP 高于潍坊的 33 个城市中排第 6 位，除去直辖市、省会城市和计划单列市，潍坊排第 1 位。二是人口规模大。2017 年全市常住人口居全省第 2 位，仅次于临沂，接近全省 1/10；在 GDP 高于潍坊的 33 个城市中排第 15 位，除去直辖市、省会城市和计划单列市，潍坊排第 2 位，仅比苏州低。三是经济总量大。2017 年 GDP 在全国城市中排第 34 位，除去直辖市、省会城市和计划单列市，潍坊排第 11 位，近几年中国社会科学院的《中国城市竞争力报告》以及我们的自主研究报告中，潍坊的经济竞争力均具有一定的竞争优势；一般公共预算收入在全国城市中排第 29 位，除去直辖市、省会城市和计划单列市，排第 7 位（高于常州、徐州、泉州等 GDP 多于潍坊的城市）；特别是工业总量大，2017 年实现工业增加值 2671.3 亿元，全省排第 3 位，仅次于青岛和烟台，在全国城市中排第 30 位，略高于经济位次，除去直辖市、省会城市和计划单列市，潍坊排第 11 位。四是大企业数量多。规模以上工业企业 3843 家，略少于宁波、佛山、东莞等制造业强市，在全省排第 3 位，仅次于青岛和临沂，比烟台多 1268 家。

总量大是潍坊的综合优势，是地域、人口、经济总量、大企业数量等几个重要方面的综合大。哈佛商学院教授迈克尔·波特的竞争力钻石模型包括生产要素、需求条件、相关产业与支持性产业、企业战略及结构等四大要素，潍坊的总量大正好契合了前三大要素：地域大、人口多意味着生产要素丰富，人口多和经济总量大反映需求潜力大，大企业多更能带来产业集聚和产业支持，这是潍坊提升城市竞争力的良好条件。总量大意味着，一是发展选择多。所有可能的经济形态、改革试点、就业等，都能在潍坊找到落脚点，总有地方适合某企业落地经营，总有地方适合政府开展政策试点，总有地方适合个人就业创业。二是发展稳定性强。在面对外部冲击时，如对外贸易条件变差、某些行业产能严重过剩等情况，经济发展不会“大起大落”。三是可以集中力量办大事。发挥各方优势、整合社会资源，实施一些重大项目，完成一些重大任务。

3. 基础教育和职业教育较强

教育是潍坊的一张名片，潍坊教育支出占公共财政支出一直维持在25%以上，是青岛的1.42倍、杭州的1.45倍、济南的1.6倍。中国社会科学院的《中国城市竞争力报告》显示，潍坊的教育环境优势突出，近两年在全国上升了49个位次。教育优势主要表现在基础教育和职业教育两个方面。

基础教育方面，潍坊是全国教育综合改革试验区，是全国唯一连续四届获得教育改革创新最高奖的市。一是培养的本科人才多，本科批次共录取人数连续15年位居全省第一，近几年每年都有50多名学生考入清华大学、北京大学，基本占全省考入清华大学、北京大学总人数的1/5。这种优势在省内及全国同级别城市中是极其少见的。二是教育资源均衡且质量高，每个县市区基本都有叫得响的高中，且都有学生考入清华大学、北京大学，少则二三名，多则近10名；近几年还聚集了潍坊（上海）新纪元学校、北京师范大学基础教育实验学校等高端教育资源，仅2016年就吸引了来自济南、淄博等的2万多学子前来就读。三是入学率高，学龄儿童入学率几乎达到100%，在校生基本稳定在102万人，九年义务教育巩固率99%以上，大幅高于《国家教育事业发展“十三五”规划》确定的95%的水平，几乎所有的孩子都能接受很好的基础教育。

职业教育方面，潍坊是部省共建的第1个国家职业教育创新发展试验区（全省唯一，全国10个）。一是职业院校数量多，中职、高职院校56所，居全省第2，仅次于济南（但济南大多为省属职业院校），为宁波的1.3倍，是南通、无锡的2倍。职业院校全日制在校生总数约20万人，为烟台的1.5倍、宁波的1.5倍，是南通、无锡的2倍。二是校企合作办学全省领先。山东省校企合作一体化办学示范院校，潍坊有9所，全省第2，仅比济南少1所；现代学徒制试点单位，潍坊有3所，全省第1，济南2所、淄博2所。三是技能人才培养成效显著。2017年，全国职业院校技能大赛中潍坊获17枚金牌，连续8年保持全省第1；33名选手入选世界技能大赛山东省集训队，人数全省第1；山东工业技师学院学生获世界技能大赛金牌（省内实现零突破，全国15枚）。

教育决定城市的未来。迈克尔·波特教授认为，决定一个国家和地区竞争力最重要的是创造性资源，其中最关键的是知识和人力资源。可见，一个城市的竞争力，归根到底还是靠人才、靠教育。全球范围内的发达国家一般都是教育强国，如以色列的基础教育和职业教育、德国的双元制职业教育、瑞士的学徒制职业教育等，都是全球教育的标杆。潍坊基础教育强，既保证了本地人力资源的整体素质处于较高水平，又可以向全国输出人才，让更多人才、地区与潍坊有联系，特别是通过潍坊籍人才链接外部资源，促进潍坊市发展有了巨大的空间；职业教育强，可以培育大量高素质的技能人才，为发展实体经济、打造智能制造强市提供了技能型人才支撑；同时，可以吸引青岛、淄博、东营等周边城市的年轻人前来就读，毕业后留在潍坊工作和生活，从而推动人口聚集，增强城市活力。

（二）潍坊城市竞争力劣势

潍坊城市竞争力的劣势主要是人均低、首位度低、高等教育和高端科研院所落后三个方面。

1. 人均整体偏低

一是人均GDP低。2017年，潍坊人均GDP 62591元，全省第11位，约为泉州、东莞、苏州等城市的50%，仅比全国人均GDP高2900元，相当于美国20世纪70年代的水平。二是人均财政收入低。2017年，潍坊人均财政收入 5757.8 元，全省第 8 位，约为佛山、泉州、南通等城市的 60%。三是居民人均可支配收入低。2017 年，潍坊居民人均可支配收入 27823 元，全省第 7 位，是苏州、佛山、无锡、东莞等城市的 60% 左右，仅比全国平均水平高 1900 元。四是居民人均消费支出低。2017 年，潍坊居民人均消费支出 17439 元，全省第 7 位，约为佛山、宁波、无锡、东莞等城市的 60%，比全国平均水平低 833 元。总体来看，以人均为衡量指标的各个城市竞争力评价排名中，潍坊普遍存在劣势。

人均高低一定程度上反映城市强弱。世界银行对国家发展阶段的划分是以人均为参考指标的，很多经济发展阶段理论，如钱纳里的工业化阶段理论，都是以人均指标为参考依据的。发达国家的人均 GDP、人均财政收入等普遍较高。潍坊人均低的主要原因，一是城乡结构问题，农村比重大；二是产业结构问题，高附加值产业少，产业和服务创造的收益和价值偏低；三是人口结构问题，非劳动能力人口比重相对较高，2017 年少儿人口约 150 万，老年人口超过 210.7 万，全省第 1，二者合计占总人口比重高达 38.5%，潍坊已经进入中度老龄化社会。潍坊人均低意味着社会富裕程度偏低，制约了居民的消费能力，收入更多的是满足基本生活需求，中高端产品和服务消费难以活跃。消费对于一个地区的经济活力至关重要，已经成为我国经济增长的第一驱动力，消费受限弱化了潍坊的经济增长动力。人均低也反映了城市大而不强，与我国处于发展中阶段的国情类似，城市发展还存在较多的短板，与强市目标距离更远。

2. 中心城区首位度低

中心城区首位度是中心城区与最大县级市的比值，主要指人口首位度和经济首位度。一般情况下，中心城区首位度应在 2 以上。从人口首位度看，潍坊 2013 年为 1.46，2017 年为 1.35，远低于常规值，并且还出现了下降趋势，表明中心城区在周边城市和市内县级市双重挤压下，聚集人口能力进一步减弱。与省内城市相比，2017 年，淄博为 5，济南为 3.4，青岛为 2.19，东营为 2.17，烟台为 2.06，潍坊与它们均有较大差距。从经济首位度看，潍坊2013年为1.43，2017年是1.6，尽管有所上升，但也远低于常规值，在省内基本处于下游水平。济南、青岛、烟台、淄博、临沂、日照等城市均在2以上。国内发达城市，如成都、武汉、长沙等，无论人口首位度，还是经济首位度，均在3以上，中心城区绝对是当地经济最发达、科技最先进、商业最繁荣的地区，都是各自当之无愧的“龙头”。

中心城区首位度代表了城市发展要素在中心城区的集中程度，能够反映中心城区的发展规模、综合实力和辐射带动能力。苏州、佛山、泉州等市都曾是弱区强市的典型，但苏州凭借开发区建设，佛山调整行政区划、积极融入广佛一体化，泉州着力打造环泉州湾中心城市，均实现了中心城区首位度的大幅跃升。潍坊中心城区首位度低于常规值，说明中心城区“龙头”地位不强，是典型的“小马拉大车”，直接影响发展质量和城市竞争力。一是在与周边城市的竞争中处于弱势。由于中心城区首位度不高，使潍坊市对资源要素，特别是人才、研发、现代服务业等高端要素的吸引力明显不足，大学校、大医院、大型体育场馆等城市功能服务设施建设和发挥作用不够，许多资源要素被青岛、济南等周边城市虹吸，如歌尔与北航战略合作，在青岛共建创新研究院就是典型的例子。二是中心城区与各县市的协调性更难处理。中心城区与各县市往往缺乏从全市整体和全局的高度看待问题，各自更关注自身利益，更容易在空间规划、产业发展、经济管理权限及基础设施建设等方面产生矛盾，造成区域内部协调性大打折扣，甚至出现竞争。三是城市“分裂”的风险大，区域边缘的县市容易产生对外市的认同，占青岛市域面积61%的平度、胶州、胶南、黄岛都曾属于潍坊，从一个侧面反映了这一点。

3. 高等教育和高端科研院所发展落后

高等教育和高端科研院所一直是潍坊的短板。2017年9月《经济观察报》发布的中国最缺大学的十大城市，潍坊位列第10位，大学生密度低于全国平均水平。一是本科院校数量少。本科院校潍坊仅有5所，比烟台少3所，比宁波少3所、苏州少2所、常州少5所；本科院校在校生7万余人，只是烟台的 1/2，约为徐州的 2/3。二是本科院校层次低。济南、青岛、东营均有国家“双一流”建设高校，潍坊望尘莫及；泰安、烟台、淄博均有省级高校，潍坊也远远落后；聊城大学（21 个一级学科硕士点）、临沂大学（5 个硕士学位授予点）的实力也都远超潍坊学院，只有潍坊医学院（7 个一级学科硕士点）在省内具有一定地位。相比国内同级别城市，山东地级市的高等教育发展普遍落后，潍坊尤为突出，如徐州有中国矿业大学（国家“双一流”建设高校），泉州有华侨大学（中央部属高校），无锡有江南大学（国家“双一流”建设高校）等。三是高端科研院所少。国字号科研院所，青岛有 20 多所，济南近 10 所，烟台有 6 所，泰安还有一批以山东果树研究所为代表的省级科研院所，潍坊国家级和省级高端科研院所尚未实现零的突破。

高等教育是一个地区发展水平和发展潜力的重要标志。历史和现实都表明，一个国家和地区的强盛总是伴随着教育的强盛，如硅谷这个世界科技中心，几乎是靠斯坦福大学催生的。当前，杭州、青岛、深圳等城市纷纷把发展高等教育作为提升城市竞争力的关键举措和战略抓手，大规模引进高端大学和科研院所。大学生密度在中国 GDP35 强城市中最低、不到全国平均水平 1/3 的佛山，也正在积极筹建佛山理工大学，引进国内“双一流”建设高校，以及世界综合排名靠前的国外知名高校。

潍坊的高等教育不仅远远落后于上述先进城市，而且与城市发展水平不相称，极大制约了城市竞争力。一是大量高素质人才外流。潍坊高等教育的落后与基础教育的领先形成巨大的反差，且缺少高端科研院所弥补这种差距，必然导致大量高素质人才流向外地，人才成长在外地、工作在外地的倾向愈加明显。二是科技创新资源不足。高等教育和高端科研院所对科技创新至关重要，比如，烟台一个中国航天 513 所创造的国家科技进步奖等国家级奖项就高达 90 多项，潍坊高等教育、高端科研院所少，导致高端人才培育少、引不来、留不住，城市创新缺少“领头羊”，直接造成高端人才不足和科技创新落后，高等教育的短板演变成科技创新的短板。三是产业发展缺少智力支撑。产业转型升级及高新技术产业发展所需的智力支持无法从本地得到满足，更无法形成高水平的“产学研”联动。面对颠覆性技术、前沿产业等发展机遇，城市会因智力制约而错失良机。四是引才、用才成本高。本科院校、高端科研院所的扎堆，本身就会吸引高层次人才自发聚集，为城市引才带来便利。潍坊本科院校、高端科研院所少，意味着承载高层次人才来潍服务的平台少，加上潍坊城市吸引力有限，引才、用才的成本会上升。五是侧面影响招商引资。高校特别是名校，会产生“校友经济”，给城市带来财富。2017年，武汉“校友招商”签约总投资占全市招商引资总额的50%以上，是潍坊招商引资总额的5.6倍。高等教育落后对潍坊经济发展是一笔损失。

三、关于提升潍坊城市竞争力的建议

提高潍坊城市竞争力，应综合把握时代发展特征、国家发展战略、区域竞争格局和潍坊要素条件等因素，寻找突破点。

（一）应该明确一个城市定位——我们建议城市定位为“山东半岛枢纽城市”

1. 城市定位是一个城市的发展方向，明确了城市要扮演的角色

目标明则方向明，定位准则思路清。潍坊20世纪50年代定位为手工业城，20世纪60年代定位为动力城，20世纪70年代定位为农机城，20世纪80～90年代定位为纺织、电子城和风筝城，到前几年提出定位为现代化国际风筝城。城市定位几经转移，在给潍坊带来发展机遇的同时，也暴露出城市定位不稳的问题。新时代，国内各城市都在对城市进行新定位，如上海为围绕全球卓越城市，建设国际经济、金融、贸易、航运和科技创新中心；广州为引领型全球城市，建设国际综合交通枢纽、商贸中心、交往中心、科技产业创新中心；深圳是率先建设社会主义现代化先行区，打造竞争力、影响

力卓著的创新引领型全球城市。这些城市的新定位都是在原有定位基础上的拔高、提升，因此在现有发展基础上，潍坊需要更综合的城市定位、更高层级的城市角色。

2. 区别于青岛定位为国家沿海重要的中心城市，济南定位为省会和环渤海地区南翼的中心城市，烟台定位为环渤海地区重要的港口城市和山东半岛中心城市之一，我们建议潍坊应定位为“山东半岛枢纽城市”

定位为山东半岛枢纽城市，主要考虑了两个方面的因素。一是成为枢纽城市的有利条件多。潍坊位于济南、青岛、烟台的几何中心，处在省内东西连接、南北贯通的独特位置，成为枢纽城市的区位条件较好。潍坊有高铁、机场、港口、高速公路等立体化的交通运输体系，特别是高铁优势，使得潍坊作为半岛枢纽城市的扩散效应更大。潍坊城市量级比较高，比周围淄博、日照等地的总体优势明显，拥有能够支持其作为枢纽城市的腹地条件。二是建成枢纽城市可实现多个目标。定位为枢纽城市，可大幅度提高城市首位度，增加中心城区的吸引力。同时，当前省内城市竞争愈演愈烈，济南、青岛、烟台借新旧动能转换已成为3个核心区域，淄博、威海、日照等周边城市增长速度也均超过潍坊，潍坊定位在山东半岛发挥作用，可避免被边缘化的倾向。建成山东半岛枢纽城市，还可以打牢发展基础，未来成长为环渤海城市群的重要支点城市。

3. 建设山东半岛枢纽城市，应对标比利时及南京、郑州、长沙等，着重做好以下三项工作

①争取上位交通规划支持，实现“四网叠加”。打造枢纽城市，建设交通枢纽是前提。应全力争取上位交通规划支持，以强化高铁枢纽地位为引领，着力构建“米”字形高铁网、高速公路网、航空运输网、港口贸易网“四网叠加”，形成联通陆海内外、辐射东西南北的综合交通枢纽，使区域交通基础设施建设水平明显高于周边地区。②打造综合型枢纽经济区，实现“四流聚集”。枢纽城市要以枢纽经济为基础。借鉴日本的新干线品川区域、法国里尔站区域、上海虹桥商务区等地经验，以智慧物流为抓手，率先发展

成为货物集散中心和物流中心，借助成本降低优势，着力打造以传统制造、电商物流、生产加工为主导，健康休闲和文化创意产业为亮点，具有枢纽特色的现代服务业产业体系，推动潍坊成为制造业中心及配套的专业服务中心，加速人流、物流、信息流、资金流“四流聚集”，带动地区产业体系升级。③参照国际城市评估体系，完善城市的枢纽功能。枢纽城市需要配套城市的枢纽功能，特别是要成为展会、论坛和赛事举办地、地区经济总部落户地、大宗商品交易定价地等，以提高城市的影响力。参照全球化与世界城市研究网络（GAWC）城市评估体系，积极开展城市评估，并据此完善枢纽城市的对应功能，争取在全省继青岛、济南之后第3个开展城市评估（青岛、杭州、南京、苏州、长沙、武汉等属于全球三线城市，济南、宁波、合肥等属于全球四线城市）。

（二）应该把打造智能制造之都作为建设山东半岛枢纽城市、提升城市竞争力的重要支撑

1. 成为山东半岛枢纽城市、提升城市竞争力离不开经济硬实力

如同上海为了建成全球卓越城市而打造“上海制造”城市品牌（上海四大品牌之一），潍坊也应当将打造“智能制造之都”作为建设山东半岛枢纽城市、提升城市竞争力的重要支撑。哪个地区率先掌握智能制造，就能在工业化进程中引领发展，成为新一轮城市竞争的主要参与者。现在潍坊制造业到了转型升级的关键节点，过去制造业优势要靠规模和体量，潍柴、歌尔、雷沃、豪迈等发展起来，组成了潍坊的体量大优势；现在制造业更多强调质量和效益，潍坊的经济体量大优势要转化为效益优势，智能制造就是制造业和实体经济发展的重中之重。

2. 打造智能制造之都，潍坊发展基础对接了时代发展机遇，是一种恰逢其时的战略选择

一是潍坊发展智能制造有条件。潍坊制造业规模较大、门类齐全、转型升级态势良好，为发展智能制造提供了广阔空间；潍坊信息化发展水平、数

字经济发展实力同样处在全省前列，便捷的信息基础设施为企业开展相关业务节约了成本；同时，潍坊职业教育优势保证了技能型劳动力的供给。这些要素相互作用、相互叠加，为打造“智能制造之都”创造了优越的配套环境。二是制约智能制造发展的核心技术正在突破。新型传感技术、识别技术、建模与仿真技术、工业互联网、人工智能等关键共性技术的研发水平不断提高，像潍坊这样高等教育处于相对弱势的城市，也有条件和能力参与智能制造。三是国家层级的智能制造扶持政策已逐渐成体系，率先开展智能制造，比较容易获得国家支持，试错成本较小，发展有保障，多重利好政策能够激发发展的新活力。

3. 德国的制造业在国际上一直是“领头羊”，工业 4.0、工匠精神、“隐形冠军”等概念都源自德国，潍坊打造“智能制造之都”，可以对标德国，以国家智能制造示范区为引领，加快形成“世界科技 + 潍坊智造 + 全球市场”的创新发展模式

①制定数字经济发展规划，超前布局前沿技术产业。据毕马威预测，到 2030 年数字经济在中国 GDP 占比将会达到 77%。潍坊应借鉴贵州、浙江的数字经济发展规划，围绕量子通信、人工智能、区块链、网络安全等前沿关键技术，抢占新一代信息技术发展应用的主导权；强化潍坊学院多光子纠缠与操纵重点实验室的科技成果转化，争取建设量子通信网络节点城市（目前只有北京、上海、合肥、济南、宿州 5 个城市）。加快数字技术与服务业融合发展，积极培育数字化、网络化的现代服务产业新业态，再造数字消费“新蓝海”；增强软件和信息技术服务能力，扩大呼叫服务建设规模及服务能力，着力打造“潍坊服务”等知名品牌。②谋划建设国家制造业创新中心。制造业创新中心是国家重大工程，目前我国已有 7 家，分别分布在北京、上海、广州、西安、武汉、沈阳等地。潍坊如果能在环渤海地区或省内地级市中成立第一家国家制造业创新中心，那么影响力将是巨大的，潍坊智能制造将更进一步。潍坊现有的山东省智能农业装备创新中心、山东省虚拟现实创新中心，可根据《制造业创新中心建设工程实施指南（2016—2020 年）》，

进行升级改造成国家制造业创新中心。③积极开展智能制造领域的试点工作。探索成立潍坊世界一流企业培育发展基金，培育潍柴、歌尔、雷沃等成长为世界一流的智能制造行业领军企业。实施百企智能制造提升工程，开展市级智能工厂（车间）、智能制造示范企业等评选，全力争创省级、国家级智能制造试点，以标杆带动全行业提升智能制造水平。④构建智能制造全生态链。加快局域网、光纤网等建设，做好“互联网+”相关配套基础设施建设，支持发展工业物联网、工业云等公共服务平台，推进软件服务、制造资源、标准知识的开放共享。集聚智能制造产业发展需求的高层次创新领军人才、复合型管理人才和中高级技能人才。重点引进一批掌握自主核心技术、有较强产业链带动作用的智能制造装备和集成服务骨干企业，引领智能制造产业加快发展。

（三）应该把优化营商环境作为城市的核心竞争力

1. 近几年中国整体营商环境发生巨大变化

根据世界银行发布的《全球营商环境报告》，中国整体排名从 2015 年的第 90 位升至 2018 年的第 78 位，上升了 12 个位次；其中，开办企业便利度排名从 2015 年的第 128 位上升至 2018 年的第 93 位，上升了 35 个位次。国内不论哪个层级的城市，都在优化营商环境，特别是上海，在国内首次把营商环境上升到核心竞争力的高度，从理论研究、政策设计到操作实践，都走在了国内营商环境的前沿，极大提升了上海作为全球城市的竞争力。深圳打造“不需要政府的时候，感觉不到政府的存在；需要政府的时候，政府就在身边”的营商环境，登记商事主体数量稳居全国大中城市首位。当前，山东省正大力开展“一次办好”行政审批制度改革，启动了优化营商环境十大专项行动。这意味着潍坊要提高城市竞争力，建设山东半岛枢纽城市，甚至退一步只保持城市现有地位，都要把营商环境上升到至关重要的战略高度，不断提升制度环境软实力，努力打造营商环境新高地，增强城市吸引力和竞争力。

2. 潍坊应对标世界银行营商环境标准和上海、深圳等先进城市经验，坚定不移地营造更加市场化、国际化、法治化的营商环境

①深度参与中日韩自贸区谈判和实施全过程。对接国家商务部和日韩等国商务部门，争取在中日韩自由贸易区谈判和实施布局中，潍坊发挥相应作用，以推进全方位、高水平的投资和贸易便利化、自由化。同时，积极对接和借鉴上海自贸区改革经验，利用潍坊国家农业对外开放综合试验区试点政策，按照全面实施市场准入负面清单制度的要求，率先清理、废除妨碍统一市场和公平竞争的各种规定与做法，做好前期准备。②开展营商环境评估并改进。邀请权威机构对潍坊营商环境进行动态追踪可观测的评估，对市场准入、施工许可、跨境贸易、不动产登记、开办企业、保护少数投资者、办理施工许可证等指标情况做深入准确的调查。召开优化营商环境座谈会，面对面倾听企业对进一步优化营商环境的意见建议。根据评估结果，制定年度优化营商环境方案，进行行政审批制度多方面改革，重点突破市场最关心的营商环境改革领域，加快补齐短板。③加快推进“一次办好”行政审批改革。厦门“就近办、马上办、网上办”，佛山下放 90% 以上行政许可、公共服务事项，贵阳构建全流程一体化网上政务服务平台，这些城市优化营商环境的“牛鼻子”都是行政审批制度改革。潍坊应按照省里“一次办好”改革，不折不扣地完成“规定动作”，扎实推进优化营商环境十大专项行动，转变政府服务理念，优化服务流程，加速实现信息共享，推进政务大厅“一窗受理”、关联事项“一链办理”、政务服务“一网通办”、政务热线“一线连通”、贴心帮办“一次办结”，把资源投向营商环境。

（四）应该把借力青岛发展作为提升潍坊城市竞争力的重要手段

1. 建设山东半岛枢纽城市，借力青岛加快发展，能够实现城市竞争力提升的加速度

城市一体化发展是全球城市发展的主流，实践证明，城市一体化发展可以有效配置城市群中的生产、生活要素，解决跨区域矛盾问题，从而使各城

市均获得更大发展。新时代，城市一体化发展也成为新的潮流，长三角一体化程度再进一步、粤港澳大湾区持续推进，那些靠近上海、广州等的城市，城市竞争力迅速提升。潍坊邻近青岛，配置青岛资源来实现自身跨越式发展，是现实可行的策略。

2. 借力青岛发展是综合考虑以下因素的结果

一是潍坊借力青岛发展的条件成熟。两市地缘相近，潍坊的区位优势使其成为青岛通往内陆的必经之地，可以作为青岛的广阔腹地。青岛的科技研发、金融业等生产性服务优势，与潍坊智能制造互补性强，高等教育的快速发展一定程度上弥补了潍坊的短板；潍坊的职业教育则为青岛提供了丰富的技能人才。二是两市合作发展的潜力巨大。两市竞争力正在显著提升，组成青岛都市圈将会进一步放大各自优势，有望发展成为山东参与全国乃至全球竞争的关键支柱，逐步迈向世界级城市群。三是两市与其他城市合作发展空间小。潍坊周边淄博、东营、临沂等城市经济发展水平普遍偏低，城市能级不够，潍坊与这些城市几乎不能相互借力。潍坊与烟台仅边缘接壤，且两地市区距离太远，合作必须经过青岛地区，合作成本较高。烟台虽与青岛相接，但两地市区距离同样较远，且均为沿海城市，产业存在一定同质化，机场、港口等也是竞争关系。四是潍坊不与青岛借力发展的弊端越来越明显。诸城、高密与青岛地区的经济联系程度较高，若潍坊行政区划进行调整，这些地区有可能和历史上胶州、胶南、黄岛等地划归青岛一样，潍坊的整体体量大的优势将丧失，省内地位也会降低。

3. 潍坊应借鉴广州与佛山、上海与苏州、上海与嘉兴等合作经验，探索一体化发展新路径和新模式，积极融入青岛都市圈，借力发展

①建立统分结合的协调互动合作机制。建立决策层、协调层和执行层共同组成的多层次合作机制，其中，决策层机制以青岛、潍坊市主要领导座谈会制度为主体，协调层机制以省级职能部门和青岛、潍坊两市联席会议为主体，执行层机制以两市职能部门为主体，共同解决青岛都市圈建设过程中出现的相关问题，并争取更高层级的政策支持。②率先实现基础设施和公共服

务的互联互通。基础设施互联互通是先导，提升交通、水利、信息等重大基础设施的两市互联互通水平，特别是潍坊要加强与青岛港、青岛火车站、青岛新机场等的衔接，注意机场和港口的错位发展等。推动公共服务互惠共享，加强两市社保同城对接，推进政务互通，实现跨市政府服务便利化。推动潍坊基础教育和青岛高等教育的优势互补，加强教研合作交流，以共建文化体育中心或联合举办赛事活动的方式，共同发展文化体育事业等。③推动产业优势互补。吸引并集聚高端人才，推动产业结构向高端环节延伸；深化错位分工，夯实潍坊制造业和农业发展等传统优势；着力培育绿色化工、海工装备等产业集群，强化潍坊在青潍一体化中的优势分工，增强经济韧性。④以两市合作的重点项目带动发展。建设青潍合作发展“中轴线”，将G20青银高速、胶济铁路和济青高铁青岛—潍坊段打造成为山东“中轴线”先行区，以交通轴为基础，强化交通与城市功能、景观形象、生态旅游、文化品牌等的融合，探索建立青潍科技走廊，率先建立高密—胶州、诸城—黄岛同城化合作示范区，开展科技创新、智能制造等方面的合作。共同开展申报中日韩自贸区、争取国家重大科技基础设施建设等工作。

四、关于潍坊农业与城市竞争力关系的分析

国内外农业发达的国家和地区均未把农业作为其核心竞争力。潍坊农业虽然处于全国前列，但现代化水平与最先进的地区仍有差距，因此我们不应把农业作为潍坊城市核心竞争力来打造。农业对提升城市竞争力不可或缺，潍坊可借鉴苏州城乡一体化经验，发挥好农业在打造山东半岛枢纽城市、智能制造之都中的支撑作用。

（一）农业发达的国家和地区均未把农业作为竞争力核心

从国际上看，美国的加利福尼亚州是农业最发达的州，农业产值占全美农业产值的 13%，但第三产业产值占 GDP 比重 70% 以上，农业产值仅占 2%；信息技术产业、生物科技产业、影视娱乐业才是全州的战略优势。日本的山梨县农业生产率常居日本首位，农业产值占 GDP 比重为 10%，第三产业占比却高达 66%，尤其是围绕富士山开发的旅游业，成为其产值最大的产业。荷兰作为世界第二大农业出口国，农业产值也仅占 GDP 的 2%，国民经济发展的支柱是以运输和金融为主的服务业。以色列农业举世闻名，但 2016 年高科技产业产值占 GDP 50% 以上，而农业仅占 2.5%，农业在国家的地位也处于较低水平。从国内情况看，依据中国农业科学院的中国农业现代化阶段划分，江苏处于基本实现阶段，为国内农业现代化程度最高的地区，但第一产业占 GDP 比重为 4.7%；江苏全省特别是苏南地区，外向型经济、高新技术产业及新经济才是它的产业支撑和竞争力所在。

（二）潍坊农业处于全国前列，但不是最高水平、全面领先，现代化程度距离先进地区仍有差距

总体来看，潍坊农业虽在全国处于先进水平，但农业发展处于江苏和广东的平均水平以下，和其先进地区相比差距更大。2016 年劳动生产率，潍坊为 1.94 万元 / 人，低于全国的 2.03 万元 / 人、广东的 2.99 万元 / 人、江苏的 3.21 万元 / 人；2016 年土地生产率，潍坊为 5.9 万元 / 公顷，低于山东的 6.5 万元 / 公顷、广东的 14.1 万元 / 公顷、江苏的 8.9 万元 / 公顷；2017 年农村常住居民人均可支配收入，潍坊为 17434 元，低于江苏的 19158 元、浙江的 24956 元，远低于苏州的 29900 元、绍兴的 30331 元、无锡的 28358 元。同时，潍坊创造的农村改革发展经验，“诸城模式”“潍坊模式”“寿光模式”与中国农村经济发展的四大模式（苏南模式、温州模式、珠江模式和晋江模式）相比，发挥的作用各有千秋，潍坊农业并没有形成绝对优势，在国内未达到顶尖水平。如果围绕农业打造城市核心竞争力，不确定性因素太多，风

险太大，最终也难以让农业成为核心竞争力。

（三）苏州代表了我国农业农村现代化的最高水平，应注重借鉴苏州经验，发挥农业农村在提升潍坊城市竞争力中的支撑作用

苏州 2017 年农村人均可支配收入为 29900 元，土地生产率约 45 万元 / 公顷，劳动生产率约 10 万元 / 人，代表了中国农业现代化的最高水平，农业现代化与工业化、城镇化、信息化几乎实现了同步。潍坊与苏州农业发展条件类似，未来潍坊农业、农村、城乡关系等可能达到苏州现有水平，可以抢抓乡村振兴战略重大机遇，借鉴苏州发展路径，特别是城乡一体化发展经验，推动农业农村全面参与到打造山东半岛枢纽、智能制造之都过程中。一方面，推动城市基础设施、公共服务向农村延伸，加快推进城乡融合发展。这样既可以释放农村巨大投资需求，补齐资源配置短板，也可以扩大枢纽经济辐射面，完善城市的枢纽功能。另一方面，大力发展现代农业，特别是推进智能制造设备率先在农业领域使用，培养农村劳动力成为智能制造技能人才，既可以提升农业现代化水平，也可以进一步优化智能制造产业链、生态链，助力形成智能制造高地。

（2018 年 8 月）

以"一带一路"为统领 加快新一轮高水平对外开放：促进高质量发展 提升城市竞争力

◎贺绍磊 王耀强 方典昌 刘 磊

一、中央精神

(一)中央关于对外开放的战略定位

过去40年，中国经济发展是在开放条件下取得的，未来中国经济实现高质量发展也必须在更加开放条件下进行。

1. 中国对外开放40年历程，是一段从封闭走向开放、从贫穷走向富强的辉煌历程

以1978年十一届三中全会、1992年邓小平"南方谈话"、2001年中国加入世界贸易组织、党的十八大为重大标志，对外开放由最初引进西方发达国家资金技术，实现从"请进来"到"走出去"、从跟跑到并跑，再到形成全面开放新格局。实践证明，以开放促改革、促发展，是我国发展不断取得新成就的重要法宝，是国家繁荣发展的必由之路。

2. 党的十八大以来，以习近平同志为核心的党中央深化了对开放发展的认识

2013 年，习近平总书记在亚太经合组织工商领导人峰会上的演讲曾举例说，第二次世界大战结束后，全球有 13 个经济体实现 25 多年的高速增长，其共同特征就是采取开放政策。党的十八届五中全会，从统筹国内国际两个大局的高度，顺应中国与世界深度融合、命运与共的大趋势，把“开放”纳入新发展理念。

3. 党的十九大标注了新一轮对外开放、开放发展的新高度

党的十九大报告提出“推动形成全面开放新格局”，强调“开放带来进步，封闭必然落后”，“中国开放的大门不会关闭，只会越开越大”，“中国坚持对外开放的基本国策，坚持打开国门搞建设”，“发展更高层次的开放型经济”。2018 年 4 月，习近平总书记在博鳌亚洲论坛 2018 年年会发表主旨演讲，重点提到开放（43 次）、合作（18 次）、和平（11 次），向世界传递了中国改革开放的坚定决心和战略定力。

4. 推进新一轮高水平开放，凝结着中央治国理政的智慧和经验，构建“人类命运共同体”彰显着共产党人的价值追求、展现着中国的大国担当

从全球视野看，是把开放作为推动全球化和走向人类命运共同体的必由之路；从国家层面看，是新的历史条件下实现中华民族伟大复兴重大使命的基本要求，开启全面建设社会主义现代化国家新征程的重要支撑。新时代，只有坚持全面开放战略、发展更高层次的开放型经济，才是真正贯彻新发展理念，才能实现高质量发展。

（二）中央新时代对外开放的基本内涵

这不仅包括横向维度上的开放范围扩大、开放领域实现突破，也包括纵向维度上的开放方式创新、开放层次加深的“全面开放”。

1. 新时代对外开放的聚焦点：提高创新能力是开放的核心

创新居于新发展理念之首，是引领发展的第一动力，也是国际竞争力的

关键体现。新时代推动全面开放新格局的聚焦点，就是通过开放来提升创新能力，促进发展方式转变、经济结构优化、增长动力转换，以创新加快现代化国家建设。

2. 新时代对外开放的两大方向：注重“引进来”和“走出去”并重的双向开放

坚持“引进来”与“走出去”并重，是开放型经济发展到较高阶段的重要特征，也是更好统筹国际国内两个市场、两种资源、两类规则的有效途径。“引进来”要着力提高引资质量，注重国际投资搭载的技术创新能力、先进管理经验等，并坚持引资和引技引智并举。“走出去”，一方面着力支持企业扩大对外投资，推动装备、技术、标准、服务“走出去”，提升在全球价值链的位置；另一方面注重引导企业“走出去”跨国并购、获取国际领先核心技术、专利技术和国际知名品牌，以此发挥比较优势，弥补薄弱环节，更大程度地参与国际分工和国际市场竞争。

3. 新时代对外开放的空间布局：推动形成陆海内外联动、东西双向互济的开放新格局

追求全面开放是提高开放水平的必然。全面开放体现在开放举措上，就是坚持自主开放与对等开放，加强“走出去”战略谋划，统筹多双边和区域开放合作；体现在开放内容上，就是进一步放开制造业，有序扩大服务业对外开放，扩大金融业双向开放，促进基础设施互联互通；体现在开放空间上，就是改变对外开放东快西慢、沿海强内陆弱的区域格局。

4. 新时代对外开放的理念：包容、公平、共赢、安全

对外开放，不仅是数量规模的概念，而且体现时代精神，体现中国作为世界大国的引领者姿态。包容开放，就是遵循共商、共建、共享原则，体现和平合作、开放包容、互学互鉴；公平开放，就是改变过去依靠土地、税收等优惠政策来招商引资的做法，通过加强法制建设，为外资企业提供公平、透明、可预期的市场环境；共赢开放，就是坚定不移地奉行互利共赢的开放战略，继续从世界汲取发展动力，也让中国发展更好，惠及世界；安全发展，

就是坚持在有效防范风险的前提下深化对外开放，在提高对外开放水平中增强风险防范能力，既重视防范国内市场开放带来的安全风险和产业冲击，也重视海外市场开拓过程中的人员安全与财产保护。

（三）中央关于对外开放的主要举措

1. 以“一带一路”建设引领新时代对外开放

“一带一路”建设，是我国今后相当长时期对外开放和对外合作的管总规划，在新时代开放大局中占据统领地位。政策沟通、设施联通、贸易畅通、资金融通和民心相通，是“一带一路”建设的核心内容。5 年来，从筹建亚洲基础设施投资银行到成立丝路基金，再到国家开发银行的近千个项目，全球 100 多个国家和国际组织积极支持和参与，“一带一路”建设逐渐从理念转化为行动，建设成果丰硕。当前和未来相当长时期，围绕“一带一路”建设推动形成全面开放新格局是工作的重中之重，其累积效应将进一步释放。对一个地区和城市而言，深度参与“一带一路”建设成为新时代赢得竞争新优势的重要标志，也是重要内容。

2. 以推进贸易强国建设培育外贸竞争新优势

习近平总书记围绕推动形成全面开放新格局，明确提出“推进贸易强国建设”。主要是解决我国贸易“大而不强”问题，具体来讲，就是加快转变外贸发展方式，从以货物贸易为主向货物和服务贸易协调发展转变；加快货物贸易优化升级，鼓励高新技术、装备制造、品牌产品出口；促进服务贸易创新发展，大力发展服务外包；培育贸易新业态、新模式，支持跨境电子商务、市场采购贸易、外贸综合服务等健康发展；实施更加积极的进口政策，不以追求外贸顺差为目标，主动扩大进口。

3. 探索建设自由贸易试验区、自由贸易港，构建开放型经济新体制

建设自由贸易试验区是党中央在新形势下全面深化改革、扩大对外开放的一项战略举措。2013 年 9 月，上海设立首个自由贸易试验区；2014 年 12 月，增设广东、天津、福建 3 个自由贸易试验区；2017 年 3 月，又在辽宁、浙江、

河南、湖北、重庆、四川、陕西等7省（市）设立自由贸易试验区。近期，国务院印发中国（海南）自由贸易港总体方案，表明试验改革的区域广度和内容深度全面升级。自由贸易港是当今世界最高水平的开放形态，具有境内关外、优化资源、高度自由、依法监管等基本特征，相对于自由贸易试验区，自由贸易港意味着更广领域、更高水平、更深层次的对外开放。因此，党的十九大报告提出赋予自由贸易试验区更大改革自主权，探索建设自由贸易港。

4. 以打造高质量的营商环境提升开放发展质量

这既是与国际接轨、参与全球竞争的前提和保障，也是解决突出问题、着力补齐短板的现实需要。重点是：实行高水平的贸易和投资自由化便利化政策，全面实行准入前国民待遇加负面清单管理制度，大幅度放宽市场准入，扩大服务业对外开放，保护外商投资合法权益；凡是在我国境内注册的企业，都要一视同仁、平等对待等。

二、山东省委、省政府部署要求

突出对外开放在全省发展大局中的战略地位，主动融入国家开放大局，深度融入“一带一路”建设，全力打造新一轮对外开放新高地。2008年5月、2013年11月、2018年3月和6月，习近平总书记分别对山东扩大开放作出指示。新一届省委、省政府用心领悟、真心落实总书记重要指示精神，在扎实推进新旧动能转换、乡村振兴、海洋强省等重大部署中，不断强化对外开放的引领性作用，以开放促创新、促改革、促调整、促发展。

（一）全力建设高能级开放平台

平台的能级特别是具有影响力的标志性、引领性平台，是新时代引领开放发展的重要标志。总书记在上海合作组织青岛峰会上提出，支持在青岛建设中国—上海合作组织地方经贸合作示范区。山东省放大上海合作组织青岛峰会效应，创新举办外交部山东全球推介活动、儒商大会、青年企业家创新发展国际峰会、跨国公司领导人峰会、日韩山东周、中国香港山东周、欧美商务周和“选择山东”全球路演等系列活动，以高层次的开放平台促进高水平国际合作。此外，复制推广自由贸易试验区改革试点经验，支持经济开发区、海关特殊监管区域结合实际，率先复制自由贸易试验区成熟的改革试点经验，着力推进理念更新、模式创新和流程再造，通过改革、开放、创新激发新旧动能转换的原动力。加快开发区体制机制创新，在总结评估第一批12家开发区体制机制可复制、可推广经验的基础上，启动第二批20家开发区体制机制创新试点工作。

（二）更高质量招商引资、招才引智

招商引资、招才引智是对外开放最重要、最核心的内容，是推动高质量发展、实现新旧动能转换最重要的支撑。山东省2017年7月出台关于新时期积极利用外资的若干措施，要求进一步扩大利用外资领域，推行负面清单管理模式，完善重大外资项目协调推进工作机制；2018年7月3日出台深化与世界500强及行业领军企业合作行动方案，提出进一步拓展合作内涵，由世界500强拓展为世界500强及行业领军企业，同时统筹企业、园区、高校、科研机构和各级政府等各类主体资源；2018年7月11日召开全省招商引资招才引智大会，要求进一步推动高质量招商引资、招才引智，让“引进来”的资本、技术、人才、市场、观念、管理等要素，与既有的优势资源重新优化组合，创造出新的活力和效率，裂变出巨大的新动能。

（三）全面发力建设一流营商环境

打造一流营商环境是参与全球竞争的客观选择，是获取区域竞争优势的必然要求，是政府提供公共服务的重要内容。省第十一次党代会以来，省委、省政府进一步营造便捷高效的办事环境、公平公正的法治保障、宜居宜

业的生活环境、风清气正的政治生态，为打造开放型经济发展新优势提供支撑保障。其中，对深化放管服改革出台意见，部署开展削权减证、流程再造、精准监管、体制创新、规范用权“五大行动”，提出30项改革任务；全力推进“一次办好”改革，2018年9月底实现全覆盖，3个工作日可完成新办企业注册登记，5个工作日可完成不动产登记；最近参照世界银行评价体系，出台营商环境评价实施方案，确定营商环境六大方面、17个子项目的评价指标，待全国统一标准的营商环境评价体系建立后，再采用国家指标体系进行评价。

三、迪拜开放崛起的经验

迪拜崛起的经验充分表明，任何一个城市，只要具备强烈的忧患意识，能够选择正确的发展道路，特别是充分发挥好自身比较优势、最大限度地利用国外资源，持续开展超前高水平谋划、坚定不移推进落实，就能实现突破性跨越式发展。

（一）迪拜崛起的历程

迪拜是阿联酋7个酋长国之一，人口、面积约为潍坊的1/3、1/4。从1971年阿联酋建国后，迪拜仅用40多年时间就从阿拉伯半岛的一个普通贸易港成长为全球瞩目的世界级都市，究其原因，根本在于其大力度、高标准地持续推动开放，以此持续打造比较优势，获得发展先机，进而快速崛起。总体来看，其发展大致经历了四个阶段。

1. 20世纪70年代到80年代末，利用石油资源积累的财富，快速突破现代化基础设施建设，基础设施先发优势形成

阿联酋建国前，迪拜的经济活动主要是捕鱼和珍珠采集，石油资源的发

现，孕育了迪拜崛起的机遇。1971年阿联酋建国后，迪拜大规模开发石油资源，并用石油出口收入，重点投资港口、运河、机场等基础设施建设。到20世纪80年代末形成了中东最完备的城市基础设施，特别是以杰贝阿里港、迪拜湾、迪拜机场为代表的一批重大基础设施项目的建成，标志着迪拜迅速完成了石油换外汇、外汇换基建的华丽转身，初步确立了在中东地区的发展优势。

2. 20世纪90年代初到2000年，突出发展贸易和旅游，打造区域性商业和旅游中心，经济发展在中东先发优势确立

20世纪80年代中期，面对单一石油经济给迪拜发展带来的巨大不确定性和海湾地区冲突频发的恶劣外部环境，迪拜领导层决定拓宽经济发展领域，摆脱对石油经济的过度依赖。20世纪90年代初期，迪拜充分依托自身区位特点和完善的基础设施，大力发展对外贸易和旅游业。在对外贸易方面，采取了资本项目开放、低税率和税收减免、通关便利化等一系列政策举措，极大提高了迪拜的开放度和吸引力，大批外国企业纷纷在迪拜投资设立分支机构，迪拜一跃成为世界上仅次于中国香港和新加坡的转口贸易中心。在旅游业方面，着力打造旅游型城市，成立旅游与商业市场部，大力发展集观光购物与休闲娱乐于一体的旅游业，重点吸引国外游客。整个20世纪90年代赴迪拜旅游人数爆炸式增长，游客年均增长率保持在20%左右，大量的人流、信息流进一步强化了迪拜的开放发展理念，为21世纪初迪拜进一步扩大开放、实现经济腾飞奠定了基础。

3. 2001—2008年是迪拜发展速度最快、效益最优、特色最鲜明的时期

迪拜在充分总结前期发展经验的基础上，提出“只做第一不做第二，要做就做到最好”的发展理念，并瞄准“世界中心”的定位，继续高标准修建配套基础设施。同时，重点发展贸易运输、旅游、金融、房地产四大产业，全球影响力迅速提升，经济全面腾飞，“迪拜模式”不胫而走。21世纪初，迪拜进一步坚定了开放发展战略。为充分吸引世界目光，迪拜高标准修建城市旅游设施，一大批世界级地标性建筑先后落地，特别是全球第一家七星级酒店、全球第一高楼、全球最大的室内滑雪度假村、全球最大的购物中

心、全球最大人工岛、全球最大的机场等的建成，使迪拜成为全球关注的焦点。通过这一系列“世界之最”，迪拜成功将自己打造成全球最奢华的城市，最理想的购物、休闲和度假胜地。同时，迪拜充分依托自身基础设施先发优势，重点发展贸易运输、旅游会展、金融、房地产四大行业，并且在杰贝阿里自由贸易区成功经验的基础上，进一步推广自由贸易区模式，迪拜互联网城、迪拜媒体城、迪拜机场自由贸易区、迪拜知识村、迪拜硅谷等相继建成，形成了各具特色的产业集群，进一步丰富了多样化发展的内涵。其中，杰贝阿里自由贸易区凭借过硬实力成为全球首家通过ISO9000国际认证的自由贸易区，世界前500强企业中有近200家在此注册落户，英国《金融时报》2012年对全球1200多个自由贸易区进行综合评比，杰贝阿里自由贸易区雄踞第一。

4. 2008年以来，抢抓新一轮科技革命大势，布局未来产业，着力打造科技和创新之都，不断形成发展新优势

2008年国际金融危机给迪拜带来严重冲击，甚至被形容为“迪拜危机”，暴露出其投资过度和过高金融杠杆等问题。迪拜及时对其经济政策和发展战略做出相应调整，在继续推进多元化发展的基础上，抢抓新一轮科技革命机遇，致力于打造中东科技和创新之都。2014年提出“智慧迪拜”计划，致力于打造世界上最棒、最大的智慧城市，目前在无人驾驶、3D打印建筑、智能警务、超级高铁等领域取得了实质性进展，很多高科技都已经在实际应用；2015年启动数据法，目标是让迪拜成为最智慧的城市；2016年发起全球区块链计划，致力于成为区块链和物联网应用领域的世界领袖；2017年发布了“火星科学城”项目，目标是建设世界上最大的太空模拟城市。目前，3D打印摩天大楼、允许载客无人机运营的城市、无人警察局、由区块链驱动的政府以及全球最安全的城市等计划或正在实施的项目，使迪拜成为全球前沿科技的应用中心和国际一流的创新经济体。在最新公布的《全球竞争力报告》中，阿联酋竞争力在中东地区居于首位，成为最具竞争力经济体，甚至高于创新大国以色列，这与迪拜的贡献密不可分。

（二）迪拜崛起的经验

1. 不满足于现状的强烈忧患意识和开放意识

阿联酋建国后，迪拜决策层迅速形成共识，迪拜可以依赖于石油迅速发展，但持续腾飞不能仅仅依靠石油（阿联酋第一大酋长国阿布扎比石油占比高达 90%，迪拜占比仅为 5% 左右）。中东国家中，迪拜最早认识到经济转型的必要，尽管石油产业收益极高，但从未在迪拜的产业体系中占据主导地位。正是强烈的危机意识，让迪拜最终确立了以旅游、商务、地产和金融为支柱的产业转型战略。迪拜不仅具有很强的忧患意识，而且敢于和善于开放，将自由开放的施政理念应用到经济社会发展的各个方面。迪拜不断降低关税，最大限度吸引外国资本，1985 年建立的杰贝阿里自由贸易区，甚至规定自由贸易区的商业活动可以不遵守迪拜海关和立法机构的相关约束，因此短时间内便吸引聚集了大量跨国公司。

2. 超前性、高水平的大手笔谋划

迪拜领导者富有远见的谋划，在宏观上为其核心竞争力的形成提供了强力支撑。一是谋划水平高。迪拜是中东地区最早进行城市规划的城市，且不断聘请世界级高端机构或者设计师，持续规划了一大批创造世界纪录的工程和项目。二是谋划长远超前。迪拜以超前 10 年、20 年，甚至百年的战略眼光进行谋划。独立初期，迪拜借的第一笔外债就用于修筑现代化的船舶停靠码头，从此改变了传统的贸易模式，为经济起飞奠定了基础。再如，近年来迪拜提出“智慧迪拜”计划、全球区块链计划、“火星科学城”项目等一系列计划，都是超前发展的典型。三是巧妙利用自身优势，把握时代大势。迪拜充分利用联欧亚非、濒波斯湾的地理位置优势，抓住全球化机遇，大力发展航运业和航空业，迅速将迪拜打造成中东乃至全球国际贸易、交通、人员流动、文化交流的枢纽和门户。

3. 一切围绕既定发展战略，高效率推进落实

迪拜 40 多年发展很重要的一条经验就是规划的目标从不半途而废，而是以强大的信心、坚定的决心持续贯彻和落实。金融危机期间，以迪拜哈利

法塔为代表的一系列世界级重大工程面临烂尾危险，在全世界一片唱衰“迪拜模式”的大环境下，迪拜并没有自暴自弃，而是想尽一切办法坚持推进，最终让世界再次瞩目。再如，为强化地区贸易枢纽的观念和目标定位，迪拜大力推进对外开放，一切经济政策和制度安排都以开放为导向，聚力打造最优发展环境。目前，迪拜已有40多个自由贸易园区。另外，在落实既定发展目标过程中讲求方法，注重运用巧劲。早期的迪拜领导人拉希德广泛运用人脉资源，通过一系列外交手段，筹措到了大量资金，保障了一系列重大基建项目顺利开工。

4. 持续打造比较优势，获得发展先机

历史地看，迪拜所取得的一系列令人瞩目的发展成就，是一个不断确立新定位、不断实现既定目标、持续打造发展新优势的过程。半个世纪以前的迪拜，其目标可能并不是要成为今天国际化的大都市，而首先关注的是渔业和采珠业；当采珠业被日本的人工养殖造成毁灭性打击后，直到20世纪60年代发现石油资源，又转向了石油产业；到20世纪70年代后便开始了以石油换外汇、外汇换基建；20世纪90年代依托区位优势和成熟的基础设施，着力打造地区贸易枢纽，发展观光旅游业；2000年后，开始谋划一系列刷新人们世界观的一流创意项目，吸引全球目光。就某个时间节点而言，迪拜在突出城市主定位的同时，提出若干支撑主定位的子定位，以主定位带动其他领域协同发展。比如，迪拜在确立“世界中心”主定位的同时，又有“最大最贵最奢华城市”“最具科技感城市”等不同定位，各个定位相辅相成，共同增强了迪拜对全球资源的吸引力，提升了城市活力和竞争力。

四、国内城市开放发展的经验

国内城市开放发展的经验表明，对外开放是激发城市发展活力、推动城市崛起的关键一招，提高认识、抢抓机遇、超前谋划、注重创新是不断提高开放水平、加快形成全面开放新格局的关键。从改革开放 40 年的发展历程看，抢抓开放机遇的城市总是能够迅速脱颖而出，错失开放机遇的城市往往发展缓慢甚至走向衰落。从一个城市发展历程看，抓住开放机遇的时期往往发展迅速，错失开放机遇的时期往往发展缓慢。

40 年来，我国对外开放大致经历了四个阶段。

（一）1978—1991年，积极试点、探索推进阶段，深圳脱颖而出，广州实现跨越式发展

党的十一届三中全会确定了“对内改革，对外开放”的战略决策，标志着我国的对外开放进程正式开始。此阶段，我国开放策略以引进出口型加工制造业外资为主，发展加工贸易；开放区域以东南沿海城市为主，先后开放了 5 个经济特区、15 个沿海开放城市。深圳从 5 个经济特区中最弱小的城市一跃成为体量最大、最繁华的特区城市；广州全国 GDP 排名由 1978 年的第 6 位迅速升至第 3 位。深圳和广州成功的关键是抢抓机遇、率先开放。

一是以改革促开放。改革开放初期，姓“资”姓“社”的思想讨论和传统的计划经济体制给对外开放带来了极大束缚。深圳和广州不唯书、不唯上、只唯实，以“三个有利于”作为衡量标准，大胆进行改革试验，扫除了对外开放的障碍，“杀出了一条血路”。

二是集中力量进行基础设施建设。1979 年，深圳蛇口工业区的创办拉开了大规模基础设施建设的序幕，建设过程中引入市场机制，开放建筑市场，实行开发性建设，建设速度、建设规模、投资效益前所未有，一批重大基础设施迅速建成，投资环境显著改善。

三是大力发展“三资”企业和内联企业。深圳和广州充分利用国家政策，鼓励外商重点投资交通、能源等基础设施、高新技术产业以及金融、旅游等服务业。在合作形式上，由外商出资、中方出土地或者厂房，大力发展中外合作企业，进而发展中外合资、外商独资企业。同时，积极同其他城市

开展跨地区、跨行业、多层次、多形式的横向联合，建立了一批内联企业，弥补了资金、技术和人才的不足。

四是重点发展“三来一补”加工贸易。深圳和广州紧紧抓住国际产业转移机遇，凭借劳动力和原材料等生产要素价格优势，辅以税收和土地等优惠政策，率先引进港澳技术、设备、资金、原料，进行产品加工、制造和装配，形成销售在港澳、生产在珠三角的“前店后厂”模式，极大缓解了国内技术落后和外汇短缺问题。此阶段，深圳和广州的外向型经济体系初步形成，高新技术产业、服务经济开始起步，实现了对外开放“先行一步”，为下一步经济起飞打下了良好基础。

（二）1992—2001年，由点及面、加快开放阶段，上海、苏州走在前列

1992年，邓小平“南方谈话”进一步解放了思想，坚定了改革开放路线，成为对外开放提速的重要契机。该阶段，开放的策略是“引进来”的同时注重“走出去”，开放区域从沿海向内地延伸，1992年先后开放了芜湖、九江、岳阳、武汉、重庆等5个内陆城市、13个沿边城市和18个内陆省会及区首府城市。上海在改革开放第一阶段发展相对落后，邓小平同志1991年视察上海时明确提出，“上海开发晚了”，正因如此才有了浦东开发。

上海这10年，紧紧抓住国家设立浦东新区的机遇，高标准建设基础设施、高层次承接国际产业转移，实现了经济的腾飞。一是先后两轮高标准建设基础设施。浦东开发之初，80%以上的土地是农田，基础设施是突出短板。为此，1990—1995年第一轮建设投入250亿元，完成了跨江大桥、道路、通信、水、电、煤等十大基础设施工程，极大改善了投资环境和城市面貌。1995—2000年的第二轮建设，投资970亿元，以现代化城市为建设骨架，建设航空港、深水港、信息港、地铁2号线等，拓展了浦东外向型功能的内涵，构筑了上海国际大都市框架。二是充分依托长江三角洲的地缘优势和人才资源，主动承接发达国家产业梯度转移，并根据上海的城市基础和国

内消费升级的时代背景，把承接产业定位于中高端，把浦东新区建设成为国际、国内两个市场、两种资源的交汇点、聚合区。其中，浦东金桥出口加工区在承接20世纪90年代国际先进制造业转移的过程中，集聚了通用、索尼、拜耳、松下、夏普、东芝、西门子等世界制造业巨头，也使上海1990—2009年经济年均增长43%。

苏州这10年，紧紧抓住浦东开发和邓小平“南方谈话”的机遇，实施三大举措向开放型经济转型。一是推进乡镇企业改制，发展多元混合的市场经济和开放型经济。针对乡镇企业产权矛盾、经营落后、负债率高等问题，苏州以产权制度改革为切入点，实施乡镇企业大面积改制，大力发展股份制、股份合作制，推动集体经济向多元混合的市场经济转型。二是强力推动工业园区建设吸引外资。1992年后，全国兴起开发区建设热潮，苏州抢抓这一机遇，建立中新合作工业园等一批开发区，并凭借区位、交通、劳动力等优势，大量引进外资。三是借力上海，提升开放水平。浦东大开发后，苏州主动把握机遇，率先组团访问上海，通过升级高速公路、扩建港口、整治运河、新建长江大桥等，开展与上海的基础设施对接，同时采取差异化发展策略，产业与上海形成互补，建立加工配套项目，吸引外商投资大规模的工业项目。通过对接浦东，有力促进了苏州外向型经济发展，2003年苏州GDP全国排第5位，创下历史最高排名。苏州这种善于创新、改善投资环境、发展外向型经济的做法，被经济学家吴敬琏称为“新苏南模式”。

（三）2002—2012年，在世界贸易组织框架下的开放，海南对外形象力迅速提升

2001年12月，我国正式加入世界贸易组织，在享受多边贸易自由化的同时，也在不断推动贸易、投资等领域的自由化。这一时期，海南主要采取三大举措，迅速提升开放发展竞争力。

一是产业开放上，海南顺应全球产业开放的大趋势，充分依托生态优势，提出海南国际旅游岛战略，重点推进旅游产业国际化。值得注意的是，

推进过程中由最初“零关税、放航权、免签证”，逐步扩大到以旅游业为龙头、以现代服务业为主导的产业全面开放，初步形成了以服务业为主导的经济结构，带动了海南产业结构实现了历史性变化。

二是搭建开放交流平台方面，2002 年博鳌亚洲论坛每年定址在海南博鳌镇举办，成为海南对外推介和宣传的窗口。海南以此为契机，吸引了博鳌企业家论坛等 29 个大型会议在博鳌定期、定址召开。在搭建国家公共外交和国际化交流平台的同时，海南的对外形象得到极大提升。

三是搭建贸易平台，2007 年成立洋浦保税港区，是当时华南及北部湾地区唯一开港运行的保税区，有力促进海南乃至整个北部湾区域经济发展。目前，中央全力支持海南全域建设自由贸易区、探索建设自由贸易港，都得益于这一时期打下的基础。

（四）2012年至今，加快形成全面开放新格局阶段，杭州、贵阳、重庆等城市成为标杆

党的十八大以来，我国坚持将对外开放作为基本国策，倡导并推动贸易和投资自由化，重塑以创新引领的对外开放新优势，努力开创对外开放新局面。这一时期，杭州、贵阳、重庆、温州、南通和泉州等城市开放发展优势突出（GDP 排名，2017 年南通 28 年后重回前 20，位列江苏省第 4 位；泉州 GDP 排名首次进入全国前 20，位列福建省第 1 位）。其中，杭州依靠信息经济先发优势，抢占了新一轮高水平对外开放新高地。

一是超前布局信息经济。早在 2014 年，杭州就出台《关于加快发展信息经济的若干意见》，2016 年、2017 年又先后印发《杭州市智能制造产业发展“十三五”规划》《数字杭州发展规划》，将信息经济和智慧经济作为“一号工程”全力推进。在推进过程中，充分利用国际、国内两个市场、两种资源，大力培育和引进数字信息龙头企业，从阿里巴巴“一家独大”到网易、海康威视、大华股份等一大批国际领先的数字信息企业相继涌现，以信息经济为代表的外向型经济结构初步形成。2017 年，信息经济对杭州 GDP 增长

的贡献率超过 50%。

二是加快营造国际一流营商环境。近年来，杭州积极对标国际一流营商环境，通过"最多跑一次"改革，政府争做企业"店小二"，努力打造审批事项最少、办事效率最高、投资环境最优、企业获得感最强市。为全面展示新时代浙江发展新环境，浙江在 2017 年 11 月隆重举行以"聚力拥抱新时代，开放创新立潮头"为主题的第四届世界浙商大会，大力弘扬新时代浙商精神，进一步激发浙商创新创业新活力。良好的营商环境带来了巨大的创业热潮。2017 年中国民企 500 强中，浙江共占 120 席，连续 19 年蝉联全国第一。

三是积极搭建各类开放交流平台。近年来，杭州通过搭建各类国家公共外交和人文科技交流平台，不断提高全球资源配置能力。在融入重大开放战略方面，深度参与建设浙江自由贸易区、长三角 G60 科创走廊、杭州大湾区等国家和省级开放平台。在建立科研院所方面，创建阿里达摩院、西湖大学、之江实验室等高端科研机构。另外，杭州还积极承办互联网大会、全球未来出行大会等，特别是 2016 年 G20 杭州峰会的举办，迅速提升了杭州的全球影响力，为进一步提高对外开放水平提供了重大机遇。

从山东看，改革开放 40 年来，青岛、烟台一直走在全省对外开放前沿，不断巩固和强化在省内的领先地位。

（1）青岛兴于开放、立于开放，改革开放以来的三次大跃升，都得益于开放。第一次跃升：1992 年市政府东迁，东部新城崛起。1992 年邓小平"南方谈话"后，全国改革开放步伐进一步加快。青岛市委、市政府迅速作出"搬迁市政府、东部大开发"的战略决策，拿出市区当时最好的地段向国内外拍卖转让，筹集资金，投入东部开发。现在，青岛市政府所在的市南区已经成为一座现代化国际城区，金融商务、总部经济、时尚商业、商务旅游等服务业发展迅速，服务业增加值占生产总值比重达 90.8%。第二次跃升：2001 年开发西海岸。2001 年，青岛确立开发西海岸，提出打造海洋经济国际合作先导区等目标，推进重大基础设施建设，特别是建设了董家口港和"一路一桥一隧道"等重大项目，相继建立青岛保税港区、中德生态园、中日韩创新产业园等国际化园区，谋划推进胶东机场建设；2014 年获批国家级青岛西海岸新区，拓展了城市开放发展空间，拉开了发展大格局。第三次跃升：以上海合作组织青岛峰会为契机，奋力建设现代化国际大都市。2018 年 6 月，上海合作组织青岛峰会的举办，给了青岛再次实现发展跃升的良机，青岛正以全球视野谋划，以“国际化 +”行动为抓手，两年一个周期定期，与国内外高水平国际化城市对标，不断提升城市能级，建设现代化国际大都市。

（2）烟台素有开放传统，曾是中国古代东方海上丝绸之路首航地（中国古代海上丝路分为东海航线和南海航线，烟台是东海航线起点），也是中国近代北方最早开埠的通商口岸之一，有开放的基因和底色。改革开放后，烟台是全国首批对外开放城市，一直走在全省对外开放最前沿，因此得以不断巩固和强化在省内的优势地位。烟台对外开放的经验有两点需要特别关注。一是 40 年来，烟台几乎每年都召开高规格、大规模的开放大会，并结合时代特征赋予开放大会不同主题，不断推动对外开放工作向纵深发展。二是各类开发区对烟台的开放发展起到了至关重要的作用。2017 年，各级经济开发区贡献了烟台全市约 80% 的工业营收、70% 的实际外资和 80% 的外贸进出口。

五、潍坊开放发展的优势、劣势及短板

（一）优势：主要是区位特殊、综合实力强、节会影响力大、载体数量多、龙头企业国际化水平高等

1. 特殊区位优势

（1）区位对开放极为重要。新加坡、比利时充分利用地缘优势，都实现了从小国到强国的崛起；苏州利用紧邻上海的优势，通过建设中新工业园区等重大举措，迅速崛起，实现赶超；武汉、重庆等城市打造内陆开放型经济

新高地，都充分利用了区位优势。区位优势利用得好，就能大幅加速开放发展，提升区域开放发展水平和竞争力。

（2）潍坊区位特殊，高铁、港口、航空等综合交通运输优势初步形成，对集聚资源要素、增强区域开放活力、提升开放质量和层次意义重大。潍坊地处济南都市圈和青岛都市圈的中心、京津冀和长三角连线的中心，在全省范围内，这种适中的地理位置比较特殊。潍坊陆、海、空交通运输齐全，公路和铁路交通运输优势明显，最突出的是高铁，目前经停潍坊站的高铁数量81对，是烟台的2倍，比青岛多16对。潍坊港是省会城市圈、潍坊及周边地区货物进出海运距离最短、最经济、最便捷的海上交通口岸，近几年发展迅猛，通过鲁辽大通道、潍青满多式联运通道等，实现了与“一带一路”和“跨欧亚经济带”对接。潍坊机场客货同步发展，服务潍坊、服务山东，辐射环渤海及东北亚地区。随着高铁时代的到来和港口、机场等基础设施的快速发展，潍坊这种区位和交通优势无疑会大幅加速人流、物流、信息流、资金流的汇集，推动潍坊在更高平台、更广范围、更新层次上融入全球经济，大大增强区域开放活力，有力提升城市开放水平。

2. 大市，特别是开放大市优势

（1）潍坊是大市，经济总量大、大企业数量多、地域面积大等，具有对外合作选择多、空间大，面对开放冲击稳定性强等优势。潍坊经济总量在全国同级别城市中排第11位，如此大的体量意味着城市综合实力强，对外合作选择多、机会多，面对贸易冲突时稳定性强。潍坊规模以上工业企业3843家，在全省排第3位，比烟台多1268家，意味着潍坊开放的主体多，可以有效撑起全市开放大格局。潍坊地域面积1.6万平方公里，为省内第2位，在GDP高于潍坊的33个城市中排第6位，有充足的空间开展对外合作，特别是滨海区大面积存量建设用地成方连片，这在全国极为罕见，能够承载大项目集群落地。

（2）潍坊是开放大市，近几年主要指标取得突破性进展，为新一轮高水平对外开放奠定了基础，为全面扩大对外开放创造了有利条件。2017年，潍坊外贸进出口、进口和出口三大指标总量和增幅均取得近6年来最好成绩，进出口总额居全省第3位，仅次于青岛、烟台；出口增量居省内第2位，仅次于青岛。外商直接投资同比增长48.8%，增幅居全省第2位。服务贸易实现跨越式发展，2017年潍坊市获批省级服务贸易创新发展试点城市。开放整体呈现良好态势，为提升开放质量创造了条件。

3. 节会优势

（1）节会是开放的重要平台。G20峰会之于杭州、金砖五国峰会之于厦门、上海合作组织峰会之于青岛等，都大幅提高了城市的国际影响力和知名度，节会越来越成为一个城市展示形象、走向世界不可或缺的平台，成为衡量城市开放活力的重要标志。

（2）节会是潍坊开放的一张名片，对提升潍坊的国际知名度和影响力至关重要。节会是潍坊的传统优势，1984年首届潍坊国际风筝会的召开，为潍坊打开了对外开放的重要窗口；2005年潍坊借风筝会契机，高规格举办中外市长论坛，马来西亚马哈蒂尔及世界各地的近20位市长，国内北京、杭州、成都、济南等60多个城市的市长或副市长，以及易中天、陶斯亮等一批知名人士参加。风筝会至今已连续举办35届，使“提起潍坊，就有风筝；提起风筝，就是潍坊”的印象深入人心。目前，潍坊拥有中日韩产业博览会、鲁台会、中国画节、文展会、菜博会等众多高级别节会，基本形成了每个市、县都有节会的格局。这些节会对推动潍坊与世界的经贸合作、文化交流和互联互通，提升城市国际知名度和美誉度发挥了重大作用。

（3）新时代潍坊的节会要紧跟形势、不断创新。随着我国开放进入新阶段，以及新一轮革命兴起，各地举办节会的形式更加多样，内容更加丰富，更能体现时代特征和发展机遇，如乌镇的世界互联网大会、杭州的云栖大会等。在新一轮高水平对外开放的大潮中，潍坊既要紧跟时代步伐，创新性举办一些规格较高、影响力较大、体现时代特征的节会，又要用新技术、新形式丰富传统节会的内涵，提升层次和水平，巩固提升节会在潍坊对外经贸合作、技术交流、文化碰撞中的优势作用。

4. 载体优势

（1）开放必须借助一定的载体，其中，开发区和各类试验区公认是最重要的载体。凡是开放发展走在前列的城市，大多都有一个或几个标志性的开发区或试验区，如苏州的中新工业园、海南的自由贸易试验区、上海和天津的国家级新区等。特别是自由贸易试验区建设已经成为中央扩大开放的核心举措之一，在贸易自由化、提升开放层次和水平等方面发挥着越来越重要的作用。

（2）潍坊开发区数量多，在吸引外资和技术、打造开放型经济新高地等方面扮演关键角色。全市省级以上开发区 16 个，开发区数量和管辖面积居全省首位，基本每个县（市、区）都有一个省级开发区，羊口、下营等镇也有了开发区。其中，国家级开发区 3 个，高新区和滨海区入围 2017 年“中国国家级产业园区发展竞争力”百强榜（同济大学发展研究院发布），分列第 69 位和第 88 位，入围数量列全省第 1（与青岛持平，全省总共 11 家入围）。开发区将对潍坊改善投资环境、引导产业集聚、在更大空间配置资源、打造对外开放新高地等方面发挥着不可替代的作用。

（3）潍坊各类试验区众多，特别是国家农业开放发展综合试验区落户，将大幅提升潍坊农业在全球的影响力。潍坊主要有国家级出口食品农产品质量安全示范区、山东省出口食品农产品质量安全示范市、山东省跨境电商综合试验区等，最大的载体当属国家农业开放发展综合试验区。这是全国唯一的农业开放发展综合试验区，对潍坊来说是重大历史机遇，必将大大加速潍坊农业的开放和腾飞，推动打造全国农业开放发展引领区，大幅提升潍坊农业在全球的竞争力和影响力。

5. 龙头企业开放发展优势

（1）龙头企业是开放的核心和主体。没有一大批真正意义上的国际化龙头企业，就谈不上更高层次的对外开放，也谈不上提升城市的国际竞争力。开放水平高的城市，一般都具有一批国际化程度高的龙头企业，如深圳有腾讯、华为等国际化大企业，特别是华为，在全球 170 多个国家和地区开展业务活动；杭州的阿里巴巴已在全球 200 多个国家开展业务。

（2）潍坊龙头企业开放达到新高度，形成以点带面的开放格局，对推动潍坊参与配置全球资源、提升城市国际化水平、建立国际竞争新优势意义重大。全市已有241家企业"走出去"，在81个国家和地区投资企业（机构）429家，全市80%以上的重点骨干企业通过开展国际合作，引进资本、技术、设备、人才和管理经验，实现了产品升级换代和企业国际化。潍柴动力、豪迈科技、晨鸣纸业、雷沃重工、盛瑞传动等重点企业，纷纷把"走出去"作为抢抓开放发展机遇的一条重要路径，初步形成了以点带面的开放局面。企业开放合作方式呈现多样化，歌尔在6个国家和地区建立研发基地；潍柴收购法国博杜安、意大利法拉帝等知名企业；桑莎集团在柬埔寨投资建设了潍坊第一家海外工业园——柬埔寨（山东）工业园；寿光蔬菜产业集团建立潍坊第一个海外蔬菜种子研发项目。这些龙头企业通过融入国际分工、走向国际市场，在更大范围、更宽领域、更深层次配置资源，将引领整个城市的开放走向，推动潍坊实现大开放、大发展。

（二）劣势及短板：主要在开放思想认识、开放拉动作用、开放基础支撑、推进工作落实等方面

1. 开放思想认识还有差距

（1）历史地看，潍坊在开放的一些关键时期往往机遇意识不足。思想认识是决定开放发展的根本性问题，对开放认识到位，才能在行动上更自觉、更坚决。潍坊开放史上虽然取得了优异的成绩，但在一些关键节点，往往过于追求平稳，缺乏一股闯在前、冲在前、干在前、抢抓机遇的精神，有些干部已经形成平稳开放的思维定式。

（2）当前，把握"一带一路"重大开放历史机遇有欠缺。干部队伍、企业群体普遍对"一带一路"重视不够、理解不够、研究不够，反应慢、接受慢、落实慢，个别甚至认为与我们没有多大关系，直接影响潍坊开放的速度、层次和格局。此外，在对接京津冀协同发展等机遇面前存在同样的不足。在开放上，潍坊现在不仅落后于南方传统先进地区，也开始落后于部分

西部城市。浙江、江苏、广东等地区对“一带一路”重大历史机遇认识早、反应快，已经形成领先优势。潍坊的开放与南方这些传统先进地区相比依然有差距。西部重庆、成都、西安等城市，抓住“一带一路”机遇，大力打造内陆开放新高地，潍坊与这些城市的差距也正在形成，必须高度重视。

2. 开放对经济拉动作用没有完全释放

（1）外贸仍处于较低水平，进出口层次偏低，服务贸易还有差距。潍坊市外贸依存度为25%，比全国低8.6个百分点，比烟台低近20个百分点；2017年中国外贸百强城市排行榜（海关总署发布），潍坊市排名第50位，在全省10个入围城市中位居第5，低于青岛（15）、烟台（27）、威海（42）、济南（43），落后潍坊的经济位次。出口以纺织服装、化工、农产品等低附加值产品为主，进口以资源型产品、原材料和初级中间产品为主，高新技术产品进出口占比仅为4.8%，低于全省6.2个百分点。服务贸易占全市外贸总额的8.7%，分别低于全省、全国7.8个百分点、5.8个百分点，分别低于济南、青岛44.1个百分点、11.8个百分点。

（2）外资数量少，领域窄。2017年全市实际到账外资78.4亿元，仅占全省的6.5%，约为青岛的1/7、济南的3/5；2017年前三季度与世界500强签约项目8个，比青岛少16个，比烟台少5个，比威海少1个。鲁台会已举办24届，但利用台资规模潍坊不仅与苏州、福建海峡西岸经济区有巨大差距，与周边城市相比也不突出。外商直接投资主要集中在一般加工企业、劳动密集型产业，针对潍坊市重点领域、重点产业，特别是基础设施建设和农业、服务业等领域，利用外资作用尚不明显，还没有形成轰动效应，需要进一步拓宽外资使用领域。

3. 开放基础支撑偏弱

（1）营商环境需要进一步优化。外来企业对潍坊“吐槽”最多的是行政审批、产业配套和商务服务，比如，能评、环评审批流程在深圳、重庆等地两三个月就能完成，而潍坊却需要半年以上；市内有些产业园区水、电、气配套要3个月以上，而外地最快一周时间就能解决。海南正在拟定优化营商环境行动计划40条，上海出台扩大开放100条，潍坊在经济自由度、营商便利度、政务服务效率、制度性交易成本等方面，需要再下功夫。

（2）基础设施尚不能满足开放需求。在交通基础设施方面，虽然潍坊打造了综合交通运输体系，但是交通优势与周边城市相比尚不突出，路网密度需要提升，尤其是港口、机场对潍坊开放的作用还远远没有发挥出来。城市功能基础设施，地下空间、公共设施、文化功能等建设滞后，尤其是举办国际性活动时，服务配套能力不足，这些与国际化的规划建设标准还有较大差距。信息基础设施起步早，但后劲不足，近几年缺少“大动作、大手笔”，在瞬息万变的信息化时代，完善信息基础设施是抓住发展机遇的基础。

（3）开放管理人才和专业招商人才储备不足。潍坊既缺乏精通国际经贸规则、国际贸易标准与国际商务法律法规的经营管理人才，又普遍缺乏懂外语、熟悉涉外业务、富有经验的招商人才。

4. 推进工作落实欠缺

（1）贯彻落实中央、山东省开放精神还不到位。潍坊对中央、山东省出台的开放政策和文件往往研究不够，贯彻落实慢，很多单位甚至选择性执行。例如，2017年国务院和山东省政府相继出台关于扩大对外开放、积极利用外资的文件，仅有滨海、寒亭、寿光、昌乐等少数县（市、区）研究出台了具体的贯彻执行办法。

（2）潍坊市出台的部分开放政策还不能充分落地产生实效。抓落实极其重要、极其紧要。围绕推进开放，近几年潍坊出台了一系列高质量的政策文件，办法想了很多，措施出台不少，但相当一部分没有真正发挥出作用。这与重视程度不够、以口号落实政策、“真招实招少、落实一阵风”等有一定关系。习近平总书记在不同场合多次强调“真抓实干”。开放进入新阶段，我们面临的历史机遇和有利条件很多，问题和挑战也不少，必须提高抓落实的认识，切实推动开放政策产生实效、带来价值。

（3）一些干部服务开放的能力还有差距。新时代面对更高标准的开放要求、更加严峻的开放形势、更为艰巨的开放任务，我们的一些干部在抓开放上，方法还有一些欠缺，力度还差一些火候，有的不敢抓开放，遇见问题就回避，不敢硬碰硬；有的不会抓开放，缺少办法，如对待招商引资急功近利，“捡到篮子里就是菜”，好项目、大项目不多等。

六、几点建议

以“一带一路”为统领，加快新一轮高水平开放，促进高质量发展，提升城市竞争力。

加快新旧动能转换、推进“四个城市”建设、实施乡村振兴战略、建设海洋强市，都是促进高质量发展、提升城市竞争力的重要举措。对外开放必须紧紧围绕这些重要举措展开。新时代加快新一轮高水平开放，应保持战略定力，坚持以“一带一路”为统领，不断完善提升和扎实推进“六六三”开放战略，全力把潍坊建成“一带一路”的重要节点城市，在打造对外开放新高地、新征程中走在前列。

（一）以“一带一路”为统领推进开放，打造“一带一路”的重要节点城市

1. 之所以以“一带一路”为统领推进开放，主要基于以下四点

（1）党的十九大将推进“一带一路”建设写入党章，充分体现了中央高度重视“一带一路”建设、坚定推进“一带一路”国际合作的决心和信心。“一带一路”建设，是我国今后相当长时期对外开放和对外合作的管总规划，在新时代开放大局中占据统领地位。

（2）从国内城市参与情况看，杭州最近出台《关于以“一带一路”建设统领全面开放进一步提升城市国际化水平的实施意见》，明确“一带一路”

统领地位；西安提出以深度融入“一带一路”建设作为统领，建设具有国际影响力的国家级城市群；郑州、泉州等近期开放发展势头好的城市，都与深度参与“一带一路”建设有很大关系。

（3）“一带一路”建设机遇与高质量发展机遇、新旧动能转换机遇实现了战略机遇交汇，内外联动更加紧密。提高对外开放质量、发展更高层次的开放型经济，就是推动高质量发展、加快新旧动能转换。因此，抓“一带一路”倡议，本身也是抓高质量发展机遇、新旧动能转换的机遇。

（4）“一带一路”倡议，中央有大量的政策，山东省配套政策也会越来越多，“一带一路”倡议本身也具有政策、机遇等集聚效应。潍坊深度参与“一带一路”建设，将会享受更多的政策支持，城市竞争力和国际影响力将会有更大提升。

2. 之所以打造“一带一路”重要节点城市，主要基于两方面

（1）实现节点城市的有利条件多。潍坊具有产业、区位、交通等优势条件，发挥自身优势，增强与“一带一路”沿线国家和地区更深层次的经贸往来，能够较好承担起国家“一带一路”倡议的整体使命，这是潍坊参与“一带一路”建设的基础。

（2）建成节点城市可实现多个城市目标。在开放领域建成“一带一路”重要节点城市，可与潍坊的其他城市定位相吻合，并能支撑城市的中长期定位。定位支点城市，近期可以大幅度提高城市首位度和国际知名度，中期可以为建成山东半岛枢纽城市打牢基础，长期也可以成长为环渤海城市群的重要支点城市。可以说，在开放领域的支点城市定位，与城市整体定位、其他领域的城市定位互为支撑。

3. 打造“一带一路”重要节点城市，应特别注意以下三点

（1）加强与沿线国家基础设施互联互通。基础设施是“一带一路”建设的优先领域。潍坊市是区域性综合枢纽城市，也是少有的既有港口又有机场、高铁的城市，应充分用好这些优势，重点推动潍坊市港口、机场与“一带一路”沿线国家和地区港口、机场的合作和互联互通。另外，潍坊市有对

外工程承包的传统优势，应注重引导有关企业到沿线国家扩大对外工程承包业务，参与沿线国家基础设施建设。

（2）深化与沿线国家的投资贸易合作。经贸合作是“一带一路”建设的基础和先导，发挥着“压舱石”和“稳定器”的作用。预计未来5年，中国将从沿线国家进口2万亿美元商品，对沿线国家投资超过1500亿美元，对任何一个城市而言，这都是重大发展机遇。潍坊市的机械装备、汽车制造等优势产业发展良好，是融入“一带一路”建设的良好产业基础和巨大发展潜力所在。目前，潍柴动力入驻中白工业园，康洁环卫中标巴基斯坦卡拉奇城市环卫项目，桑莎主导建设柬埔寨工业园等，已经产生了示范效应。下一步，进一步加大装备制造业“走出去”的力度，突出引导潍坊市设施农业、农业食品、农机装备等优势产业“走出去”，到“一带一路”沿线国家投资，促进优势企业在全球布局产业链条。同时，积极开展“一带一路”招商引资、招才引智工作，吸引沿线企业到潍坊市投资兴业，特别是投向高新技术产业、先进制造业和现代服务业，更好建设现代化经济体系，实现高质量发展。

（3）加强与沿线国家的人文交流合作。人文交流合作是“一带一路”建设的重要内容，更是促进经济合作的重要推动力量。潍坊市人文资源丰富，非物质文化遗产众多，特别是有国际风筝会、中日韩产业博览会等一批知名节会和平台；下一步要注重用好优势，以教育、文化、旅游等领域的交流合作为切入点，加大推介力度，加强与沿线国家的人文交流合作，迅速提升潍坊在“一带一路”建设中的知名度，为深入融入“一带一路”建设提供不竭动力。

（二）以提高创新能力为核心推进开放，为提升城市竞争力提供持久动力

（1）高质量发展是适应科技新变化、创新成为第一动力的发展。经济全球化，表面上是商品、资本、信息等在全球的广泛流动，本质上主导这种流动的是人才，是科技创新能力，必须以扩大开放带动创新、推动改革、促进发展。

（2）浙江对外开放“十大举措”、广东“外资十条”、上海扩大开放100

条，很大比重都是把开放和创新融为一体，以开放促创新。

（3）新一轮高水平对外开放应紧紧围绕创新能力的国际合作，用好国际、国内两个市场、两种资源，增强企业在全球配置资源，特别是创新资源的能力。发达国家、知名企业大都经过百年的积累，其品牌、全球网络、研发经验、人才，都是不容易引进来的，但可以主动地通过并购、合作来整合全球的研发资源、创新资源、品牌和国际销售渠道，以加速升级，推动经济效益、技术水平和附加值的提升。

（4）当前及今后一个时期，制约潍坊高质量发展的关键是创新能力不足，要为提升城市竞争力提供持久动力，必须迅速提高创新能力。潍坊必须抓住新一轮高水平对外开放的机遇，把引进、消化、再创新作为现阶段潍坊提升创新能力的主要途径。

要提高创新能力，推进开放开展，应特别注意以下两点。

（1）鼓励龙头企业通过开放，迅速提升创新能力。这是保持潍坊市在相关领域长期有竞争优势的关键之举。龙头企业凡是发展势头好的，都把利用国际创新资源、提高自主创新能力作为重要目标，都充分利用开放合作所提供的机遇，提高自身研发水平和技能。比如，奇瑞汽车委托意大利、德国和日本的设计公司开发新车型，明确提出要联合开发，在联合开发过程中以掌握核心技术为前提，牢牢把握主动权；长虹集团收购韩国第三大等离子制造商——欧丽安公司75%的股权，获取全球独一无二的无缝拼接等离子显示器技术，并在此基础上整合创新，解决了技术来源和技术升级问题，成为通过海外并购提升自主创新能力的典型；潍坊市的潍柴、歌尔、盛瑞、寿光蔬菜等企业，在这方面也积累了一些经验。要系统总结和推广这些经验，有针对性地制定扶持政策，支持更多企业通过国际合作、并购、设立境内外结合的研发机构等，取得科技成果，在潍坊实现产业化。特别是参照潍柴动力（德国）科技创新中心模式，引导企业建立跨国技术服务体系和科技合作平台，推动潍坊市传统优势产业、战略性新兴产业骨干企业与全球制造业领军企业开展技术、研发等合作，迅速提高潍坊市龙头企业在全球范围内配置资源的能力。

（2）加大对“隐形冠军”“瞪羚”企业开展国际科技合作的支持力度。这是潍坊市培育经济新增量、形成新增长点的关键之举。在我国经济由高速增长转向高质量发展的大背景下，“独角兽”“隐形冠军”“瞪羚”企业已成为推动高质量发展的新动能和重大标志，某种程度上，区域间竞争正以这些企业的多寡论英雄。2018年，“瞪羚企业”“隐形冠军企业”和制造业单项冠军企业，潍坊分别达62家、21家和5家，数量居全省前列；“独角兽企业”潍坊市尚未实现突破，而北京有70家、上海有36家、杭州有17家、深圳有14家、武汉有5家、广州有3家。当前，技术创新模式加速由大企业引领向中小企业引领转变，特别是在市场推动下，各类创新资源向“独角兽”“瞪羚”“隐形冠军”企业集中的态势更加明显。这些企业能够在短时间内整合资源，推动科技爆发式、指数级成长。北上广深的“独角兽”“隐形冠军”企业正在以更加主动的姿态融入全球创新网络，以更加开阔的胸怀聚集海外高端创新资源，抢占全球高新技术产业发展制高点。潍坊应集聚政策、集中资源支持盛瑞传动、迈赫机器人、华滋自动化等“隐形冠军”“瞪羚”企业，特别是像豪迈机械、祥维斯生物、新和成药业、雷沃重工等既是“瞪羚”又是“隐形冠军”的企业，引导其发挥技术、品牌、成本、网络优势，自主设立海外研发中心，促进顶尖人才、先进技术及成果的引进和转移、转化，提升科技创新能力。此外，鼓励有条件的企业与国内外高校和科研院所共建研发中心，加强技术创新人员队伍建设，提高持续创新发展能力。

（三）以壮大实体经济为重点推进开放，聚力打造“智能制造之都”

1. 实体经济是潍坊强市的根基，实体经济要振兴必须插上开放的“翅膀”

从40年改革开放的历史看，潍坊之所以能在山东省，甚至全国范围内占据一定地位，很大程度上是因为实体经济发展得好，特别是制造业优势比较突出。这是潍坊高质量发展的最大优势。从未来竞争格局看，今后较长一段时间内，欧美发达国家和国内一线城市，依然是前沿科技和服务的主要提供者，短期内不会有很大变化。潍坊市参与开放、推进“一带一路”建设不能脱离实体经济，否则城市竞争力不仅得不到强化，反而可能会削弱。从开放的作用看，国家以开放促发展，潍坊落实的重点就是以开放促实体经济发展，以开放引进资本、技术、智力等优质资源，这些都是潍坊实体经济转型升级的必要条件。

2. 智能制造是潍坊参与制造业竞争的下一个重要战场

新一轮科技革命和产业变革，使科技与制造业成为全球竞争的两个制高点，而智能制造就是这两个制高点的结合处。美国发布“先进制造业国家战略计划”，德国提出“工业 4.0”，日本启动“再兴战略”，法国颁布“新工业法国”计划等，都在抢占智能制造国际竞争制高点。在扩大开放中，潍坊制造业不仅面临国内主要城市的竞争，而且面对国外城市的竞争，能不能在智能制造上塑造新优势，关系着未来潍坊的城市地位，在开放中增强智能制造的实力，是潍坊赢得下一轮制造业竞争的关键。

3. 潍坊打造智能制造之都恰逢其时

一是潍坊发展智能制造有条件。潍坊制造业规模较大、门类齐全、转型升级态势良好，为发展智能制造提供了广阔的发展空间。潍坊信息化发展水平、数字经济发展实力同样在全省处在前列，便捷的信息基础设施为企业开展相关业务节约了成本；同时，潍坊职业教育的优势提供了充足的技能型劳动力，这些要素相互作用、相互叠加，为打造“智能制造之都”创造了优越的配套环境。二是制约智能制造发展的核心技术正在突破。新型传感技术、识别技术、建模与仿真技术、工业互联网、人工智能等关键共性技术的研发水平不断提高，像潍坊这样高等教育相对弱势的城市，也能借助外力参与智能制造。三是国家层级智能制造的扶持政策已逐渐成体系，率先开展智能制造，比较容易获得多重政策支持，试错成本较小，发展有保障。

潍坊打造“智能制造之都”，重点要做好三个方面的工作。

（1）谋划建设智能制造国家制造业创新中心。制造业创新中心是国家的重大工程，截至2018年7月已有7家，到2020年大约还需要设立8家左右。从目前国家布局情况看，地级市可能成为下一轮布局的重点，对制造业和区位优势明显、信息化基础扎实的潍坊而言，这是一个重大机遇。潍坊建设国家制造业创新中心，将在实体经济开放发展中发挥窗口和桥梁的作用，充分展示潍坊智能制造的实力，产生一批具有国际影响力的产品和服务。当前，潍坊市的山东省智能农业装备创新中心、山东省虚拟现实创新中心等，与国家制造业创新中心定位相比，在国际视野、人才储备和研究应用等方面还存在差距。要加强与世界主要科研院所、跨国企业的合作，提升创新能力，争取在环渤海地区或山东省内率先成立第一家智能制造国家制造业创新中心，树立潍坊“智能制造之都”的国际形象和定位。

（2）培育和引进智能制造领域的领军企业。潍坊建设“智能制造之都”，需要一批具有国际竞争力的跨国企业，发挥智能制造走向世界的先行军作用。探索成立智能制造企业培育发展基金，利用市场化的方式，重点支持潍柴、歌尔、雷沃等企业成长为世界一流的智能制造行业领军企业，发挥对行业的牵引和带动作用，向世界，尤其是“一带一路”国家输出更多的“潍坊标准”“潍坊智造”。同时，加大力度招引世界智能制造行业的领军企业，搞好服务保障，确保“引进来”、能留住。大力推进制造业标准国际化，在制造业各领域全面实施贯标（贯彻质量管理体系标准）计划，瞄准国际标准和世界先进标准，开展对标、达标、创标活动，提高主要工业品与国际标准一致性程度。

（3）构建智能制造全生态链。体系完善的智能制造生态链，将发挥磁吸效应，吸引和诞生更多的一流智能制造企业、人才和院所等集聚潍坊。潍坊要借鉴青岛对工业互联网的支持办法，按照国际视野和国际标准，发挥好政府对智能制造基础设施建设的主导作用，加快局域网、光纤网等建设，支持发展工业物联网、工业云等公共服务平台。落实好“三招三引”政策，以开放的心态，增强配置全球资源的能力，特别是面向主要国家和城市、一流高校和院所，集聚智能制造高端人才、技术等优质要素资源，推动智能制造产业快速发展。

（四）以高能级开放平台为载体推进开放

1. 平台在开放中的作用越来越大

平台的形式多种多样，凡是能够集聚物流、人流、资金流和信息流的场所，都可以称为平台，如园区、展会、信息网等。平台的作用越来越重要，开放初期的经济特区、工业园区、广交会等，以及当前的自由贸易区、自由贸易港、上海国际进出口博览会等，都对推动城市开放发挥了重要作用。潍坊的保税区、高新区、开发区等园区平台，风筝会、鲁台会、中日韩博览会等会展平台，都在潍坊开放史上发挥了重要作用。

2. 潍坊打造高能级开放平台就有可能占据开放高地

以平台为支点，撬动资源、推动开放，是国内外城市扩大开放的重要经验。新加坡把城市做平台扩大开放；海南博鳌镇把博鳌亚洲论坛做平台扩大开放。潍坊市已形成多类型、多层级、广覆盖的对外开放平台体系，但是与先进地区、城市的开放需求相比，能级和作用还不够，特别是具有全球影响力的标志性、引领性平台比较少，信息平台较为缺乏。加快新一轮高水平开放，潍坊要进一步研究开放平台功能和政策，提升平台层次，放大平台效用，切实发挥平台对开放的重大推动作用。

潍坊打造高能级开放平台，要重点做好三个方面的工作。

（1）利用好现有平台，突出做好提档升级。潍坊市现有平台，要对标国际标准，围绕开放，提档升级。如潍坊市综合保税区是山东首家综合保税区、全国首个“一区两片”的综合保税区，要借鉴自由贸易区的经验，把保税区的综合效应提升到自由贸易区的程度，发挥推动开放的强大作用。风筝会等展会平台，要围绕专业化、市场化、品牌化、高端化目标，持续创新节会的内涵和形式，提高国际参与度。东亚畜牧交易所、中美食品中心等农业开放平台，要牢牢抓住标准化这个基础，加大国际标准“引进来”、潍坊标准“走出去”的步伐，提升农产品国际标准化率。中欧城镇化伙伴关系城市、中美低碳城市等国际合作交流平台，要深化城市品牌的立体营销计划，建立完善的城镇化合作机制。

（2）建设一批新的高层次合作平台。平台越多，与国际交流的机会就越大，开放的水平也会越高。我们要争取一切可以利用的资源，多建平台、建高平台，如借鉴达沃斯、博鳌的经验，扩大与联合国工业发展组织、教科文组织、世界银行、世界卫生组织等国际组织的交流与合作，积极与国家部委沟通，推动在潍坊建设国际性高端合作平台，如国际智能制造之都、区域性国际贸易中心区等。借鉴昆山建设昆山杜克大学的经验，通过合作办学，引进国际知名院校，弥补潍坊市高等教育的短板。加强友城及友好合作城市建设，深化与世界各地潍坊籍侨领、侨商、侨团、侨企联系，进一步扩大我们的“朋友圈”。

（3）借力青岛这个开放平台。扩大开放配置资源，不仅要着眼国外资源，还要着眼国内资源，特别是周边城市的资源。佛山借力广州，嘉兴借力上海，都大大提升了自身的城市竞争力。潍坊要有利用外部资源推动开放的理念、能力，理念不到位、能力不够用，都直接影响开放的效果和速度。青岛是中国首批 14 个沿海开放城市之一，对外开放是其最大的特色和优势，正在打造全球具有重要影响力的国际海洋名城，城市能级明显高于潍坊，对潍坊来说是重要的外部资源。潍坊应全方位借力，特别是利用好青岛的国际性大港、国内重要航空枢纽、驻青岛领事馆等开放资源，加强战略对接，重点加强基础设施互联、产业融合、区域全面协同的一体化发展，从更大格局上谋划开放发展。

（五）打造服务高水平开放的基础设施

1. 基础设施互联互通是开放的基础性条件

“一带一路”建设中的中欧班列，改革开放前期的“山东的路、广东的桥”，以及国外迪拜建设的各类现代化基础设施，都是吸引全球资源聚集、助推经济腾飞的强大力量。潍坊市基础设施建设相对较好，但距离发达国家、先进地区的标准还有较大差距，这是严重制约更高水平开放发展的一个关键。

2. 建设高水平基础设施是促进高水平开放的优先领域

基础设施水平的高低，很大程度上决定着开放水平的高低，这一点在理论和实践中都被证实过。林毅夫在新结构经济学中就曾提出，迅速全面提升基础设施建设水平，是我国跨越中等收入陷阱、进入发达国家行列的“药方”之一。对一个国家如此，对潍坊等城市来说也是如此。内陆城市郑州，近几年下大力气建设“米”字形高铁、高密度高速公路、新兴航空港等基础设施，以此实现了城市大开放、大发展。

3. 时代大背景是潍坊建设高水平基础设施的有利因素

2018 年以来，国家加快推进重点项目的投资，推介项目超过 1000 个、总投资超过 2.5 万亿元，随着中美贸易摩擦升级，可以预见，今后一段时间国家将会继续加大基础设施投资。对潍坊来说，这是极好的机遇，应紧紧抓住，在全省甚至全国范围内率先打造与高水平对外开放相匹配、比周边区域具有明显竞争力的基础设施高地，在新一轮对外开放中打造区域发展竞争的新优势。

打造服务高水平开放的基础设施，应特别注意以下三点。

（1）交通基础设施要突出便捷高效。潍坊交通基础设施条件相对较好，主要是有公路、高铁、机场、港口等类型多样的综合交通运输体系，这在省内、省外都比较独特。但各类交通基础设施间连接不够通畅也是一个突出问题，解决不了的话，开放的交通成本就降不下来，客运、货运集聚潍坊就会受到极大影响。潍坊要借鉴上海、深圳、青岛等的交通设计理念和实践，特别是在不同交通基础设施的便捷换乘上多下功夫，既形成市域内部高效顺畅的“内循环”，又加快形成与周边市乃至周边国家和地区的“外循环”，逐步形成全面内畅外联的交通格局。

（2）信息基础设施要提高到全局高度。基础设施既要服务好货物、人口的流动，还要服务信息的流动，而信息基础设施就是服务信息流的关键设施。在经济全球化向更高层次发展的今天，信息化提供了一个从理念、技术到交往方式都完全不同于以往的内外环境。国外韩国的世宗和釜山、阿联酋的迪拜，国内杭州、贵州、重庆、深圳、宁波、长沙等城市，都是以信息基础设施建设助力开放、提升城市竞争力的典范。潍坊应从战略层面认识信息基础设施的重大意义，抢抓信息化发展的历史性机遇，将信息基础设施建设上升到全局高度来抓。一方面，组织相关部门编制、完善并发布信息基础设施的空间布局规划，明确信息基础设施的规模、布局及相关控制要求。另一方面，以项目为抓手，推进信息基础设施建设。2016 年，华为在潍坊市运营华为（潍坊）物联网应用创新研发中心，建设华为（潍坊）物联网产业园，下一步要着力引进像华为这样的战略投资者，同时积极探索运用 PPP 模式，吸引社会资本建设运营信息基础设施。

（3）城市功能基础设施要有国际标准。迪拜之所以吸引全世界人们前往，很大程度上在于其高端现代的城市功能设施，满足了不同国家居民的生活习惯。潍坊应该坚持国际标准，高规格打造符合国际惯例的城市基础设施，特别是在教育、医疗、餐饮、娱乐、文化等方面，都要与新一轮高水平开放相适应，营造国外居民来潍工作、生活、学习的仿真环境，提高城市的国际化水平。

（六）打造服务高水平开放的营商环境

（1）营商环境就是生产力。推进新一轮高水平开放，从拼优惠政策，向拼政府服务、拼营商环境转变，已经成为普遍共识。全球范围内，如新加坡、中国香港、新西兰、丹麦等，在其崛起和发展过程中，无一不是从营造营商环境“洼地”做起，特别是在塑造政商关系、打击商业贿赂、打击假冒伪劣、规范市场秩序等方面，持续打造领先优势。

（2）近年来，浙江、江苏、辽宁等地，也都在努力营造营商环境的“洼地”，期望在新一轮开放中赢得优势、赢得未来。

（3）国家和山东省对优化营商环境都已经作出部署，提出了一系列要求，潍坊要不折不扣、不讲条件地实施。唯有如此，潍坊才有可能在推动高质量发展、提高城市竞争力中赢得主动。

持续打造服务高水平开放的营商环境，应该特别注意以下四点。

（1）积极参与国家和山东省的营商环境测评。现在国家发展改革委组织了全国首个营商环境测试评价，山东省参照世界银行的评价体系，出台了营商环境评价实施方案，确定企业开办、获得信贷、不动产登记、办理施工许可、获得电力、办理纳税等6个方面、17个子项目的评价指标。这些指标对潍坊都适应，要全力参与国家和山东省的测评，并根据评估结果改进工作；同时，更要注重借鉴世界标准的测评体系，不断提高标准和定位。浙江衢州为潍坊提供了很好的参考，在2018年国家发展改革委发布的全国首个营商环境测试评价中，衢州列北京、厦门、上海之后，在22个试评价城市中总排名第4。衢州主动参与、不断对标，在优化营商环境中赢得了先发优势，下了“先手棋”。

（2）以服务业开放促进营商环境优化，争取走在全国前列。当前，我国推进新一轮高水平开放，重点是扩大服务业开放，目标是营造稳定透明的政策环境、高效规范的行政环境和公平竞争的市场环境。2018年5月，国务院印发《关于做好自由贸易试验区第四批改革试点经验复制推广工作的通知》，就复制、推广上海等11个自由贸易试验区形成的共计30项第4批改革试点经验作出部署。潍坊应充分借鉴自由贸易区在律师事务所、船舶运输及管理、国际海运货物装卸等若干服务领域中积累的经验，依托保税区等重大开放平台，进一步加快服务业开放步伐，进一步优化营商环境，释放市场活力，增强城市竞争力。

（3）特别注意保护和推动新经济发展，在优化营商环境上占据下一个新高地。当前，在经济全球化发生深刻变革的背景下，广州、上海、天津等先进城市都在发展新经济、培育新动能，而发展新经济尤其与开放包容的发展环境密切相关。近年来，潍坊新经济发展初现端倪，发展势头良好，但仍存在创新创业环境不够优、政策配套服务不够快等方面的不足。潍坊应抓住新一轮高水平对外开放的重大机遇，以更加开放的视野、更加主动和包容的理念，围绕发展新经济，在持续开放中不断优化营商环境，提高治理能力。坚持“眼睛向外”，目前很多新技术、新业态、新模式在发达国家，要借鉴发达地区优化营商环境、促进新经济发展的经验，建立服务“四新”企业的绿色通道，实施好企业和项目问题协商解决机制，及时协调解决“四新”重点项目和企业的困难与问题。

（4）把打造人才聚集的生态环境始终作为优化营商环境的重点。回顾潍坊市改革开放以来的发展历程，人才在每一个阶段都发挥了关键作用。在经济全球化的大背景下，人才就像候鸟一样，哪里生物资源丰富就往哪里飞，哪里有益于生存就往哪里去，其中的决定因素就是环境。若论城市对人才的吸引力，潍坊市与直辖市、计划单列市、省会城市相比处于劣势，如果过分强调“留住人才”，花费大量资金和精力为人才“筑巢”，最终的效果也可能不理想。潍坊要想集聚人才，应牢固树立不求所有、但求所用的开放观念，吸引更多的候鸟型人才。这需要打造人才聚集的“一流栖息地”，除进一步加强与一流科研院所的合作，加快大企业的转型发展，通过这些载体吸引更多人才之外，还要建立与国际接轨的人才引进和使用机制，优化财政人才保障投入；更重要的是，优化人才绿卡制度，在创新创业、住房安居、医疗保障、子女入学、配偶就业等方面，为人才提供全方位服务。

（2018 年 10 月）

“三招三引”有关情况分析

◎ 周志鹏　李少军　董俐君

一、中央关于利用外资的精神

中央关于利用外资的精神，主要体现在习近平总书记重要讲话精神和党的十八大以来出台的一系列文件中。2017 年以来出台的文件主要有 3 个，分别是 2017 年 1 月《国务院关于扩大对外开放积极利用外资若干措施的通知》、2017 年 8 月《国务院关于促进外资增长若干措施的通知》、2018 年 6 月《国务院关于积极有效利用外资推动经济高质量发展若干措施的通知》等。

（一）关于利用外资的战略定位：利用外资是我国的长期方针，是我国对外开放的基本国策和构建开放型经济新体制的重要内容

1. 外资在 40 年改革开放中发挥了不可替代的关键作用

一是改革开放伊始，外资对打破计划经济体制、引入国际市场要素发挥了至关重要的作用。

二是 20 世纪 90 年代初邓小平“南方谈话”后，我国掀起了新一轮对外开放高潮，外资对我国加快工业化进程、参与国际分工、推动计划经济体制

向市场经济体制转变发挥了重要作用。

三是2001年中国加入世界贸易组织后，经济融入全球经济、与国际规则接轨，成为世界第二大经济体，外资作用不可替代。

2. 利用外资是中国经济实现高质量发展的关键支撑

2018年4月，习近平总书记在博鳌亚洲论坛强调，未来中国经济实现高质量发展必须在更加开放的条件下进行。新时代，利用外资能够促进创新资源合理流动和高效配置，只有更好地利用外资，才能更好地构建更高水平的开放型经济，推动实现高质量发展。

一是利用外资政策上，习近平总书记强调，利用外资是我们的长期方针，中国利用外资的政策不会变，对外商投资企业合法权益的保障不会变，为各国企业在华投资兴业提供更好服务的方向不会变。

二是利用外资方向上，总书记强调坚持引资、引技、引智并举，发展更高层次的开放型经济。同时指出，既要重视资本，更要重视人才，在大力培养国内创新人才的同时，更加积极、更加主动、更加开放地引进国外人才，特别是高层次创业创新的人才，为转变经济发展方式、实现创新驱动发展战略、保障改善民生提供强大的人才智力支撑。

（二）关于吸引外资的理念：过去吸引外资主要靠优惠政策，今后要更多靠改善投资环境

1. 改革开放40年，中央对外资的认识不断深化

40年来，我国利用外资的理论与实践经历了从政策优惠到超国民待遇、从超国民待遇到国民待遇、提出与形成营商环境优化新方略三个阶段。

2. 党的十八大以来，以习近平同志为核心的党中央确定了靠营商环境优化引进外资的新方略

2015年中共十八届五中全会提出，坚持开放发展，形成对外开放新体制，要完善“法治化、国际化、便利化的营商环境”。2017年7月，习近平总书记强调，要改善投资和市场环境，营造稳定公平、透明、可预期的营商

环境，并要求“北京、上海、广州、深圳等特大城市要率先加大营商环境改革力度”。2018 年，政府工作报告强调建设国际一流营商环境，促进外商投资稳定增长。

3. 十八大以来，我国密集出台了一系列优化营商环境政策

2013 年 9 月，中央批准设立上海自由贸易试验区，在培育国际化和法治化的营商环境方面发挥先行先试作用。2015 年 5 月，《中共中央 国务院关于构建开放型经济新体制的若干意见》，从加强开放型经济法治建设、优化市场竞争环境等五大方面为打造一流营商环境制定了详细政策。2017 年以来出台了利用外资的前述 3 个文件，围绕优化投资环境，从不同层面、不同领域制定了政策，像《国务院关于促进外资增长若干措施的通知》，从完善外资法律体系、提升外商投资服务水平等八大方面制定了相应政策；《国务院关于积极有效利用外资推动经济高质量发展若干措施的通知》，从投资自由化、投资便利化、投资促进、投资保护等六大方面制定了具体政策。

（三）中央关于吸引外资的新举措

1. 强调以接轨国际规则，打造吸引外资的市场环境

近年来，特别是从党的十九大报告到 2018 年政府工作报告，再到博鳌亚洲论坛，中央明确提出推进投资便利化的思路和一系列措施，如大幅度取消限制类项目，推动准入前国民待遇加负面清单管理模式等。2018 年《国务院关于积极有效利用外资推动经济高质量发展若干措施的通知》，出发点就是进一步接轨国际规则，营造公平、透明、便利的投资环境。特别是习近平总书记在博鳌亚洲论坛 2018 年年会上宣布了我国大幅度放宽市场准入、创造更有吸引力的投资环境、加强知识产权保护等重大举措。从这一系列政策看，中央接轨国际规则、改善和提升投资环境的决心及力度前所未有。

2. 强调下放权限，允许地方政府制定、出台招商引资优惠政策

从国发〔2014〕62 号文全面清理规范税收等优惠政策，到国发〔2015〕25 号文进一步明确税收等优惠政策缓冲期，再到国发〔2017〕5 号文允许地

方政府出台自己的招商引资优惠政策，这是近四年来，中央对地方招商引资政策发生的重大变化和调整。中央希望借此重振地方经济，以优惠政策再次启动招商引资这个经济发展的引擎。此外，国办发〔2017〕79号文要求，政府严格兑现合法合规的政策承诺，同时也不得违法违规承诺优惠条件，这是国家指导招商引资的重要指针。

3. 强调充分发挥国家级开发区对吸引外资的主力军作用

国家级开发区在过去40多年里对我国吸引外资贡献巨大，新时代需要进一步发挥“主力军”作用。2017年1月《国务院关于促进开发区改革和创新发展的若干意见》提出，开发区要把投资促进作为重要任务，在政策允许和权限范围内制定相应的招商引资优惠政策，同时鼓励开展招商引资活动，要求创新招商引资方式，加强招商引资人员培训，提升招商引资工作专业化水平。2017年8月《国务院关于促进外资增长若干措施的通知》，专门对国家级开发区吸引外资提出了一些支持措施，具体包括赋予国家级开发区投资管理权限、设立飞地园区、提升国家级开发区产业配套能力等。2018年6月《国务院关于积极有效利用外资推动经济高质量发展若干措施的通知》，又专门就强化国家级开发区利用外资进行了部署，如促进开发区优化外资综合服务，加大引资金融支持力度，健全双向协作引资机制等。

二、山东省委、省政府的部署和要求

把招商引资、招才引智作为山东未来经济增长点、结构升级发力点、创新能力提升源，用高质量的招商引资、招才引智推动山东高质量发展。新一届省委、省政府在扎实推进新旧动能转换、乡村振兴、海洋强省等重大部署中，不断强化招商引资、招才引智的引领性作用。省委、省政府关于招商引资、招才引智的精神，主要体现在2018年7月全省招商引资招才引智大会，以及2017年以来出台的一系列文件中，主要包括2017年7月省政府《关于新时期积极利用外资若干措施的通知》、2017年11月省委、省政府《关于做好人才支撑新旧动能转换工作的意见》、2018年7月3日省政府《山东省关于深化与世界500强及行业领军企业合作行动方案》、2018年9月省政府《支持实体经济高质量发展的若干政策》等文件。

1. *以招引世界500强等全球行业龙头企业引领高质量招商引资*

在新的历史时期，强调与世界500强合作，绝不仅仅是引几个项目、进多少外资的问题，更重要的是引进全球最先进的理念、技术、管理模式、业态、渠道等。2017年9月召开的全省开放型经济发展大会提出，在招商对象上要注重世界500强和行业“隐形冠军”。2018年2月召开的山东省全面展开新旧动能转换重大工程动员大会明确提出：“发挥山东综合试验区招牌优势，掀起新一轮招商引资热潮，重点招世界500强和行业隐形冠军。”对招商引资进行奖励和扶持的具体措施主要有以下两方面。一是对年实际外资金额达到一定标准的跨国公司总部和地区总部项目，省财政按其当年实际外资金额不低于2%的比例予以奖励，最高奖励1亿元；对世界500强企业、全球行业龙头企业新设或增资的年实际外资金额超过1亿美元的制造业项目，按“一项目一议”方式给予重点支持。二是将盘活的批而未供土地和闲置低效用地，优先用于实际投资超过1.5亿美元的制造业外商投资项目和世界500强企业、全球行业龙头企业总部和地区总部用地。

2. *以实行人才新政带动高水平招才引智*

强调人才是实现民族振兴、赢得国际竞争主动的战略资源，是山东省强化创新驱动、加快新旧动能转换、推动实现高质量发展的宝贵资源。2017年11月，省委、省政府关于做好人才支撑新旧动能转换工作的意见提出，要充分发挥人才对新旧动能转换的支撑引领作用，以人才优势打造创新优势、产业优势、发展优势。意见从人才工程、引才用才机制、人才培养开发模式、创新创业载体、人才生态环境、组织领导等7个方面提出了20条突破性措施，含金量高、针对性强、支持力度大，是新一轮高水平招才引智的再突破。特别应注意的是，其中关于集中资源引进顶尖人才团队的内容：对接新旧动能转换重大工程重点行业领域人才需求，按照"领军人才 + 创新团队 + 优质项目（优势学科）"模式，面向全球"一事一议"引进顶尖人才团队，给予最高 5000 万元的综合资助或 6000 万元的直投股权投资支持，符合条件的团队核心成员可全部入选泰山人才工程，赋予高等学校、科研院所国家"千人计划""万人计划"专家和泰山学者组建团队自主权，团队成员可采取考察的方式公开招聘。

3. 以开发区作为招商引资、招才引智的主阵地

2017 年 7 月，省政府出台了《关于促进开发区改革和创新发展的实施意见》和《关于新时期积极利用外资若干措施的通知》，其中都涉及开发区。一方面，突出开发区招商引资的主责主业，通过加快体制机制创新、做大做强特色产业吸引资本聚集，招商成绩突出的各类开发区可优先扩区升级，鼓励开发区设立投资促进综合服务平台，为园区企业利用国际资源提供精准对接服务；另一方面，支持开发区制定投资奖励、贷款贴息、研发补助、设备补贴、培训资助等招商引资优惠政策，并严格兑现招商引资奖惩或合同约定。可以预见，在新一轮高水准对外开放中，开发区作为省招商引资和招才引智的重要平台，将越来越受到重视并发挥重要作用。

4. 以专业化招商提升招商引资、招才引智成效

只有更加注重招商的方式方法、注重专业化，才能实现高质量的招商引资、招才引智。要提高全省专业化招商水平，让专业人干专业事。从事招商的人员要研究相关行业发展的现状、国际国内的布局、未来的产业走势以及重点企业、技术、产品、人才，提高招商专业能力。要借助外力促进招商专业化，创新开展委托招商、代理招商、以商招商。要坚持政府促进与市场运作相结合，建立产业招商联盟和招商引资智库，提升招商引资工作专业化水平。

5. 以打造一流营商环境吸引外资外智

打造一流营商环境是参与全球竞争的客观选择，是获取区域竞争优势的

必然要求，也是吸引外资外智的重要保障。山东省第十一次党代会以来，省委、省政府采取一系列举措，打造良好营商环境，为吸引外资外智、打造开放型经济发展新优势提供支撑和保障。在深化“放管服”改革方面，主要部署了削权减证、流程再造、精准监管、体制创新、规范用权“五大行动”，提出了30项改革任务。在全力推进“一次办好”改革方面，提出到2018年9月底实现全覆盖、3个工作日内完成新办企业注册登记、5个工作日可完成不动产登记。最近，山东省参照世界银行评价体系，出台了《山东省营商环境评价实施方案》，确定营商环境六大方面、17个子项目的评价指标，目的是有效降低制度性交易成本，倒逼各市不断改善营商环境。

三、国内城市招商引资的新做法

近年来，特别是2017年以来，国内掀起了新一轮招商引资热潮，各地力求通过招引资本、项目、人才和院所，推动高质量发展，提高城市能级和竞争力。总体来看，这一轮招商引资主要呈现四个特点。

一是许多城市都把招商引资作为“头号工程”“一号工程”和“一把手工程”，要求“一把手”上阵抓招商，以“第一力度”促招商。如成都要求“一把手”带头招商，温州把招商引资作为“一号工程”和“生命线工程”来抓，西安、武汉、郑州、苏州等地也提出了类似说法。

二是以引技、引智提升引资质量，将引资、引技和引智充分结合，统筹推进，做到同部署、同实施、同考核。例如，武汉提出要以高质量“双招双引”促高质量发展，深入实施招商引资“一号工程”、招才引智“一把手工程”；佛山强调在招商引资中推动招才引智，在招才引智中推动招商引资；中山近五年多次举办招商引资、招才引智洽谈会，推动“双招双引”工作。

三是更加突出优化营商环境，由“拼优惠政策”向“拼服务环境”转变，特别是采取强力措施，集中整治损害经济发展环境的行为。杭州“店小二”服务已成为优化营商环境的典范；武汉、大连、西安、随州等地近年来也都采取了类似做法，出台了关于破坏营商环境的问责办法，狠抓招商引资工作作风。

四是更加注重招商引资的专业性，让更多行家里手与企业打交道、谈合作，不断提高城市招商引资工作的专业水平。例如，西安设立20个专业招商机构，工作人员全部为专业招商人员，既熟知招商领域的发展格局、前沿和趋势，又熟悉西安的投资环境和产业资源，更具备高超的谈判沟通技巧，能够更加专业地开展招商引资工作。再如，杭州未来科技城管委会大规模招聘清华大学、北京大学、浙江大学等“双一流”高校硕士、博士毕业生，同时不限国籍面向全球招聘人才，让他们从事与所学专业对口的招商工作，进行专业的招商对接。总体来看，武汉、西安、郑州、深圳、苏州等城市是本轮招商引资的标杆，探索了一系列经验和做法，值得潍坊学习和借鉴。

（一）武汉有四点值得关注

一是提出招商引资“12345”模式。“1”即党政“一把手”抓“一号工程”。2017年，武汉党代会提出招商引资是赶超发展的“一号工程”，并在《关于全面推进招商引资“一号工程”的实施意见》中提出招商引资未来5年的目标、6项任务和10条措施。招商引资工作连续成为武汉人代会的“一号议案”。“2”即招商引资与招才引智“两手发力”，打造项目、资金、技术、人才“整体打包”引进的新模式。“3”即全产业链、创新链、城市功能链“三链并举”。其中，城市功能链招商是指聚焦大武汉建设的核心功能需求，重点引进区域总部、采购中心、结算中心、供应链管理中心、商品交易中心等功能性机构，吸引更多领事机构、国际性组织落户，吸引知名城市发展战略投资商、运营商参与基础设施建设。“4”即校友队伍、企业家队伍、专业队伍、投资人队伍“四军参战”。“5”即百万校友资智回汉、新民营经济招商、世界500强与全球知名外企招商、大型央企招商、科技成果转化等系列专场“五潮迭起”。其中，“百万校友资智回汉工程”是政府与在武汉高校建立校友联合招商的工作机制，主打亲情牌，利用品牌校友活动载体，将校友招商和校友活动充分结合，吸引武汉校友回武汉投资兴业、创新创业，并组建校友经济投资集团、建设校友经济创新区。2017 年武汉市招商引资总额 2.5 万亿元，其中武汉 7 校的资智回汉工程投资额达 1.34 万亿元，占全市招商引资的 50%。

二是出台新的《武汉市招商引资奖励办法》。①对新引进的制造业项目（企业），亩均实际固定资产投资超过 350 万元，且亩均年度营业收入超过 800 万元的，给予 300 万元的一次性落户奖励。②对世界 500 强企业、中央企业、中国 500 强企业、中国民营 500 强企业、上年度营业收入超过 50 亿美元的跨国公司，以及国内外知名高校或科研院所与相关企业合作，在武汉设立具有独立法人资格、经认定为产业研发机构的，给予 300 万元的一次性落户奖励。③对招商引资有贡献的单位和个人，采取一项一奖、大项大奖的办法。个人也可成为城市的招商大使、招商顾问、城市合伙人、荣誉市民等，并享受有关待遇。出台《武汉招商顾问武汉招商大使聘请奖励办法》，最高奖励标准可达实际引进投资额的 0.3%。

三是出台《武汉市损害经济发展环境行为问责暂行办法》，对损害发展软环境行为的五大条、31 个具体情况“零容忍”。其中，特别对以下情形严肃问责：①在招商引资项目洽谈过程中，擅自泄露项目洽谈进程、企业和投资者商业信息、政策支持事项等秘密的。②在项目评审和合同审定中，不认真负责导致与相关企业和投资者的合作协议中出现违法违规内容等，致使协议无法实施的。③招商引资项目签约后，不启动、不推进、不落实，对投资者反映的问题不及时协调解决，导致项目迟迟不落地或投资者撤回在武汉投资的。④在招商引资工作中，不讲诚信，对承诺事项不兑现，服务不到位，影响投资进展，损害投资者合法权益的。

四是建立“三联系”“三带”“三包干”“开工日”等工作推进机制。“三联系”指每个市领导要联系一个市外商会、一片招商区域、若干重点招商项目;“三带”指招商小组要带规划、带项目、带地块进行招商;“三包干”指招商小组要包区域、包产业、包项目;“开工日”指在每月7日，集中为一批重点招商引资项目开工。

(二)西安有七点值得关注

一是对全市各级领导干部提出“五个不允许”的招商引资要求。即不允许说“我不知道”，必须要熟悉业务;不允许说“这个不归我管”，必须实行负责制;不允许说“这事没找过我”，必须主动找上门服务;不允许说“这也不行，那也不行”，必须吃透政策，找到解决的办法;不允许因自己方便造成企业办事不方便，必须特事特办、急事急办。

二是强调“五资”共抓，即外资、内资、民资、央资、融资一起抓、一起考核。抓外资，聚焦重大外资项目、重要外资区域，抢抓欧亚经济论坛、自由贸易区等机遇;抓民资，紧盯知名民营企业，拓宽投资领域，提振民间投资信心;抓央资，大胆探索PPP运作模式，一企一策，积极举办“央企西安行”等活动;抓内资，加强内部企业互联互通，包装定制一批优质项目;抓融资，着力破解企业上市挂牌过程中的难点问题，加快上市步伐，扩大融资额度。

三是实施“开放招商、全球招商”战略，综合运用多种招商引资模式，包括环境招商、活动招商、校友招商、专业招商、商会招商、市场招商、资本招商、产业招商等多样化的新型招商模式。其中，2017年首届世界西商大会，邀请生在西安、长在西安、学在西安、创业投资在西安或结缘在西安的海内外企业家与知名人士共聚西安，共促成签约和在谈合作协议项目约160个，总投资额约6400亿元。2017年启动“梦回长安，百万校友回归”活动以来，先后与西安交通大学、西北工业大学等高校联合举办6次专场活动，累计签约金额超过1.1万亿元。

四是出台《西安市重大招商引资签约项目开工注册率资金到位率竣工投产率考核管理暂行办法》，明确了开工注册率、资金到位率、竣工投产率的考核标准。

五是要求各级、各部门主要领导干部，都要在每月1日、每周一等重要时间节点，研究招商引资工作。

六是同步推进烟头革命、厕所革命和行政效能革命，优化投资环境。

七是出台《优化高层次人才服务工作的十三条措施》，在重大招商项目和重点高校设立招才引智专项小组，跟踪解决人才引进配套政策、服务保障等事项。仅2018年一季度，西安新增迁入落户人数达到24.5万人，与2017年全年迁入落户总量基本相当。

（三）郑州有四点值得关注

一是实施招商引资“4455”工程，即“四力项目”“项目四率”“五职招商”“五大产业招商”。“四力项目”是指具有国际影响力、国内辐射力、国内外资源整合力、高成长力的项目，是重点引进的目标；“项目四率”是指履约率、开工率、资金到位率、竣工率，是重点考核指标；“五职招商”是指党政正职与主管招商、工业和城建的行政副职共抓招商的工作机制；“五大产业招商”是指对电子信息、汽车及装备制造、现代金融商贸物流、文化创意旅游、都市生态农业等五大产业进行重点 招商。

二是依托“丝绸之路”进行精准招商。依托郑州—卢森堡“空中丝绸之路”，重点引进飞机融资租赁、航空维修、航空货运等项目；依托中欧班列（郑州）“陆上丝绸之路”，重点引进国际货运企业；依托跨境电商“网上丝绸之路”，重点引进交易平台、结算中心。

三是出台《郑州市制造业招商引资考核办法》，要求县、市、区党政“一把手”每年分别引进20亿元以上项目1个；工业、招商和产业集聚区分管领导每年分别招引10亿元以上项目1个；开发区须包含50亿元以上项目1个。《郑州市“五职”领导干部招商引资工作责任制的考核办法》也对相关领导提出了招商引资年度考核标准。

四是推行“首席服务员”制度，对重大项目实行全程跟踪服务，由项目所在地政府确定 1 名牵头领导、1 名办事人员具体负责，协助企业办理手续，促使项目尽快开工。

（四）深圳有四点值得关注

一是成立深圳投资推广署，下设先进制造业、现代服务业、新兴前沿产业 3 个招商业务部门，推进精准招商和境外投资网络建设。

二是建立三层级招商网络。第一层为深圳市政府驻欧洲、北美、日本、澳洲经贸代表处；第二层为在全球 41 个主要发达城市布局的 58 个网点；第三层为与 350 余家海内外商协会联系形成的支点。

三是完善全链条服务体系。始终以创业企业的需求为导向，以专业孵化、创业投融资、种子交易市场为核心，以创业交流、创业展示、创业媒体、创业培训、创业公寓、公共加速为重点功能，建立“36”全链条创业服务体系。

四是开设投资推广学院。①开展“项目评估师”和招商专员技能提升培训，通过多视角学习，全方位掌握项目评估知识，提升招商专员的项目研判能力，为打造专业招商团队奠定基础。②组织高校轮训，安排投资推广系统及街道招商人员进行封闭、集中授课式培训，对标国际一流投资促进机构，全面讲解国际经济形势、产业发展趋势、跨国企业投资动态和方向等，进一步开阔学员眼界。

（五）苏州有两点值得关注

一是对日韩实行高密度专业化招商。近年来，苏州的招商引资战略重心由“中新合作”“两岸合作”转向“重攻日韩，拓展欧美”，曾多次在日韩举办高层发展论坛、投资恳谈会、产业推介会等不同形式的招商引资活动，积极争取日韩产业转移，努力建设日韩投资高地。特别是举办了 2018 苏州·全球跨国公司投资环境说明会，邀请韩国、新加坡、美国驻沪总领馆参会，极大增强了与韩国等的联系和互信。华东地区规模最大的韩国城正式落户苏州。

二是将招院引所作为招商引资新方向。近年来，苏州大力引进知名高校和高端科研院所。以昆山为例，2017 年出台《关于进一步推进与大院大所合作的工作意见》，旨在加强与国内外大院、大所开展“产学研”协同合作，引进一批校企合作项目，建设一批协同创新载体，汇聚一批复合型创新人才，形成领军企业带动、上下游企业配套和大院、大所支撑的创新机制。目前，中国科学院上海技术物理所苏州研究院、北京大学分子工程苏南研究院、北京航空航天大学苏州创新研究院、哈佛大学韦茨创新中心等相继落户苏州，仅苏州独墅湖科教创新区就引进了包括哈佛、牛津在内的 29 所中外高等院校和 10 个“国家队”科研院所。

四、潍坊“三招三引”呈现的新特点以及需要解决的五个问题

（一）历史地看，节会招商是潍坊招商引资史上显著的特色，开发区为招商引资和开放发展作出了重大贡献

这是新时代潍坊开展“三招三引”工作应该利用好的传统优势。

（二）近年来，特别是2017年以来，潍坊招商引资进入新阶段，呈现了一些新特点

1. 掀起了新一轮招商引资热潮

相继出台《潍坊市招商发展激励政策》及实施细则、《关于进一步完善招商工作体制机制的意见》、十大产业、十大活动、十项计划招商方案等政策，开展进京推介、赴德国及阿联酋等国家招商引资、举办首届潍坊发展大

会等活动，短时间内大力度打出一系列“组合拳”，推动潍坊招商引资进入了一个崭新的阶段。

2.“三招三引”理念走在了全国前列

“三招三引”的提法在国内城市中较为少见，武汉、成都、西安等城市一般称为“双招双引”。潍坊市针对高水平院所、高校数量少，严重制约经济社会发展的突出短板，提出招院引所与招才引智、招商引资共同推进的思路，资金、人才和院所等高端生产要素同步引进，切中了潍坊城市发展的“要害”，使潍坊的招引理念走在了全国前列。

3. 正在由“招”“引”向“挑”“选”转变

为适应高质量发展的要求，潍坊“招引”工作更加注重好中选优、优中选强，重点挑选、引进技术含量高、附加值高、市场前景好的高端项目以及高端人才和院所，特别是注重筛选一批新经济领域的重大项目，如2017年全市引进“四新四化”类项目326个，引进北航歌尔机器人与智能制造创新技术研究院、潍坊激光雷达技术研究院等高端平台。这些新经济领域的资金、人才和平台大大推动了潍坊市传统动能的改造提升，加速了新动能的培育壮大进程。

4. 正在由政府主导向市场化招引转变

潍坊设立市招商中心，采取市场化、企业化招商方式，实行薪酬与招商绩效挂钩，打造招商“特种部队”；围绕“四个城市”建设，在市直部门单位、国有投融资公司组建了40多支专业招商队伍；出台政策，鼓励机关事业单位工作人员封存档案专职招商。滨海区成立招商集团，开展企业化招商，寒亭区采取企业化平台运作模式招商，运营嘉实科技产业园，峡山区成立金融创新小镇，以资本杠杆撬动“三招三引”等，市场化招商的路子越走越宽。

5. 突出与本地产业的匹配性

针对本地的产业结构和产业链条，突出虚拟现实、高端化工、汽车制造、生物基材料等产业的招商招才，围绕火车站南广场、高铁新片区、中国食品谷、总部基地、坊茨小镇、机场迁建、城海轻轨等重点片区开展招商，对接绿地、富力、绿城、保利等知名企业30多家；为弥补高端院所不足的问题，新招院引所项目65个，北京大学现代农业研究院等一批高端院所落户潍坊，满足了产业结构调整的需要，有力地推动了产业转型升级。

（三）推动潍坊"三招三引"工作，亟待解决的五个问题

1. 全市上下对"三招三引"还没形成共识

抓"三招三引"工作，实质上是聚集高端要素、抓发展后劲，努力实现高质量发展，提高城市能级和竞争力，实现赶超发展。推动"三招三引"工作，认识不到位也罢，畏难发愁也罢，无动于衷也罢，因循守旧也罢，潍坊都要不得。在这一轮招商引资大潮中，一定是不进则退、小进也是退，全市应当进一步形成以"三招三引"助推高质量发展的氛围。

2. 对"三招三引"工作如何实现协调推进、齐抓共管上还有偏差

全市普遍没有形成"三招三引"协同推进的认识，单独谈招商引资、单独谈招才引智或者单独谈招院引所的现象比较普遍，各管各的事，真正合起来一起抓的局面还没形成。

3. 对如何利用人文教育资源推动"三招三引"工作，还没找到很好的切入点

近年来，国内很多城市都打亲情牌，利用人文教育资源推动"三招三引"，如武汉的百万校友资智回汉工程、成都的蓉归故里、西安的梦回长安等。高等教育资源弱，这限制了潍坊采取类似的做法。但潍坊基础教育发达，潍坊籍生源走出去的较多，可以从这个方面入手推动工作。2018年，我们召开了潍坊发展大会，开了一个好头，需要继续放大这个平台，将人文教育资源转化为经济发展优势。

4. 在"三招三引"工作如何与济南、青岛、烟台实现错位发展上，还没找到准确定位

济南、青岛、烟台是山东省3个发展高地，集聚高端要素的优势较好。潍

坊处在济南、青岛、烟台的中间地带，是发展的另一个高地还是洼地，关键是城市定位问题。在某个点、某些点上，潍坊可以成为高地。定位准了，我们就收益，定位错了，就很难与3个城市竞争。长期来看，潍坊要主动融入青岛都市圈，要与青岛实现错位发展，并注重对接青岛的重要基础设施、重要资源，实现借力发展。

5.“三招三引”工作最终靠的还是基础设施和营商环境

“三招三引”是资源要素再流动的过程。从效率低的平台向效率高的平台流动是一种自然规律。盈利低、成本高，就不可能有高端要素流入。当前，基础设施最突出的仍然是交通基础设施，潍坊可以借鉴上海、深圳、青岛等的交通设计理念和实践，特别是在不同交通基础设施的便捷换乘上多下功夫，既形成市域内部高效顺畅的“内循环”，又加快形成与周边市乃至周边国家和地区的“外循环”，逐步形成全面内畅外联的交通格局。同时，要积极参与国家和山东省的营商环境测评，以服务业开放促进营商环境优化，还特别注意保护和推动新经济发展，在优化营商环境上占据下一个新高地。

（2018年10月）

部分城市专业招商、定向招商情况

◎王 伟 刘永杰 周志鹏

一、青岛设立境外工商中心

（一）自2014年至今，青岛已设立9个境内境外工商中心

它们分别是中国香港青岛工商中心、新加坡青岛工商中心、韩国青岛工商中心、德国青岛工商中心、美国青岛工商中心、日本青岛工商中心、以色列青岛工商中心、英国青岛工商中心、俄罗斯青岛工商中心。境内境外工商中心由青岛国际工商中心有限公司投资设立。该公司由青岛市财政资产管理中心、青岛城建投资集团、青岛国际投资有限公司、青岛港有限公司、青岛即发集团、国清控股集团、山东新华锦商务集团7家组织合资成立，注册资本350万元（市财政资产管理中心300万元，其余企业5万～10万元不等）。

（二）境内境外工商中心实地注册、实体运行

境内境外工商中心是经注册的非营利性服务机构，具有固定工作场所、开户账号、专职人员等。专职人员分首席代表、常任代表各1位，由市商务

局在全市范围内筛选确定后（主要是公务员和事业人员），与青岛国际工商中心有限公司签订聘用合同，时间一般为2～3年，其间原单位保留职务、身份、工资等。如韩国青岛工商中心首席代表由青岛经济技术开发区经济发展局副局长担任，常任代表由青岛市商务局调研员担任。专职人员之外还有临时雇员1～3名。

（三）境内境外工商中心主要根据现代产业需求开展精准招商

围绕青岛确立的重点产业，在目标国家和地区推介青岛投资环境、经贸政策等，精准引进企业和项目，专项调研重点产业市场动态及投资贸易信息等，同时为青岛企业“走出去”和人才引进提供相关服务。

（四）境内境外工商中心的主要活动

一是围绕重点产业和项目开展专题推介，精准吸引外资外企。境内境外工商中心针对青岛市梳理的30个重点产业和57个重点项目，在境外协助举办专题投资说明会、恳谈会、推介会、商务年会等各种定向推介活动，邀请相关领域的企业、协会商会、政府机构等参加，实现精准招商。针对机械制造产业，2016年日本青岛工商中心协助青岛市商务代表团在东京召开了青岛机械制造专题推介会，邀请日本知名精密机械制造商洋马株式会社等一批知名制造企业参加，介绍青岛产业政策和发展环境，后续多次登门拜访对接磋商，最终促成该会社在青岛设立技术研发中心（全球4家之一），面向全球市场提供服务。

二是围绕重点产业和项目开展大走访，定向引项目、推项目。大走访是境内境外工商中心的绝招之一。一方面根据青岛市的重点产业和项目，境内境外工商中心密集走访当地的世界500强及全球行业领军企业等重点企业，介绍招商政策和发展环境，招引重大项目。德国庞巴迪无线充电实验线项目落户青岛就是在德国青岛工商中心的走访对接基础上实现的。另一方面，面向有初步合作的企业和在手重点项目开展走访对接，对已在谈的项目力促签约，对已签约项目力促注册、已注册项目力促开工、已开工项目力促投产。比如，新加坡青岛工商中心多次走访凯德商用集团，交流进度，帮助解决进展难题，不仅加快了双方合作的青岛地铁商业项目进度，而且新促成了凯德商用与青岛新机场商业项目合作。9个境内境外工商中心拉起了青岛与世界主要国家和地区交流的框架，极大地推动了青岛在这些国家和地区的定向招商。截至2017年底，9个国家和地区在青岛设立外商投资企业数量占全市外企总量的70%以上，投资总额占全市外资总量的70%以上，惠普投资的全球大数据应用研究及产业示范基地、亚马逊投资的全球首个亚马逊云计算（AWS）联合创新中心等一批重大项目落户青岛。

二、济南实施“全球招商合伙人计划”

2017年3月，济南提出实施全球招商合伙人计划，旨在充分借力专业招商机构，不断拓展产业、政策、信息及投资双向互通合作的渠道。济南市投资促进局先后与德勤、普华永道建立了全球招商合伙人战略合作关系。这些全球招商合伙人协助济南组织并策划了一系列专业招商活动。

（一）2018年9月，德勤牵线在美国举办信息技术产业招商会

德勤提前半年就开始筹备此次招商会。德勤通过充分的前期调研发现，济南信息技术企业对引进世界先进人工智能技术意愿强烈，在此基础上，到美国硅谷寻找相应的合作目标。从几百家信息技术企业里最终筛选出济南6家企业和硅谷12家企业入围招商会，包括谷歌、英特尔、美光、RealWear等高科技领域领军企业，实现了合作需求精准对接。山东博科与谷歌就引入人工智能技术达成合作协议，RealWear与济南代表团就投资合作达成意向。

（二）2018年9月，德勤促成济南—加拿大医疗项目合作对接会

针对济南生物医药企业迫切希望在正电子发射型计算机断层显像（PET）影像设备、水凝胶等方面寻求合作的情况，德勤瞄准加拿大顶尖医药机构，精准对接合作需求，最终邀请渥太华总医院研究所、伦敦健康科学中心、Radialis公司等6家医药企业及科研院所来济南交流，促成了济南—加拿大医疗项目精准对接会。山东福瑞达医疗器械公司与加拿大延龄草公司就聚丙烯酰胺（PAAG）水凝胶项目达成合作协议。

（三）2018年4月，普华永道助力开展“德国济南周”系列活动

这次活动，普华永道充分依托自身专业优势和人脉优势，与德国企业进行了充分的前期沟通，精准对接双方合作需求，保证了济南智能制造投资合作交流会（汉诺威）、济南生物医药专题对接会（慕尼黑）的高效对接，推动济南重工与德国海瑞克、中航和辉与德国TOOLCRAFT公司达成合作。在全球招商合伙人的深度参与和协助下，济南2018年在德国、瑞士、上海等地举办了近10场商务对接活动，引进思科、IBM等9个世界500强投资项目。2018年上半年，济南新批外商投资项目123个，同比增长161.7%。

三、合肥开展“百名县干大招商”活动

从2011年开展百名县处级干部赴一线、抓招商、促发展活动，目前已开展4个批次。

（一）组建县干招商小组

原则上1个市直部门、单位组建1个招商小组，每个县（市、区）组建3个招商小组。2011年12月，第一批从73个单位中抽调的人员组建100个

招商小组；2014 年 4 月，第二批侧重从市直经济工作部门抽调，共组建 93 个招商小组；2016 年 5 月，第三批组建 84 个招商小组；2018 年 4 月，第四批组建招商小组 37 个，比第三批减少百分之五十多，保留的单位都是与招商工作关联度高的职能部门。合肥近六年组建的 4 批招商小组，数量虽逐年减少，但更加精干、专业、高效，设置日趋完善。同时，合肥要求各招商小组有招大商的胸怀，瞄准世界 500 强、中国 500 强、中央企业（简称“央企”）、知名民营企业、行业龙头企业进行精准招商。

（二）县干招商小组组长由副处级以上干部担任，每批县处级干部100名左右

比如，合肥第二批县干招商小组队伍中，93 个小组共选拔 196 名成员，其中县处级干部 105 名，占 54%；大学及以上学历 184 人，占总人数的 94%。其中，合肥市台湾事务办公室、水务局、工商局在配备县干担任副组长的同时，单位主要负责人还亲自担任招商小组组长。

（三）支持和鼓励县处级干部脱产招商

合肥要求各招商小组的县处级干部脱产招商至少两年。目前，在北京、上海、深圳等 8 个城市和日本、德国两个国家设立驻外招商办事处。这些办事处都由县处级干部脱产招商。

（四）对每名成员规定工作量

要求县干招商小组的每名县处级干部 1 年至少主动上门拜访 20 家企业，至少把 10 家企业邀请到合肥考察环境，一年完成 2 亿元的招商引资计划。

（五）派遣一批县处级领导干部到企业挂职招商

作为“百名县干大招商”活动的重要组成部分，合肥采取“贴身”招商的办法，派遣一批县处级领导干部前往外地大企业挂职，原则上安排在企

业的战略发展部和投资部，每家企业一名干部，挂职时间 3 ~ 6 个月，以便及时了解各家企业的投资动态信息，为招商引资提供信息资源，同时还可以学习外地大企业的先进管理经验。迄今已派出两批，第一批 32 人，第二批 40 人。

（六）出台考评奖励办法，“真金白银”奖励招商人员

2016 年，合肥出台考核办法，其中设置招商引资工作先进个人奖、重大信息奖、优秀创意奖、优秀服务奖、优秀谈判奖等，给予 5000 元到 2 万元不等的奖励。现在看，合肥经济能够 6 年连跨 4 个千亿台阶、10 年赶超 8 个省会城市，与开展“百名县干大招商”密不可分。第一批县干招商小组引进项目 489 个，实际到位资金 429.4 亿元；第二批、第三批实际到位资金 582.8 亿元；第四批自 2018 年 4 月组建以来，摸排有效招商项目信息 269 个，计划投资额约 2238 亿元。

四、西安组建 20 个专业招商机构

2017 年 3 月，西安市召开招商引资工作动员大会，宣布组建 20 个专业招商机构。

（一）20个专业机构分专业招商分局、招商联络办公室、外派招商办事处三大类

第一类是 10 个专业招商分局，包括央企招商一分局、央企招商二分局、文化招商分局、金融招商分局、招才引智分局、旅游招商分局、科技招商分局、工业招商分局、农业招商分局、民资促进分局；第二类是肩负招商职能的 7 个联络办公室、服务办公室，分别是境外企业联络办公室、内资联络办

公室、外资联络办公室、项目策划办公室、政策研究办公室、招商服务保障办公室、综合管理办公室；第三类是3个外派招商办事处，驻华北招商办事处设在市政府驻京办事处（副省级城市保留驻京办事处）；华东华中招商办事处设在市政府驻上海办事处；华南招商办事处设在市政府驻深圳办事处。

（二）20个专业机构，每个机构配备5人左右，共抽调100名优秀干部

西安从区县、开发区和市直部门以及事业单位、高校严格挑选100名优秀干部，重点选拔专业化、国际化的"80后"青年干部组成招商"特种部队"，与"70后""90后"交叉搭配，在招商团队内形成"传帮带"梯队。100名优秀干部搭配分配在上述三大类20个专业机构，由市招商引资领导小组统一领导，各招商分局局长、副局长原则上从各牵头单位副局级、正处级干部中选调。

（三）20个专业机构，每个机构都定位清晰，职能细分，目标任务明确

例如，央企招商一分局和二分局虽都负责大型国有企业招商，但一分局侧重项目洽谈和落地推进，二分局侧重争取财政资金支持和后期管理服务；境外企业联络办公室，专门负责境外企业招商；内资、外资联络办公室分别负责开发区和区县内资、外资招商项目的跟进、协调、考核等工作；项目策划办公室负责招商项目策划、招商活动和展会组织；服务保障办公室侧重为西安市重大招商项目落地过程中遇到的问题做好协调服务，负责投资商对投资环境的各类投诉意见进行收集和处理；综合管理办公室负责各专业招商分局的任务分解、督查考核等。自招商专业机构成立以来，西安招商引资成果丰硕。据西安市投资委员会召开的2017招商引资工作通报会统计，2017年西安签约引进项目847个，投资额过100亿元以上项目40个，投资总规模达2.35万亿元，均创历年最高。

五、深圳设立投资推广署

投资推广署于2011年设立，作为市政府招商引资工作的专业机构，以推广、巩固深圳投资环境、营商优势为己任，致力于引进符合城市定位、产业政策的投资项目与人才团队，倾力为投资者提供优质、专业的政府服务。

（一）机构设置专业性强

署内设立综合业务处、招商一处、招商二处、招商三处。其中，招商一处、招商二处和招商三处分别对应先进制造业、现代服务业、新兴前沿产业3个专业方向，分别收集、整理、分析国内外3个产业的相关信息，制订专业化的项目引进、宣传和服务方案，牵头推进3个产业重大项目的洽谈、签约和落实，分头开展3个产业的境内投资推广活动。

招商一处聚焦先进制造业，引进了小米科技手机研发中心、搜狗人工智能研发中心等人工智能产业，德国Temicon微纳米技术中心、日本发那科智能装备研发中心等机器人产业，中汽研究中心汽车工程院深圳分院、蔚来汽车新能源研发中心等智能汽车产业。

招商二处盯紧现代服务业持续发力，引进了招商局仁和人寿保险总部、中兵集团深圳财富管理公司、中海外融资租赁公司等金融机构，挖掘了中国航空工业集团供应链金融服务公司、美的供应链金融公司等项目，完善了深圳供应链金融产业。

招商三处聚力未来产业、深入攻坚，引进乐普医疗集团国际中心、浙江迪安诊断技术股份有限公司等精准医疗产业，瑞典SHT导热石墨烯应用研发中心、丰域烯碳石墨烯高端制品研发应用中心等石墨烯产业，中电中金新兴产业基金及孵化基地、艾森博航空无人机生产及研发中心等无人系统项目在深圳布局。

（二）深圳各区分别设立投资推广署分指挥部

作为市投资推广署的下级部门，结合本区域产业规划，制定产业引导目录及目标引进企业库，并建立专门的招商团队，有针对性地根据各区产业开展招商活动，形成市投资推广署、各分指挥部高效联动的招商团队和网络，构建起完整的投资推广系统。

（三）投资推广署专门设立海外办事处，打造深圳全球招商专线

分别设立深圳驻北美、欧洲、日本、澳洲经贸代表处，代表处下又分别在全球43个主要发达城市布局60个网点，以专业机构的高标准和高规范开展工作。一是网点工作人员为全职经纪人，平时的工作就是主动挖掘目标客户，挖掘企业投资项目，主动开展上门招商，摒弃被动等待项目上门。二是办事处与海外专业第三方机构合作，通过购买服务、协议合作等形式，在城市营销、数据挖掘、投资咨询等专业服务领域，依托专业机构推广宣传、发掘客户等。如与华德新中威咨询服务有限公司（香港）合作，由后者长期提供经济信息咨询、市场信息咨询、市场营销策划等专业服务内容。三是广交海内外合作机构，已累计与370家海内外合作机构建立招商伙伴关系，并依托这些机构每年在全球各地组织举办10场以上投资推广活动。如2017年与中澳贸易投资商会、美国技术转让和授权协会、法国全球中小企业联盟等机构新建立了合作伙伴关系，并依托它们开展了招商活动。

海外办事处招商成效显著，美国苹果深圳研发中心、空中客车（中国）创新中心、日本夏普全球智能家电产品研发设计中心等一批世界500强，英国ARM（中国）总部、美国戈尔集团中国运营总部、泰国开泰银行中国区总部等一批总部企业，美国赛仕软件智能制造大数据创新中心、美国英特尔全球智能设备创新中心、韩国三星通信技术研究院等一批跨国公司研发机构，均通过海外办事处成功引进深圳。

（四）开设投资推广学院

深圳投资推广署为强化投资推广系统内干部的专业培训，提高干部队伍的综合能力及专业化水平，创新开设投资推广学院。学院采取多样化培训方式，如打造系列专题培训课，与外地或著名高校联合举办提升培训班，聘请外籍、香港专家学者及企业高管担任学院“投资推广顾问”等。

举办项目评估师专题培训，学院从企业、投融资机构、咨询公司等聘请专业人士，对投资推广署工作人员进行授课，内容包括项目可行性研究、风险评估、投融资基础知识等，培养工作中能够胜任“投资推广项目评估师”的优秀骨干。

依托中国香港金融管理学院举办国际投资研究专题培训班。组织投资推广署招商骨干赴中国香港参加专题培训班，中国香港金融管理学院教授进行现场授课，全面讲解国际经济形势、产业发展趋势与跨国企业投资动态和方向。通过对标和学习，深圳招商骨干向中国香港国际一流的“投资顾问”看齐，进一步提升了投资推广综合能力、国际投资促进能力、重大活动策划能力以及沟通谈判实战技巧等。

六、武汉打造4支“招商大军”

2017年3月，武汉召开全市招商引资大会，提出打造专业队伍、企业家队伍、投资人队伍和校友队伍4支“招商大军”，分别对应专业招商、以商招商、资本招商和校友招商。

（一）招商专业队伍是指专业、专职的招商人员

针对专业招商人员少、招商人员能力不足的问题，武汉提出打造“专业、专职、专人、专注”的招商队伍，把招募专业招商精英作为招商引资队

伍建设的“绝招”。

一是市场化招聘专业招商人员。2017年，武汉市招商局以市场化方式全球招聘了30余名专业招商人员，此次招聘主要面向有海外工作经验或在知名商会协会、中介机构有工作经历的招商精英。目前这些招聘的招商人员全部在市招商局工作，待遇参照同岗位公务员，并正在探索关键绩效指标考核机制，将按照招商引资额度来核定这些市场化招聘工作人员的奖励待遇。武汉明确要求，各县市区、街道、园区以及市直有关部门按此方式扩大招商队伍。

二是聘请“武汉招商大使”。2017年以来，武汉先后聘请了许家印、雷建平、陈海波、肖牧、范波等50余名行业影响力大的专业人士作为“武汉招商大使”。对于引荐并推动项目落户本市的招商大使，按实际投资额给予0.01%～0.3%的奖励；对作出重大贡献的招商大使，授予“武汉市荣誉市民”称号，颁发“城市金钥匙”。其中，澳大利亚贸易委员会湖北首席代表肖牧平均每月牵线一个项目到武汉，美中合作委员会会长范波为光谷引进的休斯顿大学纳米材料项目，已入选国家重点外国专家项目。

（二）招商企业家队伍是指协助武汉开展以商招商的企业家

充分依托本市骨干企业，培养选拔一批有意愿、有能力与政府合作招商的企业家。比如，2017年，武汉市新洲区人民政府与华夏幸福签署PPP项目合作协议，由华夏幸福整体建设运营武汉国家航天产业基地。华夏幸福充分依托自身4600人的全球产业发展团队和150多个产业服务公司，为武汉全球范围招商，目前已为武汉新洲区引入11个项目，签约投资额达55.6亿元，储备产业项目百余个。

（三）招商投资人队伍是指有海外投资意向的投资人或投资机构

武汉把鼓励、支持投资人海外并购作为资本招商的重要内容。为支持投资人队伍海外并购，武汉积极做大产业投资引导基金，帮助企业融资。2017

年底，武汉产业投资引导基金规模达150亿元，其中包括50亿元生命健康产业基金，助力人福医药集团先后收购3家美国药企，特别是2017年6月完成对美国医药细分行业龙头RiteDose公司的收购，引进BFS（吹瓶—灌装—封口）技术在武汉落地，涉及金额42亿元。

（四）招商校友队伍是指为武汉招商引资助力的校友资源

武汉把校友招商作为新的突破口和生力军，启动实施“百万校友资智回汉工程”，设立“武汉校友资智回汉产业引导基金”，支持校友回汉创新创业；成立“在汉高校校友总会联盟”，在北京、上海、广州及东京、釜山等城市设立9个校友服务中心（人才联络站）；2017年以来，在国内外开展资智回汉专场活动17场，项目签约投资约1.9万亿元。

七、武汉成立招才局

为深入实施招才引智“一把手工程”，武汉2017年3月成立市招才引智工作领导小组，市委书记任组长；2017年4月成立招才局，作为市招才引智工作领导小组的日常办事机构，主要负责组织实施“城市合伙人计划”“百万大学生留汉创业就业计划”“百万校友资智回汉工程”等。

招才局有两大特点。一是机构设置上，采取“虚拟机构、实体运作”方式。不设实质机构，不增编制，工作人员全部从武汉市人力资源和社会保障局、市科学技术局、市经济和信息化委员会等部门相关业务处室抽调，实行集中办公。招才局局长由武汉市委常委、组织部部长兼任；设副局长6名，分别由武汉市委组织部、市经济和信息化委员会、市科技局、市人力资源和社会保障局、市商务局、市金融工作局分管领导兼任。招才局内设4个部，分别为综合管理部、人才发展促进部、招才引智工作部、“双创”协调推进部。二是体制机制上，整合全市招才引智资源，建立“一张政策清单”“一张政策导图”，实行一个窗口对外。在人才引进专项资金方面，整合武汉20个人才引进项目资金，总计10亿元，实行“一个系统报、一套班子审、一个口子出”，规避人才“来回跑”现象。在机构职能方面，整合武汉17个部门40项人才工作职能，加强部门联动、内外联动。

八、贵阳围绕大数据产业开展定向招商

贵阳以大数据产业为主攻方向，近几年成为全国乃至世界大数据企业集聚度最高的地方之一。目前，一批大数据领域的500强企业和“独角兽”企业纷纷在贵阳落户，其中包括苹果、高通、英特尔、甲骨文、微软、阿里巴巴、华为、腾讯等，贵阳大数据全产业生态体系初步形成。贵阳大数据产业招商的办法，主要有以下三方面。

（一）搭建数博会高端平台，精准招引大数据企业

为了定向招引大数据产业、人才、技术、资金等，贵阳打造了中国国际大数据产业博览会这个高端平台，自2015年开始已连续举办4届，成为全球大数据发展的风向标和业界最具国际性、权威性的平台。博览会同期举办大数据主题高端论坛、大数据热点应用、大数据产品发布、大数据创业大赛等众多内容，不仅吸引了诺贝尔经济学奖获得者罗默这样的理论学者前来，而且集聚了大数据领域的龙头企业、“瞪羚”企业、“独角兽”企业、创新创业团体、投资团队、技术人才、管理人才等，可以说，数博会基本把大数据全产业链条上的企业、资金、人才等吸引到了贵阳，极大促进了贵阳大数据产业的招引工作。以2018年中国国际大数据产业博览会为例，8场高端对话、65场专业论坛、40场成果发布、81场招商推介、278场商务考察，国

内外参展大数据企业和机构达到388家，布展面积6万平方米，贵阳成功签约项目108个，金额达221.6亿元，其中不乏盒马鲜生“大数据+新零售”、中国航天科技文化产业小镇、卫星大数据产业基地等重大项目。

（二）面向北上广、欧美日等大数据先进地区招商

为确保招商效果，贵阳从国内和国际两个层面寻找大数据发展先进的地区，国内瞄准北京、上海、广州等城市，国际上划定了美国的硅谷、欧洲的德国等开展精准招商。从2015年开始，贵阳连续4年赴北上广累计开展600多次小分队招商，特别是贵阳市主要领导多次亲自率队赴北京开展大数据产业招商，充分运用在北京中关村的资源，亲自接待、洽谈项目，相继引进了中国电信云计算贵州信息园、京东电子商务产业园、中电科数据中心等一大批实体项目。此外，贵阳还主动谋划境外招商，派出10多批次招商队伍，分别赴欧美、日本和印度等国际大数据先进国家开展招商，举办多场中国贵阳市境外招商引智推介会，积极与北美区块链协会、微软团队等国外知名机构开展合作。加拿大Elphic芯片公司、印度NIIT、硅谷糖尿病健康管理平台等项目就是贵阳高新区、南明区通过此种方式引进的。

（三）运用大数据手段，精准招引大数据企业

针对在招商工作中线索挖掘不精准、追踪服务不到位、问题处理不及时等痛点，2017年以来，贵阳利用大数据技术进行招商引资改革，率先利用大数据深网爬虫、数据众包以及大数据清洗、比对、关联、融合等技术手段，精准锁定目标企业和精准挖掘投资线索，进行全流程、全留痕管理。建立大数据精准招商云平台，编制《贵阳市“招商云”平台操作说明手册》，并组织市直相关部门、各区（市、县、开发区）强化培训与学习。目前，贵阳高新区通过运用此技术，建立了50多个维度的目标企业库，开展精准招商241次，对接企业321家，引进了欧比特宇航科技、天河智慧科技、华测导航技术等一大批企业，招商项目转化率已达到30%。

九、昆山围绕生物医药产业开展定向招商

昆山仅2018年一年就先后引进及新开工、开业生物医药产业投资项目35个，新增注册资本6.83亿元，新增投资33.6亿元，其中，医源医疗技术、博景生物科技、科森医疗器械、新蕴达生物科技、艾凯尔医疗科技、麦普斯特、宏庆医学检验等7个项目投资总额超亿元。昆山定向招商的办法主要有三个。

（一）为生物医药产业招商定制政策

昆山成立以市长为组长的“小核酸及生物医药产业发展工作领导小组”，专门设立了职能机构——昆山市重点产业发展促进中心，从体制机制层面强化对生物医药产业发展的鼓励引导、招商等；编写《昆山市生物医药和生命健康产业发展研究报告》，研究制定《关于支持全市小核酸及生物医药产业发展的若干政策（试行）》，鼓励生物医药重大项目和重大团队引进培育、产业服务平台建设、产业创新发展、产业化发展、金融创新、人才引进培养，支持产业跨界融合发展、拓展产业链，奖补标准和额度相比国内其他城市都处于领先水平。

（二）面向上海定向集聚生物医药资源

昆山发挥“临沪”优势，深度挖掘和对接上海高校、院所的“产学研”转化成果，主动与张江“药谷”开展深度合作。例如，昆山将2018年生物医药产业合作（上海）对接会主动搬到上海张江举办，邀请产业领袖、专家学者及投资人参加，开展招商和投资等商务活动；聘请上海创源科技发展有限公司作为小核酸及生物医药产业的招商服务商，借助其平台，广泛加强与上海产业合作促进中心、上海市生物医药科技产业促进中心、上海市生物医药行业协会、上海交通大学国家健康产业研究院、上海交通大学环境健康研究分院等相关机构的联系。昆山高新区与上海博威生物医药有限公司、上

海海抗生物药业有限公司达成战略合作协议，共同申报、建设国家工程技术研究中心，开展抗体类药物研发、生产、服务等工作。

（三）其他方面的措施办法

昆山与北京大学、南开大学、苏州瑞博生物技术有限公司等合作，连续多年举办中国小核酸技术与应用学术会议、小核酸领域优势研究室高级研讨会等会议，每次会议都设置相应的产业化议题和招商推介会，以此巩固昆山在国内小核酸领域的领军地位。2015 年第五届中国小核酸技术与应用学术会议，吸引了近 500 位国内外小核酸及相关领域顶尖知名人士参加，其中 17 家国内外知名公司借助大会开展商务洽谈工作。昆山还不断完善招商护商工作领导小组，整合成立昆山市招商服务中心，成立昆山招商集团有限公司，建立企业服务“驻厂员”等多项创新工作机制，千方百计帮助企业解决发展中的难点问题。

十、德清围绕地理信息产业开展定向招商

浙江省湖州市德清县以地理信息产业为主攻方向，近几年已成为全国地理信息企业集聚度最高的地方之一，200 余家知名地理信息企业落户当地，其中包含中国科学院遥感所、超图软件（GIS 龙头企业）、中科微电子（中国四大北斗芯片厂商）等，地理信息产业生态链逐步形成。德清地理信息产业招商的办法主要有四个。

（一）带着产业规划和招商目录精准招商

德清与罗兰贝格咨询公司和新加坡 CPG 集团开展全方位合作，一是聘请他们完成德清科技新城概念性规划、控制性规划、地理信息产业发展规划

等，二是编制地理信息产业精准招商目录等，德清招商工作的精准度和实效性大大提高。其中，2018 年由罗兰贝格引荐的总投资 6 亿元的车联天下项目签约德清。

（二）建好基础设施再招商

地理信息产业是数字经济的一部分，相对于其他产业，投资方比较看重基础设施的通用性和便利化条件，更喜欢"拎包入住"、即时办公。鉴于此，德清确定了先建好基础设施再招商的发展思路。一是多渠道筹集建设资金，特别是 2015 年，深入研究中国农业发展银行（简称"农发行"）《关于做好整体城镇化建设项目贷款业务的指导意见》，用三个月时间全部完成农发行授信工作，为地理信息小镇争取到 26 亿元整体城镇化建设项目贷款，极大地加速了地理信息小镇的建设步伐。二是充分利用国际通用的 EPC 工程总承包模式，建设产业大楼和配套设施，引入中国联合工程、上海建工等国内一流建筑公司，实现了成本低、质量高和速度快的建设目标。2015 年当年就建成 10 栋产业大楼，并吸引浙江国遥、浙江正元等项目入驻办公，到 2018 年 10 月已完成建设 52 栋产业大楼和配套设施，充分满足了地理信息产业招商的基本需求。

（三）搭建重大会议平台招商

德清已争取到联合国地理信息国际论坛会址永久落户，并已经于 2018 年召开首届联合国世界地理信息大会，此后每年在德清都要举办。根据自然资源部官网，大会由联合国主办，自然资源部和浙江省人民政府共同承办。联合国世界地理信息大会是联合国主办的规模最大、层次最高的地理信息大会，对于促进地理信息技术的发展创新和全球地理信息领域的国际交流合作具有重要意义。自 2017 年国务院批准举办联合国世界地理信息大会后，德清就紧紧围绕会议开展地理信息产业的招商工作，在大会组委会下设置专门的产业招商部，会议筹备期间通过工作例会、实绩亮晒、百日竞赛等机制推进招商，会议召开期间设置工商峰会、展览会、地理信息小镇参观等活动，向业界广泛宣传德清、洽谈合作。2018 年会议筹备至会议召开期间，德清已定向招商签约产业项目 63 个，其中地理信息项目 39 个，地理信息跨界融合项目 24 个，包含世界 500 强企业、国内外知名企业及研究院、行业“独角兽”项目等。

（四）出台激励政策招商

德清出台了《地理信息产业发展的若干政策意见》《关于进一步加快德清地理信息小镇产业发展的暂行办法》等政策措施，从财政奖励、租购房、项目补助、体制机制改革等方面加大对地理信息企业的支持力度。比如，每年专项列支财政资金 2000 万元，扶持地理信息企业发展；根据地理信息产业特点，为企业量身定做金融产品，为企业提供投资理财、财务顾问、融资租赁等金融服务，全力助推地理信息产业发展；正在建造拥有 2200 套住房的人才公寓，保障地理信息人才用房，鼓励地理信息企业和人才落户小镇。德清还特别重视本土地理信息产业的人才培养工作，与 9 家地理信息企业自 2013 年起联合设立地理信息学子奖学金，凡是德清本地户籍的高中应届毕业生选择地理信息及相关专业的，每人可获得 4000 ~ 5000 元的奖学金，很多人学成后都回到德清工作，有效地解决了地理信息产业招商面临的本地人才不足问题。

十一、郑州围绕富士康开展定向招商

（一）把“争夺富士康”列为重点工作，经过3年持续攻坚，成功争取富士康落户郑州

2007 年起，富士康提出内迁内陆战略后，郑州就立即成立高规格的“富士康科技集团郑州投资项目协调推进领导小组”，市长任组长，多位副市

级干部担任副组长，相关部门主要负责人为小组成员，专门负责引进富士康的工作。在领导小组的协调推动下，郑州开出土地供应、税收、用工服务等最大限度的优惠措施，其中仅财政补贴就达十几种，包括前5年公司税和增值税全免、第二个5年常规税率减半，此外郑州还降低富士康为员工缴纳的社会保险和其他费用，每年可为富士康节省1亿美元。更重要的是，郑州在细节方面也做足了功夫，比如，协调河南省主要领导、常务副省长和分管招商的副省长分别带队数次与富士康洽谈合作事宜；以“政治任务”动员组织河南百余所中高职学校、共计2.5万多名学生参与富士康实习；发动居委会协助富士康招工，为富士康在各个居民社区张贴告示、派发报名表等。特别是当富士康深陷“十连跳”旋涡，很多省市暂缓争夺富士康的工作时，郑州仍表现出相当诚意，终于在2010年成功促成富士康落户郑州。

（二）以“郑州速度”留住富士康，通过富士康的示范效应，让更多企业对前往郑州投资充满信心

围绕对接服务富士康，郑州2011年专门下发《关于建立郑州富士康项目促进服务工作机制的通知》，成立“五五办”工作小组，即做到“五个一”：一个项目、一个团队、一个方案、一条龙服务、一盯到底，打响了“郑州速度”服务品牌。比如，2010年7月，富士康富泰华精密电子在郑州出口加工区注册，仅1个月就开工生产；一般海关备案需要2～3天，但郑州几个小时就可以完成。得益于此，富士康在郑州的投资不断加码，像其下属的鸿富锦精密电子2010年投资5.9亿美元，2011年8.9亿美元，2012年增资至14.9亿美元。

（三）以郑州航空港经济综合实验区为重大平台，招引富士康配套企业

2013年，郑州以富士康郑州园区为产业基础、以郑州新郑国际机场为依托，建设郑州航空港经济综合实验区，并成为全国首个上升为国家战略的

航空港经济发展先行区，也成为招引富士康上下游配套企业的重大平台。相对于其他地区，实验区已形成综合优势，像物流方面 29 条国际货运航线通达全球，有“铁路公路机场”的多式联运，大大降低了运输成本；政策上该区设立智能终端出口退税资金池和专项产业引导基金等，入区企业可享受融资支持和快捷的退税服务，其政策优势、物流优势、成本优势对富士康配套企业而言极具吸引力。

（四）依托富士康实施“龙头+配套+协作”的精准招商模式，开展智能终端产业延链、补链、强链定向招商

富士康早在 1988 年就在深圳投资建厂。深圳的手机产业规模当时全国最大，手机配套服务企业更愿意扎堆在深圳。在这种背景下，郑州通过出台一系列措施，着力引进深圳的手机配套服务企业，同时也大力培育了一批符合条件的本土配套企业。比如，设立手机产业股权投资基金，用来引导产业发展；创新出口退税资金池，将 6 个月的出口退税期变成了“即出即退”；建立供应链金融平台，抱团引进渴望、鼎泰达、国裕、日永光电等 18 家手机整机及配套项目；对外地迁来的企业给予搬迁补贴，深圳科技园区近百家富士康上游配套企业正是利用郑州提供的专项补贴，顺利完成在郑州投产。截至目前，郑州已有奇酷 360、中兴等 134 家智能终端整机企业签约，天语手机等 34 家非苹果手机整机及配套企业投产运营，带动了 100 多个产业、400 多个配套企业入驻。郑州全球智能终端研发制造基地的地位日渐巩固。

（2018 年 12 月）

实施营商环境提升战略 打造一流营商环境

◎ 李少军

全市经济工作会议提出大力实施营商环境提升战略，努力打造一流营商环境。党的十九大、中央经济工作会议、2018 年 1 月 3 日国务院常务会议都对优化营商环境作出部署。优化营商环境，是建设现代化经济体系、促进高质量发展的重要基础，也是建设“四个城市”的重要内容。可以说，没有良好的营商环境，就不能建设好“四个城市”，建设“四个城市”必须打造与之相适应的营商环境。唯有聚焦时代新要求，持续聚力打造一流营商环境，才能在新一轮竞争发展中赢得主动、赢得优势、赢得未来。

一、打造一流营商环境对潍坊的发展意义重大、影响深远

（一）潍坊参与全球竞争的客观选择

从全球大背景看，打造一流营商环境已是大势所趋。以 20 天内开办一家新企业为标准，2005 年只有 41 个国家可以做到；到 2016 年，130 个国家

实现了这个目标。根据世界银行发布的《2018 年营商环境报告：改革以创造就业机会》，2017 年，119 个经济体进行了 264 项营商环境改革，以创造就业机会、吸引投资并提高竞争力。2017 年，我国“开办企业便利度”排名从 2016 年的第 127 位上升至第 93 位，上升了 34 位。不难看出，优化营商环境就是解放生产力、提高综合竞争力。特别在经济全球化的大格局下，潍坊要想参与国际经济合作与竞争，必须在规则上与国际接轨，借鉴国际做事规则，促进规则合作。一流营商环境是潍坊融入世界、参与全球竞争的前提和保障。

（二）潍坊获取区域竞争优势的必然要求

优化营商环境，深化“放管服”改革，各地都在行动。2017 年 6 月，江苏出台“不见面审批”实施方案，着力打造升级版“放管服”；浙江推行“最多跑一次”改革，2017 年覆盖 80% 左右的行政权力事项；辽宁围绕破解“投资不过山海关”的困境，专门组建省营商环境建设监督局；义乌成立“店小二”办公室，不断地走访企业，帮助企业发现问题并着力解决问题。潍坊地处济南、青岛、烟台三市连接的节点位置，是建设新旧动能转换综合试验区的重要组成部分，必须在区域发展的大格局中思考和行动，亟须在营商环境和做事规则的对接上迈出实质性步伐。潍坊在对接先进的营商环境和做事规则等方面先行先试，能够在更大区域范围内配置资源，更加充分地利用国内国际两个市场、两种资源，推动区域经济健康可持续发展，带动城市实现弯道超车。

（三）政府提供公共服务的重要内容

习近平总书记指出，要主动做好政府该做的事，工作重点要转变，转向维护公平竞争的市场环境、制定标准、保护环境等，要及时减轻企业经营负担。优化营商环境、维护良好市场秩序就是政府的基本职能，也是政府推动发展的基本功。项目审批、涉企收费量大、面广，既是政府服务发展、服务群众的“窗口”，也是权力运行的关键环节、反腐倡廉的监督重点。只有在每一项审批、每一项收费、每一次评审过程中体现出公开、公平、效率和服务，才能维护好正常的市场秩序，才能真正打造高效政府、清廉政府、有为政府。

二、打造一流营商环境要对标国际标准，扭住关键

（一）建立营商环境测评体系

国际上营商环境评估有若干指标体系，比如，世界银行发布的《营商环境报告》、联合国贸易和发展会议发布的《世界投资报告》、瑞士洛桑国际管理学院（IMD）发布的《全球竞争力报告》等。其中，对各经济体影响较大、受到广泛认可的是世界银行的营商环境评价体系，具体指标涵盖办理许可、得到电力、财产注册、获得贷款、保护少数投资者、纳税、跨境贸易、合同履行和办理破产等十大领域。国内的粤港澳大湾区研究院发布的中国城市营商环境指数也比较权威。应当借鉴这两套测评标准，确定优化营商环境的工作方向。一方面，强化顶层设计，对标世界银行、粤港澳大湾区研究院的营商环境测评体系，建立潍坊市营商环境评价指标体系。另一方面，坚持全面推进和重点突破相结合，着力在企业开办、项目投资建设、企业融资和投资者权益保护等关键环节实现突破。

（二）建立营商环境第三方评估机制

一是创新政府管理方式。学习并借鉴广东、河北等地经验，以项目委托方式，引入第三方评估机制，邀请高等院校、科研院所、专业机构及省工商联的专家组成第三方评估团队，发挥其独立性、专业性、权威性的优势，对各县、市、区营商环境进行年度评估，客观评价现状，查找问题，提出建

议。二是拓宽民主评议渠道。广泛开展企业评部门、下级评上级、百姓评政府活动，探索搭建网上评议平台，确保窗口部门和重点岗位服务过程可考核、有追踪、受监督，办事企业和群众可现场或在线评价。三是强化评估结果运用。通过内部通报、新闻媒体定期通报第三方评估和民主评议结果，作为干部考核的重要依据，对问题突出的限期整改，将民主评议满意度与年度考核和职务晋升挂钩。

（三）打造“三大环境”，优化营商环境

一是低成本环境。落实好潍坊市出台的80条政策措施和“711”专项行动，特别是进一步清理取消经营服务性收费和行业协会商会收费，大力推动降电价，持续深化企业降成本工作。二是国际化仿真环境。借鉴佛山打造“仿真德国城”的经验，着力引进并对接国际通行规则和服务体系，着力建设和培育不同类型的仿真社区、仿真学校、仿真医院、仿真科研机构，增强对高端人才的吸引力，提升城市的国际化水平。三是诚信环境。2016年全国259个地级市综合信用指数排名中，潍坊居第5位，信用建设取得了初步成效。要以创建国家社会信用体系建设示范城市为契机，着力构建“五大体系”，即构建安全可靠的公共信用信息平台体系、方便快捷的查询使用体系、系统完善的政策法规和制度体系、协同联动的失信惩戒体系、灵活高效的社会信用服务体系，让诚信成为潍坊的营商环境品牌。

（四）推行“三种服务”，优化营商环境

一是专业化人才服务。按照政治过硬、业务过硬、责任过硬、作风过硬的要求，突出专业化思维、素养、方式和能力，推进人才队伍正规化、专业化、职业化建设，让专业人员干专业事，提高服务企业和群众的能力。二是高效政务服务。对标杭州“店小二”“最多跑一次”服务模式，以“一部门、一平台、一项目、一改革”为抓手，积极推广“一个窗口受理、一站式办理、一条龙服务”，着重对企业开办、纳税、施工许可、水电气报装、不动

产登记等事项大幅精简审批，压缩办理时间。三是市场化服务。着力在培育会计、审计、评估、融资、咨询、律师等各类专业服务机构上实现新突破，为企业提供信息咨询、事务代理、业务培训、技术支持、财务融资、市场开拓等专业化服务。

（2018 年 9 月）

山东半岛湾区经济发展战略及潍坊带动渤海湾南翼城镇与产业带发展研究

◎ 课题组

一、“世界三大湾区”分析

20 世纪以来，从世界经济版图看，全球 60% 的经济总量集中在入海口，世界上 75% 的大城市、70% 的工业资本和人口集中在距海岸 100 公里以内的海岸带地区。在全球排名前 50 名的特大城市中，位于湾区的城市占 90% 以上，这些城市中很多都发展成为全球城市，其中，旧金山湾区、纽约湾区、东京湾区更是世界湾区的翘楚，世称“世界三大湾区”（表 1）。

表 1　“世界三大湾区”基本数据对比

类别	旧金山湾区	纽约湾区	东京湾区
面积（万平方公里）	1.79	2.15	3.68
人口（万）	760	2340	4383
GDP（美元）占比	0.8 万亿；4.5%	1.4 万亿；7.8%	1.8 万亿；30%
人均 GDP（美元）	104575	59829	40909
主要城市	旧金山、奥克兰、圣荷西	纽约、纽瓦克、布里奇波特	东京、横滨、川崎
主导产业	高新技术产业	金融服务业	先进制造业
第三产业占比	82.76%	89.35%	82.27%

（一）旧金山湾区

1. 范围界定

旧金山湾区（San Francisco Bay Area）位于美国西部，加利福尼亚州北部，是加州仅次于洛杉矶地区的第二大都会区，由 9 个县、101 个城镇构成。旧金山湾区的代表产业包括电子、互联网和生物技术等，是全球高科技研发中心，享有“高科技湾区”的美誉。

2. 空间与产业格局

旧金山湾区按区域职能和产业特点可分为旧金山、半岛、南湾、东湾、北湾 5 个区域，其中，旧金山是著名的贸易港和美国西海岸金融中心，服务业发达，以金融、商业贸易、旅游、房地产等产业为主，被誉为“最受美国人欢迎的城市”；半岛区域包括最宜居的城市帕洛阿图市和希尔斯伯勒市，吸引了众多中产和富裕家庭居住与生活；南湾以圣荷西为中心，是硅谷的中心，云集众多高新科技企业，涉及计算机、通信、互联网、新能源等多个产业；东湾拥有湾区最大的港口奥克兰港和加利福尼亚大学伯克利分校，生活成本和房价都极具竞争力，吸引大量的大学生来此地创业，现已成为湾区新经济发展热土；北湾的人口密度小，环境优美，是美国著名的酒乡和美食之都，闻名于世的纳帕溪谷就坐落于此（表 2）。

表2　旧金山湾区的城市定位与产业特色对比

区域	功能定位	核心城市	区域特点
北湾	休闲养老区域和葡萄酒产地	纳帕溪谷	• 马林县常被列为全美国最富有的行政区 • 美国酒乡和美食之都 • 都市化程度小，大部分为未开发的土地与农田
旧金山	美国西海岸金融中心	旧金山	• 重要海军基地和著名的贸易港 • 被誉为“最受美国人欢迎的城市” • 服务业发达，以金融、商业贸易、旅游等为主
东湾	制造中心	奥克兰	• 拥有湾区最大的奥克兰港和加利福尼亚大学伯克利分校 • 东湾的房价较低，气候宜人
半岛	居住中心	帕洛阿图、希尔斯伯勒	• 吸引众多中产和富裕家庭居住与生活 • 帕洛阿图市是旧金山湾区最宜居城市 • 希尔斯伯勒市是富商名人钟爱之地

续表

区域	功能定位	核心城市	区域特点
南湾	科技创新中心	圣荷西	• 高新科技企业云集，涉及计算机、通信、互联网、新能源等多个产业

3. 区域与产业演进

旧金山湾区的繁荣起源于1848年金矿发现后引发的淘金热，至今共经历四个发展阶段。

阶段一：淘金人群大量涌入，在1850—1870年的两个十年间，旧金山的人口分别增长了97%和133%。淘金业的兴盛促进了旧金山工业化和城市化的起步，带动了贸易的发展，旧金山成为移民城市和货物集散中心，商业逐渐发展起来。

阶段二：太平洋铁路西海岸终点站设立于奥克兰，奥克兰以此修建了“八爪鱼”式的陆路交通网，成为湾区的制造业中心，1880—1890年，制造业产值增加了3倍多，成为区域中心城市之一。

阶段三：20世纪20年代，湾区高速公路网修建完成，到1930年，建成7座跨海大桥。与此同时，旧金山的钢铁和冶金等制造业不断向奥克兰等城市转移，旧金山蜕变成为西部商贸和金融中心，实现城市与产业转型。

阶段四：美苏军事竞赛导致军工科研上的巨大投入，促进航空航天及电子科技产业的兴起，湾区这一时期以斯坦福大学科技园为平台，“产学研军”等多方力量互相促进，带动了硅谷的崛起。在此期间，湾区城际地铁BART的修建也极大促进了湾区各城市间的协同发展，使旧金山湾区逐渐成为一个城市职能互补、各具特色，产业布局合理、错位发展的城市群。

4. 经验借鉴

旧金山湾区的成功，除了内外部的发展机遇，更离不开基础设施互联互通和众多区域协调组织，在湾区一体化和区域协调发展方面发挥了重要作用。

在基础设施互联互通方面，湾区三大核心城市旧金山、奥克兰、圣荷西都有国际机场和国际性港口，保证了湾区与外部资源和人才的联系；在内部交通上，铁路与高速网络、城际地铁、7座跨海大桥使湾区形成了一个整体。

“湾区政府协会”成立于1961年，是包括政府协会、行业协会、专业监管协会的完整组织体系，主要成员来自湾区9个县、101个城镇的地方政府，负责强化地方政府间的合作与协调，共同制定区域发展规划。“湾区委员会”成立于1945年，是一个地区性商业和经济政策游说组织，由湾区各行业约280家企业组成，负责促成区域内企业和公民领袖合作，协调行动，对外开展区域与外界协调，如寻求与中国的合作机会、开设驻华办事处等。此外，还有一系列区域性公共监管机构，包括“湾区保护和开发委员会”“湾区快速轨道交通委员会”“湾区区域水资源质量控制委员会”等，负责相关领域的协调和监管。

（二）纽约湾区

1. 范围界定

国际上没有纽约湾区的说法，一般公认为“纽约大都市地区”（New York Metropolitan Region），包括纽约州、康涅狄格州和新泽西州各一部分，共31个县、783个城镇。纽约湾区的代表产业包括金融、航运和计算机等，是世界金融核心中枢，被称为“金融湾区”。

2. 空间与产业格局

纽约湾区是陆海联动的典型代表。哈德逊河和伊利运河串联起美国东岸城市带和五大湖城市群，沿线分布着纽约州最大的5个城市。纽约湾区凭借地处美国东岸城市带中心和哈德逊河出海口的绝佳区位，成为美国东海岸的绝对中心。

在纽约湾区内部形成了“中心城市+产业带+产业节点”的典型空间结构，纽约市是绝对的中心，以交通为轴带，向外延伸出了3条城镇与产业带，沿线分布着区域性中心城市和功能性节点城市。

北部沿海产业带主要位于有“美国兵工厂”之称的康涅狄格州境内，是以军工为特色的高端制造业产业带，沿95号公路分布着区域性中心城市布里奇波特、纽黑文和斯坦福，以及纽约著名的卫星城格林威治。

西部产业带位于有“美国药都”之称的新泽西州境内，是以化工、医药、通信为特色的高端产业带，沿哈德逊河沿岸分布着该州前五大城市，依次是纽瓦克、泽西市、帕特森、伊丽莎白、爱迪生，他们凭借与纽约市一河之隔的区位优势，与纽约市深度融合，如纽瓦克与纽约联合共用港口，泽西市则有“西华尔街”的美誉。

东部产业带是世界级休闲度假目的地长岛，以高档居住区、度假旅游胜地闻名，同时拥有教育、科技研发、金融服务等高端产业（表3）。

表3　纽约湾区的城市定位与城市特色产业对比

州	定位	城市	产业及概况
纽约州	世界金融中心	纽约市	• 美国第一大港口城市，重要制造业中心，服装、印刷、化妆品等居首位
		长岛	• 世界级旅游度假岛
新泽西州	“美国药都”	纽瓦克	• 最大港市，物流、海空运、信息（贝尔实验室）及制药
		泽西市	• 第二大城市，四大工业中心，“西华尔街”，金融、保险、房地产发达
		帕特森	• 第三大城市，19世纪美国有名的丝织工业中心，有“丝城”之称
		爱迪生	• 第五大城市，亚裔人口占43.1%，信息、通信、生物技术业
康涅狄格州	“美国兵工厂”	布里奇波特	• 最大城市，电料器材、机床、直升飞机和其他飞行器、汽车零件、导弹部件、军需品、黄铜制品
		纽黑文	• 第二大城市，美国第一个规划城市；耶鲁大学在此
		斯坦福	• 第三大城市，美国第三大公司总部聚集地，银行业聚集地，化工、电子、医药、光学等方面的实验室颇负盛名
		格林威治	• 全球对冲基金“大本营”，工业品有真空吸尘器、机器、纺织品等

3. 区域与产业演进

纽约湾区兴起于港口贸易，完整地参与了三次工业革命，获得了巨大的发展，可分为四个发展阶段。

阶段一：纽约被欧洲人开辟为贸易站，不仅是欧洲移民北美的门户，也是北美货物进出口的枢纽港，特别是随着19世纪公路建设潮以及伊利运河的修通，1840年美国1/2的进口货物和1/3的出口货物都经由纽约集散。此时，华尔街成为美国的财富集聚地。

阶段二：纽约自然资源匮乏，但劳动力和资本充足，重点发展劳动密集型产业，包括服装鞋帽、印刷、皮革、食品加工、机械制造等，成为全美最大的工业基地，经济得到了空前的发展；电车、汽车开始普及，郊区人口、工厂和企业纷纷向纽约聚集，城市规模迅速膨胀。

阶段三：康涅狄格州军事工业的发展带动了装备制造、机械加工、金属加工等产业发展；纽约则随着美联储总部和联合国的设立，成为全球性的生产要素配置中心。其间，纽约于1929年完成了第一个规划，旨在打破行政区划限制，打造横跨纽约、新泽西和康涅狄格3个州的“纽约大都市区”。

阶段四：借助第三次科技革命的浪潮，新泽西抓住机会迅速崛起，集聚了世界上最大的21家制药和医疗技术公司总部或中心。同时，位于纽约湾区的贝尔实验室创造了晶体管、激光器、太阳能电池、第一颗通信卫星等一系列科研奇迹。此外，原本人口稀少的“菜篮子”长岛成了纽约大都市区富人和精英热衷的居住地，成为世界闻名的旅游度假岛。

4. 经验借鉴

回顾纽约湾区的发展会发现，由纽约区域规划协会（PRA）制定的跨区域规划协调起到了引领性作用。PRA是个纯粹的非政府机构，在罗素·赛奇基金会的资助下，由查尔斯·诺顿于1921年召集建筑师和规划师成立纽约区域规划委员会，并于1929年正式成立纽约区域规划协会。1929年发布了《纽约及其周边地区的区域规划》，成为世界上第一个关于大都市区的全面规划。此后分别于第二次世界大战之后针对公共设施匮乏的问题和美国郊区化运动之后针对中心城市的空心化问题又做了两次规划。PRA 最新的计划是针对抵抗自然灾害的恢复能力等问题启动的第四次规划。

在交通互联方面，纽约湾区拥有美国第三大港的同时，也是美国最大的石油进口码头——纽约港和第二大集装箱码头——新泽西港，与世界第二大的肯尼迪机场、美国第五大的纽瓦克机场联通世界。此外，还有联通五大湖和美国中西部的哈德逊河—伊利运河，直达加拿大和墨西哥的 14 条铁路，以及圈层式高速、放射状地铁联通内部。为了实现跨区域的交通互联，美国于 1921 年专门成立了跨州合作机构——纽约和新泽西港务局负责改善、兴建交通和海港设施，协调港区发展。此后又在 1967 年成立了大都会运输署，作为公共交通的管理机构，拥有并管理范围超过 1 万平方千米英里的大纽约地区的地铁、巴士及渡轮等交通运输。

（三）东京湾区

1. 范围界定

国际上没有明确的东京湾区概念，一般认为是狭义范围的“东京都市圈”（Tokyo Metropolitan Area），其中又分为两种看法：一种是包括东京都、琦玉县、千叶县、神奈川县的“一都三县”，侧重东京都为核心的大都市圈研究；另一种是包括东京都、千叶县、神奈川县的“海湾 + 一都两县”，侧重东京湾城市群研究。本书以第二种界定范围为研究对象。东京湾区的代表产业包括装备制造、钢铁、化工和物流等，是世界级的临港工业带，是典型的“制造业湾区”。

2. 空间与产业格局

东京湾区按区域职能和产业特点可概括为“一心两带”，即以东京都为核心组成的京滨、京叶两大工业带。

其中，东京都是湾区的商业消费中心、科技研发中心、国际金融中心，未来重点发展 3 类产业，分别是以健康、环保产业、能源、危机管理（地震关联）为代表的社会课题解决型产业；以内容产业、时尚时装产业、创意产业、文化产业为代表的信息传播型产业；以高科技产业、飞机、机器人等为代表的城市技能活用型产业。

京滨工业带以横滨、川崎为核心，是日本最早的临海工业地带，有百年历史，被称为“日本制造业的心脏”，以钢铁、化工、石油、机电等产业闻名于世，未来在沿海地带由重化工向新能源、功能性材料、环境产业基地转化，并设立京滨临海部国际战略综合特区，发展医药、医疗设备行业；在内陆地区则设立了相模机器人产业特区，在机电装备制造的基础上升级发展智能装备。

京叶工业带是为了缓解京滨工业带空间不足，于 20 世纪 50 年代规划的新兴工业基地，石化、钢铁占整体产业的 60%，临港经济占总经济的 60%，未来重点发展新制造技术、新一代通信技术、医疗健康、新材料、物流业、食品产业、旅游业七大产业板块。其中，临海地带重点发展绿色生产、节能环保、原料和生成品循环利用，打造“绿色化学”基地。与此同时，大力拓展内陆地区产业（表 4）。

表 4　　东京湾区城市定位与产业特色对比

区域		城市能级	职能	产业 / 特色
东京都		世界特大级城市，日本最大的工业城市	资源配置中心，海陆空交通枢纽	• 服务业：管理、信息、金融、文化等 • 制造业：印刷、机电、食品和精密机械等
千叶县	千叶	日本货物吞吐量最大的国际贸易港	国际空港、港湾，工业集聚地	• 钢铁、食品和炼油占工业总产值的 76%，其中钢铁工业占 1/2 • 新工业发展战略：新制造技术、新一代通信技术、医疗健康、新材料、物流业、食品产业
	君津	钢铁城市		• 君津大型钢铁联合企业是世界最大钢铁企业——新日铁的骨干企业，年产钢能力 1000 万吨
神奈川县	横滨	日本第二大城市、第一大港口，京滨工业带核心城市	国际港湾，工业集聚地，部分企业总部，部分行政机关	• 运输机械和钢铁、石油、石化
	川崎	工业城市，京滨工业带的重要组成		• 工业产值 80% 来自重化工、钢铁、水泥、机电、炼油、造船和火电等，炼油占 25% 以上

总体而言，“一心两带”的发展格局在日本快速工业化时代奠定了东京湾发展的基础，在新的时代背景下，特别是严格的环保要求之下，以东京都、神奈川县、千叶县为核心的“一都两县”也正在谋求产业的转型升级。

3. 区域与产业演进

东京湾区的发展从 1603 年德川家康在江户（东京旧称）建立德川幕府开始，至今经历了四个发展阶段。

阶段一：随着江户在全国政治地位的提升，人才、劳动力、资本和物资等各种资源向这里汇聚。到德川中期，江户已成为日本最大的城市、消费中心、物流中心。但当时日本的经济中心仍在关西地区的大阪。

阶段二：明治维新之后，日本学习西方开展工业革命，东京都和京滨工业带是重点发展区域，大力发展劳动力密集型的轻工业。日本工业革命完成，使大量资本、人口、企业等向东京集中，东京城市化步伐加快，由政治中心向政治、经济相结合的功能性城市转变。

阶段三：第二次世界大战后，在朝鲜战争的刺激和美国的扶持下东京湾重新崛起。由于京滨等地工业发展空间相对饱和，从 1950 年的千叶县综合开发计划开始，京叶工业带异军突起，尤其是重工业和化工产业占据了京叶产业的半壁江山，东京湾初步形成“一心两带”发展格局。

阶段四：在经历了 20 世纪 70 年代的“石油危机”和 20 世纪 80 年代“广场协议”的签订后，日本开始进入“失去的二十年”，以东京迪士尼乐园的开园和东京离岸金融市场的建立为标志，东京服务业进一步集聚，制造业不断向周边转移，完成了从制造业中心向经济中心的过渡，成为日本乃至全球的生产要素配置中心和经营决策中心。

4. 经验借鉴

回顾东京湾区的发展，有很多经验值得借鉴。首先，在东京湾区的开发建设中建立了相互协作的沟通机制，在湾区和城市发展中遇到的问题采取了会议协调、协商的方式予以解决。起到首要作用的协调机构是东京湾港湾联协推进协议会。这个协议会由日本政府的国土交通省关东地方整备局港湾空港部牵头，东京湾所有的地方政府一起参加。除此之外，还有由各海运公司和港区开发公司、沿港工厂企业共同参与的东京都港湾振兴协会。

日本的政府决策者在不断变更，每个时代又有每个时代的诉求，但唯一对整个东京湾的开发有整体把握的是智库，包括日本开发构想研究所、东京湾综合开发协议会等。这些智库出于衔接各种规划的需要，对本地区的发展有长期的研究、认识和推动，他们的思想通过参与和主导各种各样的规划来实现落实；政府也尊重与重用这些智库，把他们作为开发管理东京湾的一个重要力量。

东京湾的交通互联体系更是世界级的，六大国际港口（横滨港、东京港、千叶港、川崎港、横须贺港、木更津港）、两大国际机场（羽田、成田）、世界闻名的新干线（东海道、北陆、东北等）以及数条高速公路，构成了东京湾区与日本国内和全球主要城市之间的海陆空立体交通网。尤其是东京湾 6 大港口首尾相连，绵延百里，综合实力世界首屈一指。在重化工鼎盛时期的 20 世纪 70 年代，千叶港、横滨港、川崎港吞吐量分别居世界第 4、第 5、第 10 位。

（四）“世界三大湾区”发展经验借鉴

智纲智库通过对旧金山湾区、纽约湾区、东京湾区三大世界级湾区的对比研究发现，湾区经济是依托共享湾区形成的开放型区域经济的高级形态，开放是湾区经济的活力源泉，创新是湾区发展的根本动力，宜居是湾区的魅力所在，区域协同是湾区的客观要求。湾区经济具有共同的特点：开放的经济结构、高效的资源配置能力、便捷高效的交通系统、优美宜人的生活环境、多元包容的文化氛围、强大的集聚外溢功能和发达的国际交往网络。

1. 湾区经济靠港而生、依湾而兴，具有天然的开放属性

开放成为湾区经济发展的先决条件和根本优势。纽约湾区的发端主要得益于航海技术的发展，直接推动纽约成为联结本国市场和国际市场的重要节点；旧金山湾区发端于金矿的发现，大量的外来移民聚集旧金山，带动了贸易、金融结算和商业的发展；东京湾区依托首都东京，成为日本的国际门户

和经济中心。在三大湾区不断增长的贸易往来中，各大港口城市逐步成为对外开放的门户，促进了外来投资和国际贸易的增长，并率先吸引大量外来人口，汇集世界多民族文化，凭借开放包容的氛围，形成了不同于内陆地区的移民文化。在纽约湾区，外籍居民来自世界150多个国家和地区，约占纽约总人口的40%，形成了世界不同文化、不同文明相互融合的集合体。

山东地处西环太平洋北段前沿，距日本、韩国等国较近，有便利的海上交通和较坚实的经济基础，具有开展国际经济合作与交流、接受产业转移的区位优势，一直都是中国北方的开放前沿。山东打造湾区经济，要充分发挥港口作为天然开放门户的重要作用，积极谋划港口联盟，做大规模效应，变单一的贸易集散功能为国际交流中心和产业合作中心；同时也要积极重视对内开放，积极与国外的各类机构建立广泛的合作，打造开放包容的生活与营商环境，完善城市配套设施，吸引更多的海外企业和人才与山东构建紧密的合作关系。

2. 湾区经济是技术驱动下的产业演进与城市空间演化的过程

综观“世界三大湾区”，它们的发展都伴随着重大的技术创新和产业变革。东京湾区、纽约湾区的发展都与第二次工业革命密切相关。东京湾区形成了京滨、京叶两大工业地带，钢铁、石油化工、现代物流、装备制造和高新技术等产业十分发达。纽约湾区金融、文化、机械制造、军工、石油、制药和食品加工等产业实力雄厚，是全球重要的金融中心和制造中心。旧金山湾区则抓住了第三次工业革命的机遇，以硅谷为核心的高新技术产业集聚区至今引领着全球信息技术创新的潮流。如今，三大湾区已顺利进入服务经济和创新经济阶段，第三产业比重均超过80%。

每一次世界发生重大的技术变革时，成功的湾区往往都能早早介入，获得变革带来的红利，引领全球科技创新和经济发展。山东要主动抓住全球新一轮科技革命与产业变革的历史机遇，借助数字化、智能化进行“换道超车”，充分发挥地缘优势和产业基础，才能建成比肩世界的一流湾区。

3. 湾区经济是枢纽经济效应的集中体现

枢纽经济是以快速交通为工具和载体，以城市和综合交通枢纽为依托，实现多种交通方式融合配套的经济体系。综观“世界三大湾区”，全部发迹于港口，通过快捷便利的中转、集疏和分拨功能，接入全球供应链，成为世界级的要素集聚地和配置中心，并造就了一批繁荣的湾区城市，如奥克兰、横滨、纽瓦克等。

枢纽经济有其内在的发展规律，往往是以综合交通枢纽建设为基础，以物流为先导，率先发展成为货物集散中心和物流中心，借助成本降低的优势，发展成为制造业中心以及配套的专业服务中心。同时，产业的发展带来高端人才的集聚，以金融、咨询、信息为代表的知识型服务业也悄然兴起，并带动围绕知识人群的旅游、娱乐、酒店、商场等新兴消费型服务业的发展。

山东打造湾区经济，要充分重视枢纽型城市的组织带动作用。潍坊当前正在打造环渤海区域的交通枢纽，未来将成为太石济青发展轴与京沪通道发展轴两大国家级发展轴的交会点，有 5 条高铁将在潍坊相交，并已成为全国 34 个高铁物流节点之一。潍坊要率先依托枢纽优势，成为制造业的“成本洼地”和服务业的“要素高地”，有望打造成山东半岛湾区未来的明星城市。

4. 湾区经济会形成协同发展的空间结构

协同发展是湾区经济发展的客观要求。港口城市在对外开放中会最先发展壮大，通过发达的交通体系和产业不断升级，对周边区域产生外溢效应。周边区域为谋求自身发展，也会主动承接外溢的相关产业和功能，最终形成“中心城市 + 产业集聚带”的湾区经济空间结构。

旧金山湾区以旧金山为中心，发展出北湾休闲旅游产业带、东湾高端制造业产业带和南湾高科技创新产业带；纽约湾区以纽约为中心，发展出康涅狄格州先进制造业产业带、新泽西州重工业产业带和长岛休闲旅游带；东京湾区以东京为中心，发展出京叶重工业产业带和京滨高端制造业产业带。

山东半岛由于其特殊的区位特征，要构建具有山东特色的湾区经济空间结构。济南无疑是湾区的核心城市，但由于济南没有出海口，国际化程度低，因此必须发挥青岛作为对外门户的功能；青岛经济发达，为全球第七大港，服务业发达，但是交通通达性和腹地范围有限；潍坊作为联通济南和青岛的枢纽，区位优势凸显，腹地广阔，产业基础雄厚。因此，山东必须充分发挥济南、潍坊和青岛三地的比较优势，统筹好内陆、港口与腹地的关系，共同打造山东半岛湾区。

5. 湾区需要跨区域的联合协调组织

湾区一般会涉及多个城市，不管是产业与交通规划、基础设施建设，还是生态环境的保护，都需要城市之间的协调。东京湾区是运用智库的力量来进行湾区城市间统筹的代表，在日本开发构想研究所和东京湾综合开发协议会等智库组织的牵头下，与政府、企业、行业组织先后设立东京湾港湾联协推进协议会、东京都港湾振兴协会等协商组织；旧金山湾区设有负责综合规划的湾区政府协会，负责商业和经济政策游说的湾区委员会，负责规划、投资、协调和管理湾区交通系统的湾区交通委员会，以及监管湾区空气污染的湾区空气质量管理区等，其中，成立于1945年的湾区委员会，于2010年首次在上海设立海外分支机构，推动中国与湾区间的贸易投资往来。

山东省各城市在产业、文化、城市定位和项目上都存在着同质化的现象，因此在谋划建设大湾区之初，就应该充分重视跨区域协调组织，发挥智（智库）、府（政府）、产（企业）、融（资本）、协（行业组织）五大主体的组织协商作用，错位化布局湾区城市的产业类型、港口功能、城市发展方向。

二、山东发展湾区经济的建议

（一）中国进入发展新时代

1. 数字经济席卷全球，成为中国供给侧结构性改革和建设创新型国家的新动能

以云计算、大数据、物联网、人工智能等为代表的新经济已成为全球经济发展的新动能，全球市值最高的10家公司中，苹果、谷歌、微软、亚

马逊、脸书皆为举世闻名的数字经济企业。据统计显示，未来几年，数字经济在全球经济的比重将超过1/5，达到22.5%，将雄居全球经济发展的首位。

放眼全球，谁能紧紧抓住数字经济的风口，加速技术创新和产业变革，谁就将成为全球经济发展的弄潮儿。发达资本主义国家相继出台数字经济战略，如美国成立数字经济顾问委员会，德国发布“数字战略2025”，英国出台《数字经济战略（2015—2018）》，日本提出“超智能社会”，等等。中国在数字经济领域与世界站在同一起跑线，从二十国集团杭州峰会发布的《二十国集团数字经济发展与合作倡议》到乌镇世界互联网大会形成的《“一带一路”数字经济国际合作倡议》，从“数字经济”写入2017年政府工作报告到党的十九大报告中频频提及的“网络强国、数字中国、智慧社会”等关键词，中国正在引领全球数字经济的浪潮。

一方面，数字经济为实体经济，特别是为传统制造业的转型升级提供强大动力；另一方面，中国当前在电子商务、数字支付和共享经济等领域，已具有世界领先地位，并正在探索数字经济与城市管理相结合。中国拥有世界上最多的数字技术投资者、使用者和“独角兽”公司，腾讯、阿里巴巴等互联网公司已经成为具有全球影响力的世界级企业。

我国经济正在从高速增长进入高质量发展阶段，正处于深化供给侧结构性改革、加快建设创新型国家的关键时期，需要强有力的战略抓手。大到一个区域，小到一个城市，谁能牢牢抓住数字经济的风口，谁就能立足未来全球产业的制高点，成为全球瞩目和令人向往的创业和投资目的地。

2. 区域协调发展和协同发展的新时代到来，高铁助推城市群蓬勃发展，重塑中国区域格局

十九大报告提出，实施区域协调发展战略，“以城市群为主体构建大中小城市和小城镇协调发展的城镇格局”，明确了未来我国新型城镇化的模式、路径和重点。城市群通过拓展和调整区域空间，优化城市化推进方式，推动科技创新和战略性新兴产业发展，进而形成区域融合发展的新格局。但是，过去城市之间由于交通不便，在一定程度上阻碍或延迟了城市群的形成；一些已经形成的城市群范围偏小，产业关联度较低，多数城市群的发展只停留在地理区位的概念上。

高速铁路的发展极大地削弱了城市之间的距离，使城市之间可以更好地按照各自的比较优势配置资源，在城市群的形成中扮演不可替代的角色。从2008年中国第一条高铁京津城际开通，截止到2017年底，中国的高铁总里程已达到2.5万公里。纵横交错的高铁网络正在把整个中国史无前例地紧密联系在一起，正越来越深地影响着经济与社会的方方面面。中国正在进入一个崭新的“高铁社会”。

从区域经济一体化的角度来看，高铁是连接沿线城市之间的超级纽带，有利于发挥各自的比较优势，形成产业协同、功能互补的城市分工协作。研究表明，在距离500公里以内的城市之间，借助高铁可以实现当天往返，将产生明显的同城效应，促进以大城市为核心、周边城市紧密协同的“高铁经济圈”。

从城市发展的角度来看，高铁可以产生巨大的“人气效应”和“汇聚效应”，加快城市化进程。以高铁站为依托的“高铁新城”“高铁新区”“高铁经济带”，正加速人流、物流、信息流、资金流的集聚，重构城市和区域的“经济版图”。

从社会生活角度来看，高铁不只是一场技术与交通的革命，也在改变着人们的观念和生活方式。高铁让中国变小，让人们生活圈扩大，使异地工作、异地消费、异地置业成为可能，并催生出“星期天工程师”“假日专家”等新的职业。

可以预见，以高铁为纽带的城市群和城市带，将成为区域经济的重要增长极，但也要正视高铁的“双刃剑”效应。只有借助高铁带来的便利性，加快优化城市管理，完善公共服务和配套设施建设，提升营商环境，提高外向度，才能吸引更多的物流、人流、资金流、商务流、信息流等聚集此地，避免高铁沿线发达地区带来的虹吸效应。

3.“一带一路”倡议引领中国陆海统筹的全面开放新格局

“一带一路”建设是通过新一轮对外开放，实现中国经济转型升级和引领经济新常态的重大举措，是中国“在国际规则制定中发出更多中国声音、注入更多中国元素”，助力中国走向世界舞台中央的战略抓手。作为中国为世界提供的重要公共产品，“一带一路”建设不仅是中国新一轮改革开放的战略抓手，也开启了以中国引领的新一轮全球化进程。

中国持续近40年的高速发展，得益于东部沿海地区的对外开放。在外向型经济的主导下，环渤海、长三角和珠三角地区崛起，迅速成为中国经济的超级发动机。从2010年设立重庆两江新区开始，伴随兰州新区、西咸新区、贵安新区、天府新区等相继设立，中国正式开启了从沿海开放到内陆开放的新阶段。随着“一带一路”倡议的提出，中国进入了“海陆统筹，山呼海应”的新阶段，旨在打造陆海内外联动、东西双向开放的全面开放新格局。

“一带一路”倡议是新时期我国对外开放和经济外交的顶层设计，有利于促进经济要素更加自由地流动、资源更高效配置并深度融合全球市场。一方面，“一带一路”可帮助传统制造业输出过剩产能，为产业转型升级积蓄能量，通过深度链接国际市场，有望统一产品国际标准，倒逼生产技术和制造工艺升级；另一方面，“一带一路”有望促进全球化的精神消费和物质消费更加便利地输入中国，极大地提升国民生活品质，提升中国城市的国际开放度。

因此，任何国家和地区、城市都不能置身事外，要主动拥抱“一带一路”倡议，尤其是那些具有良好产业基础的交通节点城市，要充分利用国际、国内两个市场，加快国际科技成果的转移转化，开辟新的国际贸易通道，培育公平、诚信、友好、高效的国际化营商环境，才能在全面开放的新时代立于不败之地。

（二）山东新变局

1. 粤港澳大湾区开启中国湾区时代，环渤海区域面临千载难逢的机遇

2017 年政府工作报告中提出：“要推动内地与港澳的深化合作，研究制定粤港澳大湾区城市群发展规划，发挥港澳独特优势，提升在国家经济发展和对外开放中的地位与功能。”至此，粤港澳大湾区从之前的大珠三角区域战略上升为国家战略，标志着中国正式进入“湾区时代”。

环渤海区域拥有 5800 公里的海岸线，包括近 20 个城市、60 多个港口和数千家大型企业。环渤海经济圈以其特有的地缘优势和产业特点，正成为我国经济最具活力的地区之一，尤其是随着近年来海洋经济的发展，环渤海地区已成为中国北方经济发展的引擎，与长三角、珠三角共同构成“中国经济三极”。站在中国进入湾区时代的大背景下，重新审视环渤海地区，有望创新发展思路，打造具有世界影响力的超级大湾区。

外部机遇：继粤港澳大湾区之后，环杭州湾大湾区正式提上日程，正倒逼环渤海地区必须高度重视发展湾区经济，并将其作为区域和产业一体化统筹的重要方向来考虑。

链接　　浙江与上海共同谋划杭州湾大湾区

2017 年 6 月，浙江省第十四次党代会明确提出，谋划实施“大湾区”建设行动纲要，重点建设杭州湾经济区，加强全省重点湾区互联互通，推进沿海大平台深度开发，大力发展湾区经济。

2017 年 7 月，浙江省党政代表团访沪时，上海市领导表示，上海将全面积极响应浙江省委、省政府提出的深入小洋山区域合作开发，共同谋划推进环杭州湾大湾区建设。

2017 年 11 月，第四届世界浙商大会上，浙江正式发布了大湾区建设路线图，包括十大任务、十大平台、百个项目和万亿元投资。

2017 年 12 月，第四届世界互联网大会“数字经济论坛”上提出，将杭州湾经济区建设成为全国现代化建设的新样板、全球新经济革命的

重要策源地、长三角区域创新发展的新引擎，力争到2035年建成现代化世界级大湾区。

2018年5月28日，浙江省人民政府新闻办公室举行新闻发布会，通报浙江省大湾区大花园大通道建设情况，指出大湾区建设的总目标是打造成为“绿色智慧和谐美丽的世界级现代化大湾区”。具体目标是建设“全国现代化建设先行区、全球数字经济创新高地、区域高质量发展新引擎”。

内部机遇：京津高铁东线和环渤海高铁天津至潍坊段方案相继批复，潍烟高铁即将开建。交通先行将进一步强化京津冀、山东半岛、辽东半岛三大城市群的联系，极大地增强了区域经济一体化的可能性，进而解决环渤海区域多年存在的产业关联度不高、城市间联系与合作不够紧密、核心城市“龙头”带动作用没有得到充分发挥的问题。

北京正有序地推动非首都核心功能向周边地区的疏解，这为环渤海地区间的协同发展提供了产业动力。特别是2017年雄安新区的批复，将进一步明确北京作为环渤海区域的龙头带动作用，形成以京津冀为核心，以山东和辽宁为两翼的发展格局，带动整个北方地区的经济转型发展；更为重要的是，雄安新区贯彻落实的全新城市发展理念，将成为环渤海区域其他城市群未来发展的绝佳样本。

2. 新旧动能转换正在成为统领山东新时期经济社会发展的重大工程

2018年国务院“1号函”正式批复了《山东新旧动能转换综合试验区建设总体方案》，这是十九大之后国务院批复的首个国家战略，是全国第一个以新旧动能转换为主题的区域发展战略。山东已经把加快新旧动能转换作为统领全省经济发展的重大工程，推动山东省挂挡新一轮科技革命和产业变革，淘汰落后产能，增强经济创新力和竞争力，培育新的经济增长点，吹响山东向高质量发展的进军号，迈出经济文化强省建设的新步伐。同时，山东省正在推动济青烟国家科技成果转移转化示范区和国家自主创新区建设，为山东创新型省份建设、加快新旧动能转换、推动产业转型升级提供强有力的支撑。

链接　　山东新旧动能转换的背景

“广东的桥、山东的路”，这是21世纪初的流行说法。当时的山东高速公路保持了每年551公里的建设速度，到2001年6月，山东高速公路通车里程达2052公里，占全国高速公路里程的13%，稳居全国第1。高速公路建设，在当年如同现在的高铁，很大程度上是一个省份经济实力的晴雨表。2000年山东GDP为8542.44亿元，占全国GDP总量的9.55%，稳居全国第3位。当年山东的经济，就和路一样，几乎没有人怀疑会在发展中掉队。然而，2016年的统计数据显示，山东的高速公路里程为5710公里，在全国掉到了第8位。同样的，在经济数据上，山东与广东的差距由2008年的5860亿元扩大到2017年1.72万亿元，与江苏的差距由50亿元扩大到1.32万亿元。

2008年是分水岭。国际金融危机倒逼沿海省份产业转型升级，如广东实施产业、劳动力“双转移战略”，加速推动“腾笼换鸟”；江苏实施产业高端发展、信息化引领等“六大行动”，推动产业向“高轻优强”调整优化；浙江实施“四换三名”工程，打造经济升级版，推动了经济质量和效益提升，在新一轮竞争中走在了前列；贵州以大数据为引领，加快电子信息制造业发展，带动经济实现了“弯道超车”。但此时的山东，能源型产业依然尾大不掉，并缺席了互联网经济风口。广东、江苏两省第一大行业均为计算机通信制造业，山东的资源型产业占了近50%，能源消耗占全国的9%，其中煤炭消耗占全国的10.6%，几项主要污染物的排放量均是全国第1。

3. 做好经略海洋的“大文章”，打造新时代海洋强省，山东责无旁贷

习近平总书记在党的十九大报告中明确要求：“坚持陆海统筹，加快建

设海洋强国”，为建设海洋强国再一次吹响了号角。21 世纪是海洋的世纪，我国是拥有 300 万平方公里主张管辖海域、1.8 万公里海岸线的海洋大国，作为无比珍贵的“蓝色国土”，“海兴则国强民富，海衰则国弱民穷。”随着我国经济的快速发展和不断扩大的对外开放，国家战略利益和战略空间不断向海洋拓展与延伸，壮大海洋经济、加强海洋资源环境保护、维护海洋权益事关国家安全和长远发展。

习近平总书记在参加 2018 年全国两会山东代表团审议时强调：“海洋是高质量发展战略要地。要加快建设世界一流的海洋港口、完善的现代海洋产业体系、绿色可持续的海洋生态环境，为海洋强国建设作出贡献。”2018 年 5 月印发的《山东海洋强省建设行动方案》提出，打造“龙头引领、湾区带动、海岛协同、半岛崛起、全球拓展”的海洋强省建设总体格局，开启了山东省海洋强省建设新征程，为加快新旧动能转换提供强力支撑。

（三）山东发展湾区经济的优劣势分析

1. 区位优势明显，是“一带一路”的重要枢纽，但亟须开拓更大范围、更深层次的对外开放格局

山东地处东部沿海地区，东与日韩隔海相望，北接京津冀，南临长三角，西与中原经济区相邻，既是环渤海地区合作的重要组成部分，也是黄河流域的主要出海门户，是“一带一路”重要枢纽，具备构建对内对外开放新格局的独特优势。

山东交通便利快捷，初步形成了由现代化港口群、区域枢纽机场以及铁路、公路交通干线构成的立体交通网络，在 3300 多公里的海岸线上有 7 个海港，高速公路达 5700 公里，铁路直通中亚、东欧，国内外航线超过 300 条。

但我们同样要意识到，山东近五年的外贸、实际外资利用量、跨国企业数量等指标，都远远落后于广东、江苏。从出口量来看，2017 年广东大约是江苏的 2 倍，而江苏是山东的 2 倍；在实际利用外资方面，江苏与广东持平，是山东的 2 倍。广东在粤港澳大湾区政策的利好下，2018 年上半年新设立外资企业就达到 2.4 万家，占全国 50% 以上。

山东发展湾区经济，要主动优化政策环境，适时开展建立自由贸易港区的改革探索，不仅有利于推进中日韩地方经济合作示范区建设，进一步提高我国沿海地区对外开放的层次和水平，而且有利于整合港口、金融、贸易、制造业等优势，吸引国际技术转移与创新合作，提升国际竞争力和总体实力，助力中国走近世界舞台中央。

2. 山东城镇格局均衡，是区域协调发展的典型，但城市间的合作不足，尚未形成协同效应

党的十九大报告提出，要以城市群为主体，构建大中小城市和小城镇协调发展的城镇格局，明确了我国未来城镇化的路径和方向。城市群作为参与国际竞争合作、支撑全国经济增长、促进区域协调发展的重要平台，将在推动经济转型与产业升级方面发挥主导作用。

山东省城镇格局十分均衡，形成了 7 个大城市、12 个中等城市、81 个小城市均衡分布的空间体系。山东县域经济发达，在 2018 县域经济 100 强榜单中，山东占 19 席，总数居全国第 3。均衡发展的优势是各市发展基础较好，有利于实现城乡一体化，实现共同富裕；但劣势是城市之间差距不大，产业与城市功能都高度同质化，城市品牌的特色化不明显，产业分工与协同程度不高，造成内部融合度不够，难以发挥规模效应。

山东地区经济内部融合度不够，多年来提出的半岛城市群构想至今也未能充分实现。青威城际高铁开通后，实现 1 小时经济区的半岛城市组团也只有青岛、烟台、威海、潍坊 4 市，经济体量刚过 2 万亿元，潜在市场规模仅 2800 万人左右。而反观其他地区，长三角 1 小时经济区内的城市共 15 个，经济规模超过 10 万亿元，潜在市场规模超过 1 亿人，是山东半岛城市群的 5 倍。

山东发展湾区经济，要发挥中心城市的引擎带动作用，以区域协同的理念，打破各地区独立发展、产业同质化、产业集群不强等问题；在产业发展上，由资源依托向创新导向、由单体发展向协同发展、由低端产业向高端产

业迈进；在经济布局上，由分散的点状经济向特色集群的块状经济发展；在发展方式上，由粗放增长向集约发展转变，最终实现城市群之间的协同发展，引领山东新一轮发展。

3. 整体经济实力雄厚，但不是新经济重镇，产业转型任重道远

山东作为农业大省、工业大省，以“大企业、大品牌、大产业”为特点的“群象经济”发展模式引领了前30年的经济发展，传统重工业优势明显，国有企业强、单体大，规模以上工业全国第1。但是山东中小企业和民营经济的发展相对弱势，未能形成类似广东的电子工业产业集群，江苏、浙江的机械工业的产业集群，因此大多数配套产业还需要从珠三角和长三角引进，例如，海尔40%的元器件来自广东、江苏；浪潮60%的元器件来自江苏、浙江、广东。由于山东产业缺乏纵向和横向产业链保障，高附加值产业的完整产业链中的利润最大部分留不住，多数企业的利润停留在组装费或加工费，附加值偏低。

更重要的是，山东在互联网大潮中明显掉队。广东、江苏两省第一大行业均为计算机通信制造业，反观山东，只有2家企业位列全国互联网百强，而且排名都在第60名以后。2018年7月，山东代表团南方之行来到广州市琶洲互联网创新集聚区，3年前的琶洲还是啤酒厂的厂房和仓库，如今已吸引腾讯、阿里巴巴、复星等互联网和科技创新龙头企业进驻，已成为广州新经济的代表。

山东发展湾区经济，要以港口统筹和高铁建设为抓手，以创新驱动产业升级为引领，加速经济增长动力由要素驱动、投资驱动向创新驱动的转换，既是践行“新旧动能转换试验区”国家战略，为全国探索出可借鉴、可复制、可推广的经验，也是建设“创新山东”、推动以数字经济为代表的新一代科技与产业发展的现实需要。

4. 海洋经济发达，但还不是海洋经济强省，海洋经济实力与海洋资源实力不匹配

山东省是海洋大省，毗邻海域面积15.9万平方公里，海岸线长3000多

公里，占全国的1/6。2017年，全省海洋生产总值达到1.48万亿元，约占全省GDP的20.4%，海洋渔业、海洋交通运输业等五大海洋产业增加值位居全国首位。此外，山东海洋科技力量雄厚，拥有中央驻鲁和市属以上涉海科研、教学机构56所，省级以上海洋科技平台达到236个，海洋高级科技人才占全国的50%以上；山东省海洋科技人员承担了近50%的海洋领域“973”“963”计划项目。

但是，山东还远未成为海洋强省。从海洋经济总产值看，“十二五”期间，山东海洋经济总量增加了55%，而广东增加了82%；排在山东之后的福建、浙江，占山东总产值的比例增长了20%，山东与广东之间的差距越来越大，与第3、第4位的浙江、福建的差距越来越小，山东海洋经济第2位的保位压力很大。此外，山东海洋高新技术企业仅有300多家，不到全省高新技术企业数量的10%，海洋战略性新兴产业仅占全省海洋经济总量的18%左右。

山东发展湾区经济，有望充实山东半岛蓝色经济区的内涵。一方面，通过优化海洋资源的开发布局，拓展蓝色经济发展空间，提升海洋的可持续发展能力；另一方面，发挥海洋科技、教育和人才优势，优化资源配置，加强海洋科学研究、技术开发和成果应用，提升科技对海洋经济发展的支撑能力，构建技术先进、分工专业、集约高效、具有较强国际竞争力的现代海洋产业体系，支撑中国北部海洋经济圈建设，为海洋强国建设贡献山东力量。

三、山东发展湾区经济的总体思路

（一）战略思路

1. 指导思想

以习近平新时代中国特色社会主义思想为指导，全面贯彻党的十九大精神，深入落实习近平总书记系列重要讲话和对山东工作的重要讲话、重要批示，按照“五位一体”总体布局和“四个全面”战略布局，自觉贯彻创新、协调、绿色、开放、共享的发展理念，顺应和尊重湾区经济发展规律，以全面深化改革为动力，建立开放合作、互利共赢、共建共享的一体化发展机制，积极探索科学发展、和谐发展、转型发展、合作发展新路径和新模式，努力将山东建设成为环渤海区域合作发展的重要引擎、具有较强国际竞争力和影响力的世界级湾区经济先行区。

2. 发展原则

（1）开放引领，合作共赢。抢抓国家加快自由贸易区及“一带一路”建设的战略机遇，立足日韩，加快提升与欧美的合作水平，大力拓展新兴市场，对接高标准贸易投资规则，“引进来”与“走出去”并举，构建开放型经济新体制。

（2）创新驱动，转型升级。抓住新旧动能转换的“牛鼻子”，发挥山东半岛制造业基础优势和技术创新优势，集聚创新资源，完善区域协同创新体系，开展创新及科技合作，积极适应、把握、引领经济发展，推动产业结构转型升级。

（3）区域协调，优势互补。发挥各地比较优势，创新合作机制，加强政策和规划协调对接，以现代快速交通网络和信息网络为依托，加强沿海和内陆地区双向合作，促进区域经济社会协同发展，使合作成果惠及各方。

（4）先行先试，重点突破。支持青岛、烟台、潍坊作为湾区经济试点城市，率先全面深化改革，探索合作新模式，推动主要合作区域和重点领域的体制机制创新，以点带面深化合作，充分释放改革红利。

（5）生态优先，绿色发展。着眼于城市群可持续发展，把生态文明理念融入山东湾区经济发展全过程，强化环境保护和生态修复，推动形成绿色低碳的生产生活方式和城市建设运营模式，有效提升城市群品质。

3. 山东半岛湾区的总体定位

发挥山东半岛山呼海应、陆海相连的区位优势，推进与“一带一路”沿线地区互联互通，引领整个山东参与国际分工合作，形成东西双向开放的全面开放新格局。发挥济南、青岛、烟台、潍坊的带动作用，以“山东新旧动能转换综合试验区”为统领，以“山东半岛自主创新示范区”为抓手，推进供给侧结构性改革，加快先进制造业发展，带动山东由经济大省到经济强省的战略性转变。将山东半岛湾区定位为：“一带一路”北方桥头堡、国家新旧动能转换综合试验区、国家蓝色经济创新发展策源地、环渤海超级大湾区的战略先行区、全球向往的文化胜地和滨海度假目的地。

4. 发展目标

近期（2018—2025 年）：到 2025 年，山东半岛湾区空间结构初步形成，湾区功能更加完备，陆海联动更加紧密，城市间协作领域更加广泛，人才、科技、新产业加快集聚，科技创新能级加快跃升，人口和经济密度进一步提高，国际化、现代化水平明显提升，成为具有全球影响力的产业科技创新高地、人才高地、开放高地、高端要素集聚高地。

中期（2025—2035 年）：到 2035 年，山东半岛湾区空间结构更加优化，形成高水平、全方位的对外开放格局，成为全世界向往的美好生活目的地。在经济发展、城市建设、生态环境、对外开放、人民生活等各方面，率先高水平完成“基本实现社会主义现代化”的伟大目标，全面建成发展活力足、一体化程度高、核心竞争力强的环渤海南翼世界级城市群。

远期（2035—2050 年）：到 2050 年，与京津冀城市群、辽中南城市群深度融合发展，协同发展体制化机制化运作，携手将环渤海地区建设成为绿色智慧、和谐美丽的现代化世界级大湾区，助力中国建成综合国力和国际影响力领先的“社会主义现代化强国”。

（二）空间策略

立足区域发展基础、区位条件和城市产业特色，支持以青岛、潍坊、济南为核心，引领带动整个湾区的创新发展，促进山东半岛海陆联动一体化发展；依托交通大通道建设，提升重要轴带要素集聚水平，增强网络节点的支撑能力，构建“三区两带一廊，两湾两核一心”的山东半岛湾区经济总体格局。

1. 谋划“三区协同”的湾区经济总体布局

（1）山东半岛湾区经济核心区，包括青岛、潍坊、济南、烟台、淄博、威海、日照、东营、滨州共9个城市，是山东对外开放的前沿，也是区域合作发展的重要引擎。该区域要强化青岛、潍坊、济南作为核心城市的辐射带动作用，通过优化经济发展空间格局，加快产业结构转型升级，引领山东半岛城市群深度参与国际竞争，提升在国际经济板块中的地位。

（2）山东半岛湾区经济协同区，包括德州、聊城、泰安、菏泽、济宁、枣庄、临沂共7个城市，是山东沿海地区持续发展的战略空间和强力支撑，也是山东沿海地区与京津冀、长三角、中原城市群等区域联动发展的重要平台和联系纽带。该区域对于强化内陆与沿海的经济社会联系，主动承接京津冀和长三角产业转移，加快构建多元化现代产业体系具有重要意义。

（3）泛山东半岛湾区经济拓展区，主要包括与山东半岛联系紧密的河北、河南、安徽、江苏等省份，涉及京津冀城市群、中原城市群、长三角城市群等，是山东发展湾区经济的腹地支撑。该区域也是山东积极融入国家区域发展战略的核心地区，重点包括全面推动环渤海地区合作发展、主动对接京津冀协同发展、加强与长三角地区协调发展、扩大与中原经济区合作交流四个方面。

2. 布局“一廊两带”的产业与城镇集聚区

（1）济潍青超级科创大走廊：依托胶济铁路、济青高铁、济青高速等复合型的交通通道，集中济、淄、潍、青4市的创新资源，打造产业联动、空间联结、功能互补的创新经济带，成为整个山东对接国际科技创新的重要通道；同时，推动创新成果向外辐射转移，为周边城市乃至整个山东的创新驱动发展提供动力。

（2）渤海湾高端制造集聚带：以烟台港、渤海湾港为支撑，依托环渤海高铁，形成覆盖威海、烟台、潍坊、东营、滨州5市陆域与海域，面向渤海的海洋经济带，重点发展海洋装备制造、高端食品加工、生态化工等优势产业，培育高端制造业集群，并积极发展涉海型战略性新兴产业，打造山东半岛湾区的高端制造业创新与产业基地。

（3）黄海湾国际服务集聚带：以青岛港、日照港为支撑，沿山东半岛南岸覆盖青岛、威海2市及烟台市的海阳、莱阳两个县级市所属的陆域与海域，在原有制造、航运、贸易、旅游业发展的基础上，做大做强海洋科技创新、科研教育、现代金融、滨海度假、会议会展，打造世界级的海洋科技创新中心和滨海度假胜地。

3. 以“龙头城市”带动，推动“两湾”融合

（1）两核：以青岛和潍坊为两核，抢抓青潍一体化的战略机遇，发挥两市地缘相近、人缘相亲、产业互补、经济相联等诸多优势，根据各自的资源禀赋、产业基础、现有布局和配套能力，进行合理分工与合作，在产业上进行整体布局，在项目建设上进行整体协调，在基础设施上进行跨区域规划建设。高标准、高起点推进湾区经济建设，以潍坊带动渤海沿岸的城镇和产业的一体化布局与发展，以青岛带动黄海沿岸的城镇和产业的一体化布局与发展。

（2）一心：以济南为中心，立足省会城市综合优势，着力优化城市空间布局，以增强综合承载能力和现代服务功能为重点，提升济南都市圈的集聚辐射能力，带动山东半岛湾区经济协同区发展，通过与沿海城市产业的错位发展，实现山东半岛内陆城市主动融湾发展，成为山东半岛陆海统筹的重要支撑。

（3）多点：烟台——国家海洋经济发展示范区，国家科技创新及成果转化示范区和面向东北亚对外开放合作新高地，国际先进制造业名城，山东半岛湾区重要门户，国内一流的湾区城市。淄博——山东半岛湾区老工业城市和资源型城市产业转型升级示范区，新型工业化强市，具有世界影响力的

文化旅游目的地。东营——绿色循环高端石化产业示范基地，石油资源型城市转型发展试验区，具有世界影响力的石油城，是黄河三角洲中心城市。滨州——国家级轻质高强合金新材料产业基地，国家级粮食产业融合循环经济示范基地，山东半岛湾区连接京津冀都市圈的门户城市，黄河三角洲高效生态经济区。日照——全国一流的精品钢铁制造基地，临港涉海产业转型升级示范区，山东半岛湾区重要的港口城市，新亚欧大陆桥东方桥头堡，中澳合作新高地。威海——国家区域创新中心，医疗健康产业示范城市和中韩地方经济合作示范区，山东半岛湾区休闲度假中心，全国性的海洋食品研发及加工基地、海洋装备制造基地。

（三）重点任务

1. 携手构建“一带一路”开放新格局，打造中国北方开放门户

以“一带一路”统领湾区新一轮对外开放，以产业联盟的方式，推动与“一带一路”沿线节点城市的经贸合作，强化青岛、烟台、日照等海上合作战略支点作用，以中日韩地方经济合作示范区试点城市为核心载体，积极参与建设中国—东盟自由贸易区升级版，提升与欧美重点国家高端战略合作水平，大力拓展与澳大利亚等新兴市场的合作领域，形成陆海内外联动、东西双向互济的全面开放新格局，打造国际区域经济合作的新高地。

2. 加强基础设施互联互通，建设半岛智能交通体系

打造与区域经济社会发展相适应的基础设施体系，重点建设环渤海高铁、鲁南高铁、京沪高铁东线等项目；强化青岛的国际枢纽的门户地位；统筹港口发展，适时组建山东省港口联合体，推动渤海湾港建设，加快建成在全球港口航运市场有重要影响力的世界级港口集群。形成立体化、网络化、便捷化、智能化水陆空有机衔接、客货运统筹布局、辐射国内外的现代综合交通网络体系。

3. 做好经略海洋"大文章"，打造世界级海洋科技创新与应用高地

构建开放型创新体系，完善创新合作体制机制，以青岛为龙头，以烟台、潍坊、威海、淄博为骨干，建设山东半岛湾区海洋科技创新共同体。高水平建设国家自主创新示范区，汇聚一批全球顶尖的研发团队，重点培育海洋生物医药、海洋新能源、海洋高端装备制造等战略性新兴产业，打造世界级海洋科技成果转移转化辐射源和集聚地。

4. 培育利益共享的产业价值链，打造具有国际竞争力的现代产业集群

抢抓新一轮科技革命和产业变革的历史机遇，全面推进"制造业发展"，加快新旧动能转换重大工程，在山东建设一批国家级制造业创新中心、新模式创新应用示范基地、国际化大院名校集聚区和国际人才集聚区。布局人工智能、生命科学、空间海洋、量子技术、纳米科技等方向，打通产业链、创新链、资金链、服务链，打造世界级创新型产业集群。

5. 共建金融产业链和生态圈，打造现代产业金融高地

以济南、青岛为双核，推动山东金融竞合有序、协同发展，全面加强小微金融、农村金融、产业金融、科技金融、绿色金融、消费金融、财富管理等金融服务水平，形成具有"山东特色"的新金融产业链和生态圈。以金融支持新旧动能转换为抓手，重点做好拓展全方位融资渠道、完善各类要素交易市场、对接新产业发展空间、加强创新创业服务等工作，打造金融支持实体经济转型发展的"山东样本"。

6. 共建国际滨海城市群，打造美好生活目的地

建立生态保护协调组织，强化区域生态保护规划、都市圈（区）发展规划和产业园区规划的相互衔接，加强沿海城市间海洋生态与自然岸线保护联动合作，创建国家级海洋生态文明建设示范区。推动文化建设与经济社会协调发展，促进齐鲁文化创造性转化和创新性发展，引入国际性赛事、演艺，做大做强青岛国际帆船赛、潍坊国际风筝节等；高标准规划，高品位建设，打造绿色、宜居、宜业、宜游的世界级城市群。

四、潍坊发展湾区经济的总体思路

（一）潍坊发展湾区经济的优劣势分析

1. 山呼海应、陆海统筹，具有湾区城市的先天区位优势

潍坊具有与世界著名湾区城市相同的地理环境。潍坊北临渤海湾，拥有潍坊港、寿光港、下营港3个组合港口，以海铁联运和生态化工为重点发展产业；中部为平原，为农业主产区、工业集聚区、交通枢纽和人口密集区；南部为山地，是城市休闲和农业观光区域。

潍坊位于山东半岛中部，是济南、青岛、烟台“黄金三角”的几何中心，是山东统筹沿海和内陆的重要连接点。潍坊向东联动青岛、烟台、威海，是海上山东进入中国内陆的必经之路，有望成为国际产业和技术转移首选的承载体和中转站；潍坊向西联动济南、淄博等地，是山东内陆地区最便捷和最具性价比的出海通道，也是内陆产业转型升级的“试验田”。

2. 交通便捷，腹地广阔，是未来环渤海区域的交通枢纽

未来胶济客专、济青高铁、潍莱客专、京沪东线、潍坊至烟台城际铁路等5条铁路线将在潍坊交会，有望带动潍坊成为承南继北、贯穿东西的超级枢纽。其中，向北连接京津冀，承接非首都核心功能转移，吸引高科技人才和最新科技成果落地；向南对接长三角，通过市场倒逼服务业升级，承接更高水平的外资合作落户潍坊；向西对接“陆上山东”和广大中西部地区，连接广大腹地；向东对接“海上山东”，承接国际产业与技术转移。

潍坊通过多种交通资源的叠加，小则形成“港口、港区、港城”一体的“T”字形潍坊全域开放格局；中则形成以潍坊为核心的环渤海南翼“干”字形开放格局，成为联动环渤海与中西部的区域性交通枢纽；大则通过融入国家通道，发挥潍坊作为鲁新欧班列、潍昆冷链班列、潍满欧、潍青欧的起点优势，成为“一带一路”的重要节点和北中国陆海联动的新枢纽。

3. 产业结构完整、产业体系雄厚，是山东重要的产业基地

潍坊三次产业皆发达，具有完整的工业体系和发达地区难得的农业基础，并已形成融合之势。

在农业方面，潍坊已经成功打造“全国农业看山东，山东农业看潍坊”的品牌效应，形成了以粮食、瓜菜、畜禽为主的三大优势主导产业，是全国最大的蔬菜集散地、全国最大的优质蔬菜种苗研发和生产基地；在工业方面，潍坊门类齐全，实力雄厚，尤其是制造业的规模、产量、质量、市场份额、全球影响力，在全国和山东省都占有重要地位；在新兴产业方面，孕育了歌尔、盛瑞、沃华、迈赫等一批龙头型高科技企业；在服务业方面，潍坊也极具发展潜力，除了本身发达的商贸物流业以外，金融、会展、总部经济正迅速崛起。

4. 发展空间广阔，产业人才丰富，生活与创业成本低廉

潍坊与济南、青岛等城市相比，拥有广阔的土地，尤其是在滨海片区，拥有超过 2000 平方公里的土地，且大部分都是工业用地，不仅不用办农转工指标，而且征地手续可以简化；在人才方面，潍坊最大的特点是职业教育发达，拥有职业教育类学校 46 所，职校在校学生人数全省第 1，是省部共建的国家职业教育创新发展试验区。

潍坊生活成本低廉。作为重要衡量指标的房价，截止到 2018 年 7 月，据安居客数据，潍坊房价均价 6466 元 / 平方米，排名山东城市第三低，同期淄博的房价均价 8153 元 / 平方米，济南的房价均价为 16511 元 / 平方米，青岛的房价均价为 20427 元 / 平方米。

潍坊凭借便捷的交通、广阔的土地、产业人才充足、产业体系完善、创新创业成本低廉等方面的优势，在应用创新、技术转化、大众创业上都有绝对优势。

5. 定位不清，与周边同质化发展，缺乏鲜明的城市形象

潍坊位于山东半岛中心区位，自古为鲁西地区通往胶东半岛主要城市的必经之路。济青高速化后，服务业加剧向青岛、济南倾斜，潍坊过站比例提

高，枢纽地位面临挑战。与此同时，潍坊位于济青中心辐射的断裂点，受济南和青岛的双重辐射，错失成为区域性中心城市的机会，并导致城镇体系分散，其中诸城、高密受青岛直接辐射，青州、临朐靠近淄博，无论产业还是居民活动，都与潍坊市的联系不够紧密。

在城市形象方面，青岛通过 2018 年上海合作组织峰会一夜之间成为“网红城市”；济南作为省会，具有先天性优势，目前正在以“打造四个中心、建设现代泉城”为引领，推动城市新一轮发展；烟台主打“东方仙境海岸”；威海定位“蓝色休闲之都，世界宜居城市”。相比之下，潍坊的城市形象还停留在沿用了几十年的“世界风筝之都”，特别是近年来对大型活动铺张浪费的反对意识越发强烈，对区域性节会的影响力产生了直接影响，潍坊提升国际影响力亟须寻找新的手段。

6. 中心城区的辐射带动性差，亟须提升城市综合竞争力

潍坊县域经济发达，4 区 6 市 2 县中，就有 4 市入榜 2018 年全国百强县。县城经济受功能定位、人口规模、产业结构等制约，难以支撑高端服务业的发展。以寿光为例，重金打造的弥河新城，88 万平方米的企业总部就存在招商困难；寿光国际会展中心的总体使用率较低；晨鸣国际大酒店的运营状况也不容乐观……

中心城区作为潍坊参与区域竞争的主体，在新旧动能转换、高铁枢纽等战略机遇来临之际，也存在城市功能不完善、交通设施不完备、产业平台缺乏等问题，亟须通过优化产业结构、整合城市用地结构、完善城市功能和空间布局等，提高城市运行效率，营造宜人的城市环境，提高潍坊的综合竞争力。

7. 产业转型压力大，科技研发和产业创新能力亟待提升

潍坊仍以机械装备、石化盐化、食品加工、纺织服装等传统产业为主导产业，产业链不够完整，且链条短、层次低、上下游联系不紧密，下游高附加值环节及部门的缺失现象较为突出。

在研发创新投入方面，2015 年，潍坊市研发投入强度为 2.5%，在山东

省内仅居第5位；在科研成果转化率方面，2017年全市国内专利申请19086件，与广东佛山全年发明专利申请量25899件存在较大差距；企业创新能力不足，部分企业的产品仍以中低端为主，缺乏关键技术，缺少自主知识产权和自主品牌，多数处于产业链低端；在创新型人才方面，现有人才结构和行业分布不合理，尤其是国际型的高端人才、创业人才以及产业发展的领军型人才缺乏。

（二）潍坊发展湾区经济的对标城市研究

站在新的起点上，重新审视潍坊。扫描全球湾区，寻找潍坊发展湾区经济的对标城市，探寻潍坊创新发展的路径（表5）。

表5　　潍坊对标的湾区城市基本情况

对标城市	川崎	奥克兰	东莞
所属湾区	东京湾区	旧金山湾区	粤港澳大湾区
城市概况	日本著名工业城市	美国西海岸重要港口	广东“四小虎”之一
城市定位	21世纪的国际生活产业创造都市	适宜居住的新兴产业之城	国际制造中心
空间发展策略	填海扩张城市规模	沿东海湾开发30.6公里，建设机场、海口、商业设施等	强心育极，分区统筹，融入湾区，对接广州、深圳
产业发展策略	发展工业旅游，健全创新机制，培育产业梯队	完善城建，注重人文，便利交通，加强法制管理，打造宜居城市	创新发展，引进高科技企业，向高端产业链延伸

1. 川崎：东京湾区产业转型升级的典范

川崎位于东京和横滨之间，是日本重要的工业城市，人口139万，面积136.5平方公里。在“21世纪的国际生活产业创造都市”的城市定位下，通过振兴市民生活支援产业、建设高度研究开发和生产型都市、推进国际经济和技术交流，实现从工业都市向研发型产业都市、从生产型都市向居住型都市转变。

川崎曾面临重工业污染、大企业外迁和人才外流三大问题。一方面，由于川崎形成了以石油、钢铁、化工、机械、金属等为主的重工业集群，导致过度工业化和严重的环境污染问题；另一方面，川崎市内的东芝、富士通、日本电气等大企业在全国及国外设厂，导致川崎市相关产业的中小企业大量外迁；此外，在东京、横滨虹吸效应的双重压力下，川崎的人才也开始大量外流。

川崎的转型发展从优化城市环境开始。首先，政府发起"川崎环保城"计划，建设城市公园体系，建立生活配套服务设施；其次，利用大批尖端企业、工厂及研究所，保留工业遗产，打造工业旅游，宣传并树立城市和企业形象；再次，在产业创新方面，川崎注重应用创新，通过设立川崎市产业人才培养协会、组建川崎 IT 学校等方式，培育技能型人才。川崎也设立了众多中小企业诊断俱乐部、川崎技师俱乐部来开展技术创新；最后，在产业培育方面，川崎注重打造产业梯队，在推动龙头企业设立研发基地的同时，通过设立孵化器专业运营公司和投资基金、建立创新研发产业园等方式，推动中小企业成为"隐形冠军"。

2. 奥克兰：港口经济升级为枢纽经济的标杆

奥克兰是美国西海岸的主要港口城市，拥有世界名校——加州伯克利大学，人口约 41 万，面积 138 平方公里。奥克兰将城市定位为"适宜居住的新兴产业之城"，通过经营旧金山东湾主要港口、建设具有人文底蕴的发达城市、打造西海岸的东湾"硅谷"等方式，实现从贸易城市向科技城市和宜居型城市的转变。

奥克兰主要面临发展受挤压、过于依赖港口经济和高失业率三大问题。一方面，在旧金山、硅谷的光环笼罩下，奥克兰一直以来都只是陪衬，房价持续压低，没有开发商愿意来投资；另一方面，奥克兰靠借债发展港湾经济，产业相对低能，无论是贸易港还是主城区，都负债累累，严重影响投资人的信心；此外，由于房价低，加之贸易港口的大量非本地人流，造成大量非精英人群聚集，奥克兰一度成为美国高失业率和最危险城市。

奥克兰的城市转型发展，首先完善交通设施，相继建设了湾区捷运快线和奥克兰海湾大桥，成为四通八达的枢纽城市；其次，奥克兰充分利用海岸资源，与内陆交通有机整合，成为全美第二大港口，成为美国西岸的门户城市；再次，在产业培育上，围绕交通枢纽和跨湾大桥，打造一片以高科技为主的产业发展区，实施优惠的招商引资政策，对任何规模的投资都会配备专人协助支持；最后，奥克兰通过将闲置的公共用地开发成博物馆、艺术馆等人文设施，打造安全文明的城市形象，也开始不断吸引大量高素质外来居民。凭借低廉的生活成本和优美的滨海环境，奥克兰逐步受到那些不堪忍受旧金山和硅谷高房价的创业者的青睐，已经成为美国西岸新经济发展和创业人群的新聚集区。

3. 东莞：产业和城市双升级的样板

东莞地处广州、深圳之间，2017 年 GDP 达 7582 亿元，人口 830 多万，面积 2460 多平方公里。在“国际制造名城、现代生态都市”的城市定位之下，东莞通过打造粤港澳大湾区的国际制造中心、建设岭南山水文化名城、开发松山湖新区等方式，吸引华为等高科技企业进驻，现已具有高科技城市雏形。

东莞主要面临缺乏城市中心、产业低端化、产业工人外流三大问题。一方面，东莞的镇域经济十分发达，发展独立，导致城市建设分散，集聚能力不强，造成东莞“处处是城市、处处非中心”的城市发展窘境；另一方面，东莞以加工制造业起家，作为全国改革开放的窗口和加工贸易重镇，长期以劳动密集型和外向型产业为主；更为致命的是，随着用工成本的上升，东莞作为曾经的“世界工厂”出现了严重的用工荒，产业工人大量外流，根据广东省人力资源和社会保障厅 2015 年的统计数据，东莞市的用工缺口达 10 万人以上。

东莞的转型发展从全域统筹开始，通过对接粤港澳大湾区，从“街镇组群”走向“都市区”，打造“一中心四组团”的城市格局，分别是高品质城市中心、西北水乡特色发展经济区、西南滨海新城、东北产城融合发展的示范区、东南对接深圳现代产业发展的集聚区。东莞尤其注重片区和项目的拉动作用。其中，松山湖板块是推动要素驱动转向创新驱动的重大战略平台。

粤海高端装备产业园面积达17平方公里，总投资600亿元，迄今为止，是东莞最大的单体投资项目。在产业方面，将2005年八大支柱产业重新梳理为2011年的“五支柱四特色”，于2014年启动“机器换人”工程，2018年底全市80%的工厂实现转型。

（三）明确潍坊在山东半岛湾区中的角色

1. 对接全球高端产业和产业高端，成为全球资源进入山东的重要门户

潍坊要以湾区经济战略统筹产业和城市发展。一方面，依托潍柴、歌尔等企业的全球研发中心，构筑发达的国际交往网络，成为山东省重要的国际交往中心，积极对接国际技术与产业，吸引国际技术与产业转移，打造开放的经济结构，集聚具有国际竞争力的新兴产业；另一方面，加快推进与京沪和济青的交通一体化建设，凭借京沪高铁东线和济青高铁相交于此，要变流量为产业发展增量，凭借地缘优势和较低的营商成本，积极承接京沪和济青的产业与人才转移，吸引高端产业和产业高端落地。

2. 发挥比较优势，成为山东半岛湾区的制造业创新与应用中心

潍坊要明确自身在山东半岛湾区经济中的角色，尤其要与济南的政治/创新中心、青岛的经济/贸易中心错位发展，抢抓新一轮科技革命与产业变革，倡导以新技术、新产业、新业态和新模式为标志的“四新经济”，形成战略性新兴产业引领、先进制造业支持、现代服务业完备的现代新型产业体系，打造中国智能制造新领军城市和新兴产业的创新策源地。一方面，潍坊要积极发展人工智能、大数据、云计算等数字经济，并与传统优势产业深度融合，为其赋能；另一方面，瞄准新能源、生物技术、节能环保、新材料等产业的中试和应用环节，发挥潍坊职业教育优势，成为山东的应用创新中心，实现“济南和青岛研发、潍坊加速”的产业创新发展路径。

3. 拥湾发展，全域统筹，提升潍坊中心城区能级，成为山东半岛湾区的区域中心城市和综合服务中心

潍坊要突破市域经济的小循环，站在山东新旧动能转换的大背景下，以

山东半岛湾区经济、潍坊参与全球价值链分工的视野，以京沪高铁东线、环渤海高铁等的交通改善，统筹全域发展。一方面，潍坊要对全域进行全口径的产业、城镇、人口、土地统筹，由分散的点状经济向特色集群的块状经济发展，培育特色产业县（市）、产业新镇和特色功能区；另一方面，强化中心城区服务功能，以产业走廊的形式，强化县市区的有机联动和协调发展，辐射和带动周边县（市），努力成为渤海湾南翼的区域中心城市和区域综合服务中心。

4. 发展枢纽经济，加快生产性服务业集聚发展，成为山东半岛湾区的国际资源配置中心

潍坊要将枢纽优势转变为经济发展优势，在物流运输、旅游观光等流量经济的引领下，发展总部经济、商贸会展、教育培训等生产性服务业，进而带动结算、金融、法务、咨询等高端智力型服务业的发展；与此同时，通过不断完善城市配套，吸引人才和企业的集聚，尤其是依托制造业发达和产业门类丰富的优势，注重为中小创新企业的发展提供空间；最终实现潍坊从交通中心向产业、信息、技术以及资源配置中心升级。

（四）潍坊发展湾区经济及带动渤海湾南翼城镇与产业带的建议

举措一：高举高打，打响潍坊湾区城市的国际品牌

着眼中国，放眼国际，在“国际湾区城市，智能制造之都”战略定位下营销潍坊，以“全球湾区城市峰会”统领潍坊的一系列城市营销活动，把潍坊“送出去”，把世界“请进来”，打响潍坊打造湾区城市这一国际品牌。

（1）重新定位潍坊的城市品牌，重塑潍坊国际形象。潍坊要充分发挥在山东半岛湾区中的纽带与示范作用，将城市未来的发展统筹于山东半岛湾区经济发展的框架之下，引领潍坊城市建设、产业升级和全面开放；潍坊同时还要发挥雄厚的制造业基础，主动挂挡新一轮科技革命与产业变革，积极响应山东打造新时代海洋强省战略，打造具有国际竞争力的智能制造创新城市。将潍坊的城市品牌重新定位于国际湾区域市、智能制造之都。

国际湾区城市，智能制造之都

中国 潍坊

以国际湾区城市来统筹潍坊“四个城市”建设，将潍坊打造成为:

（1）产业强市——面向全球的智能制造创新中心。

依托潍坊的制造业优势，以技术创新与产业服务为特色，打造面向全球的智能制造之都和产业创新服务中心。

（2）文化名市——山东半岛湾区文化旅游名城。

以潍坊深厚的文化底蕴及优越的自然环境为基础，导入全域旅游理念，在街巷风貌、基础设施、商业业态上系统性打造成为“山东半岛湾区文化旅游名城”，打响潍坊文化旅游城市的品牌。

（3）活力城市——山东半岛湾区核心城市。

依托胶济铁路、济青高铁、环渤海高铁，潍坊有望成为联动“海上山东”和“陆上山东”的交通枢纽，向东联动青岛、烟台，向西接入济南都市圈，向北融入环渤海，带动山东沿海地区的拥湾发展。

（4）品质城市——山东半岛湾区的品质生活之城。

发挥潍坊生态资源和人文资源优势，全力打造山东半岛湾区文化内涵深厚、自然风光秀丽、人民幸福指数高的美好生活之城。

（2）与青岛和烟台联合承办“全球湾区城市峰会”，把潍坊“送出去”，把世界“请进来”。借助青岛上海合作组织峰会的余温，依托翰海国际落户潍坊的机遇，与旧金山湾区委员会建立战略合作关系，由国家发展改革委指导，山东省政府主办，青岛、潍坊、烟台三市承办的首届“全球湾区城市峰会”，邀请旧金山湾区、纽约湾区、东京湾区和粤港澳大湾区的代表性城市与企业参会，共同探讨新时期湾区经济的发展。

第一，发起成立全球湾区城市联盟——联合全球湾区城市，成立全球湾区城市联盟，形成长效的协作机制，包括定期举办城市发展、产业升级、旅游发展等方面的国际会议、研讨会、论坛和活动等。

第二，发布《全球湾区城市可持续发展潍坊宣言》——在“创新、协调、绿色、开放、共享”新发展理念的指导下，提出新时期湾区城市在产业升级、环境保护、社会治理等方面的发展策略倡议，实现经济更具活力、社会更加包容、环境更加宜居、人民生活美好等目标。

第三，全球招标“样板区规划设计方案”——将高新区、潍坊北部新城、潍坊滨海新区打造成潍坊参与山东半岛湾区建设的“湾区经济样板区”，同时，通过重锤响鼓的“建筑规划设计方案全球招标”活动，制造具有全球影响力的营销事件，引爆城市新形象，提高潍坊湾区的城市知名度和影响力。

举措二：全域统筹，构建湾区潍坊的城市发展骨架

（1）构建湾区经济下潍坊的城市空间格局。潍坊要发挥陆海联动和广阔腹地的优势，与青岛、济南、烟台构建城市与产业集聚带，以“开放创新、扩容提质、强心育极、引领湾区”为统领，来构建湾区经济下潍坊的城市空间格局，从而完善和提升中心城区的综合服务功能，率先打造山东半岛湾区的核心城市，提升潍坊在区域的首位度、辐射力和国际影响力。

一心：湾区潍坊的城市中心，主要包括奎文、潍城、坊子、高新、北部新城、寿光稻田镇、昌邑南部、昌乐东部、安丘北部，打造山东半岛湾区重要的综合服务中心和产业创新中心。

一城：滨海新城。这是山东半岛湾区的潍坊门户，潍坊未来的城市副中心，潍坊发展湾区经济的战略先行区，积极谋划建设国家级渤海新区和自由贸易区的申报，打造现代海洋产业之都与生态宜居新城。

一体：潍坊中心城区，包括寿光、安丘、昌邑、昌乐、峡山5个卫星城在内的潍坊市区和滨海新城。

两翼：西部济潍合作发展组团，主要包括青州和临朐；东南青潍合作发展组团，包括高密和诸城。

（2）积极推进济潍青科创大走廊建设。科技创新（科创）走廊是共享、开放的创新经济带，是科技创新要素集聚的新空间形式。国外早已形成美国

硅谷101科创走廊、美国波士顿128科创走廊等全球知名科创走廊，国内广深科技创新走廊和沪嘉杭G60科创走廊是珠三角和长三角的最新探索。

济潍青科创大走廊是依托胶济铁路、济青高铁、济青高速等复合型的交通通道，集中济南、淄博、潍坊、青岛4市的创新资源，打造产业联动、空间联结、功能互补的创新经济带，成为整个山东对接国际科技创新的重要通道。同时，推动创新成果向外辐射转移，为周边城市乃至整个山东的创新驱动发展提供动力。济潍青科创大走廊集齐了山东省超过30%的人口、近40%的GDP总量、近60%的高新技术企业，以及近40%的研发投入，包括济南、青岛、淄博、潍坊4个国家级自主创新区，是山东省的高校绵延带和创新园区的集聚带，是山东省的创新之脊。

济潍青科创大走廊可以参考沪嘉杭G60科创走廊来打造，在深化产业集群布局、加强基础设施互联互通、推进协同创新、推动品牌园区深度合作和产融结合、推广科创大走廊“零距离”综合审批制度改革成果等方面发力，建设山东省协同融合发展的平台。未来可将科创大走廊从原来的4市，扩大至沿线更多的城市，打造更大范围内的创新共同体。

（3）强心育极，构建“1+4”的大潍坊中心城区。加强潍坊中心城区与卫星城的联系，扩大潍坊中心城区的面积，增强潍坊在山东半岛湾区的服务能力和辐射力。将寿光稻田镇、昌邑潍河西岸部分村庄、昌乐东部、白浪河水库上游区域划入未来的中心城区，按照功能差异，谋划“主城+四大产业新城”的超级城市中心。

北部高铁枢纽城：依托济青高铁潍坊北站，包括食品谷、经济区、稻田机场、昌邑市部分地区，重点发展现代服务业和创新型产业，打造潍坊“新都心”。

东部智慧科创城：依托潍坊国家级高新区，包括沿济青通道的坊子区和昌邑市部分地区，通过完善城市配套，吸引高端人才，打造潍坊产业创新和应用的国际化城区。

西部绿色创智城：依托潍城区，以昌乐未来划区为机遇，重点发展高端智能制造、都市工业、文化旅游，打造潍坊西部的创智中心。

南部生态文旅城：依托火车站南广场、白浪河湿地、老机场等，包括潍城区、奎文区、坊子区和安丘市北部，发挥资源优势，重点发展文创、健康养老、通航旅游等产业，打造都市型旅游度假新城。

举措三：打造山东半岛湾区的互联互通枢纽

（1）打造面向“一带一路”的多式联运中心。

第一，错位化发展潍坊港，打造渤海湾主力港口。积极响应渤海湾港建设，错位化发展潍坊港，定位于服务鲁中、鲁西地区的大宗商品物流集散中心；依托国家级综合保税区（北区）的建设，成为面向“一带一路”的农产品和机械装备的出口加工与物流枢纽，并进一步强化保税仓储、出口型加工、会展商贸、口岸服务、免税购物等功能，助力综合保税区向农业自由贸易区转型。

推进寿光港、下营港和森达美港实行“三港合一、港口联合”管理机制，成立潍坊港口管理委员会，实施统一领导、统一规划、统一管理、统一政策，按照当地优势产业，优先布局港口功能。森达美港作为潍坊港的核心，重点发展集装箱和机械装备、化工制品的进出口和滨海旅游度假；寿光港要发挥济南最近出海口的优势，重点发展农产品以及大宗货物的进出口；下营港要打造特色型港口，重点发展石化制品的内外贸运输。

第二，区域联手打造多条面向“一带一路”的多式联运大通道。潍营满蒙俄欧国际海铁联运大通道：潍坊与营口两地共建，利用渤海湾海运资源，打造联通我国华东—东北地区、纵贯我国东部地区南北方向的千余公里的多式联运通路和现代物流大通道，成为化工产品、食品、轮胎、原盐、商品车、零部件、建材、粮食等大宗货品的重要国际通道。

鲁新欧中欧班列：从青州出发，集聚公铁联运、海铁联运、集装箱物流，为“一带一路”沿线中亚国家输出“潍坊制造”，成为辐射潍坊乃至整个鲁中地区的外贸新通道。

潍青欧国际多式联运大通道：与青岛港合作，经“海上丝绸之路”至华南各省和东盟、南亚、中亚、欧洲各国的国际集装箱铁海联运大通道。

潍昆国际冷链班列：自山东潍坊，开往云南昆明，贯穿鲁、苏、皖、赣、豫、鄂、湘、贵、云9省，主要向东亚、南亚、东南亚国家运输生鲜农产品和深加工食品。

第三，重点打造三大枢纽经济区。依托高铁、港口、空港、保税区等枢纽节点，推动基础设施、产业园区、城市功能的相互融合，将潍坊综合交通枢纽转化为人才枢纽、技术枢纽、产业枢纽、资源枢纽。

北部滨海枢纽经济区：核心区主要包括森达美港、寿光港、下营港及港口服务区，大力发展航运物流、集散分拨、仓储配送、国际贸易、跨境电商等高附加值产业，打造环渤海超级大湾区的区域性陆海联运中心。

中部多式联运枢纽经济区：依托潍坊济青高铁站、稻田机场、鲁新欧货运班列、潍城区潍坊西站集装箱集散站等综合交通网络，积极发展多式联运，同时发展商贸物流、总部商务和旅游服务，吸引高端产业集聚，打造湾区核心枢纽引擎。

南部融青枢纽经济区：发挥青岛“双港”优势，推动航空物流、临空高科技产业、临空型现代服务业等重点产业集聚，打造青潍一体化战略的先行先试区。

（2）打造“云上湾区”城市大数据共享平台。依托潍坊交通区位和枢纽优势，依托各区正在建设的大数据、云计算基础设施，积极筹备工业、农业、物流、教育、医疗等多领域的大数据共享平台。

第一，湾区呼叫中心——依托潍坊高新区的万声呼叫中心，利用潍坊区位优势、成本优势，聚集呼叫中心及电子商务的企业，打造山东呼叫中心，服务于整个湾区。

第二，湾区工业云中心——立足山东，面向环渤海，与IBM、华为等一流信息服务公司合作，汇聚工业行业研究机构、行业专家，提供咨询规划、IT基础资源、工业软件工具、工业设计平台、高性能计算和仿真测试平台等服务，促进湾区工业的信息化发展。

第三，湾区农业云中心——依托中国食品谷云中心，借鉴陕西杨凌的农业云服务平台，建立潍坊农业大数据中心，打造集农产品、电商、科技服务、农产品质量安全追溯、新型职业培训为一体的服务平台。

第四，湾区物流云中心——依托滨海、潍城、寿光、青州、诸城等物流园区，利用“互联网+”智慧物流趋势，建设山东半岛最大的“干线甩挂”和“集提集配”线上调度平台、山东地区最大的物流数据平台和区域结算中心。

第五，湾区智慧城市大脑——依托高新区的人工智能产业，潍坊要率先建设以人工智能为核心的智慧城市大脑，打通政府部门和企业沟通的信息关卡，为城市治理建设共享数据大平台，包括但不限于湾区城市间的医疗数据、旅游数据、交通数据等重要信息共享。

（3）打造“轨道上的潍坊”，实现主城与各区县的互联互通。依托于潍坊滨海大通道和京沪东线的建设，形成从滨海到内陆，港口—港区—港城一体化的“T”字形城市联动发展格局，实现“铁公机水”物流资源一体化布局。

以潍坊被列为国家“十三五”期间“全面推进公交都市建设第一批创建城市”的契机，大力发展轨道交通，促进轨道与港口、车站、机场的无缝对接，实现主城区与各县（市）形成1小时通勤生活圈。

加快建设潍坊—青岛的城市轻轨，实现青潍同城化，进一步促进青岛与潍坊在产业、服务、人员上的便利往来；构建“三纵四横”（三纵：京沪东线、潍日城际、青临城际；四横：济青高铁、济青客专、潍莱高铁、潍烟城际）的高铁交通网络，实现各城市之间的高速联通。

举措四：打造山东半岛湾区的产业创新高地

（1）加快一二三产业融合，构建全域农业开放合作新格局。借助“国家级农业对外开放合作试验区”落户潍坊的契机，坚持世界眼光、国际标准，立足山东优势、潍坊特色，以“中国食品谷”为核心抓手，构建“一心八片”的潍坊农业对外开放新格局，将潍坊打造成为名副其实的“世界农都”，进而申报潍坊农业自由贸易区。

中国食品谷：山东农业自由贸易区核心区，全球农业与食品技术研发和总部基地。

潍城片区：国际农产品冷链物流基地和都市农业示范区。

寿光片区：全球蔬菜种业研发与展贸基地。

青州片区：全球花卉产业出口基地。

安丘片区：国际对口农产品的生产与加工基地。

诸城片区：农产品出口加工区。

峡山片区：具有全球影响力的有机农业技术研究与电子商务基地。

综合保税区片区：高端农产品、食品出口加工区。

滨海片区：国际农产品跨境物流基地。

（2）牵头成立山东半岛湾区未来产业联盟。由潍坊市政府指导和参与，联合济南、青岛、烟台的科研院校、龙头企业、产业协会等，以人工智能、机器人、大数据、工业设计、互联网金融等新兴产业为方向，成立山东半岛湾区未来产业联盟，并在潍坊设立秘书处。

第一，成立山东半岛湾区智能制造联盟——联合潍柴、歌尔、雷沃、帅克、豪迈科技等企业，对接北京航空航天大学、山东大学、中国海洋大学等高校，整合环渤海区域在智能制造、教育科创领域的资源，如每年定期举办“环渤海杯”智能机器人大赛、中国智能制造产业高峰论坛等活动。

第二，成立山东半岛湾区大数据产业联盟——把握数字经济带来的战略机遇，利用潍坊在农业、工业、交通枢纽等方面的产业和区位优势，聚集农业大数据、工业大数据、交通大数据、大数据双创中心等领域的技术与应用企业，开展技术研发、成果转化、市场对接、咨询培训、资本运作、会展服务、政府委托和国际交流合作等工作。

第三，成立山东半岛湾区创新设计产业联盟——联合山东半岛创新设计机构、科研院所、投资机构、3D 打印平台等资源，提供从用户研究、产品策划、创意设计、结构设计、技术集成到功能样机的全链条创新设计服务系统，并建立高校、科研院所与企业之间的成果转化平台。

（3）打造湾区科技成果转移转换服务平台。

第一，打造创新孵化加速平台——由潍坊科技局牵头，与人才服务中心、人才市场进行协调，建立人才网络接口，为初创企业和中小企业提供定制化的人才引入服务；针对在孵技术和企业的特点，及时向国家、山东省以及潍坊市（区、县）等各级政府传递企业信息，申请相关扶持政策，并协助企业进行技术和项目申报、高新技术企业认证、创业基金申请等；与招商、投资促进等政府部门以及行业协会合作，制订潍坊品牌助推计划，借助国内外展会，为初创企业和中小企业提供产品与品牌的宣传服务；联合担保公司、信用评价机构、银行等，在国家现有支持中小企业融资政策的基础上，建立低成本、高效率的担保贷款通道，为企业提供融资解决方案；联合法律、会计、IT、企业管理等专业服务机构，提供专业的咨询服务、企业培训、专业讲座等，帮助初创企业和中小企业解疑答惑。

第二，打造金融扶持平台——由潍坊金控集团牵头，联合社会资本，发起成立科技成果转化引导基金，下设创业投资子基金、贷款风险补偿和绩效奖励机制。科技成果转化引导基金的参股比例为子基金总额的20%～30%，其余由社会资本参与。贷款风险补偿按照当年成果转化的贷款额核定，补偿比例不超过贷款额的2%。对为转化科技成果作出突出贡献的企业、科研机构、高校和科技中介服务机构，一次性发放绩效奖励。

第三，打造国际项目路演平台——引入天使、创业（VC）、私募（PE）等投资机构，通过培训、交流、项目发布、咨询诊断等线上和线下活动，促使创业项目与资金、市场、人才等要素无缝对接，打造一个创业者和众多科技中介服务机构“搭台唱戏”的交流服务平台，包括“线上＋现场”路演服务、“一带一路”跨境项目路演，以及7×24小时的项目对接平台。

（4）打造湾区生产性服务业集聚区，助力产业创新。

第一，打造湾区总部经济集聚区——以济青高铁站的建设为契机，做大做强寒亭区总部经济，将潍坊总部基地、食品谷及周边区域升级为潍坊总部经济功能区，重点吸引济青、京沪的创新资源、电子商务及国内外食品企业等入驻。积极筹划滨海新区和高新区总部基地建设，根据产业特色吸引企业集聚。高新区依托其产业特色，打造成潍坊高新技术企业总部集聚区，并通过采用“飞地经济”的模式，将总部与生产基地分散化布局，重点吸引新能源汽车、智能装备、人工智能等企业入驻。滨海新区依托月亮湾片区，重点吸引航运相关上下游企业，包括但不限于物流、贸易、航运服务、财务、法务等。

第二，打造湾区会展经济集聚区——按照潍坊“1669 产业体系”，培育各类专业性展会，形成“一产业一品牌”“一园区一平台”的会展产业发展格局。将鲁台会展中心、富华国际展览中心、金宝国际会展中心打造成潍坊市会展经济核心区，并积极筹备北部新城和滨海新区会展中心建设；做大做强现有的国际风筝会、潍坊文展会、寿光菜博会、中日韩产业博览会、鲁台经贸洽谈会、宝石博览会、中国画节·文展会等，继续扩大参展方数量和质量；坚持主题展和常年展相结合，积极开展产业对接、项目推介、企业洽谈、业务培训等活动，以期国际企业生产配套基地的落地，逐步实现产业链的落地生根。

第三，打造湾区金融创新集聚区——潍坊要发挥制造业特色，与青岛金融产业错位化发展，以供应链金融为突破方向，推动金融与潍坊实体经济的紧密融合。奎文区金融街要在聚集银行类金融机构的基础上，积极吸纳更多的国内外银行区域总部以及保险、证券、投资等非银行类金融机构集聚，打造潍坊综合金融服务高地；高新区要以打造金融小镇为契机，以供应链金融为发展特色，积极推动高新金控向保理公司转型，并率先探索区块链在金融领域的应用，从而带动相关的投融资服务、信息服务、风险管控等企业和高端人才集聚。

第四，打造湾区应用型教育中心——以推进潍坊国家职业教育创新发展试验区的建设为引领，依托滨海职业教育园区，导入德国“双元制”教育模式，实施校企合作、企业办学等一系列相互配套、操作性强的制度创新，通过与企业合作，量身定制职业培训课程，培养学生的综合职业能力，快速对接岗位需求，打造“蓝领工人的黄埔军校”。以潍坊教育投资集团为主体，推进山东（潍坊）公共实训基地建设，打造实习实训、科研成果转化和创新创业的平台。潍坊要推动职业教育“走出去”，成为国家海洋经济应用型人才培养的第一品牌。

举措五：完善潍坊创业生态环境，成为山东半岛湾区的创业乐土

湾区经济的发展离不开创业人群的集聚。潍坊要依托极具优势的生活成本，围绕“大众创业、万众创新”，完善创业生态环境，重点推进产业、资本等要素集聚，加强载体、平台建设，完善创业服务体系，成为充满活力的创业乐土。

（1）发展“众创空间”，盘活闲置楼宇，激活城市创业氛围。以潍坊市区为核心，以盘活闲置楼宇为目的，重点打造创新与创业、线上与线下、孵化与投资相结合的“众创空间”。改变过去由政府主导的孵化器模式，引入市场化运作机制，提升政府孵化载体的开放力度和运营效率，鼓励社会力量参与建设众创空间。支持北大启迪做大做强，通过置换空间、盘活闲置楼宇、新建载体等方式，与潍坊市共同投资建设一批众创空间，为草根创业者提供成长和服务平台。鼓励围绕“四新经济”，重点面向虚拟现实、人工智能、智能制造、大数据、“互联网”等建设专业众创空间，构建“产业基金＋专业技术平台”的定向孵化模式，为创业者和创业企业提供资金、技术、设备等增值服务。

（2）探索异地孵化，构建国际化的创业服务体系。与济南、青岛、北京、上海、杭州等城市建立异地孵化器，并探索与美国硅谷等共建海外孵化基地的合作模式，整合外界的人才和资源优势，构建国际化创业服务体系。合作方包括海外高校、科研院所、产业园区，集中建立创业孵化平台，探索组织海外项目对接会、引进海外风险投资、聘请外国专家讲学培训、创办国际论坛等合作方式，实现国际创新资源“不求所在，但为我用”。积极招引一批美国、德国、日本、以色列等知名孵化机构或创投机构来潍坊设立分部，引入先进的孵化器运营商、管理模式和服务模式。

（3）打造“类海外”产业发展环境，提升潍坊的国际化服务水平。在滨海新区、高新区率先打造“类海外”环境的样板区，提升国际化产业服务水平，主要包括简化涉外服务手续，建设外商投资项目、外资企业及服务机构审批绿色通道，简化海外高层次人才签证、出入境审批、永久居留证审批、职业资格审批等程序。与此同时，完善国际化配套服务，建设一批国际学校、国际医疗机构，积极引进外籍教师、外籍医疗机构和健康管理服务机构。

以高新区为例，参考江苏太仓的做法，借助潍柴与博世合作的契机，完全按照德国的模式进行打造，成为高新区打造国际化环境的样板区。在生活方面，以高新区农田、水系、湿地为机理，打造集生产、生活、生态于一体的混合型产业社区，包括国际教育、国际商业、公寓、酒店和丰富多样的生态休憩空间；在产业方面，鉴于德资企业多以中小型为主，设立中小企业园中园，设计大小灵活的标准化生态工厂，积极引入德国“双元制”职业教育模式，开展“订单式”技术工人培养；在城市管理方面，营造高效透明、公平正义、竞争有序的配套服务环境，吸引德资企业放心投资，尤其要注重完善知识产权保护体系，以高新区建设国家知识产权示范园区为契机，通过成立知识产权法庭等方式，吸引德资企业设立研发机构；在文化方面，开展“潍坊企业走进德国”等活动，在高新区举办德国啤酒节、德国企业科技成果展、中德足球友谊赛等活动，将德国社会生活和人文特质等元素融入潍坊。

（4）营造创业文化氛围，打造“鸢都创业汇”品牌。以众创空间为载体，开展创业主题活动。联合各类投资机构、企业，举办创业沙龙、创业训练营、高新技术企业创新创业座谈会，为创业者提供获取创业指导、风险投资和人脉的机会。到中关村、西海岸新区、硅谷等地开展融资路演、创业分享等活动，扩大“鸢都创业汇”主题活动的影响。

此外，要大力加强创新创业的文化宣传。全方位加强“鸢都创业汇”的品牌宣传，与济南、青岛、北京、上海建立创业网络，创办有关创业的媒体栏目及报纸杂志，营造潍坊“想创业、敢创业、能创业”的发展环境，倡导鼓励创新、宽容失败的文化氛围，树立崇尚创新创业的价值导向。

举措六：聚焦重点区域，打造潍坊发展湾区经济的样板区

以发展“蓝色经济、枢纽经济、创新型经济”为原则，以特色产业为基础，以交通节点为载体，以湾区城市产城协同为出发点，选择潍坊滨海新区、潍坊北部新城和潍坊高新区三大区域，集中打造潍坊湾区经济的样板区。

（1）滨海新区：渤海湾明珠、国家级新区。滨海新区发挥环渤海南翼中心和枢纽的作用，打通港口—港区—港城，实现潍坊拥湾发展；产业方面以海化集团、潍柴集团为基础，以海洋化工、海洋动力为龙头，向新材料、生物医药、节能环保、海洋装备制造等产业链延展；城市发展上，通过大环境、大服务和大旅游的打造，重点发展高端商务、教育科研、健康养老和滨海旅游产业，成为潍坊蓝色经济的创新示范区。

第一，渤海湾自由贸易区——依托潍坊综合保税区北区和渤海湾港，聚焦“农业＋自贸”，成为山东面向世界的农业产业交流、交际、交易服务平台。其中，综合保税加工区聚焦保税物流、保税加工、保税仓储等；农业食品商贸区聚焦进口农产品展贸、出口农产品展销等。此区域主要板块包括综合保税加工区、国际农贸港、潍坊国际商都、渤海粮仓渔人码头等。

跨境电商港：以潍坊农产品跨境电商为核心，同时涵盖母婴用品、日用化工品、保健品、3C数码等品类，引入京东全球购、天猫国际、考拉海淘等跨境电商企业和顺丰等快递企业入驻，采用自由贸易区“前店后仓”模式，打造一站式国际商品交易服务平台。

潍坊大宗商品交易中心：依托滨海海洋化工产业优势和自由贸易区保税政策优势，实行“境内与境外互动、线上与线下互联、现货与期货互通”，开展海洋化工原料、半成品及成品交易，集综合性交易中心、结算中心和物流中心于一体，打造渤海湾最具影响力的海洋化工现货离岸交易中心和定价中心。

潍坊国际商都：依托自由贸易区“区内仓库”和“区外店铺”联动，采用“前店后库”的销售模式，最大限度地发挥国际贸易产业链的延伸功能，

打造海洋化工设备进出口展销中心、医疗器械展销中心、平行进口汽车展示交易中心、国际酒类展销中心、对外文化贸易基地等五大专业交易平台。

第二，欢乐海国家海洋运动公园——依托欢乐海，以“体育 + 旅游 + 生态”模式，实现体育运动产业和旅游产业升级；并建设国际标准的比赛场地和国家训练基地，承办有影响力的国际水上运动赛事，打响潍坊国家运动公园的品牌。

国家体育训练基地：国家综合体育训练基地，为国家队提供水上训练场所，开展国家级教练员、裁判员及专业运动员的培训活动，举办针对市民的专业培训或业余训练班等，承办国际国内各类水上比赛或交流活动。

国际玩家俱乐部：专业玩家大本营、玩家滨海度假目的地。打造集体验、游乐、赛事、运动于一体的专业玩家大本营，并为专业玩家提供专业的营地、培训、医疗、管理、度假等服务。

国际赛事大本营：海洋运动体验旅游目的地。通过海陆空立体化新玩法，以专业运动引爆赛事、运动体验做强娱乐、赛事节庆打响运动品牌，打造“旅游 + 运动”最强体验。

第三，国际飞地合作园——创新潍坊“飞地经济”发展模式，以新技术、新业态最大限度地利用和整合外部资源，重构区域产业生态圈和产业链。通过新经济思维实现新旧动能的转换，构建区域合作共享平台，做大新兴产业集群，打造动力强劲新引擎。

中新海洋化工产业园：由潍坊市政府同新加坡政府主导成立，引入新加坡裕廊工业园的运营管理模式，导入裕廊镇管理局公司（JTC Corporation），通过搭建高端海洋化工产业网络化园区平台，重点发展海洋精细化工产业、延伸新材料产业、生物医药产业和节能环保产业。

中德智能制造产业园：聚焦海洋动力装备、海洋工程装备、智能制造装备，引入博世等德国龙头企业，打造中德智能制造合作的重要载体，大力推广智能制造和工业 4.0 产业，培育滨海经济发展新动能。

京鲁滨海协作产业园：围绕对接北京非首都功能疏解战略，全面对接央企、世界 500 强、科研机构、高等院校和行业领军企业，精准对接知名企业和高端机构，以机器人产业、通用航空产业、轨道交通产业为核心。

第四，渤海之心中央活力区——位于白浪河入海口西侧，重点发展蓝色金融、总部办公、商务服务、高端商业和会议会展等高端现代服务业，打造环渤海南翼最具活力的门户型商务区和滨海新区综合服务中心；主要板块包括鸢都城市阳台、渤海湾总部公园、渤海之眼休闲购物公园等。

第五，潍坊·未来科技城——位于潍坊滨海职教城，以海洋经济相关的科学技术转化和应用为特色，集教育培训、研发中试、文化创意、科技体验于一体的国内一流的科技创新中心和高科技产业园区；主要板块包括国际创新园、高校研发园、工业设计硅谷、数字小镇、公共实训基地等。

（2）北部新城：潍坊新都心、智慧高铁城。依托济青高铁站，打造以高铁经济为特色的枢纽经济示范区，变交通枢纽为资源枢纽，成为济青、京沪高端人才交流、创新企业集聚、新兴产业落地的战略区域，重点发展大数据应用、高铁物流、会议会展、金融、科技研发、城市旅游等高端产业，重点打造高铁物流港、高铁云谷文化城、中国食品谷、潍坊总部基地等一批前沿项目，成为面向京沪、服务潍坊全域的超级新中心和门户级、智慧型、生态化魅力新城。

第一，高铁物流港——高铁站以东，高铁线路以北，抢抓潍坊被确定为 34 个高铁物流枢纽城市之一的机遇，结合潍坊现有产业优势，高标准打造物流总部港、多式联运港、综合集散港等多港合一的高铁物流港。

物流总部港：导入专业物流运营商，搭建客服、大数据管理、金融供应链、商务休闲等平台，引导中铁快运、顺丰、中通等龙头物流企业率先入驻，集聚潍坊的快递物流相关（制造商、电商、快递和零担物流公司、物流金融、融资租赁等第三方服务公司）企业，打造区域性物流企业的创新创业高地。

多式联运港：通过“一次申报、一次查验、一次放行”等便利通关政策，构建多式联运平台，使潍坊高铁北站与胶东机场、稻田机场、青岛港无缝对接，实现一体化发展。推进高铁与机场、港口的物流合作，在货源信息共享、货物分拨转运、快速集疏等方面深化合作，建立快速直达的高铁联运快件货物通道。

综合集散港：面向京沪，辐射中西部，高铁的物流优势与地方产业基础相结合，提供高端的食品、药品、快递等与高铁物流匹配、高附加值物品的集疏运服务；包括邮件物流分拣基地、冷链物流基地、生物医药仓储物流基地、城市仓配基地等板块。

第二，高铁云谷文化城——依托高铁便捷的交通条件和潍坊深厚的文化底蕴，在以文化馆群为主的博物馆小镇基础上，打造“文化产业 + 高端智慧”的产业集聚区，成为人才、创意产业、智能应用产业集聚的高地。

博物馆小镇：依托高铁信息流、人流的高度汇集效应，打造潍坊的智慧门户区、文化名市的龙头工程；包括“云尚鸢都”旅游集散中心、市博物馆、名人馆、莫言文学馆和锦绣潍坊、企业馆等智慧文化馆群、演艺酒店等。

智能云创小镇：顺应“大数据、云计算、人工智能、物联网、区块链”等“智慧产业 + 制造业”的变革，促进潍坊制造业的转型升级，集聚智能科技类企业，成为助力潍坊传统产业转型升级的技术大平台，承担智慧企业孵化、加速以及智慧产业技术应用、推广、示范的功能。

第三，中国食品谷核心区——山东食品产业高端要素资源的聚集区，潍坊农业对外发展综合实验区的重要功能区。

“一带一路”国际食品创新中心：依托潍坊 2000 亿元级的食品产业集聚，联合山东省的食品龙头企业、国内食品科研机构、投资机构等，组建“一带一路”国际食品潍坊创新联盟，成立“一带一路”国际食品创新中心；鼓励潍坊食品龙头企业面向沿线国家输出优质技术，并购拥有技术、人才等核心资源的企业，建立海内外研发机构等；推动建设联合研究中心、技术推广中心、技术转移中心、金融中心和国际科技园区等国际科技创新合作平台。

国际食品科技院校群：全球范围招院引所，专注食品应用型研究、人才培养，打造中国食品应用型研究的顶级殿堂。依托研发资源，搭建实现技术产品化、产品企业化的“创业苗圃”、孵化器、加速器、总部基地，打造“企业 + 研究所”的产业创新网络、食品院士技术应用港湾。

国际食品检验检测园：国际食品硅谷依托现有食品谷的检验检测平台，搭建相关公共技术服务平台，延伸检验检测的产业链，集聚国家级重点检测实验室、质检中心、检测研究院、第三方检验检测认证等机构，加大食品谷检验检测品牌建设，申请“国家检验检测公共服务平台示范区”。

世界食品奥特莱斯：集合澳洲、欧洲、亚洲、美洲等众多国家和地区的食品街区，商品货源保证产地直供，营造“一条街购尽全球食品”的体验；定期举办国际美食文化节，包括万国风味园、巧克力工厂、糖果城堡、纳帕葡萄酒庄等，打造永不落幕的世界食品博览会。

第四，总部创新小镇——潍坊生产性服务业集聚区，潍坊产业创新基地，以潍坊市总部基地为核心，成为推动潍坊集聚高端人才、服务潍坊新旧动能转换的重要平台，打造生产、生活、生意三位一体的综合性创新平台。

山东跨贸园：构建以跨境电商、产业金融为特色功能，集物流通关、品牌营销、教育培育、知识产权等专业服务为一体的外贸产业专业服务生态，为山东创建自由贸易试验区创造有利条件，成为“云上一带一路”的山东新起点。

“千人计划”创新园：对接国内外先进的科研机构、人才、技术，引进瀚海控股全球孵化平台、非晶领域国际领军专家团队、日本国际健康医疗合作机构等资源，促进节能环保新材料、医养健康、大数据等领域的先进技术在本土转化和应用，成为“产智融府协”联合产业运营的示范基地。

第五，风筝年画小镇——以杨家埠、于家大院为核心，以杨家埠风筝年画为特色，整合潍坊美食、手工艺等，打造浓缩齐鲁民俗文化的“新橱窗”、山东文化旅游“新名片”。

风筝年画数字嘉年华：传承风筝、年画等特色民俗文化，面向未来，升级杨家埠民间艺术大观园片区，打造集民俗体验、文化节庆、文化创意、展示展览等于一体的风筝年画数字嘉年华；利用数字科技，体验传统文化的“前世今生”，创办风筝年画数字光影秀、风筝年画数字体验馆、风筝年画双创基地等。

老潍县百工坊：集百年老字号、特色民俗小吃、传统手工艺于一体，打造可体验、可观赏、可消费的山东民俗文化一站式体验基地。

板桥乡创公社：依托于家大院片区，引导私人博物馆、创意民宿、书画工作室、大师画坊等相关创意业态集聚，打造书画艺人创作天堂、文艺创作交流新平台和文化创意产业新高地。

（3）潍坊高新区：产业创新策源地、智能城市试验区。潍坊高新区要抢占智能时代制高点，依托潍柴、歌尔等龙头企业，集聚人工智能企业与人才，并为优势产业赋能，打造山东人工智能产业的高地。以全域国际化为目标，率先以二线城市标准、一线城市配套将人工智能与城市基础设施、生活服务相融合，打造富有活力的人工智能应用示范城市。与此同时，加强区域协同创新，依托交通网络对接济青、京沪等地，打造济潍青科创大走廊的核心节点，构建多层次、多领域的开放协同发展新格局。

第一，人工智能小镇——以歌尔智能硬件产业园为基础，加快吸引人工智能方面的企业和人才集聚，重点发展基于场景应用的人工智能终端与关键元器件的研发与制造，以及人工智能的应用开发，按照产业链上游和下游布局人工智能相关产业，打造人工智能产业生态圈；重点发展三大产业。

关键元器件的研发与制造和进口替代制造：依托高新区芯片制造、封装产业基础，向上游人工智能芯片的设计研发拓展，补齐我国在芯片领域的短板，计划 5 ~ 10 年内占有一定的国际国内市场份额；与国际国内巨头开展原始设计制造商（ODM）合作，在传感器、核心组件、电子元器件上逐渐实现自主研发与生产。

智能终端的研发与制造：发挥歌尔在虚拟现实和智能终端方面的研发设计与生产制造经验，通过与北京航空航天大学等国内外院校和科研院所合作，做强做大智能生活应用终端，并积极拓展医疗、汽车、金融、安防等行业的智能应用技术开发。

人工智能相关服务：注入科教科创动能，联动北京航空航天大学等院校资源，发展人工智能教育与公共实训；发展会议会展，作为人工智能产品和技术展示与交流平台；发展科技旅游，将人工智能技术与科普教育和娱乐体验结合，打造多个休闲旅游项目。

第二，智能网联汽车小镇——以潍柴集团和德国博世在新能源技术的全面合作为契机，率先构建新能源汽车全产业链生态圈，并积极向无人驾驶技术领域布局，完善教育培训、汽车娱乐、汽车后服务等环节，打造国际知名、全国一流的新能源智能网联汽车产业基地；重点发展四大产业。

新能源汽车及核心零部件的研发与制造：依托潍柴和福田在商用车、多功能车制造方面的技术基础，拓展合作，打造国内高端氢能源整车制造基地；依托潍柴、盛瑞在发动机、变速器等方面的产业优势，向乘用车、游艇、农机等多领域拓展；开发新能源电池、能源系统、新能源解决方案等系列产品和服务。

无人驾驶技术的研究：无人驾驶技术目前在国内还处在萌芽期，处于技术积累和产品测试阶段，但已经上升到国家战略高度，高新区应充分重视，提前布局，加强如 ADAS（高级辅助驾驶技术）等无人驾驶相关技术方面的研究。

国际教育实训：携手德国博世，打造新能源汽车教育与实训基地；借助潍柴与博世全面技术合作的契机，在汽车、机械装备、智能制造、企业管理等领域开设中德合作的专业培训课程，并谋求与职业教育挂钩。

汽车后服务：完善汽车产业链，第二、第三产业联动；发展汽车维修保养、汽车金融、汽车博览、会议展销、新能源汽车主题游乐、新科技体验、无人驾驶运动体验等。

第三，供应链金融小镇——围绕高新区产业发展的需要，以加快金融对实体经济的支持为原则，打造以供应链金融为特色的金融产业集聚区，推动法务、咨询、会计、IT 等高端服务业聚集；重点发展三大产业。

供应链产业：培育和引入供应链数据服务公司，引入涉足供应链金融领域的知名物流公司的区域性总部和供应链业务部门。

一站式金融服务：引入商业银行、投资银行、证券、保险、融资租赁、金融信息服务等业态，建立一站式金融服务平台；构建面向中小企业，集天使基金、风险投资基金、私募股权投资基金、并购基金及风险缓释基金于一体的全生命周期基金群。

其他高端服务业：发挥金融作为高端服务业的引领作用，完善会计、法务、咨询等配套服务业，打造潍坊高端服务业的新高地；大力发展总部经济，对入驻的中小企业提供办公场地租赁、培训、技术成果转化、广告营销、信息服务、创业服务等一站式服务。

第四，高新云城——依托潍坊轨道交通 2 号线高新区管委会站，打造融合人工智能应用，集商业、办公、居住、休闲、文化于一体的商业综合体，成为潍坊人工智能城市先行示范区；项目包括智能商业综合体、城市创智社区、科技文化体验中心、智能运动公园、轨交换乘中心等。

第五，国际生命谷——发挥高新区生物医药产业的优势，向健康服务业方向转型，融合人工智能在医疗领域的应用，促进“医、养、学、旅”功能的融合；助力高新区打造为品质城区，成为高新区响应“健康中国”国家战略、打造医养结合示范区的一张亮眼“名片”；项目包括潍坊生命硅谷、潍坊生命健康总部基地、城市健康度假公园等。

（2018 年 12 月）